普通高等院校"十三五"应用型规划教材

管理学原理

GUAN LI XUE YUAN LI

主 编 魏迎霞 孙 玲

河南大学出版社
·郑州·

图书在版编目(CIP)数据

管理学原理/魏迎霞,孙玲主编. —郑州:河南大学出版社,2017.9(2018.1重印)
ISBN 978-7-5649-2985-5

Ⅰ.①管… Ⅱ.①魏… ②孙… Ⅲ.①管理学－高等职业教育－教材 Ⅳ.①C93

中国版本图书馆 CIP 数据核字(2017)第 207310 号

责任编辑 谌洪波
责任校对 张雪彩
封面设计 郭　灿

出版发行	河南大学出版社			
	地址:郑州市郑东新区商务外环中华大厦 2401 号　邮编:450046			
	电话:0371-86059712(高等教育与职业教育出版分公司)			
	0371-86059713(营销部)　　　　　　　　　　网址:www.hupress.com			
排　版	郑州市今日文教印制有限公司			
印　刷	虎彩印艺股份有限公司			
版　次	2017 年 9 月第 1 版		**印　次**	2018 年 1 月第 2 次印刷
开　本	787mm×1092mm　1/16		**印　张**	19.5
字　数	462 千字		**定　价**	42.00 元

(本书如有印装质量问题,请与河南大学出版社营销部联系调换)

前　言

　　本书的编写立足于本科经济管理类应用型人才的教学需要:一方面对管理学基本的思想、理论和方法进行了系统的总结和提炼,旨在帮助读者构建基本的管理学知识体系,并为进一步专业知识的学习打下扎实的基础;另一方面采用理论与实践相结合的方法,通过运用理论对实际管理问题进行分析,既实用,又不枯燥,并提升了读者解决问题的能力。

　　本书共分为十二章:第一章对管理的含义与职能、管理学及管理者等进行介绍;第二章介绍管理理论的形成和发展,前两章内容能使读者对管理职能、管理学、管理者及管理理论有个总体认识;第三章至第十二章以管理职能为线索,围绕管理的计划、组织、领导、控制与创新等职能展开各章内容,具体包括决策、计划、目标与战略管理、组织、人员配备、领导、激励、沟通、控制和管理创新等十章内容。在内容的编写上力求简洁实用、重点突出,每章前有"要点提示",章后附有"本章小结"和"练习与思考",便于学生掌握学习重点并检验与提高学习效果。

　　全书的分工责任如下:河南科技学院魏迎霞负责编写第二章、第六章和第九章;河南科技学院孙玲负责编写第一章和第八章;河南科技学院新科学院关光辉负责编写第三章、第四章和第五章;河南科技学院新科学院李华负责编写第十章和第十二章;中原期货股份有限公司薛海斌负责编写第七章和第十一章。全书最后由魏迎霞和孙玲统稿。

　　作为一线教师及管理实践者,我们在长期的教学实践及工作实践中积累了一些知识、经验与案例,同时在编写过程中,咨询了很多具有丰富管理实践经验的企业管理人员,并在借鉴国内外其他优秀教材的基础上编写了这一本通俗易懂、内容翔实的管理原理教材。可作为高等学校经济管理类专业的教学用书,也可作为企事业单位经营管理人员的培训教材,还可以作为想提升自我管理能力的普通读者的自学用书。

目 录

第一章 管理与管理学 ……………………………………………………（1）
   第一节 管理概述 ………………………………………………………（1）
   第二节 管理者 …………………………………………………………（6）
   第三节 管理学 …………………………………………………………（11）
   本章小结 ………………………………………………………………（14）
   练习与思考 ……………………………………………………………（15）

第二章 管理理论的形成和发展 …………………………………………（17）
   第一节 中外早期管理思想 ……………………………………………（18）
   第二节 古典管理理论 …………………………………………………（22）
   第三节 行为科学理论 …………………………………………………（31）
   第四节 现代管理理论 …………………………………………………（35）
   本章小结 ………………………………………………………………（45）
   练习与思考 ……………………………………………………………（45）

第三章 决策 ………………………………………………………………（49）
   第一节 决策概述 ………………………………………………………（49）
   第二节 决策的过程与影响因素 ………………………………………（55）
   第三节 决策方法 ………………………………………………………（65）
   本章小结 ………………………………………………………………（76）
   练习与思考 ……………………………………………………………（76）

第四章 计划 ………………………………………………………………（80）
   第一节 计划概述 ………………………………………………………（80）
   第二节 计划类型 ………………………………………………………（83）
   第三节 计划制订过程 …………………………………………………（87）
   第四节 计划方法 ………………………………………………………（90）
   本章小结 ………………………………………………………………（97）
   练习与思考 ……………………………………………………………（97）

第五章 目标与战略管理 …………………………………………………（100）
   第一节 目标及其特点 …………………………………………………（100）
   第二节 目标与管理 ……………………………………………………（103）
   第三节 目标管理 ………………………………………………………（107）
   第四节 战略管理 ………………………………………………………（113）

本章小结 …………………………………………………………………… (124)
　　练习与思考 ………………………………………………………………… (125)
第六章　组织 …………………………………………………………………… (129)
　　第一节　组织概述 ………………………………………………………… (129)
　　第二节　组织结构设计 …………………………………………………… (133)
　　第三节　组织结构的基本类型 …………………………………………… (138)
　　第四节　组织结构的运行 ………………………………………………… (146)
　　第五节　组织变革 ………………………………………………………… (154)
　　第六节　组织文化 ………………………………………………………… (161)
　　本章小结 …………………………………………………………………… (167)
　　练习与思考 ………………………………………………………………… (169)
第七章　人员配备 ……………………………………………………………… (173)
　　第一节　人员配备概述 …………………………………………………… (173)
　　第二节　人力资源规划 …………………………………………………… (176)
　　第三节　员工招聘 ………………………………………………………… (181)
　　第四节　绩效考核 ………………………………………………………… (186)
　　第五节　员工培训与开发 ………………………………………………… (192)
　　本章小结 …………………………………………………………………… (198)
　　练习与思考 ………………………………………………………………… (199)
第八章　领导 …………………………………………………………………… (201)
　　第一节　领导概述 ………………………………………………………… (201)
　　第二节　领导理论 ………………………………………………………… (207)
　　本章小结 …………………………………………………………………… (219)
　　练习与思考 ………………………………………………………………… (219)
第九章　激励 …………………………………………………………………… (223)
　　第一节　激励概述 ………………………………………………………… (223)
　　第二节　人性假设理论 …………………………………………………… (226)
　　第三节　激励理论 ………………………………………………………… (230)
　　第四节　激励实务 ………………………………………………………… (239)
　　本章小结 …………………………………………………………………… (243)
　　练习与思考 ………………………………………………………………… (243)
第十章　沟通 …………………………………………………………………… (248)
　　第一节　沟通概述 ………………………………………………………… (248)
　　第二节　沟通类型 ………………………………………………………… (251)
　　第三节　沟通渠道 ………………………………………………………… (253)
　　第四节　沟通管理 ………………………………………………………… (257)
　　本章小结 …………………………………………………………………… (260)
　　练习与思考 ………………………………………………………………… (261)

第十一章　控制 (262)
第一节　控制概述 (262)
第二节　控制的类型与过程 (266)
第三节　控制的方法和原则 (275)
本章小结 (281)
练习与思考 (281)

第十二章　管理创新 (285)
第一节　管理创新概述 (285)
第二节　管理创新的基本内容 (288)
第三节　管理创新的过程和方法 (293)
本章小结 (299)
练习与思考 (299)

第一章　管理与管理学

【要点提示】

掌握管理的含义,能够区分效率与效果;
明确管理的基本职能,描述管理的基本过程;
明确管理者的特征、分类及在组织中所充当的角色;
明确管理人员所需的各项基本技能;
掌握管理学的学科性质和学习方法。

人类的管理实践活动源远流长,在某种意义上,有了人类就有了管理活动。正如马克思所说:"一切直接社会的共同的规模较大的劳动,都或多或少地需要一种指挥,以便协调个人的活动……提琴独奏演员可以独展所长,一个乐队却需要有乐队的指挥。"马克思的精辟论述说明,管理起源于人类的共同劳动,通过管理,人们的生产、生活和其他活动得以有目的、有秩序地进行。可以说,管理是一种与人类文明共存的社会现象。但是,探讨人类的活动及其规律始于近代,管理学的出现则是近一百多年的事情。

第一节　管理概述

一、管理的含义

在现代社会中,"管理"是一个使用频率非常高的词,"管理"已经深入到我们的日常生活中。不论组织规模的大小,不论在组织的哪一个层次上,不论组织的工作领域是什么,不论这个组织位于哪一个国家,管理都是绝对必要的,是所有组织的普遍需要。从个人的切身利益出发,人们也要求每个组织改进它的管理方式,因为人们生活中的每一天都在与不同的组织打交道。很多人可能都有过这样的经历:为在车辆管理所登记车牌号花费3个小时而沮丧,为在商场购物时没有营业员服务而气愤,为难以买到健康安全的食品而烦恼……这些都是由不良的管理所导致的问题。有效的管理是一个组织甚至是一个国家走向成功的基础。

那么,究竟什么是管理呢?

这是一个看似简单却难以准确回答的问题,直到今天,"管理"一词还没有一个统一的为大多数人所接受的定义。不同的人,包括终生致力于管理理论与实践研究的学者,在研究管理时的出发点不同,对管理就有不同的理解。对管理进行精确定义存在困难并不意味着我们无法理解管理,因为在很大程度上,管理更多的是一种实践活动,而不是一种高深抽象的思辨,虽然有时候这很重要。当我们从实践的角度理解了管理,管理的精确定义就显得不那么重要了。

"管",我国古代指锁钥。《左传·僖公三十二年》中说"郑人使我掌其北门之管",引申为管辖、管制之意,体现着权力的归属。"理",本意是治玉。《韩非子·和氏》中说"王乃使玉人理其璞,而得宝焉",引申为整治或处理。"管"、"理"二字连用,表示在权力的范围内,对事或物的管束和处理过程。

20世纪以来,学术界给管理下的定义各异,有的甚至大相径庭。影响较大的有:

科学管理之父泰罗认为,管理就是"明确你要别人去干什么,并使他用最好的方法去干"。

首开管理定义先河的法约尔认为,"管理就是实行计划、组织、指挥、协调和控制"。

福莱特认为,"管理就是通过别人工作的艺术"。

孔茨认为,管理就是设计并保持一种良好环境,使人在群体里高效率地完成既定目标的过程。

"现代管理学之父"彼得·德鲁克认为,"管理就是牟取剩余",所谓"剩余"就是产出大于投入的部分。

决策管理学派的代表人物赫伯特·A.西蒙认为,"管理即为决策"。

穆尼认为,"管理就是领导"。

丹尼尔·雷恩认为,管理是人"对利用自然和人力资源实现目标的指导艺术"。

除此之外,很多心理学、社会学、政治学以及自然科学领域的学者也从他们的研究领域得出了有助于提高管理效率的结论。

本书采用著名美国管理学家斯蒂芬·罗宾斯在其经典教材《管理学》中提出的管理的定义,即管理是一个协调工作活动的过程,以便能够有效率和有效果地同别人一起或通过别人实现组织的目标。这个定义包含着以下含义:

1. 管理服务于组织目标

管理是为实现组织目标服务的,是一个有意识、有目的进行的过程。管理是任何组织都不可或缺的,但绝不是独立存在的。管理不具有自己的目标,不能为了管理而进行管理,而只能使管理服务于组织目标。

2. 管理是由一系列相互关联的活动构成的一个过程

这些活动包括计划、组织、领导和控制,它们作为实现目标的手段,成为管理的基本职能。所谓职能是指人、事物或机构应有的作用。每个管理者工作时都在执行这些职能中的一个或几个。这是全面理解和把握管理的关键所在,反映了管理活动的功能、过程和手段。

3. 管理的核心因素是人

管理需要借助相关的资源,协调各方面的关系。经济学家指出组织需要人、财、物、信息四大资源,其中人力资源是组织最宝贵的资源。组织中各种人与人、人与物的关系都最终表现为人与人的关系，资源的分配、各种关系的协调都是以人为中心的，管理最重要的是对人的管理。

4. 管理的本质是协调

所有的管理行为与活动本质上都是协调问题。所谓协调是指同步化与和谐化。一个组织要有成效，必须使组织中多个表面看上去似乎是相互矛盾的事物，如长远目标与近期目标、有限资源与远大理想、个人利益与集体利益等之间有机结合、同步和谐。这就如同一支配合良好的乐队，尽管大家各奏各的音调，配合起来则是一首美妙的交响曲。

管理者进行决策、计划、分配、监督、检查等各种活动，实际上是在对目标、资源、任务、思想行为、活动等进行协调。对目标的协调主要表现为抉择，对资源的协调主要表现为计划，对任务的协调主要表现为分工，对思想的协调主要表现为沟通，对行为的协调主要表现为沟通和奖惩，对活动的协调主要表现为检查和监督。

协调也是区分管理岗位和非管理岗位的重要标志。

5. 衡量管理好坏的标准是效率与效果

管理的有效性包括两个方面：效率与效果。效率是指投入与产出之比。一定的投入能取得多大的产出，主要取决于我们所采取的工作方式和方法。因此，讲求效率要求我们用比较经济的方法来达到预定的目的。由于组织的各种资源都是稀缺有限的，所以必须有效地利用这些资源。效率通常是"正确地做事"，选择合适的行动方法和途径。但是仅有效率是不够的，管理者还要关注效果，也就是目标的达成度。如果我们通过管理所获得的产出并不是我们所需要的，那么这种产出再多，对我们也毫无意义，相应的，这种管理就是无效的管理。效果通常是指"做正确的事"，即所从事的工作和活动有助于组织达到其目标。效率与效果相比较，效果是第一位的。有效的管理，首先要求我们做对的事，其次才是把事情做好。同时，有效的管理，要求既讲求效果，又讲求效率。只注重效率而不注重效果，是碌碌无为；只注重效果而不注重效率，则会得不偿失。

二、管理的职能

怎样才能保证做好对的事呢？管理理论认为，主要是通过做好一系列的基本管理工作。

在日常生活中，存在着各种各样的管理现象：企业的经理管理着企业的生产经营活动；政府机关的各级领导管理着我们的城市和农村；学校的校长管理着学校的教育活动；公交公司的经理管理着公共交通……尽管这些组织的目标不同，管理的要求也不同，但若去掉管理的具体形式和做法，就可以看到某些基本工作是任何管理者都在做的，而且管理者都共同遵循着一定的规律，这些基本工作就是管理的职能，是管理过程中的要素、基本步骤或手段。

学习管理职能的目的有两个：一是要知道管理（者）干什么，二是要知道如何达到管理的既定目标。

从亨利·法约尔到哈罗德·孔茨，再到斯蒂芬·罗宾斯，以至国内的一些学者，对管理过程有不同的界定，但是目前得到广泛认可的是"四项职能理论"，即管理过程包括计划、组织、领导和控制四项职能。也有的学者将决策和创新也列为管理的基本职能,但是更多的学者认为这两项工作可以归结到管理的四项基本职能之内。

1. 计划

任何管理活动都从计划工作开始。为了使管理有效果,首先必须确立清楚的目标,这样我们才能判别什么事情应该做、什么事情不能做。而为了提高效率,就要对有限资源的投放、工作开展进行研究、安排,为此就要进行计划的制订,明确实现目标的途径。因此,计划工作是对未来的行动或活动,以及未来资源的供给与使用的筹划。它指导着一个组织系统循序渐进地去实现组织的目标,使组织适应变化中的环境,甚至使组织进入一个完全不同的环境。计划工作既关系到结果(做什么),也关系到手段(怎么做)。计划工作包括估量机会、明确目标、制定实现目标的战略方案、形成协调各种资源和活动的具体行动方案等。计划工作是管理的首要职能,其他工作只有在计划工作明确了目标和路线后才能有目的地进行。计划也是一种降低组织在资源配置过程中的不确定性的手段,可以减少未来不确定性对组织的冲击,减少未来工作过程本身可能产生的不确定性。

2. 组织

组织有名词和动词两种含义。作为名词,组织是两个及两个以上的人为了实现特定的目标组成的一个团体;作为动词,它是指对组织的各种资源按照有序和有效的要求进行最优配置。管理的组织职能自然是后一种含义。在制订出切实可行的计划后,就要组织必要的人力和其他资源去执行计划,也就是要进行组织工作。组织工作是为了有效地达成计划所确定的目标而进行分工协作、合理配置各种资源的过程。它是计划工作的自然延伸,一般包括任务的分解、权责明确、资源的配置以及协作关系的明确等内容。组织工作不当必然会影响工作成效。

3. 领导

任何活动的行为主体都是人,因此指导和协调计划实施过程中人与人之间的关系、激励和调动人的积极性是管理的基本工作之一。在一个组织中,领导工作就是管理者利用职权和威信施展影响,指导和激励工作中的个体或团队,同别人或者通过别人去完成组织目标的过程。作为个人,领导工作的重点在于调动相关人员的积极性,协调相关人员之间的关系。虽然制订了详尽而周全的计划,但是计划的执行者是有思想的人,人的作用发挥不单单靠程序性的规定,还要靠内在积极性的挖掘。领导恰恰就是要通过激励人,调动个体和团队的工作积极性和创造性,调动一切可以调动的因素,实现组织的目标。

4. 控制

控制是指在动态的环境中为保证既定目标的实现而进行的检查和纠偏活动的过程。控制是保证目标按计划实现所必不可少的工作。由于环境的不确定性、组织活动的复杂性和不可避免的管理失误,我们必须对环境、组织成员和组织活动等加以控制。控制工作具体包括确立控制标准、衡量实际业绩、进行差异分析、采取纠偏措施等内容。控制是管理的一项基本职能,也是较容易出现问题的一项工作。控制不力会引起计划无效或组织无效。

在图1-1中,计划工作主要着眼于有限资源的合理配置,组织工作主要着眼于合理的分工协作关系的确立,领导工作主要着眼于方向的把握和人员积极性的调动,控制工作主要着眼于纠正偏差。它们各自从不同的角度出发，相互配合，共同致力于管理效率和效果的提升，最终达到以有限的资源实现尽可能多或高的目标的管理目的。它们都是管理的有效手段。

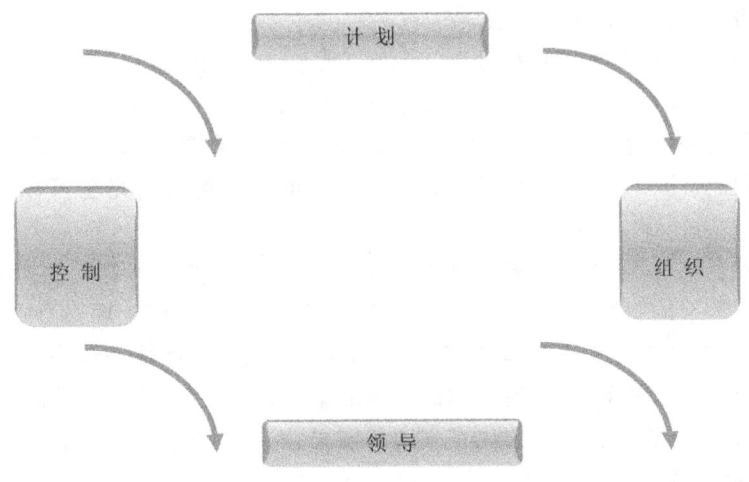

图1-1 管理的职能

管理是由计划、组织、领导、控制等职能组成的一个系统的过程。要做好管理工作，必须系统地开展计划、组织、领导、控制等各项工作，片面地就计划谈计划、就组织论组织、为领导而领导、为控制而控制，是达不到应有的管理效果的。同时，还需要明确的是，并不是每一项工作的管理都要完整地经历四个阶段，现实中不存在简单的、界限清晰的、纯粹的计划、组织、领导和控制的起点和终点。当管理者履行他们的职责时，他们通常会发现自己同时在做着一些计划工作、一些组织工作、一些领导工作以及一些控制工作，而且这些管理工作并非严格遵循上述顺序。所以，将管理者所履行的职能描述为一种过程的观点更为符合实际情况。当管理者进行管理时，他们的工作通常以连续的方式也就是以过程的方式体现出来。

三、管理的性质

管理活动是一种具有广泛性、复杂联系的社会活动，会受到一些不确定因素的影响与制约。但是，管理又有其自身的规律与特征，认识与掌握这些基本特征，是做好管理工作的基本条件。

1. 管理学的自然属性与社会属性

管理具有二重性，即自然属性和社会属性。管理的二重性是马克思主义关于管理问题的基本观点。

任何社会生产都是在一定的生产方式下进行的，生产过程具有二重性质，即物质资料的再生产和生产关系的再生产。因此，对生产过程的管理也存在二重性，一是社会生产力相联系的自然属性，也称生产力的属性；二是与社会生产关系相联系的社会属性，也称生产关系属性。正如马克思在分析资本主义社会和生产管理时指出的，生产过程本身具有两重性:一方面是制造产品的社会劳动的过程,另一方面是资本的价值增值的过程。从本质上来看,资本主义制度下的管理,不仅表现为一种由社会劳动过程和性质产生并属于社会劳动过程的特殊职能,同时也表现为一种由剥削者和它所剥削对象之间不可避免的对抗产生并服务于剥削者的控制职能。

管理的自然属性,是指管理要处理人与自然的关系,即合理组织生产力和社会化大生产,故也称生产力属性。社会化大生产要求合理地实施计划、组织、领导、控制等职能,有效地利用各种资源。管理领域的成本管理、财务管理、质量管理、绩效管理等不具有意识形态色彩,属社会生产力的范畴,不同的国家、不同的民族之间完全可以通用,甚至是照搬。

管理的社会属性,是指管理要处理人与人之间的关系,要受一定的生产关系、政治制度和社会意识形态的影响和制约,故也称生产关系的属性。比如管理权力的归属、管理的根本目的、管理的基本方式等,反映的是社会制度的本质。再如管理道德、管理作风、管理理念、组织文化、人际关系等,具有强烈的意识形态色彩,属生产关系范畴。它们与社会制度、民族文化传统等密切相关。因此在不同的国家、不同的民族之间的借鉴和交流相对复杂,绝不能直接照搬。

正确理解管理的二重性,一方面要学习、借鉴发达国家先进的管理方法和经验,促进我国的管理水平的提高;另一方面,要充分认识我们的国情条件,探索建立具有中国特色的社会主义管理体系和管理科学体系。

2. 管理的科学性与艺术性

管理既要讲求科学性,按规律办事,又要在实践中讲求艺术性,这是管理的重要特征。

管理的科学性是指管理作为一个活动过程,其间存在着一系列基本的客观规律,有一套分析问题、解决问题的科学方法。管理的科学性强调其客观规律性。

管理的艺术性是指,在管理活动过程中,不但要掌握理论还要有灵活地运用这些知识和技能的技巧和诀窍。管理的艺术性强调其实践性和灵活性,即管理活动中要根据具体情况,随机应变地处理问题。尤其是对人的管理,更要注重艺术性。例如某一位主管人员善意地、用开导的方式指出其下属所犯的错误,让他改正,应该说比在大庭广众之下,用带讽刺的口吻批评其下属,让其纠正错误的效果要好。

第二节 管理者

一、管理者及其分类

组织通过分工协作来实现组织功能,其中最大的分工就是操作者和管理者的分离。操作者是组织中直接从事具体业务的人,主要职责是做好组织分派的具体的操作性事务,如学校的教师、工厂的工人、饭店的厨师、医院的医生、商店的营业员等。管理者则是组织中指挥他人完成具体任务的人,如学校的校长,工厂的厂长,机关中的科长、处长、局长,公司的经理等。他们虽然有时也做一些具体的操作性事务,但其主要职责是指挥下属开展工作。因此,管理者区别于操作者的一个显著特点,就是管理者有下属向其汇报工作。不过,在组织中从事管理工作的人并不都是管理者。

随着组织规模的扩大,组织内部将出现越来越多的管理者,需要对他们进行分工,由此产生了管理者的分类。对管理者的分类可按管理者所处的层级和所处领域两个维度进行分类。

1. 按管理者所处层级分类

不同层次的管理者形成了一个金字塔结构的权力体系,如图1-2所示。

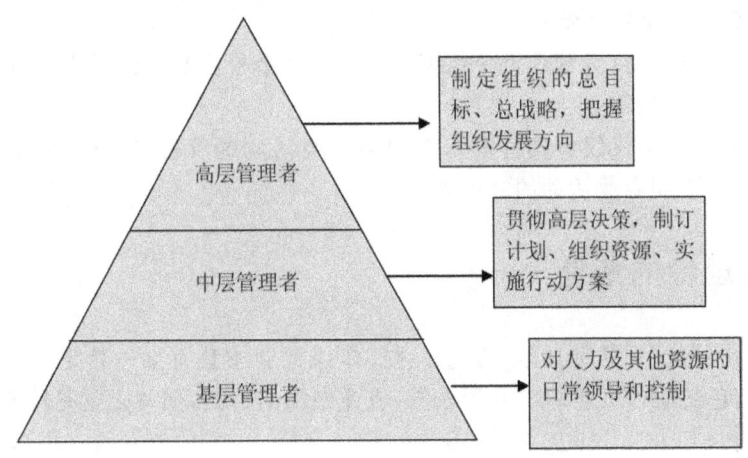

图 1-2 管理者分类

高层管理者,处于或接近组织的顶层,对组织负全面责任,主要侧重于决定组织的大政方针,沟通组织与外界的交往联系,为组织创造良好的内外部环境。这些管理者通常是公司总经理、学校校长、医院院长、机关行政首脑等。很多情况下,组织的成败往往取决于高层管理者的一个判断、一个决策或一项安排,因此高层管理者很少从事具体事务性工作,而把主要精力和时间放在全局性或战略性问题的考虑上。他们最关心的是重大问题决策的正确性和良好的组织环境的塑造。

中层管理者,主要职责是正确理解高层的指示精神,结合本部门的实际情况,创造性地执行高层确定的大政方针,指挥各基层管理者开展工作。他们的主要管理对象是基层管理者。如工厂车间主任、学校系主任、机关处长等。他们通常根据上级的指示,把任务具体分配给各个基层单位,并了解基层管理者的要求,帮助其解决困难,检查并监督他们的工作,通过基层管理者的努力去带动第一线的操作者完成各项任务。中层管理者注重的是日常管理事务。

基层管理者,直接指挥和监督现场作业人员,完成上级下达的各项计划指令。如工厂班组长、运动队教练、学校教研室主任、机关科长等。他们几乎每天都要和下属打交道,明确下属的任务,组织下属开展工作,协调下属的行动,解决下属的困难,反映下属的要求。基层管理者主要关心具体任务的完成。

所有的管理者,不管在哪个层次上,都要从事决策,履行计划、组织、领导、控制职能,只不过各项职能的具体内容会随着管理者地位的上升而发生变化,同时他们花在每项职能上的时间也有所不同。

明确管理者的分类,使管理人员清楚自己目前所处的地位和在组织中的角色分工,从而正确地履行自己的职责,并结合自己的实际情况,明确个人努力的方向,避免在工作中因搞错了自己的角色,做了别人应该做的事,造成错位。

但是高层管理者、中层管理者和基层管理者的划分是相对而言的,有时候很难像我们从理论上一样分析得那么清楚。在比较小的企业中,厂长可能是公司的最高决策者,但是在一个较大规模的公司,厂长只不过是中层的管理者;而且随着企业组织结构扁平化趋势的发展,中层管理者将越来越接近从事生产或日常事务的工作人员。

2. 按管理者所处领域分类

综合管理人员,即负责管理整个组织或组织中某个事业部的全部活动的管理者,如公司总经理、分公司经理等。

专业管理人员,即仅仅负责管理组织中某一类活动的管理者,如负责生产、技术、财务、营销、人事等不同专业活动的管理人员。

二、管理者的角色

社会学给"角色"下的定义是,角色是对群体或社会中具有某一特定身份的人的行为期待。管理角色就是作为组织的管理人员,应该做出的行为,简言之就是特定的管理行为类型。

对管理者角色研究最为深入的是管理学家亨利·明茨伯格,他在其著作《经理工作的性质》(1973年)一书中进行了详细的描述。具体而言,管理者在一个组织中充当着三个方面共10种角色,如图1-3所示。

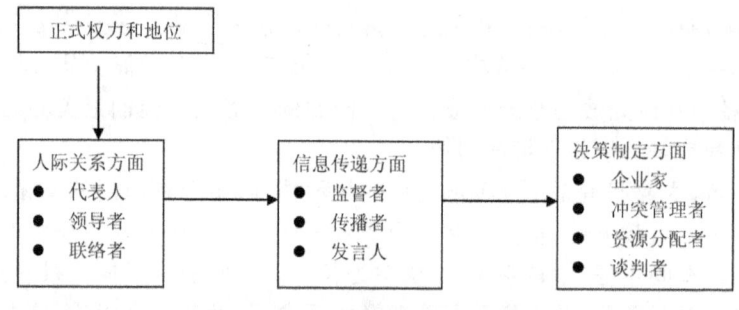

图 1-3 管理者的角色

1. 人际关系方面

着重于人际关系的建立与维系,具体包括以下三种角色:

(1) 代表人。作为组织的首脑发挥象征性作用,履行法律性或社会性的责任和义务,如会见宾客、代表签约、剪彩、赴宴、致辞等。有些属于例行公事,有些具有鼓舞人心的性质,都是涉及人际关系的活动。

(2) 领导者。负责对下属进行激励和鼓励,负责人员配备、培训以及交际。通过领导角色将各种分散的因素整合为一个合作的整体,激励群体齐心协力实现共同目标。

(3) 联络者。代表组织建立和保持与外界其他组织之间的联系,以取得外部各方面对本组织的理解和支持。

2. 信息传递方面

管理者在其组织内部的信息传递过程中处于中心地位,具体包括以下三种角色:

(1) 监督者。寻求和获取各种内部和外部的信息,以便了解组织内外环境的变化,找出问题和机会。

(2) 传播者。将组织或外界的有关信息通过会议等形式及时传递给下属,以便下属清楚地开展工作。

(3) 发言人。代表组织向上级组织或社会公众发布本组织的有关信息。

3. 决策制定方面

在一个组织中,管理者需要进行各种各样的决策,具体包括以下四种角色:

(1) 企业家。按其意志在上级组织或法律规章允许的范围内自主地在组织内部进行变革,以适应环境的变化。

(2) 冲突管理者。在组织出现各种矛盾,面临重大的、意外的危机或混乱时,负责采取纠正行动,排除各种冲突。

(3) 资源分配者。根据组织工作需要和个人的意愿进行组织各种资源的分配,包括时间安排、工作安排和行动批示等。

(4) 谈判者。代表组织与相关组织或人士进行协商和谈判,进行资源的交易。

在以上各种角色中,管理者对外通过代表人、领导者、联络者的角色取得外界对本组织的理解与支持,对内通过企业家、冲突管理者、资源分配者和谈判者的角色协调组织内部的各种资源和各项工作,并通过监督者、传播者、发言人的角色协调组织内外之间的关系。

三、管理者的技能

管理者的角色是变化的和复杂的,管理者为扮演好其角色,履行好管理职能,必须具备一些基本的管理技能。所谓技能,是指后天发展起来的,处理特定的人、事、物的能力。

根据罗伯特·卡茨的研究,管理者所需技能可分为三大类,即技术技能、人际技能和概念技能,不同管理层次对管理者技能的要求程度不同。如表 1-1 所示。

表 1-1 管理者的技能

基本技能	含义	内容
技术技能	管理者掌握与运用某一专业领域内的知识、技术和方法的能力	专业知识、经验、技术、技巧、程序、方法、操作与工具运用熟练程度

续表

基本技能	含义	内容
人际技能	管理者处理人际关系的技能	观察、理解、掌握人的心理规律的能力;人际交往,融洽相处,与人沟通的能力;了解并满足下属需要,进行有效激励的能力;善于团结他人,增强向心力、凝聚力的能力等
概念技能	管理者观察、理解和处理各种全局性的复杂关系的抽象能力	对复杂环境和管理问题的观察、分析能力;对全局性的、战略性的、长远性的重大问题处理与决断的能力;对突发性紧急处境的应变能力等。其核心是一种观察力和思维力

1. 技术技能

技术技能是管理者掌握与运用某一专业领域内的知识、技术和方法的能力,是执行一项特定任务所必需的能力。如设计图纸、起草营销方案、撰写财务报告、分析数据等。如图1-4所示,技术技能对基层管理者非常重要,因为基层管理者经常要处理基层员工在从事的具体业务工作时遇到的技术问题。

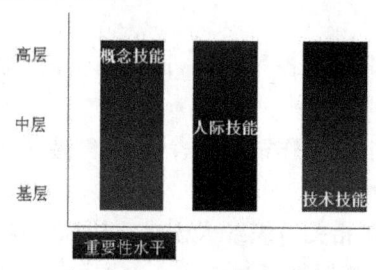

图1-4 不同管理层次所需的技能

2. 人际技能

人际技能指与人共事、激励或指导组织中的各类员工或群体的能力。人际技能是一个人以合适方式与人沟通的能力。如前所述,管理的本质在于协调,协调的核心在于人际的互动。对于管理者来说,表达能力、协调能力和激励能力都是非常重要的。不论是哪一个层次的管理者都需要具备良好的人际技能。

3. 概念技能

概念技能是一种洞察既定环境复杂程度并能减少这种复杂性的能力。具体地说,概念技能包括理解事物的相互关联性从而找出关键影响因素的能力,确定和协调各方面关系的能力以及权衡不同方案优劣和内在风险的能力等。如处理竞争对手的市场策略变化、政府政策改变、内部机构重组等问题。它要求管理者将组织看作一个整体,快速敏捷地从混乱复杂的环境中辨清各因素之间的相互关系,抓住问题的实质,并根据形势和问题果断地做出正确决策。概念技能反映管理者思考、信息处理和决策的能力,如图1-4所示,概念技能是高层管理者最重要的技能,也是最难培养的技能。

卡茨同时指出,成功的管理者应具备较高的技术、人际、概念技能,任何一种管理技能的缺失都有可能导致管理失败。从以上描述中可以看到,并不是每一个人都适合走上管理者的岗位。

管理职能以及管理者的层次、角色和技能从不同方面阐述了管理的内涵,而且它们之间关系紧密。虽然我们难以清楚地说明某个层次的管理者应该履行哪些职能,也不能明确哪些技能一定能保障管理者的某项角色或者职能履行得很好,但是可以得出一般的结论:在进行计划时,必须从整体上考虑问题,并尽可能详尽地收集组织内外环境信息;作为一个成功的领导者要有高超的人际技能,能有效激励下属,妥善处理组织或团队内部冲突;控制职能的实现需要管理者有良好的监督能力,并能够用专业知识及时发现问题所在;做好组织工作应该对组织内的各种资源状况有清楚把握,并能根据目标和计划合理分配给不同的部门。基层管理者要注重专业技能的巩固和更新;中层管理者要做好协调工作;高层管理者则要从大局出发,具有较高的概念技能,指引组织正确的发展方向。

第三节 管理学

管理学是以一般组织的管理原理和方法为研究对象,全面研究一般管理的基本概念、原理、方法和程序的学科。一般意义上的管理有别于不同行业或专业的管理,广泛适用于项目管理和日常运营管理两个方面。虽然每种社会组织由于其自身的社会角色和行业特点不同,它们的管理模式、管理内容与管理方法会存在一些差别,但是它们所使用的管理原理、理论和方法都是一致的。能够提供给各行各业所使用的一般性管理原理、理论和方法构成了管理学的核心内容。

一、管理学的研究对象

管理学是一门系统地研究管理活动过程及其基本规律和一般方法的科学,是管理实践活动在理论上的概况和反映。它的研究对象主要包括以下几方面。

1. 生产力方面

生产力发展水平不同,对管理的要求也不同。合理组织生产力,具体包括如何合理高效地协调和使用组织的人、财、物等资源,以实现预期的目标,包括对各种资源在使用中的计划、组织、领导、控制等问题。

2. 生产关系方面

研究生产关系就是要研究人们在物质资料的生产、分配、交换、消费过程中的关系。具体包括如何正确处理管理活动中的人与人之间的关系,如何建立和完善组织机构以及各种管理体制,如何激励组织成员等问题。

3. 上层建筑方面

管理离不开政策、法令、计划、管理机制和规章制度等。这些上层建筑方面的内容,只有反映经济基础的要求,才能对生产起到保护和促进作用。当经济基础发生变革时,与管理有关的上层建筑也必须相应地变革,使之成为推动生产力发展的动力。具体包括如何使组织的内部环境与外部环境相适应,如何使组织的规章制度与社会的政治、经济、法律、道德等上层建筑保持一致。

4. 管理的一般规律方面

从管理者出发研究管理的一般规律和管理过程。具体包括管理活动中的职能,执行这些职能涉及哪些要素,在执行中应遵循的原则,采用的方法、程序、技术,执行中遇到的障碍、阻力以及如何克服等问题。

二、管理学的学科特征

管理学作为一门新兴的、独立的学科,经历了一百多年的发展历程,在广泛吸收其他学科的科学成就的基础上,形成了自己的特色。

1. 管理学具有鲜明的时代特征

在人类的历史长河中,世界各民族为了生存和发展,时时刻刻都在组织着生产活动,并注重对生产活动的研究。正是人类社会的生产活动,使人类历史具有连续性。在不同的时代,人类社会的生产活动由于各种因素的作用而具有阶段性特征。具体地说,人类社会的生产活动经历了个体生产协作阶段、作坊手工业协作阶段、大工业人机协作阶段和现代化大生产协作阶段。与这种阶段性的社会生产相适应,客观上要求管理活动不断变革,于是就有了不同历史阶段的管理,在思想、内容、性质、方法和手段等方面,都体现出鲜明的时代特色。

以管理活动为研究对象的管理学,只有紧跟时代的步伐,针对社会生产力、生产关系及社会制度等方面业已发生的变革,努力揭示现代管理规律,反映未来管理趋势,构建具有鲜明时代特征的学科知识体系,才能适应生产力发展的客观要求。

2. 管理学是一门理论性与应用性相统一的学科

管理学作为一门学科,具有其他学科所共有的基本特征,这就是管理学具有特定的研究范围和研究对象,具有一系列含义清楚明确的基本概念,具有经过实践检验证明有普遍指导意义的原理和原则,有一套完整且严密的理论体系。一句话,管理学具有理论性。

管理学又是一门应用性学科,它必须时刻和实践紧密结合起来。首先,它的知识来源于人们的管理实践,是人们管理经验的概括和总结。没有管理实践,它就成了无源之水,无本之木。其次,管理学的知识,必须运用到实践中去才有价值。否则,它就失去了存在的意义。再次,管理学知识和理论是否正确,归根到底要接受实践的检验。因为任何看似正确的管理理论,到实践中是否一定有效,并不是确知的;而某些看似不正确的管理理论,到实践中是否一定无效,也必须经过验证;即使是原来已验证过的正确的管理理论,其在新环境中能否继续有效,也需要再作检验。实践对管理学产生、存在、发展的这种决定作用,构成了管理学的应用性。

3. 管理学是一门定性和定量相统一的学科

一方面,管理学应该而且能够广泛运用数学知识,凭借多种数学运算和建立数学模型,以实现其更高程度的科学化与精确化。马克思主义经典作家曾不止一次地提过,对社会现象和过程的研究必须达到自然科学的准确程度,并指出了自然科学和数学对社会科学影响的增长。马克思甚至预言,任何一门学科只有当它利用了数学的时候,它才达到了完善的程度。管理学在其发展过程中,正是经历着这样一条道路。现代管理学借用了数学的各种知识和方法,构成了管理学定量化的一面。

另一方面,管理学所涉及的众多因素中,人占据了举足轻重的地位,而人的因素具有非常大的不确定性,它有许多不能量化的东西。因此,很多时候只能进行定性分析,采用价值判断的方法。另外,管理涉及的因素,有些是现实的,有些是未来的。即使是现实的,有些已显露出来,有些则被掩盖着。管理者不可能把它们无一遗漏地全部考虑到,更不可能把它们的关系全部量化。因而,只能用定性分析来加以弥补。

4. 管理学是一门软科学

软科学是和硬科学相对而言的,借用了计算机科学中软件与硬件两个术语。计算机科学中把计算机主机及其外围设备称为硬件,而把有关计算机应用的技术及程序系统称为软件。计算机硬件功能的发挥取决于软件功能的多少和优劣。

管理的情况与计算机的情况相类似。如果把管理组织中的人力、财力、物力资源看作是硬件的话,那么管理本身就是软件。有效地利用各种资源,以较少的投入或消耗争取较大的经济和社会效益正是管理的任务。这是把管理学看成是软科学的第一个原因。另外,管理本身不能直接创造价值,它必须借助于被管理者及其他各种条件,并通过它们来体现或实现管理的价值。而且,管理所创造的价值很难被明确划分出来。管理究竟创造了多少价值,完全是个模糊概念。这是把管理学看成是软科学的第二个原因。最后,通过管理提高效益,需要一个时间过程。管理效益的产生不像设计一种新产品,生产出来,销售出去,很快就能看到效果。一项管理措施或管理思想在没有实施或运用之前人们会持有不同甚至相反的观点,会做出不同的评价,有的甚至在实施或用了相当长时间后,其效果如何,还很难定论。这是把管理学看成是软科学的第三个原因。

5. 管理学是一门综合性学科

管理活动的复杂性,必然导致管理学的综合性。管理学涉及经济学、政法学、社会学、心理学、数学等多个学科,除了管理实践的创新是不断推动其发展的动力外,另一个重要的推动力就是其他相近学科的发展,其中经济学、心理学、社会学、数学等学科发展的最新成果都在管理学研究中得到了运用。今天,这些与管理学密切相关的学科发展十分迅速。由此可以预测,未来的管理学在管理方法上将更多地借鉴这些学科的发展成果,表现出与这些学科发展更紧密结合的特征来。

作为管理活动主体的管理者,在进行管理活动中,需具有广博的知识才能进行有效的管理,也就是说管理学需充分吸收对自己有用的东西并加以拓展。

三、学习管理学的方法

学习管理学是提高管理实践水平的重要途径。如何学习以及怎样在学习中达到事半功倍的效果,是学习者普遍关注的问题。这里介绍几种学习方法,以供参考。

1. 历史研究法

历史研究法是对前人的管理实践、管理思想和管理理论予以总结概括,从中找出带有规律性的东西,实现古为今用的方法。这种研究方法运用的结果形成了人类管理思想产生与发展的历史。

2. 理论联系实际的方法

理论联系实际的方法既把现成的管理理论与管理方法运用到实践中去,通过实践检验这些理论与方法的正确性与可行性,又在实践中不断概括总结新的理论和方法。我国的管理学还处于建设时期,从国情出发,建设有中国特色的现代管理学体系,运用这一方法尤显重要。

3. 定量分析法

定量分析法是运用自然科学文化知识,把握管理活动和管理现象内在的数量关系,寻求其数量规律的方法。任何事物都兼有质和量的规定性,管理也不例外。对管理问题展开定量分析,既是管理实践的客观要求,又是管理走向科学化的必经之路。

4. 比较研究法

比较研究法是通过对不同管理理论或管理方法异同点的研究,总结其优劣以借鉴或归纳出具有普遍指导意义的管理规律的方法。比如,对不同社会制度或不同管理体制下的管理加以比较研究,对不同历史条件下、不同的生产力水平下的管理加以比较研究,对不同文化背景、不同文化水平条件下的管理加以比较研究等。

5. 案例研究法

案例研究法是通过对现实中发生的典型管理事例进行整理并展开系统分析,从中把握不同情况下处理问题的不同手段,以达到掌握管理原理,提高管理技能的方法。在案例研究中所整理并分析的案例都是典型的事件,具有生动性、具体性,因而能够调动学习者学习的积极性,引导学习者独立的思考。此方法是学习的一个好方法。

本章小结

1. 管理是一个协调工作活动的过程,以便能够有效率和有效果地同别人一起或通过别人实现组织的目标。

2. 计划、组织、领导和控制是管理的四项基本职能。

3. 管理者是通过协调活动与他人一起或通过他人实现组织目标的人。组织管理者全体在组织内部呈金字塔结构,分为基层管理者、中层管理者和高层管理者。另外,管理者所处领域不同,负责管理整个组织或组织中某个事业部的全部活动的管理者为综合管理者,而仅仅负责管理组织中某一类活动的管理者为专业管理者。

4. 技术技能、人际技能和概念技能是管理者需要具备的三种基本技能,人际角色、信息传递角色和决策制定角色是管理者履行的主要角色,不同层次的管理者在技能和所履行的角色方面呈现不同的结构;管理者施展技能和履行角色的过程就是管理职能的实现过程。

5. 管理学有其特有的研究对象和学科特征。学习现代管理学的途径要从我国的实际情况出发,学习方法有比较研究法、定量分析法、历史研究法、案例研究法、理论联系实际的方法等。

练习与思考

一、选择题

1. 下列（　　）性质不属于管理的特性。
   A. 综合性　　　B. 应用性　　　C. 精确性　　　D. 艺术性
2. 一个管理者所处的层次越高，面临的问题越复杂，越无先例可循，就越需要具备（　　）。
   A. 领导技能　　B. 组织技能　　C. 概念技能　　D. 人际技能
3. "凡事预则立，不预则废"，说的是（　　）的重要性。
   A. 组织　　　　B. 控制　　　　C. 领导　　　　D. 计划
4. 要确保"事有人做，人有事做；事得其人，人得其事"，需做好管理中的（　　）工作。
   A. 计划　　　　B. 组织　　　　C. 领导　　　　D. 控制
5. 一艘船要顺利驾驶到目的地，船长的角色职能包括：设计方向的领航员，实际控制方向和舵手，轮船的设计者或选用者，以及全体船员形成支持、参与和沟通关系的促进者。这些是组织中的（　　）职能。
   A. 计划、控制、组织和领导　　　B. 计划、组织、领导和控制
   C. 领导、计划、组织和控制　　　D. 领导、组织、计划和控制
6. 当管理者接待来访者、参加剪彩仪式等社会活动时，他行使的是（　　）的角色。
   A. 发言人　　　B. 组织联络者　C. 领导者　　　D. 代表人
7. 对于基层管理者来说，具备良好的（　　）是最为重要的。
   A. 人际技能　　B. 概念技能　　C. 技术技能　　D. 管理技能
8. 某大企业人才济济、设备精良，长期以来以管理正规有序而自诩。但近来该企业业绩不佳，尤其是干群士气低落，管理人员和技术人员的流失率逐年升高。从管理职能分析，该企业最有可能是（　　）工作存在问题。
   A. 计划职能　　B. 组织职能　　C. 领导职能　　D. 控制职能
9. 根据明茨伯格的"十角色理论"，管理者在人际关系方面主要扮演（　　）角色。
   A. 监听者　　　B. 联络者　　　C. 传播者　　　D. 发言人
10. 某研究所的一位管理人员告诉自己的好朋友，说他在单位的主要职责是给软件开发人员分派具体的工作任务，并指挥和监督各项具体工作任务的完成。由此可推断，这位管理人员是（　　）。
    A. 高层管理人员　B. 中层管理人员　C. 基层管理人员　D. 无法推断
11. 王经理在协调其属下成员间的冲突时行使了管理的（　　）职能。
    A. 计划　　　　B. 组织　　　　C. 领导　　　　D. 控制

二、问答题

1. 什么是管理？谁是管理者？管理者干什么？
2. 简述管理者的层次、技能和角色，并分析三者之间的关系。
3. 管理学的特点是什么？管理学的研究方法有哪些？

三、讨论及思考题

1. 人们学习管理是否就是为了成为管理者？
2. 只要加强管理就可以保证做好事、做对事吗？
3. 对一些组织进行实地调查，了解不同层次管理者日常工作的主要内容各有哪些，其所扮演的角色和所需要的技能各是什么。

第二章 管理理论的形成和发展

【要点提示】

掌握斯密的劳动分工思想；
掌握泰勒的科学管理理论的主要内容；
掌握法约尔的一般管理理论的主要内容；
掌握梅奥的人际关系理论的主要内容；
概述不同阶段管理理论的特点。

管理起源于人类的共同劳动，可以说自从有了人类的共同活动，就有了管理活动。管理活动的出现促使人们对这种活动加以研究和探索，经过长期的积累和总结，人们对管理活动有了初步的认识和了解，从而形成一些朴素、零散的管理思想。随着社会的发展，科学技术的进步，人们又对管理思想加以提炼和概括，找出其中带有规律性的东西，并将其作为假设，在管理活动中进行检验，继而对检验结果加以分析研究，从中找出属于管理活动普遍原理的东西，对这些原理进行抽象和综合就形成了管理理论。这些理论又被应用于管理活动，指导管理活动的进行，同时对这些理论进行实践检验，这就是管理理论的形成过程。

从中我们可以看出管理活动（管理实践）、管理思想和管理理论这三者的关系。管理活动是管理思想的根基，管理思想来自管理活动中的经验；管理思想是管理理论的基础，管理理论是管理思想的提炼、概括和升华，是比较成熟、系统化程度较高的管理思想，但并非所有管理思想都是管理理论；管理理论对管理活动有指导意义，同时又要经受管理活动的检验。

19世纪以前的一些有代表性的管理实践和管理思想，都是零散的管理实践或管理思想的体现，还没有形成一个完整的系统。直到19世纪末，"科学管理"理论的出现，才标志着管理理论进入到系统化层面，在此之前的管理思想是管理理论的萌芽阶段。从科学管理理论开始，管理理论的发展经历了古典管理理论、行为科学管理理论、现代管理理论几个阶段。根据这一发展脉络，我们将管理思想和理论的发展过程分为四个大的阶段：第一阶段为管理理论的萌芽阶段，即早期管理思想，产生于19世纪末以前；第二阶段为古典管理理论时期，产生于19世纪末到20世纪20年代；第三阶段为行为科学管理理论时期，产生于20世纪30年代到50年代；第四阶段为现代管理理论时期，产生于20世纪60年代以后。

第一节 中外早期管理思想

早期的管理思想虽然不如后来的管理理论成熟、系统化,但它的影响深远,很多管理思想对后来许多管理理论的形成和发展产生了重要影响。

一、中国古代管理思想

中国是世界上历史最悠久的文明古国之一。从管理学的角度来看,历史给我们留下了有关管理国家、巩固政权、统率军队、组织战争、治理经济、发展生产、安定社会等方面极为丰富的经验和理论,至今仍闪耀着光辉的管理思想。

(一) 中国古代的思想流派

在中国古代最有影响的管理思想是儒、道、墨、法、兵五家学说,其中儒、道、法三家自成体系,道求"虚",法求"实",儒家"虚实并用"。儒家思想由春秋战国时期孔子发起,经孟子继承与发展,在中国封建社会长期占据文化主导地位。

1. 儒家思想

儒家思想的代表人物是孔子(公元前551年—公元前479年,名丘,字仲尼,春秋时期鲁国人)、孟子、荀子,代表作是《论语》,其核心思想是"仁",把人作为管理和实施管理的中心,提倡"为政以德"的"德治"和"以德服人"的"仁政",主张"王道",反对"霸道"。另外,还提倡"人法"。相对地说,儒家思想重视道德感化作用,重视统治者个人的作用,轻视法律及其强制作用。把仁爱看成是维持社会秩序和做人的根本,从重人伦、人性、道德引发出民本论,在内涵上很符合后来提出的人本管理。

2. 道家思想

道家思想的代表人物是老子(约公元前580年—公元前500年之后,姓李,名耳,字伯阳),代表作是《道德经》。道家管理思想的哲学基础是"道法自然",其核心内容和基本原则是"无为而治"。道家思想认为自然万物皆从"道"而来,人生当以自然的道为准则,然后才得安宁。

3. 法家思想

法家思想的代表人物是韩非子(约公元前281年—公元前233年)、吴起、商鞅,代表作是《韩非子》。法家思想:一是以法治国。在中国古代,"礼"是基本的法权形式,但"礼"是讲究上下尊卑之别的,而"法"则讲究一个标准。礼在于"别",法在于"齐"。二是"法"、"术"、"势"统一。"法"是根本,政策、法令是社会的准则,需要大力推广;"术"是政治斗争的策略手段,包括选定人才并任命官职,以及暗中考察群臣等;"势"是君王的地位和权势。三者结合才能达到治国的目的。三是"自力心"。认为物质性的"道"是万物本源与普遍规律,提出人人都有自私自利之心。法家的这种思想比西方人提出的"经济人"假设早了2000多年。

4. 兵家思想

兵家思想的代表人物是孙武,春秋末期军事家,后人尊称其为孙子、孙武子、兵圣、百世兵家之师、东方兵学的鼻祖,著作是《孙子兵法》。孙武的军事思想具有朴素的唯物论与辩证法观点,认为战争的胜负取决于政治形势、经济发展、外交努力、军事实力、自然条件等诸多因素。同时认为人应该在不断变动的世界中积极创造条件,使事物朝着有利于自己的方向发展。《孙子兵法》论述了从"计"、"谋"、"攻"、"战"等,直到"间"等各方面的战略战术,提出"天时、地利、人和"的外部环境分析、"知己知彼,百战不殆"的竞争者分析、"上兵伐谋"的战略谋划、"避实就虚"的战术设计等。

5. 墨家思想

墨家思想为春秋战国时期的墨子所创。其主要思想是:①兼爱、非攻。墨家主张同等地爱天下人,而不是像儒家那样分出亲疏远近;"非攻"指墨家反对战争,认为战争造成天下人的灾难,而"爱天下人"就应该反对战争。②尚贤、尚同。墨家认为用人应该"尚贤","选贤任能",才能治理得当。而"尚贤"应该"高予之爵,重予之禄,任之以事,断予之令",否则"爵不高则民不敬,禄不厚则民不信,政令不断则民不畏";"尚同"指下级绝对服从上级,凡遇到"善"与"不善"的,都要"告其上",上级的是与非,下级都要绝对服从。③节用、非乐。平时生活应该节俭,不提倡享乐。

(二) 中国古代管理思想的特点

中国古代管理思想没有完整、独立的理论体系,而是散布于各种典籍之中,凝结在各种道理之内。中国古代管理思想所涉及的内容极其广泛,包括政治、军事、经济、工程等众多领域,其中又以治国、治军的思想最为精深。人类文明具有互通性,这使得我们可以透过各种论述,看到中国古代管理思想具有以下特点。

1. 顺"道"

中国历史上的"道"有多种含义,属于主观范畴的"道",是指治国的理论;属于客观范畴的"道",是指客观经济规律,又称为"则"或"常"。这里用的是后者,即指管理要顺应客观规律。

2. 重人

"重人"是中国传统管理的一大要素,包括两个方面:一是重人心向背,二是重人才归离。要夺取天下,治理国家,成就事业,人是第一位的,故我国历来讲究得人之道,用人之道。

3. 人和

人和中的"和"就是调整人际关系,讲团结,上下和,左右和。对治国来说,和能兴邦;对治生来说,和气生财。故我国历来把天时、地利、人和当作事业成功的三要素。

4. 守信

治国要守信,同样企业经营也要守信,办一切事业都要守信。信誉是人类社会人们之间建立稳定关系的基础,是国家兴旺和事业成功的保证。

5. 利器

生产要有工具,打仗要有兵器。中国历来有利器的传统,孔子说:"工欲善其事,必先利其器。"(《论语·卫灵公》)

6. 求实

实事求是,办事从实际出发,是思想方法和行为的准则。儒家提出"守正"原则,是说看问题不要偏激,办事不要过头,也不要不及。"过犹不及",过了头超越客观形势,犯冒进错误;不及于形势又错过时机,流于保守。这两种偏向都会坏事,应该防止。

7. 对策

《史记》中说:"夫运筹策帷帐之中,决胜于千里之外。"说明在治军、治国、治生等一切竞争和对抗的活动中,都必须统筹谋划,正确研究对策,以智取胜。研究对策有两个要点:一是预测,二是运筹。

8. 节俭

我国在理财和治生方面,历来提倡开源节流,崇俭抑奢,勤俭持家,勤俭建国。节用思想源于孔子和墨子,孔子主张"节用而爱人,使民以时"(《论语·学而》)。墨子说:"其用财节,其自养俭,民富国治。"(《墨子·节用上》)

9. 法治

我国的法治思想起源于先秦法家和《管子》,后来逐渐变成一套法制体系,包括田土法制、财税法制、军事法制、人才法制、行政管理法制、市场法制等。提倡法治优于人治,在法律面前人人平等,"刑过不避大臣,赏善不遗匹夫"。古代法治包括三条基本原则,即"明法"、"一法"、"常法"。

二、西方管理理论的先驱者

早期管理思想有比较大的发展还是在 18 世纪 60 年代资本主义的产业革命以后开始的。18 世纪中叶,英国发生了产业革命,后在西方资本主义世界迅速发展。工业革命时期产生了以机器为基本生产手段的工厂,它代替了手工业工场,生产规模扩大、专业化程度高、产品和生产技术复杂,因而要求有高水平的管理和专门从事管理事务的人员。于是,以现代工业生产为背景的管理思想和管理理论相继出现。西方资本主义社会中早期管理思想的代表人物是英国的亚当·斯密(Adam Smith,1723—1790 年)和查尔斯·巴贝奇(Charles Babbage,1792—1871 年)。

(一)亚当·斯密的管理思想

亚当·斯密在他 1776 年发表的经济学著作《国富论》中,以制针业为例说明了劳动分工理论,分析了劳动分工能提高劳动生产率的原因有三个方面:

1. 劳动分工可以使工人重复完成单项操作,从而提高劳动熟练程度,提高劳动效率。
2. 劳动分工可以减少由于变换工作而损失的时间。
3. 劳动分工可以使劳动简化,使劳动者的注意力集中在一种特定的对象上,有利于创造新工具和改进设备。

亚当·斯密的劳动分工思想对当时正处于工业革命前夜的欧洲工业的经济管理具有重大的意义,同时劳动分工也成为企业管理理论中的一条重要原理。

亚当·斯密在研究经济现象时还提出了一个重要观点:经济现象是基于具有利己主义目的的人们的活动而产生的。他认为,人们在经济行为中,追求的完全是私人的利益。

但是,每个人的利益又为其他人的利益所限制,这就迫使每个人必须顾及其他人的利益。由此,就产生了相互的共同利益,进而产生和发展了社会利益。这种认为人都要追求自己的经济利益的"经济人"观点,反映了资本主义的生产关系。

(二) 查尔斯·巴贝奇的管理思想

英国经济学家查尔斯·巴贝奇是泰勒之前具有独创管理思想的显赫人物,他不仅发展了斯密的观点,而且运用技术性的方法作为解决企业经营管理方面的辅助手段。他成为运筹学和管理科学的创始人,同时,也是科学管理的倡导者。1832年,他在代表作《论机器和制造业的经济》一书中概括了他的观点,该书成为管理学方面的一本重要文献。

1. 分工思想

巴贝奇赞同斯密的分工理论,他认为,文明的进步就是由劳动分工孕育而成的。巴贝奇更全面地分析了分工所带来的提高劳动生产力的原因。他认为:第一,分工节省了学习所需要的时间;第二,分工节省了学习中所耗费的材料;第三,分工节省了从一道工序转变到另一道工序耗费的时间;第四,分工节省了改变工具所耗费的时间;第五,分工使得工人经常重复同一种操作,技术必然熟练,从而可以大大提高工作的速度和效率;第六,分工后,由于注意力集中在比较单纯的作业上,容易发现问题,有利于改进工具和机器,同时也容易设计更加精致、更加合用的工具和机器。

巴贝奇进一步指出,不仅一般劳动可以分工,脑力劳动和体力劳动之间也可以分工。巴贝奇的分工理论超越亚当·斯密的理论之处还在于他把分工和报酬结合起来。巴贝奇指出,实行分工之后,可以按照不同的工序所要求的技术水平来雇佣不同的工人,从而支付不同的工资。

2. 工资、利润加奖金的报酬制度

巴贝奇认为,工人和工厂所有者之间存在着某种共同利益。这种共同利益可以通过其利润加工资的分配制度体现出来。巴贝奇提出,工人可以按照他对劳动生产率所做出的贡献分得工厂利润的一部分。同时,巴贝奇还十分重视生产的研究,他提倡实现有益的建议制度,鼓励工人提出建议,这样工人的报酬实际上由三个部分组成:按照工作性质所确定的固定工资,按照对劳动生产率所做出的贡献分得的利润,为提高劳动生产率提出建议而应得的奖金。

巴贝奇认为这种报酬制度有以下好处:

(1) 每个工人的利益同工厂的发展及所创造利润的多少直接有关;

(2) 每个工人都会关心浪费和管理不善等问题;

(3) 这种报酬制度能够促进每个部门改进工作;

(4) 这种报酬制度有助于激励工人提高技术和品德;

(5) 工人和雇主的利益一致,可以消除隔阂,共求企业的发展。

巴贝奇提出的工资、利润加奖金的报酬制度,把工人的实际利益与企业的效益及发展结合在一起,这在调节劳资矛盾、发挥工人生产积极性方面具有一定的作用。

3. 关于科学管理的一系列建议

巴贝奇在管理理论上的贡献还在于他开创了把科学方法应用于管理研究的做法。巴贝奇在《论机器和制造业的经济》一书中指出,在任何领域,只要人们的协作努力对达到某些共同目标具有重要意义,都可以用科学的方法进行组织和管理。

　　根据科学的方法,巴贝奇提出了如何确定平均工时的方法。他指出,如果观察者手拿钟表在一个做针头的人前面,那个工人肯定会加快工作速度,于是这样估算出来的产量就会太高。如果查问一下一天的工作量是多少,那就会得出确切得多的一个平均产量。不能确定平均产量时,就在工人完全没有意识到有人在观察他时记录,那么他在一定时间内完成的作业次数是可以计算出来的。

　　根据科学的方法,巴贝奇要求管理人员用一种标准提问表进行调查,表中的项目包括:生产所用的材料、正常耗费、费用、工具、价格、市场、工人、工资、工作周期、技术等。他还认为经过严密调查而获得的数据应该用来作为管理一个企业的依据。

　　在斯密和巴贝奇之后,亨利·福特把劳动分工理论应用于汽车生产过程,形成了汽车流水生产线,使劳动分工的主张得到了充分的体现。

(三) 罗伯特·欧文的人事管理思想

　　在工业革命时代,机器工业得到了前所未有的大发展,但是在这一发展的同时也隐藏着许多深层次的问题无法解决。早期对工业革命带来的管理问题和社会问题进行分析并提出解决办法的人并不多,罗伯特·欧文(Robert Owen,1771—1858)是其中非常杰出的一位。无论是在管理学和教育学上,还是在社会学和政治学上,欧文思想的影响都是深远的。

　　欧文对当时很多资本家过分注重机器而轻视人的做法提出了强烈批评,并采用多种办法致力于改善工人的工作环境和生活环境。在他所经营的工厂里,欧文通过改善工厂设备的摆设和搞好清洁卫生等方法,为工人创造出一个在当时看来尽可能舒适的工作场所。他还主动把工人的工作时间从13~14小时缩短到10.5小时。欧文很注重绿化环境,在工人住宅的周围,树木成荫,花草成行,这对工人的身心健康有着十分积极的作用。为了使工人的闲暇时间有正当向上的娱乐和学习,消除酗酒、斗殴等不良风气,欧文还专门为工人建造了供他们娱乐的地方。

　　通过这一系列的实验来探索对工人和工厂所有者双方都有利的方法和制度,提出"在工厂生产中重视人的因素",因此欧文被称为"人事管理之父"。

第二节　古典管理理论

　　早期管理思想实际上是管理理论的萌芽,管理理论比较系统地建立起来是在19世纪末20世纪初,这个阶段所形成的管理理论称为"古典管理理论",主要包括泰勒的科学管理理论、法约尔的一般管理理论和韦伯的行政组织理论。从学科的意义上说,管理科学产生的一个重要标志,就是古典管理理论,特别是科学管理理论的诞生。同时,古典管理理论的一些思想精粹,不仅促进了当时管理实践的重大变革,而且对此后乃至当今的管理实践,也有着重大的影响。

一、科学管理理论

科学管理理论是在美国形成的。当时,美国南北战争结束,工业得到了迅猛发展,资本雄厚,但劳动力缺乏,企业管理落后,其突出表现为工人劳动时间长,劳动强度大,生产效率低下,工人工资低,劳资关系紧张。这些情况引起了许多管理人员和技术人员的重视,他们试图运用当时的科学技术去解决这些问题。弗雷德里克·泰勒(Fredrik·W. Taylor)就是其中的典型代表人物。

(一) 泰勒的科学管理理论

1. 泰勒简介

1856年泰勒出生于美国费城一个富裕家庭,18岁他以优异的成绩考取了哈佛大学法学院,但因眼病不得不放弃学业。泰勒19岁开始到一家小型水泵厂当学徒,22岁转入米德维尔钢铁公司,先后当过技工、工长、总机械师、总绘图师,27岁任总工程师。在米德维尔工厂的经历使他了解到工人们普遍怠工的原因,他感到缺乏有效的管理手段是提高生产率的严重阻碍。为此,泰勒开始探索科学的管理方法和理论。1898年42岁的泰勒进入伯利恒钢铁公司从事管理研究,1901年他主要从事写作与演讲,宣传他的企业管理理论,1906年当选为美国机械工程师协会主席,1915年逝世,人们在他的墓碑上刻着"科学管理之父弗雷德里克·泰勒"。他先后于1895年、1903年发表《计件工资制》和《工场管理》等文章。1911年,泰勒出版了著名的《科学管理原理》一书。在这本书中,泰勒全面地叙述了他的管理思想和理论,概括起来主要有以下三个观点:

(1) 科学管理的根本目的是谋求最高工作效率

泰勒在他的《科学管理原理》中一开始就指出:"管理的主要目的应该是使雇主实现最大的富裕,也联系着使每个雇员实现最大限度的富裕。"他进一步说,最高的工作效率是雇主和雇员共同达到富裕的基础,它能使较高的工资与较低的劳动成本统一起来,从而使雇主得到较多的利润,使雇员得到较高的工资。这样,就能提高他们扩大再生产的兴趣,促进生产的发展。所以,提高劳动生产率是泰勒创立科学管理理论的出发点和基础。

(2) 达到最高工作效率的重要手段是科学的管理方法

19世纪末,企业主沉溺于利用低工资延长劳动时间,增加劳动强度,采用女工和童工等手段剥削工人,追求利润最大化。这种管理方法只凭管理者的经验和感觉,而不对工作进行科学分析,没有一定的计划和程序。泰勒认为管理是一门科学,为了提高工作效率必须制定明确的规定、条例和标准,必须用科学化、制度化的管理代替旧的经验管理。

(3) 实施科学管理要求精神上的彻底变革

泰勒认为科学管理是一场重大的精神变革,他要求工人要树立对工作、对同事、对雇主负责的观念,要求管理人员改变对同事、对工人的态度,增强责任观念。通过这种变革,可以使管理者和工人"双方都把注意力从盈利的分派上转移到增加盈利数量上来"。当他们用友好合作和互相帮助代替对抗和斗争时,他们就能够创造出比过去更多的盈利,从而使工人的工资大大增加,使企业主的利润大大提高,这样,双方就没有必要再为盈利的分配而争吵了。

2. 泰勒的三大实验

（1）搬运生铁实验

通过搬运生铁实验，摸索出工人日合理工作量，从而为实行定额管理奠定了基础。在伯利恒钢铁公司，有一搬运小组搬运生铁，他们的任务是从生铁堆里拣起一块重约92磅（约40公斤）的生铁，走上斜踏板，把生铁搁在车厢里，然后再用火车拉走生铁。在泰勒进行实验之前，这个搬运组的75名员工平均每人每天装货约12.5吨，而泰勒等人通过观察发现他们每天能搬运47—48吨，这使泰勒惊喜。在泰勒看来，之所以选择搬生铁的工作做实验，是因为这类工作"猩猩经过训练都可能比人做得有效"，它适合从简单的工作到最复杂工作的分析。

（2）铁锹实验

铁锹铲煤实验为实行工具标准化奠定了基础。铁锹实验首先系统地研究了"铲口的负载应为多大"这一问题，其次研究的是各种材料能够达到标准负载的锹的形状、规格问题，与此同时还研究了各种原料装锹的最好方法问题。此外，还对每一套动作的精确时间做了研究，从而提出了一个"一流工人"每天应该完成的工作量。这一研究的结果是非常出色的。堆料场的劳动力从400—600人减少为140人。平均每人每天的操作量从16吨提高到59吨，每个工人的日工资从1.15美元提高到1.88美元。

（3）金属切削实验

金属切削实验为制定各种机床进行高速切削和精密加工的操作规程提供了科学的依据。泰勒在米德维尔开始进行的金属切削实验延续了26年之久，进行的各项实验达3万次，80万磅的钢铁被实验用的工具削成切屑，总共耗费约15万美元。实验发现了能大大提高金属切削机工产量的高速工具钢，并取得了各种机床适当的转速、进刀量以及切削用量标准等资料。

3. 泰勒科学管理理论的主要内容

根据自己的理论与观点泰勒提出以下五个管理制度，这也是泰勒科学管理理论的主要内容。

（1）标准化原理

按自然科学原理研究作业顺序，制定科学的工艺流程，使机器、设备、工艺、工具、材料、工作环境尽量标准化，使各部分工作有序地衔接；进行动作研究，分析人在劳动中的机械动作，省去多余的笨拙的动作，确定操作规程和动作规范，确定完成每一道工序的最快速度。

（2）工作定额原理

即选择熟练的工人，对每一道工序所需要的时间进行测量，再考虑到必要的休息时间和其他延误时间，据此规定出一个工人一天所必须完成的工作量。

（3）能力与工作相适应

泰勒认为，为了提高劳动生产率，必须为工作选择"一流工人"，即根据不同的体质和禀赋来挑选工人，如身强力壮的就分配他干重活，而不分配他去干精细的活，这样挑选出来的工人就都是一流的。

泰勒同时强调，科学地选择工人必须与系统地培训工人结合起来，管理部门的责任就在于为每项工作找出最适合干这项工作的人选,并对他们进行系统、科学的培训,使他们成为从事该项工作的"一流工人"。

(4) 差别计件工资制

根据工人是否完成工作定额而采取"差别计件工资制",超额完成生产任务的,单件的工资额就越高,收入也就越高。即按照工人是否完成定额而采用不同的工资率。如果工人能够保质保量地完成定额,就按高的工资率付酬,以资鼓励;如果工人的生产没有达到定额就将全部工作量按低的工资率付给,并给以警告,如不改进,工人就要被解雇。例如,某项工作定额是 10 件,每件完成给 0.1 元。又规定该项工作完成定额工资率为 125%,未完成定额率为 80%。那么,如果完成定额,就可得工资 $20\times0.1\times125\%=1.25$(元);如未完成定额,哪怕完成了 9 件,也只能得工资 $9\times0.1\times80\%=0.72$(元)。

(5) 职能工长制

在旧的制度下,企业的组织形式是按军队的直线制设置的,有关作业的一切命令都是由厂长传达给作业人员的。由于没有实行管理工作的分工,厂长的工作内容极其复杂。为了有效地执行管理职能,提高工作效率,泰勒主张实行职能工长制,即将管理工作仔细地予以分割,每个管理者只承担一种或两种管理职能。这样,管理者的职责比较单一明确,培养管理者所花的时间和费用也比较少。但是,这样一来,一个工人就要从几个职能不同的上级那里接受命令,容易造成多头命令,同时增加管理费用。

(6) 例外原则

例外原则是指高级管理人员把一般的日常事务授权给下级管理人员去处理,自己只保留对例外事项(重要事项)的决策和监督权。

4. 对泰勒的科学管理理论的评价

泰勒的科学管理理论对人类,特别是管理做出了重大的贡献,它打破了过去只凭个人经验和个人判断管理企业的传统观念,第一次将管理从经验上升为科学。它将科学的方法引入到管理领域,并且创立了一套具体的科学管理方法,大大提高了生产率,如标准化原理、职能工长制、差别计件工资制等,这些技术和方法不仅是过去,而且也是近代合理组织生产的基础。泰勒的科学管理的出现还永远地改变了人们的观念,使人们真正以职业人身份参与管理。这是管理理论上的重大进步,同时这也为管理实践开创了新的局面。

泰勒科学管理理论对企业管理贡献很大,但是其局限性后来也逐步显现。泰勒科学管理理论的局限性主要表现在:第一,认为人是纯粹的"经济人",工人最关心的是自己的金钱收入;第二,偏重管理技术因素,忽视人的社会因素;第三,只注重工作现场作业效率的提高,未能从企业整体上考虑如何解决好经营管理问题。

(二) 科学管理的其他代表人物

泰勒的科学管理理论在 20 世纪初得到了广泛的传播和应用,影响很大。因此在他同时代和他以后的年代中,有许多人也积极从事于管理实践与理论的研究,丰富和发展了科学管理理论。其中比较著名的有:

1. 卡尔·乔治·巴思(Carl George Barth)

卡尔·乔治·巴思是美籍数学家。他是泰勒最早、最亲密的合作者,为科学管理工作做出了很大贡献。1899 年,泰勒邀请卡尔·乔治·巴思来解决金属切削实验中所遇到的复杂数学问题。为计算机器的进料和速度问题,他发明了巴思计算尺,利用巴思的计算尺和公式就可以很快地决定进刀和切削的速度。他帮助泰勒进行工时研究和疲劳研究,并在工厂中推行"泰勒制",泰勒往往是这些工厂的义务咨询员,巴思则在工厂中具体推行科学管理制度。泰勒把他称作是"能解决那些很难解决问题的人"。

他是个很有造诣的数学家,其研究的许多数学方法和公式,为泰勒的工时研究、动作研究、金属切削实验等研究工作提供了理论依据。

2. 亨利·劳伦斯·甘特(Henry L. Gantt)

亨利·劳伦斯·甘特(1861—1919)是美国管理学家、机械工程师,是泰勒创立和推广科学管理制度的亲密合作者,也是科学管理运动的先驱者之一,他与泰勒密切配合,使科学管理理论得到了进一步的发展。特别是他的"甘特图"(Gantt Chart),是当时计划和控制生产的有效工具,并为当今现代化方法 PERT(计划评审技术)的产生奠定了基石。他还提出了"计件奖励工资制",即除了按日支付有保证的工资外,超额部分给予奖励;完不成定额的,可以得到原定日工资。这种制度补充了泰勒的差别计件工资制的不足。此外,甘特还很重视管理中人的因素,强调"工业民主"和更重视人的领导方式,这对后来的人际关系理论有很大的影响。

3. 吉尔布雷斯夫妇(Frank B. Gilbreth and Lillian M. Gilbreth)

美国工程师弗兰克·吉尔布雷斯与夫人(心理学博士莉莲·吉尔布雷斯)不但进行了动作、疲劳、制度管理等方面的研究,而且很重视企业中人的因素。吉尔布雷斯的动作研究的重要性在于为动作研究开辟了道路,现代体育竞技中的动作基本上源于此。此外,他还探讨了工作、工人和工作环境之间的相互影响。

4. 哈林顿·埃默森(Harrington Emerson)

哈林顿·埃默森是为发展中的美国找到节省时间和开支方法的新型"效率工程师"的代表人物。他认为工商管理可以向军事经验学习,可以把军队中的参谋职能应用到企业组织管理当中去。

他在管理思想上的贡献主要是:

(1) 直线和参谋组织

这样既能发挥专业知识的长处,又不会破坏统一指挥的原则。

(2) 组织的效率的原则

埃默森出版了《效率的 12 条原则》。他提出的 12 个原则分别是:明确规定目标,常识,向有能力的人请教,纪律,待人公平,可靠、及时、充分、持久的记录,工作调度,标准和日程表,标准化的条件,标准化的操作,书面作业指导,效率的奖赏。

尽管泰勒的追随者在许多方面不同程度地发展了"科学管理"理论和方法,但总的来说,他们和泰勒一样,研究的范围始终没有超出劳动作业的技术过程,没有超出车间管理的范围。

5. 亨利·福特(Henry Ford)

亨利·福特(1863—1947),美国汽车工程师与企业家,福特汽车公司的建立者,被大众普遍认为是大规模生产的第一位倡导者。福特首创了一套生产和管理制度,被称为"福特制"。福特制在生产和管理的实践中实现了许多科学管理的原理。

(1) 制造方式标准化

实行部件标准化和作业标准化，大大提高了制造的精密性，零部件的互换性，提高了汽车的性能和质量，延长了汽车的寿命。

(2) 流水式装配线

为缩短生产作业途中搬运材料和部件的时间，福特公司发明了用自动搬运材料和部件的传送带组成的流水式装配线，并于1913年在海兰持·派克工厂建成使用，生产率大为提高。

二、一般管理理论

在泰勒等人在美国研究和倡导科学管理理论的同时，欧洲出现了对组织管理的研究，其中最为著名的是以法国的亨利·法约尔(Henri Fayol,1841—1925)为代表人物的一般管理理论，该理论是从企业整体上研究管理职能和一般管理原则的。

法约尔出生在法国小资产阶级家庭，19岁毕业于法国国立采矿学院，同年被聘任为采矿工程师，25岁时担任矿井经理，31岁担任煤矿总经理，任职达30余年。1925年出版的《一般管理与工业管理》一书是他的代表著作，此书成为经典管理文献之一，法约尔也被后人尊称为"现代经营管理理论之父"。

法约尔一般管理理论包括三个方面的内容：一是将企业的全部活动概括为六大类别，管理是其中的一类；二是把管理的要素看成是管理的职能，即计划、组织、指挥、协调与控制；三是提出了管理工作的"十四条原则"。

（一）企业经营职能

法约尔认为，要经营好一个企业，不仅要改善生产现场的管理，而且应当注意改善有关企业经营的六个方面的职能。

1. 技术职能：即生产、设计和制造等活动；
2. 经营职能：即进行采购、销售和交换等活动；
3. 财务职能：即确定资金筹资、运用与控制等活动；
4. 会计职能：即盘点、编制财务报表、成本核算及统计等活动；
5. 安全职能：即保证员工劳动安全及设备使用安全等活动；
6. 管理职能：包括计划、组织、指挥、协调和控制活动。

（二）管理五大职能

法约尔首先把管理活动划分为计划、组织、指挥、协调与控制五大职能，并对这五大管理职能进行了详细的分析和研究。法约尔认为："计划就是探索未来和制定行动方案；组织就是建立企业的物质和社会的双重结构；指挥就是使其人员发挥作用；协调就是连接、联合、调解所有的活动和力量；控制就是注意一切是否按已制定的规章和下达的命令进行。"法约尔还认为，管理的这五大职能，并不是企业经理或领导人个人的责任，而是一种分配于领导人与其他组织成员的职能。根据这种观点，法约尔给管理做出了这样的定义："所谓管理，就是计划、组织、指挥、协调和控制。"

（三）管理的一般原则

法约尔提出了管理人员解决问题时应遵循的十四条原则：

1. 分工。劳动专业化是各个机构和组织前进和发展的必要手段。法约尔指出：一般人认为劳动分工是合理使用个人力量和集体力量的最好办法。劳动分工不仅适用于技术性的工作，而且也毫无例外地适用于所有涉及一批人或要求几种类型的能力的工作，其结果是职能的专业化和技术的分散。

2. 权力与责任。权力与责任始终是相互联系的概念。作为一个管理者，他既要有履行职责所应该具有的权力，又要对其管理的事情负责。只有权力与责任的相互统一，才能使管理工作得到正常的运转。法约尔认为权力就是"下达命令的权力和强迫别人服从的力量"。权力可分为管理人员的职务权力和个人权力。职务权力是由职位产生的；个人权力是由担任职务者的个性、经验、道德品质以及使下属努力工作的其他个人特性而产生的权力或威望，个人权力是职务权力不可缺少的条件。

3. 纪律。纪律是一种行为准则，这种行为准则存在于群体生活的所有地方。法约尔认为纪律的实质是遵守公司各方达成的协议，要维护纪律就应该做到：(1)对协议进行详细说明，使协议明确而公正；(2)领导要称职，任何一个组织其纪律的状况都取决于领导者的道德状况；(3)在纪律遭到破坏时，要采取惩罚措施，制裁要公正。

4. 统一指挥。在组织管理中，无论对于哪一件工作，一个下属人员只应接受来自一个上级的命令。法约尔认为，统一指挥是组织管理中的一条普遍的、永久的，而且也是必要的原则。如果违背这个原则，权力就会受到损害，纪律就会遭到破坏，组织的工作秩序的稳定就将受到威胁。

5. 统一领导。在法约尔这里，统一领导主要是指一个领导者和一个计划的问题。他指出为达到同一目的而进行的各种活动，应由一位领导根据一项计划开展，这是统一行动、协调配合、集中力量的重要条件。因为只有这样才能做到责任明确、计划明确，从而才能够保证组织目标的顺利实现。

6. 个人利益服从整体利益。利益原则是人类社会的首要基本原则。法约尔认为整体利益大于个人利益，一个组织谋求实现总目标比实现个人目标更为重要，协调这两方面利益的关键是领导阶层要有坚定性和做出良好的榜样，协调要公正，并进行经常检查。

7. 公平合理的报酬制度。根据法约尔的报酬原则，报酬应从"经济人"的角度出发，充分体现合理的精神，尽量使雇主和雇员都能够接受，都能够满意。

8. 集权与分权。指的是组织的权力的集中与分散的问题。法约尔认为，集中或分散的问题是一个简单的尺度问题，问题在于找到适合该企业的最适度。集权与分权的程度应视管理人员的个性、道德品质、下级人员的可靠性以及企业的规模、条件等情况而定。

9. 等级链与跳板。"等级链"即从最上级到最下级各层权力连成的等级结构。它是一条权力线，用以贯彻执行统一的命令和保证信息传递的秩序。但有时按照这条等级链传递信息可能会延误，跳板就是为此而设计的，以便使组织中不同等级线路中相同层次的人员能在有关上级同意的情况下直接联系。

10. 秩序。人和物必须各尽其能。管理人员要了解每一工作岗位的性质和内容，使每个工作岗位都有称职的员工，每个员工都有适合的岗位。同时还要有条不紊地安排物资、设备的合适位置。

11. 平等。上级对下属一视同仁，以亲切、友好、公正的态度严格执行规章制度。雇员们受到平等的对待，会以忠诚和献身的精神去完成他们的任务。

12. 保持人员稳定。人员的稳定是组织稳定的基础，从而也是组织正常运转的基本条件。高层管理人员应当提供有规划的人事计划，并有合适的人选替职位空缺，要采取措施，鼓励员工特别是管理人员长期为公司服务。

13. 首创精神。是指人们在工作中的主动性和创造性。法约尔认为，想出一个计划并保证其成功是一个聪明人的最大的快乐，也是人类活动的最有力刺激之一，这就是人的首创精神。对于企业来说，首创精神是一个巨大的力量，因此应尽可能鼓励和发展员工的这种精神。

14. 团结精神。团结对于任何一种组织的正常运转都是十分必要的，员工的融洽、团结可以使企业产生巨大的力量。他指出："分裂敌人的力量是聪明的，但分裂自己的队伍是对企业的犯罪。"他认为，导致企业内部不团结的因素很多，可能是因为管理能力的不足，可能是因为对事务的了解不全面，也可能是因为自私自利，为了个人利益而牺牲了整体利益。但是，不论是什么原因导致的不团结，都是不能容忍的，都是要受到谴责的，因为它直接对企业的正常运行和发展带来了危害。

（四）对法约尔一般管理理论的评价

法约尔的管理思想具有较强的系统性和理论性，他对管理职能的分析为管理科学提供了一套科学的理论构架。后人根据这种构架，建立了管理学，并把它引入课堂，培养了大量管理人才。法约尔提出的管理十四条原则，经过多年的研究和实践检验，总的来说仍然是正确的，这些原则过去曾经给企业管理人员极大的帮助，现在仍然为许多管理者所推崇。

法约尔的组织管理理论的不足之处是，他的管理原则缺乏弹性，以至于有时让管理人员无法完全遵守。如统一指挥原则，法约尔认为，不论什么工作，一个下属只能接受一个上级的命令，并把这一原则当成一条定律。这和劳动分工原则可能发生矛盾。因为根据劳动分工原则，应将各种工作按专业化进行分工，才有助于提高效率，当某一层次的管理人员制定决策的时候，他就要考虑来自各个专业部门的意见或指示，但这是统一指挥原则所不允许的。例如，某一分厂的会计人员，在组织上隶属于这个分厂，按照统一指挥原则，总厂财务部门必然无法指挥分厂的会计人员。

三、行政组织理论

马克斯·韦伯（Max Weber，1864—1920）出生于德国一个殷实的家庭。由于受家庭特别是家庭广泛的社会和政治关系的影响和熏陶，他本人在社会学、经济学、政治学、法律学和宗教学方面都有一定的研究，并成为德国当时颇具影响力的学者。他曾先后在柏林大学、弗莱堡大学、海德堡大学和慕尼黑大学担任教授，还做过政府的顾问。他的代表作有《新教的伦理和资本主义的精神》、《社会经济组织的理论》和《经济史》等。在这些著作中，他对经济组织和社会组织的关系提出了许多新的观点和独特的思想，对后来组织理论的研究和发展产生了重要的影响。

韦伯科学管理的核心是强调组织管理的高效率,为此他对政府、教会、军队和经济等各种组织进行了长期的研究。他认为等级制度、权力形态和行政制度是一切社会组织的基础,并从此着手进行分析,最终将其发展为一个完整的理论体系——"理想的"行政组织理论。行政组织也可以直译为"官僚制"。韦伯认为,官僚制是一种严密的、合理的、形同机器那样的社会组织,它具有熟练的专业活动、明确的权责划分、严格执行的规章制度,以及金字塔式的等级服从关系等特征,从而使其成为一种系统的管理技术体系。

这一理论对工业化以来各种不同类型的组织产生了广泛而深远的影响,成为现代大型组织广泛采用的一种组织管理方式。

(一)韦伯的行政组织理论的核心内容

1. 权力的基础

韦伯首先从组织的等级制度开始进行分析。他认为组织等级源于组织结构,而组织结构源于组织层次。他从各类组织中归纳出一种由主要负责人、行政官员和一般工作人员三个层次组成的结构。主要负责人的主要职能是进行决策,行政官员的主要职能是贯彻决策,一般工作人员的主要职能是进行实际工作。

韦伯将权力归纳为三种基本形态。

(1)法定权力。它是以"合法性"为依据、以规则为基础的,其前提是在已经存在了一套等级制度的情况下,人们对确认的职务和职位所带来的权力的服从。

(2)传统权力。这是以古老传统的不可侵犯性和执行这种权力的人的地位的正统性为依据、以传统的信念为基础的。对这种权力的服从实际上是对这种不可侵犯的权力地位的服从。

(3)超凡权力。这是以对个别人的特殊的、神圣的、英雄主义或模范品德等的崇拜为依据,以对个人尊严、典范品格的信仰为基础的,对这种权力的服从是源于追随者对被崇拜者的威信或信仰的服从。

韦伯认为任何组织的存在都必须以某种形态的权力为基础,缺少某种权力形态的组织不但会混乱不堪,而且也难以达到组织目标。在"理想的"行政组织管理中应以"合理、合法"的权力作为基础,因为这是一种理性的权力,管理者是在能胜任其职责的基础上被挑选出来的;这是一种合法的权力,管理者具有行使权力的合法地位;这是一种明确的权力,所有的权力都有明确的规定并限制在完成组织的任务所必需的范围内。

2. 行政组织的特征

韦伯所提出的理想行政组织具有以下特征:

(1)劳动分工。在分工的基础上,规定每个岗位的权力和责任,把这些权力和责任作为明确规范而制度化。

(2)权威等级。按照不同职位权力的大小确定其在组织中的地位,形成有序的等级系统,以制度形式巩固下来。

(3)正式的甄选。组织中所有人员的选拔和提升都要依据技术能力。员工的技术能力是通过考试或者根据培训和经验来评估。

(4)正式的规则和法规。管理人员在实施管理时要受制于规则和程序,以保证员工产生可靠的和可以预见的行为。

（5）服从制度规定。组织的所有成员原则上都要服从制度规定，而不是服从于某个人。

（6）管理者与所有者分离。管理者是职业化的专家，而不是所有者。管理者的职务就是他的职业，他有固定的报酬，有晋升的机会，他忠于职守而不是忠于某个人。

（二）对韦伯行政组织理论的评价

韦伯的理论所提出的科学管理体系是一种制度化、法律化、程序化和专业化的组织理论。它阐明了官僚体制与社会化大生产之间的必然联系，突破了妨碍现代组织管理的以等级门第为标准的家长制管理形式；促进了管理方式的转变，消除了管理领域非理性、非科学的因素。理想的行政组织理论无论是对西方学术界，还是对社会各个领域，都产生了深刻的影响。

但是，韦伯的行政管理体制即官僚制也存在着难以克服的缺陷：一、他忽视了组织管理中人的主体作用，偏重于从静态角度分析组织结构和组织管理，忽视了组织之间、个人与组织之间、个人之间的相互作用；二、突出强调了法规对于组织管理的决定作用，以及人对法规的从属和工具化性质。

四、古典管理理论的特点

早期的古典管理理论学家泰勒、法约尔、韦伯等人都只把人看成是"经济人"，即工人只是为了追求最高工资的人，认为工人在干活时常采取"磨洋工"的办法，因此应用严格的科学办法来进行管理。如泰勒主张用"科学管理"的方法，由工程技术人员设计科学的操作方法，工人严格地照章执行即可提高生产率；法约尔则从企业整体的角度，推行一套科学的管理原则；韦伯的官僚组织体系同时也是一种科学的管理组织体系。他们的共同特点是强调组织和管理的科学性、精密性而忽视了人的因素，只把工人看成是组织中的一个零件。正如韦伯所说："一个员工无非是一台运转着的机器上的一个齿轮，整个机器的运转给他规定了基本的运行路线。"这种机械的管理体制在适当的条件下能够提高效率，但随着历史的发展，西方古典管理理论也日益暴露出其局限性，逐步被新的管理理论补充、修正和替代。

第三节 行为科学理论

古典管理理论在提高劳动生产率方面虽然取得了显著的成绩，但由于漠视人性，使得劳资关系紧张，激起了工人特别是工会的反抗。欧美等国的统治阶级感到单纯用科学管理等传统的管理理论和方法已不能有效地控制工人，不能达到提高生产率和利润的目的，必须有新的企业管理理论来缓和矛盾，促进生产率的提高。在这种情况下，早期行为科学理论应运而生。

行为科学是指运用心理学、社会学理论和方法，从人的工作动机、情绪、行为与工作、工作环境之间的关系出发，探索影响劳动生产率因素的科学。20世纪30年代以后，行为科学的概念在许多社会科学中占据了重要的地位。从管理学角度看，行为科学早期发源于人际关系学说，以后发展成为管理科学中的行为主义思潮。到了20世纪60年代，又有了组织行为学。从此以后，有关行为科学的管理学著作，一直占据着管理学主导地位。

一、早期行为科学理论

早期行为科学又称人际关系理论。人际关系理论的代表人物是乔治·埃尔顿·梅奥（1880—1949）。梅奥曾参加了1924年至1932年在芝加哥西方电气公司霍桑工厂进行的实验。这项实验被管理学界称为著名的"霍桑实验"。

（一）霍桑实验

1924年开始，美国西方电气公司在芝加哥附近的霍桑工厂进行了一系列实验。最初的目的是根据科学管理原理，探讨工作环境对劳动生产率的影响。后来梅奥参加该项实验，研究心理和社会因素对工人劳动过程的影响。1933年他出版了《工业文明的人类问题》，提出著名的"人际关系学说"，开辟了行为科学研究的道路。

霍桑工厂是一个制造电话交换机的工厂，具有较完善的娱乐设施、医疗制度和养老金制度，但工人们仍愤愤不平，生产成绩很不理想。为找出原因，美国国家研究委员会组织研究小组开展实验研究。

霍桑实验是一项以科学管理的逻辑为基础的实验。从1924年开始到1932年结束，在将近8年的时间内，前后共进行过两个回合：第一个回合是从1924年11月至1927年5月，是在美国国家科学委员会赞助下进行的；第二个回合是从1927年至1932年，由梅奥主持进行。整个实验前后经历了四个阶段。

1. 第一阶段：照明实验

关于生产效率的理论当时占统治地位的是劳动医学的观点。该理论认为也许影响工人生产效率的是疲劳和单调感等，于是当时的实验假设便是"提高照明度有助于减少疲劳，使生产效率提高"。可是经过两年多实验发现，照明度的改变对生产效率并无影响。具体结果是：当实验组照明度增大时，实验组和控制组都增产；当实验组照明度减弱时，两组依然都增产，甚至实验组的照明度减少时，其产量亦无明显下降；直至照明减至如月光一般实在看不清时，产量才急剧降下来。研究人员面对此结果感到茫然，失去了信心。从1927年起，以梅奥教授为首的一批哈佛大学心理学工作者将实验工作接管下来，继续进行。

2. 第二阶段：福利实验

实验目的总的来说是查明福利待遇与生产效率的关系。但经过两年多的实验，发现不管福利待遇如何改变（包括工资支付办法的改变、优惠措施的增减、休息时间的增减等），都不影响产量的持续上升，甚至工人自己对生产效率提高的原因也说不清楚。

后经进一步的分析发现，导致生产效率上升的主要原因是：(1)参加实验的光荣感。实验开始时6名参加实验的女工曾被叫进部长办公室谈话，她们认为这是莫大的荣誉。

这说明被重视的自豪感对人的积极性有明显的促进作用。(2)成员间良好的关系。

3. 第三阶段：访谈实验

研究者在工厂中开始了访谈计划。此计划的最初想法是要工人就管理当局的规划和政策、工头的态度和工作条件等问题做出回答，但这种规定好的访谈计划在进行过程中却大出意料之外，得到意想不到的效果。工人想就工作提纲以外的事情进行交谈，工人认为重要的事情并不是公司或调查者认为意义重大的那些事。访谈者了解到这一点，及时把访谈计划改为事先不规定内容，每次访谈的平均时间从30分钟延长到1—1.5个小时，多听少说，详细记录工人的不满和意见。访谈计划持续了两年多，工人的产量大幅度提高。

工人们长期以来对工厂的各项管理制度和方法存在许多不满，无处发泄，访谈计划的实行恰恰为他们提供了发泄机会。发泄过后心情舒畅，士气提高，使产量得到提高。

4. 第四阶段：群体实验

在这个实验中，梅奥等人选择14名男工人，让他们各自在单独的房间里从事绕线、焊接和检验工作。对这个班组实行特殊的工人计件工资制度。实验者原来设想，实行这套奖励办法，工人会更加努力工作，以便得到更多的报酬。但观察发现，产量只保持在中等水平上，每个工人的日产量平均都差不多，而且工人并不如实地报告产量。深入调查后发现，这个班组为了维护他们群体的利益，自发地形成了一些规范。他们约定：谁也不能干得太多，突出自己；谁也不能干得太少，影响全组的产量。并且约法三章，不准向管理当局告密，如有人违反这些规定，轻则挖苦谩骂，重则拳打脚踢。进一步调查发现，工人们之所以维持中等水平的产量，是担心产量提高，管理当局会改变现行奖励制度或裁减人员，使部分工人失业，或者会使干得慢的伙伴受到惩罚。这一实验表明，为了维护班组内部的团结，可以放弃物质利益的引诱。由此提出"非正式群体"的概念，认为在正式的组织中存在着自发形成的非正式群体，这种群体有自己的特殊的行为规范，对人的行为起着调节和控制作用，同时加强了内部的协作关系。

（二）人际关系理论的主要内容

通过历时8年的四个阶段的试验，梅奥认识到，人们生产的效率不仅要受到物理的、生理的因素的影响，而且还要受到社会环境、社会心理方面的影响。根据"霍桑实验"的结果，梅奥于1933年出版了《工业文明中人的问题》一书，提出了与古典管理理论完全不同的新观点，其主要观点有：

1. 工人是"社会人"而不是"经济人"

梅奥认为，人们的行为并不单纯出自追求金钱的动机，还有社会方面的、心理方面的需要，即追求人与人之间的友情、安全感、归属感和受人尊敬等，而后者更为重要。因此，不能单纯从技术和物质条件着眼，而必须首先从社会心理方面考虑合理的组织与管理。

2. 企业中存在着非正式组织

企业中除了存在着古典管理理论所研究的为了实现企业目标而明确规定各成员相互关系和职责范围的正式组织之外，还存在着非正式组织。这种非正式组织的作用在于维护其成员的共同利益，使之免受由内部个别成员的疏忽或外部人员的干涉所造成的损失。为此非正式组织中有自己的核心人物和领袖，有大家共同遵循的观念、价值标准、行为准则和道德规范等。

梅奥指出,非正式组织与正式组织有重大差别。在正式组织中,以效率逻辑为其行为规范;而在非正式组织中,则以感情逻辑为其行为规范。如果管理人员只是根据效率逻辑来管理,而忽略工人的感情逻辑,必然会引起冲突,影响企业生产率的提高和目标的实现。因此,管理当局必须重视非正式组织的作用,注意在正式组织的效率逻辑与非正式组织的感情逻辑之间保持平衡,以便管理人员与工人之间能够充分协作。

3. 新的领导能力在于提高工人的满意度

在决定劳动生产率的诸因素中,位于首位的因素是工人的满意度,而生产条件、工资报酬只是第二位的。职工的满意度越高,其士气就越高,从而产生效率就越高。高的满意度来源于工人个人需求的有效满足,不仅包括物质需求,还包括精神需求。所以,领导的职责在于提高士气,要善于倾听下属职工的意见,使正式组织的经济需求和工人的非正式组织的社会需求之间保持平衡,这样就可以解决劳资之间乃至整个工业文明社会的矛盾和冲突,提高生产效率。

(三) 对人际关系理论的评价

1. 人际关系理论对管理理论的贡献

梅奥的人际关系理论克服了传统管理理论的不足,不仅为建立行为科学奠定了基础,而且为管理思想的发展开辟了新的领域,引发了管理上的一系列改革,其中的许多措施至今仍是管理者们所遵循的信条。当时出现的管理改革措施可归纳为以下几点:

(1) 强调对管理者和监督者进行教育和训练,以改变他们对工人的态度和监督方式。

(2) 提倡下级参与企业的各种决策,以此来改善人群关系,提高职工士气。否定采取解雇和制裁等强制性手段迫使职工服从的传统管理方法。

(3) 加强意见沟通,允许职工对作业目标、作业标准和作业方法提出意见,鼓励上下级之间实行意见交流。

(4) 建立面谈和调解制度,以消除不满和争端。

(5) 改变管理者的标准,重视管理者自身的人群关系以及协调人群关系的能力。

(6) 重视和利用各种非正式组织,注重职工的工作环境和生活环境的美化,建立娱乐、运动、生活福利设施等等。

2. 人际关系理论的局限性

人际关系理论的局限性主要在以下几个方面:

(1) 过分强调非正式组织的作用。人群关系理论认为,组织内人群行为强烈地受到非正式组织的影响。可是实践证明,非正式组织并非经常地对每个人的行为有决定性的影响,经常起作用的仍然是正式组织。

(2) 过多地强调感情的作用,似乎职工的行动主要受感情和关系支配。事实上,关系好并不一定士气就高,更不一定能使工作效率提高。

(3) 忽视经济报酬、工作条件、外部监督、作业标准对工人生产效率的影响。实际上,这些因素在人们的行为中仍然起着十分重要的作用。

二、后期行为科学理论

在人际关系学说以后,经过三十年的大量研究工作,许多社会学家、人类学家、心理学家、管理学家都从事行为科学的研究,先后发表了大量优秀著作,提出了许多很有见地的新理论,逐步完善了人际关系理论。1949年在美国芝加哥召开的一次跨学科的会议上,首先提出了"行为科学"这一名称,并指出行为科学本身并不是完全独立的学科,而是心理学、社会学、人类文化学等研究人类行为的各种学科互相结合的一门边缘性学科。1953年,芝加哥大学成立了行为科学研究所。此后,许多学者对此进行了广泛的研究,其研究范围涉及人的需要、动机、行为方面的理论,有关人的特性方面的理论和有关领导行为方面的理论等。

在这一时期比较著名的行为科学理论有马斯洛需要层次理论、赫茨伯格的双因素理论、麦格雷戈的X理论和Y理论、麦克利兰的成就需要理论、管理方格理论、菲德勒权变领导理论等,这些理论将在领导、激励等章节中具体介绍。

三、行为科学理论特点

行为科学理论的特点在于改变了人们对管理的思考方法,它把人看作是宝贵的资源,强调从人的作用、需求、动机、相互关系和社会环境等方面研究其对管理活动及其结果的影响,研究如何处理好人与人之间的关系、协调人的目标、激励人的主动性,以提高工作效率。但个人行为的复杂性使得对行为进行准确的分析和预测变得非常困难,因此行为科学要在实践中得到广泛的应用,有待于理论的进一步完善与发展。

第四节 现代管理理论

一、管理理论丛林

第二次世界大战以后,随着科学技术日新月异的发展,生产和组织规模的急剧扩大,生产力迅速发展,生产的社会化程度日益提高,市场竞争更加激烈,企业经营管理问题越来越复杂。这一时期,新的科学领域不断拓展,特别是系统论、控制论、信息论和计算机等最新研究成果,在企业管理中得到广泛的应用。不仅从事实际管理工作的人和管理学家在研究管理,而且一些心理学家、社会学家、人类学家、经济学家、生物学家、哲学家、数学家等也从各自不同的背景、角度,用不同的方法对现代管理问题进行研究,这带来了管理理论的空前繁荣,出现了各种各样的学派。已故美国著名管理学家哈罗德·孔茨(Harold Koontz)把这种现象称为"管理理论的丛林"。孔茨在1961年12月发表的《管理理论的丛林》一文中,把当时的管理理论丛林划分为 6 个主要学派。

19 年后,孔茨于 1980 年又发表了《再论管理理论的丛林》,文中指出:管理理论学派已不止 6 个,而是发展到了 11 个。包括经验主义学派、人际关系学派、群体行为学派、社会协作系统学派、社会技术系统学派、系统管理学派、管理科学学派、决策理论学派、管理者角色学派、管理程序学派和权变理论学派。

二、现代管理理论的主要学派

(一) 经验主义学派

经验主义学派又称案例学派、经理学派。代表人物是美国的彼得·德鲁克(P. F. Drucker)和欧内斯特·戴尔(Ernest Dale)。他们把管理看作是经验性很强的实务,强调从企业管理的实际出发,通过对管理实践经验(通常为案例)的分析、总结,对这些经验加以概括和理论化,从而为企业管理人员从事管理活动提出更实际的建议、提供更有效的方法。该理论的前提是通过对管理者在个别情况下成功或失败经验教训的研究,使人们懂得在将来相应的情况下如何运用有效的方法来解决现实中的管理问题;其依据是学习者和管理者通过研究各式各样成功或失败的案例,就能理解管理问题,自然也就学会了有效地进行管理。经验主义学派的主要观点有以下三点:

1. 管理应重视对成功经验的总结,侧重于实际应用,而不是纯粹理论的研究。管理学同医学、法律学和工程学一样,是一种应用学科,而不是纯知识的学科。但管理又不是单纯的常识、领导能力或财务技巧的应用,管理的实际应用是以知识和责任为依据的。

2. 管理者的主要任务:一是要使企业形成一个"生产的统一体",使企业的各种资源,特别是人力资源得到充分应用;二是在做出决策或采取行动时,应对当前利益和长远利益进行协调考虑。

3. 提倡实施目标管理。德鲁克理论对管理学的最大贡献是提出任务(或目标)决定管理,并据此提出目标管理法。

(二) 人际关系学派

人际关系学派是从 20 世纪 60 年代的人类行为学派演变来的。这个学派认为,既然管理是通过别人或同别人一起去完成工作,那么,对管理学的研究就必须围绕人际关系这个核心来进行。这个学派把有关的社会科学原有的或新近提出的理论、方法和技术用来研究人与人之间和人群内部的各种现象,从个人的品性动态一直到文化关系,无所不涉及。这个学派注重管理中"人"的因素,认为在人们为实现其目标而结成团体一起工作时,他们应该互相了解。

(三) 群体行为学派

群体行为学派是从人类行为学派中分化出来的,因此同人际关系学派关系密切,甚至易于混同。这一学派关心的主要是群体中人的行为而不是人际关系,它以社会学、人类学和社会心理学为基础,而不以个人心理学为基础,它着重研究各种群体行为方式。从小群体的文化和行为方式,到大群体的行为特点,都在它研究之列,因此这一学派的理论常被叫作"组织行为学"。"组织"一词在这里可以表示公司、政府机构、医院、军队或其他任何一种体系和类型,有时可以用来表示人们间的协作关系。而所谓"正式组织",则指一种有着自觉的精心筹划的共同目的的组织。

(四) 社会协作系统学派

社会协作系统学派与行为学派关系密切,而且常常互相混同。有些人,如马奇和西蒙,把社会系统(即一种文化的相互关系系统)只限于正式组织,把"组织"这个词同企业等同起来,而不是指管理学中最常用的那项职权活动概念。另外一些人则不区分正式组织和非正式组织,而把所有人类关系的各种系统都包括进来。这个学派对管理学做出过许多值得注意的贡献。把有组织的企业看成是一个受文化环境的压力和冲突支配的社会有机体,这对管理的理论和实际工作人员都是有帮助的。而在另外一些方面,如对组织职权的制度基础的认识,对非正式组织的影响的认识,以及对一些社会因素的认识,则帮助更大。

(五) 社会技术系统学派

社会技术系统学派的研究发现,企业中的技术系统(如机器设备和采掘方法)对社会系统有很大的影响。个人态度和群体行为都受到人们在其中工作的技术系统的重大影响。因此,他们认为,必须把企业中的社会系统同技术系统结合起来考虑,而管理者的一项主要任务就是要确保这两个系统相互协调。

(六) 系统管理学派

系统管理学派是将自然科学中的系统论和控制论引入管理科学中来。代表人物是卡斯特等人,代表作是《系统理论和管理》。系统管理学派把组织看成是一个系统,系统由相互联系、相互作用的子系统构成。从系统的观点来考察和管理企业,有助于提高企业管理的效率,使各个部门的相互关系网络更清楚,更好地实现企业的目标。

(七) 管理科学学派

管理科学学派也被称为数理学派,它是对泰勒科学管理理论的继承和发展。代表人物为美国的伯法等人,代表作为《现代生产管理》。管理科学学派的主导思想是使用先进的科学理论和管理方法,使生产力得到最合理的组织,以获得最佳的经济效益,而较少考虑人的行为因素。管理科学学派有如下特点:

1. 他们力求减少决策的个人艺术成分。依靠建立一套决策程序和数学模型以增加决策的科学性。他们对众多方案中的各种变数或因素加以数量化,利用数学工具建立数量模型,研究各变数和因素之间的相互关系,寻求一个用数量表示的最优化答案。决策的过程就是建立和运用数学模型的过程。

2. 各种可行的方案均以经济效益为评价的依据,例如成本、总收入和投资利润等等。

3. 广泛地使用电子计算机。现代企业管理中影响某一事物的因素错综复杂,建立模型后,计算任务极为繁重,依靠传统的计算方法获得结果往往需要若干年时间,致使计算结果无法用于企业管理。电子计算机的出现大大提高了运算的速度,使数学模型应用于企业和组织成为可能。

管理科学学派重点研究的是操作方法和作业方面的管理问题。现在管理科学也有向组织更高层次发展的趋势,但目前完全采用管理科学的定量方法来解决复杂环境下的组织问题还面临着许多实际困难,有待于进一步的研究,也有待于其他科学的发展。

(八)决策理论学派

决策理论学派是从社会系统学派发展而来的。它的代表人物是美国的卡内基－梅隆大学教授赫伯特·西蒙,其代表作为《管理决策新学科》。该学派认为管理的关键在于决策,因此,管理必须采用一套制定决策的科学方法,要研究科学的决策方法以及合理的决策程序。有人认为西蒙的大部分思想是现代企业经济学和管理科学的基础。决策理论的主要观点如下:

1. 决策贯穿管理的全过程,决策是管理的核心

西蒙指出,组织中经理人员的重要职能就是做决策。他认为,任何作业开始之前都要先做决策,制定计划就是决策,组织、领导和控制也都离不开决策。决策过程包括四个阶段:搜集情报阶段、拟订计划阶段、选定计划阶段、评价计划阶段。

2. 程序化决策与非程序化决策

西蒙认为,根据决策的性质可以把他们分为程序化决策和非程序化决策。程序化决策是指反复出现和例行的决策。这种决策的问题由于已出现多次,人们自然就会制定出一套程序来专门解决这种问题。比如为病假职工核定工资,排除生产作业计划等。非程序化决策是指那种从未出现过的,或者其确切的性质和结构还不很清楚或相当复杂的决策。比如某个企业要开发某种市场急需而本厂又从未生产过的新产品,这就是非程序化决策的一个很好的例子。程序化决策与非程序化决策的划分并不是严格的,因为随着人们认识的深化,许多非程序化决策将转变为程序化决策。此外,解决这两类决策的方法也不相同。

3. 用"令人满意"的准则代替"最优化"准则

以往的管理学家往往把人看成是以"绝对的理性"为指导,按最优化准则行动的理性人。西蒙认为事实上这是做不到的,应该用"管理人"假设来代替"理性人"假设。这种"管理人"不考虑一切可能的复杂情况,只考虑与问题有关的情况,采用"令人满意"的决策准则,从而可以做出令人满意的决策。在实践中,即使能求出最佳方案,出于经济方面的考虑,人们也往往不去追求它,而是根据令人满意的准则进行决策。这种看法,揭示了决策作为环境与人的认识能力交互作用的复杂性。

(九)管理者角色学派

管理者角色学派主要通过观察管理者的实际活动来明确其角色。从总经理到领班都是管理者,对管理者实际工作进行研究的人早就有,但把这种研究发展成为一个众所周知的学派的却是明茨伯格。明茨伯格系统地研究了不同组织中5位总经理的活动,得出结论:总经理们并不按人们通常认为的那种职能分工行事,并非只从事计划、组织、协调和控制工作,还进行许多别的工作。明茨伯格根据他自己和别人对经理实际活动的研究,认为经理扮演着三个方面的10种角色:

1. 人际关系方面

人际关系方面的角色有3种:(1)代表人角色(作为一个组织的代表执行礼仪和社会

方面的职责);(2)领导者角色;(3)联络者角色(特别是同外界联系)。

2. 信息方面

信息方面的角色有3种:(1)监督者角色(接受有关企业经营管理的信息);(2)传播者角色(向下级传达信息);(3)发言人角色(向组织外部传递信息)。

3. 决策方面

决策方面的角色有4种:(1)企业家角色;(2)冲突管理者角色;(3)资源分配者角色;(4)谈判者角色(与各种人和组织打交道)。

(十) 管理程序学派

管理程序学派是在法约尔管理思想基础上发展起来的。该学派的代表人物有美国的哈罗德·孔茨和西里尔·奥唐奈,代表作为他们二人合著的《管理学》。

最初这个学派对组织的功能研究较多,而对其他功能注意不够。二次世界大战后,法约尔的名著《工业管理和一般管理》的英译本在美国广为流传。法约尔将管理分为计划、组织、指挥、协调、控制五种职能,使这个学派开阔了视野,迅速成长,并普遍为大家所接受。该学派的主要观点有:

1. 视管理为一种程序,有许多相互关联着的职能。在该派学者的著作中,尽管对管理职能分类的数量有所不同,但都含有计划、组织和控制职能,这是它们的共同之处。

2. 认为可以对这些职能逐一地进行分析,归纳出若干原则作为指导,以便于更好地提高组织效率,达到组织目标。

3. 提供了一个分析研究管理的思想构架。其内涵既广泛,又易于理解,一些新的管理概念和管理技术均可容纳在计划、组织及控制等职能之中。

4. 强调管理职能的共同性。任何组织,尽管它们的性质不同,但所应履行的基本管理职能是相同的。

(十一) 权变理论学派

权变理论是一种较新的管理思想,它的代表人物是英国的伍德沃德,代表作为《工业组织:理论和实践》。权变理论认为,组织和组织成员的行为是复杂的、不断变化的,这是一种固有的性质。而环境的复杂性又给有效的管理带来困难,因而以前各种管理理论所适用的范围就十分有限,例外的情况越来越多。所以说,没有任何一种理论和方法适用于所有情况。因此,管理方式或方法也应该随着情况的不同而改变。为了使问题得到很好的解决,要进行大量的调查和研究,然后对组织的情况进行分类,建立模式,据此选择适当的管理方法。

建立模式时应考虑如下因素:

1. 组织的规模

组织中人的数量是影响管理的最主要因素,因为随着人数的增多,所需要协调的工作量会就加大。当一个组织的规模发展了,就应发展更加正规的、高级的协调技术。

2. 工艺技术的模糊性和复杂性

为了达到组织目标,就要采用一些技术,把资源输入转换成顾客满意的产品或服务这种输出。对于流水线生产,需要严密的组织。而对于咨询公司,为顾客解决的都是唯一的问题,每种问题都有些不同,所采用的技术是知识和经验,下级需要的是一种有利于发挥自己才能的环境。

3. 管理者位置的高低

管理者位置的高低直接影响到他或她所应该采用的管理方式。比如,所有的管理者都要制订计划,但高层和基层管理者们所制订的计划种类就不相同。

4. 管理者的位置权力

所有的管理者都需要位置权力,但不同的管理位置所需要的权力有所差别。财务部与营销部就应当有不同的位置权力。

5. 下级个人之间的差别

人和人是不一样的,由于所受教育、家庭环境、个人态度与性格等方面的不同就造成了人们之间的差别,这些差别直接关系到管理者对他们的管理。

6. 环境的不确定程度

管理者要受到组织外部因素的影响,由政治、技术、社会、经济等方面变化所引起的不确定性,将对管理者的管理方式有所冲击,在变化的外部环境中最好的管理方法可能不适用于具有稳定外部环境的组织。

总之,要根据组织的实际情况来选择最好的管理方式。

三、现代管理理论的特征

现代管理理论的各个学派,虽各有所长,各有不同,却不难寻求其共性。现代管理理论的共性实质上也就是现代管理学的特点,它们可概括为以下几方面:

1. 管理内涵进一步拓展

现代管理理论的内容不只限于成本的降低、产出的增加,而更重视人的管理、人的潜力的开发,更重视市场、顾客的问题,管理的核心更侧重于决策的正确与否、迅速与否。

2. 强调系统化

即运用系统思想和系统分析方法来指导管理的实践活动,解决和处理管理的实际问题。系统化就要求人们要认识到一个组织就是一个系统,同时也是另一个更大系统中的子系统。所以,应用系统分析的方法,就是从整体上认识问题,以防止片面性和受局部的影响。

3. 重视人的因素

人是生活在客观环境中的,管理的主要内容就是管人。重视人的因素,就是要注意人的社会性,对人的需要予以研究和探索。在一定的环境条件下,尽最大可能满足人们的需要以保证组织中全体成员齐心协力地为完成组织目标而自觉做出贡献。

4. 重视非正式组织的作用

也就是在不违背组织原则的前提下,发挥非正式群体在组织中的积极作用。这主要是因为非正式组织是人们以感情为基础而结成的集体,这个集体有约定俗成的信念,人们彼此感情融洽。

5. 注重运用先进的管理理论和方法

广泛地运用先进的管理理论和方法,利于管理水平的提高。

6. 加强信息工作

现代管理理论强调通信设备和控制系统在管理中的作用,所以如何采集信息,分析信息,高效、及时、准确地传递信息和使用信息,以促进管理的现代化,成为现代管理理论的重要研究课题。

7. 把效率和效果结合起来

作为一个组织,管理工作既追求效率,也应从整个组织的高度来考虑组织的整体效果以及对社会的贡献。

8. 重视理论联系实际

现代管理理论来自社会实践,其目的是去指导社会实践。各级管理人员应广泛接受新思想、新方法、新技术,运用于自己的管理实践中,并在实践中创造出新的方法,形成新的理论,再更好地指导社会实践。

9. 强调预见能力

社会是迅速发展的,客观环境在不断变化,这就要求有很强的预见能力来进行管理活动。

10. 强调不断创新

管理就意味着创新,要积极促变,不断创新,使组织更加适应社会环境的变化。

四、现代管理理论新思潮

20世纪90年代以来,现代管理理论的发展出现了一些新的思潮,主要有企业再造理论、学习型组织、精益管理、核心能力理论等。

(一) 企业再造理论

企业再造又称业务流程重组,简称BPR,是20世纪80年代末、90年代初发展起来的企业管理的又一新理论。

1993年,迈克尔·海默与杰姆斯·钱皮合著了《企业再造工程》一书。该书总结了过去几十年来世界成功企业的经验,阐明了生产流程、组织流程在企业决胜于市场竞争中的决定作用,提出了应变市场变化的新方法,即企业流程再造。

1. 企业流程再造的目的

企业流程再造的目的是提高企业竞争力,从业务流程上保证企业能以最小的成本将高质量的产品和优质的服务提供给企业客户。

2. 企业再造理论的运用范围

企业再造理论的运用范围有三类:一是问题丛生的企业;二是目前业绩尚可,但潜伏着危机的企业;三是正处于事业发展顶峰的企业。

3. 企业再造的实施方法

企业再造的实施方法是以先进的信息系统和信息技术为手段,以顾客长期需要为目标,通过最大限度地减少对产品增值无实质作用的环节和过程,建立起科学的组织结构和业务流程,使产品的质量和规模发生质的变化。

4. 企业再造的实施步骤

(1) 对原有流程进行全面的功能和效率分析,发现其存在的问题。以企业生产作业或服务作业的流程为审视对象,从多个角度重新审视其功能、作用、效率、成本、速度、可靠性、准确性,找出其不合理因素。

(2) 设计新的流程改进方案,并进行评估。以效率和效益为中心对作业流程和服务流程进行重新构造,以达到业绩质的飞跃和突破。企业再造强调以顾客为导向和服务至上的理念,对企业整个运作流程进行根本性的重新思考,并加以彻底的改革。企业必须把重点从过去的计划、控制和增长转到速度、创新、质量、服务和成本,目的是吸引顾客、赢得市场和适应变化。

(3) 制定与流程改进方案相配套的组织结构、人力资源配置和业务规范等方面的改进规划,形成系统的企业再造方案。企业业务流程的实施,是以相应组织的结构、人力资源配置方式、业务规范、沟通渠道甚至企业文化作为保证的,所以只有以流程改进为核心形成系统的企业再造方案,才能达到预期的目的。

(4) 组织实施与持续改善。实施企业再造方案,必然会触及原有的利益格局。因此,必须精心组织,谨慎推进。既要态度坚定,克服阻力,又要积极宣传,形成共识,以保证企业再造的顺利进行。

企业再造方案的实施并不意味着企业再造的终结。在社会发展日益加快的时代,企业总是不断面临新的挑战,这就需要对企业再造方案不断地进行改进,以适应新形势的需要。

(二) 学习型组织理论

1990年,美国麻省理工学院斯隆管理学院的彼得·圣吉教授系统细致地分析了学习型组织的内部结构和动作规律后认为,学习型组织是21世纪全球企业组织和管理方式的新趋势,并出版了他的享誉世界之作《第五项修炼——学习型组织的艺术与实践》,引起世界管理界的轰动。从此,建立学习型组织、实行五项修炼成为管理理论与实践的热点。为什么要建立学习型组织?因为世界变化得太快,企业不能再像过去那样被动地适应。

学习型组织的特征主要有:(1)组织成员拥有一个共同愿景;(2)组织由多个创造性团体组成;(3)善于不断学习;(4)决策权下移的扁平式结构;(5)自主管理;(6)组织边界将被重新界定;(7)员工家庭与事业的平衡;(8)领导者是设计师、仆人和教师。

其含义包括:一是强调"终身学习",二是强调"全员学习",三是强调"全程学习",四是强调"团体学习"。

彼得·圣吉提出了学习型组织的五项修炼技能。

(1) 系统思考。系统思考是为了看见事物的整体。进行系统思考,一是要有系统的观点,二是要有动态的观点。系统思考不仅是要学习一种思考方法,更重要的是在实践中要反复运用,从而可以从任何局部的蛛丝马迹中看到整体的变动。

(2) 超越自我。超越自我既是指组织要超越自我,又是指组织中的个人也要超越自我。超越自我不是不要个人利益,而是要有更远大的目标,要从长期利益出发,要从全局的整体利益出发。

(3) 改变心智模式。不同的人对同一事物的看法不同,是因为他们的心智模式不同。人们在分析事物时,需要运用已有的心智模式作为基础,但是如果现有的心智模式已不能反映客观事物,那么就会做出错误的判断。特别是企业领导层出现这种情况时,小则使企业经营出现困难,大则给企业带来灾难性的影响。而改变心智模式的办法是,一要反思自己的心智模式;二要探询他人的心智模式,从自己与别人的心智模式的比较中完善自己的心智模式。

(4) 建立共同愿景。愿景是指对未来的愿望、景象和意象。企业作为一个组织,是以个人为单元的。企业一旦建立了共同愿景,建立了全体员工共同认可的目标,就能充分发挥每个人的力量。共同愿景的建立不是企业领导人的单方面设计,而是对每一个人的利益融合。

(5) 团队学习。团队学习是发展员工与团体的合作关系,使每个人的力量能通过集体得以实现。团队学习的目的,一是避免无效的矛盾和冲突,二是让个别人的智慧成为集体的智慧。团队学习的一种很重要的形式是深度会谈。深度会谈是对企业的重大而又复杂的议题进行开放性的交流,使每一个人不仅能表达自己的看法,同时也能了解别人的观点,通过交流,减少差异,从而能够相互协作配合。

(三) 精益管理理论

1. 精益管理的由来

精益管理源于精益生产。丰田公司的创始人丰田喜一郎、丰田英二等经过近20年的不断改革,实现了建立起一个以减少浪费为特色的多品种、小批量、高质量和低消耗的生产系统——丰田生产方式,它是以"准时化"和"自动化"为支柱,以"标准化"、"平顺化"、"改善"为依托,借助"5S(五常法)"、"看板"等工具形成的一套生产管理模式。这种生产方式是对传统工业生产方式的巨大变革。

美国麻省理工学院教授詹姆斯等专家通过"国际汽车计划(IMVP)"对全世界17个国家90多个汽车制造厂进行调查和对比分析,认为日本丰田汽车公司的生产方式是最适用于现代制造企业的一种生产组织管理方式,"精益生产(Lean Production)"由此诞生,并在全球制造业中广泛传播和应用,获得了较大的成功。

随着经济的发展,"精益"的思想逐渐渗透到传统制造业之外的行业,它由最初的在生产系统的管理实践成功,已经逐步延伸到企业的各项管理业务,也由最初的具体业务管理方法,上升为战略管理理念,精益管理由此产生。

2. 精益管理的内涵

"精"就是少投入、少消耗资源、少花时间,尤其是要减少不可再生资源的投入和耗费,高质量。"益"就是多产出经济效益,实现企业升级的目标,更加精益求精。

精益管理就是要求企业以最小资源投入(包括人力、设备、资金、材料、时间和空间),创造出尽可能多的价值,为顾客提供高质量产品和及时的服务,提高顾客满意度。精益管理的目的就是企业在为顾客提供满意的产品与服务的同时,把浪费降到最低程度。

精益管理以精益思想为核心,精益思想就是在创造价值的目标下不断地消除浪费,是对精益生产方式的提炼和升华。精益管理可以涵盖企业生产经营的各个环节,包括生产、营销、采购、物流、运营、财务、办公、人力资源、质量管理等多个方面。精益管理有助于企业节约化生产,降低资源消耗,提高资源综合利用率,它能够通过提高顾客满意度、降低成本、提高质量、加快流程速度和改善资本投入,使企业价值实现最大化。

现代企业在全球化的背景下正面临着日益激烈的竞争形势,进行精益管理已成为企业发展的必然趋势。

(四)核心能力理论

1. 核心能力理论的由来

核心能力理论由 20 世纪 80 年代资源基础理论发展而来。资源基础理论认为,企业的战略应该建立在企业的核心资源上。所谓核心资源是指有价值的、稀缺的、不完全模仿和不完全替代的资源,它是企业持续竞争优势的源泉。1990 年,普拉哈拉德和哈梅尔在《哈佛商业评论》上发表了一篇具有广泛影响的论文《公司的核心能力》,一下子把众多学者、实践家的目光吸引了过去。从核心资源到核心能力,资源基础理论得到进一步发展。

2. 核心能力的识别准则

按照普拉哈拉德和哈梅尔的定义,核心能力是组织内的集体知识和集体学习,尤其是协调不同生产技术和整合多种多样技术流的能力。若要界定一项能力是不是企业的核心能力,可依据以下四个准则:

(1)用户价值:核心能力必须特别有助于实现用户看重的价值。那些能够使公司为用户提供根本性利益的技能,才能称得上是核心能力。区分核心能力和非核心能力的标准之一就是它带给用户的价值是核心的还是非核心的。正是基于这种区别,我们可以把本田公司在发动机方面的技能称为核心能力,而把其处理同经销商关系的能力看作是次要能力。核心能力必须对用户所看重的价值起重要作用,但这并非意味着用户能够看到或很容易就理解到这种核心能力。用户所看到的是享有的好处,如显著的可靠性(汽车、摄像与录像机)、形象的清晰度(摄像与录像机)、使用的方便性(计算机)等等,而不是提供这些好处的技术细节。

(2)延展性:核心能力是通向未来市场的大门。有的能力在某一业务部门看来可能算得上核心能力,经得起用户价值和特殊竞争力的考验,但是如果无法想象能从该项能力衍生出一系列新产品或服务,那么从公司的角度来看,该项能力就够不上核心能力。例如,本田公司的发动机上的独特能力,使它能进入各种不同的产品市场。

(3)独特性:可合格地定为"核心"的能力,必须具有竞争上的"独一无二"性,同竞争对手的产品或服务相比,具有"独特的"风格或效用,而不是在产业范围内普遍存在的。它必须是公司层次的、持续优异于其他竞争对手的。例如,本田汽车公司的汽车发动机,明显地优异于其他汽车公司的同类产品,其独特性的形成是经过几十年的积累和努力,不是在短短的 1—2 年或几年中所能形成的。

(4)难以模仿和替代性:企业的核心能力是积累起来的,是许多不同单位和个人相互作用产生的,具有特殊性和不可交易性,因而竞争对手很难模仿。

本章小结

1. 管理思想和理论的发展过程分为四个大的阶段:第一阶段为管理理论的萌芽阶段,即早期管理思想,产生于19世纪末以前;第二阶段为古典管理理论时期,产生于19世纪末到20世纪20年代;第三阶段为行为科学管理理论时期,产生于20世纪30年代到50年代;第四阶段为现代管理理论时期,产生于20世纪60年代以后。

2. 管理思想来源于管理实践。在中国古代最有影响的管理思想是儒、道、墨、法、兵五家学说。西方资本主义社会早期管理思想中最具有影响力的是英国斯密和巴贝奇的管理思想。

3. 泰勒的科学管理理论、法约尔的一般管理理论和韦伯的行政组织理论构成了古典管理理论的基本框架。

4. 梅奥的人群关系理论开创了行为科学管理,后来马斯洛的需要层次理论、赫茨伯格的双因素理论、麦格雷戈的X理论和Y理论等进一步丰富了行为科学管理理论。

5. 第二次世界大战以后,管理理论空前繁荣,出现了各种各样的学派。孔茨把这种现象称为"管理理论的丛林",并归纳出了11个管理学派。进入二十世纪六七十年代以来,管理学界出现了许多新的管理理论,影响较大的管理理论主要有企业再造理论、学习型组织理论、精益管理理论、核心能力理论等。

练习与思考

一、选择题

1. 西方早期的管理思想中,(   )是最早研究专业化和劳动分工的经济学家。
   A. 亚当·斯密 B. 查尔斯·巴比奇
   C. 弗雷德里克·泰罗 D. 大卫·李嘉图

2. 泰勒科学管理理论的中心问题是(   )。
   A. 科学技术 B. 加强人的管理
   C. 提高劳动生产率 D. 增强责任感

3. 被称为"组织理论之父"的管理学家是(   )。
   A. 乔治·梅奥 B. 弗雷德里克·泰勒
   C. 亨利·法约尔 D. 马克斯·韦伯

4. 法约尔提出的管理五项职能或要素是(   )。

A. 计划、组织、决策、协调和控制　　B. 计划、组织、决策、领导和控制
C. 计划、组织、指挥、协调和控制　　D. 计划、组织、激励、协调和控制

5. "管理的十四条原则"是由（　　）提出来的。
A. 马克斯·韦伯　　　　　　　B. 亨利·法约尔
C. 乔治·梅奥　　　　　　　　D. 弗雷德里克·泰勒

6. 古典管理理论对人性的基本假设，认为人是（　　）。
A. 复杂人　　B. 经济人　　C. 社会人　　D. 单纯人

7. 法约尔是古典组织理论的创始人,他提出过著名的管理五大职能,在计划、组织、控制、领导、协调五个职能中,（　　）职能是法约尔没有提到的。
A. 计划　　　　B. 组织　　　　C. 控制　　　　D. 领导

8. 最先发现非正式组织的学者是（　　）。
A. 梅奥　　　　B. 巴纳德　　　C. 韦伯　　　　D. 法约尔

9. 英国古典经济学家亚当·斯密以制针为例说明以下哪一点的好处（　　）。
A. 均衡生产　　B. 成本记录　　C. 劳动分工　　D. 差别计件工资制

10. 梅奥通过霍桑实验,提出了（　　）人性假设。
A. 经济人　　　B. 社会人　　　C. 理性人　　　D. 复杂人

二、问答题

1. 科学管理的主要内容是什么？它存在哪些局限性？
2. 一般管理理论的主要内容是什么？法约尔与泰勒在管理思想上有什么差别？
3. 简述梅奥的人际关系理论的主要内容。
4. 韦伯提出的理想行政组织的特征是什么？

三、讨论及思考题

1. 法约尔提出的十四条管理原则在今天还适用吗？谈谈你的看法。
2. 谈谈你对权变理论的看法。
3. 谈一下你对中国古代管理思想的看法。

四、案例练习

案例一：亨利·福特的故事

提起亨利·福特,几乎人人都知道他所创造的流水线生产方式,以及随之而来的工业化生产和小汽车普及所带来的一些重大社会变革。但是,亨利·福特和他的福特汽车工业公司为什么会从汽车工业占绝对垄断优势的龙头老大的宝座上跌落下来,福特家族和福特公司内部代表新的经营策略的革新派又怎样被亨利·福特无情地压制下去,只能眼

睁睁地看着福特公司衰败下去的失败教训却鲜为人知。

亨利·福特从小就对机械和制造表现出了浓厚的兴趣和好奇心,成年后有人问他,童年时喜欢什么玩具,他回答说:我的玩具全是工具,至今如此。1879年,17岁的福特离开父亲的农庄来到了底特律,开始了他的汽车生涯。为了给自己的汽车梦积累资金,亨利同时做了两份工作,白天在密歇根汽车公司做机修工,晚上在一家钟表店维修钟表。在维修表的工作中,福特发现,大多数钟表的构造其实可以大大简化,只要精密分工,采用标准部件,钟表的制造成本可以大大降低,性能却更加可靠。他自己重新设计了一种简化设计的手表,估算成本为每只30美分,可日产量2000只。他认为这一计划是完全可行的,唯一使他担心的是,他没有年销60万只手表的能力,而销售活动又远不如生产那样吸引亨利·福特,因此他最后放弃了这一计划。但是,简化部件,大批量生产,低价销售的"更多、更好、更便宜"的经营思路却在此时大体形成了。

在亨利·福特建立他的流水线之前,汽车工业完全是手工作坊型的,三两个人合伙,买一台引擎,设计个传动箱,配上轮子、刹车、座位,装配1辆,出卖1辆,每辆车都是1个不同的型号。由于启动资金要求少,生产也很简单,每年都有50多家新开张的汽车作坊进入汽车制造业,但大多数作坊的存活期不超过1年。福特的流水线使得这一切都改变了。在手工生产年代,每装配1辆汽车要728个人工小时,而福特的简化设计,使采用标准部件的T型车的装配时间缩短为12.5个小时。进入汽车行业的第十二年,亨利·福特终于实现了他的梦想,他的流水线的生产速度已达到了每分钟1辆车的水平,5年后又进一步缩短到每10秒钟1辆车。在福特之前,轿车是富人的专利,是地位的象征,售价在4700美元左右,伴随福特流水线的大批量生产而来的是价格的急剧下降,T型车在1910年销售价为780美元,1911年降到690美元,然后降到600美元、500美元,1914年降到360美元。低廉的价格为福特赢得了大批的平民用户,小轿车第一次成为人民大众的交通工具。福特说:"汽车的价格每下降1美元,就为我们多争取来1000名顾客。"1914年福特公司的13000名工人生产了26.7万辆汽车;美国其余的299家公司66万名工人仅生产了28.6万辆。福特公司的市场份额从1908年的9.4%上升到1911年的20.3%、1913年的29.6%;到1914年达到48%,月赢利600万美元,在美国汽车行业占据了绝对优势。

亨利·福特的名字是和汽车联系在一起的。但是,亨利·福特真正热爱的并不是作为产品的汽车,甚至也不是汽车工业所带来的巨额利润,他所梦寐以求的是现代化大工业的那种高度组织、高度精密、高度专业化的生产过程。为了实现最高限度的专业化,以最大批量的流水线生产来达到最低成本,亨利·福特不允许汽车设计上有任何他认为多余的部件和装置。为了减少因为模具更换而损失的生产时间,也为了避免品种繁多所必然带来的设备费用和库存费用,福特公司只生产单一型号、单一色彩的T型车。其销售人员多次提出要增加汽车的外观喷漆色彩,福特的回答是"顾客要什么颜色都可以,只要它是黑色的"。

针对福特汽车的价格优势,由29家厂商联合组成的通用汽车公司在阿尔弗雷德·斯隆的领导下,在内部推行科学管理的同时,采用了多品牌、多品种的产品特色化策略,在联合公司的框架下,实行专业化、制度化管理,在采购、资金和管理取得规模经济效益的基础上,保留了众多相对独立的雪佛兰、凯迪拉克、别克这样的著名品牌,在产品的舒适化、多样化、个性化上下功夫。1924年,通用汽车公司推出了液压刹车、4门上下、自动排档的汽车,1929年又推出了6缸发动机,而福特的T型车仍然是4缸、双门、手排挡。

面对通用的攻势,亨利·福特根本不以为意,他不相信还有比单一品种、大批量、精密分工、流水线生产更经济、更有效的生产方式。对于销售人员提出的警告,福特认为他们无非都是出于营销部门局部利益的危言耸听。福特不止一次地说,福特汽车公司面临的唯一问题就是供不应求。从1920年到1924年,福特共降价8次,其中1924年一年就降了2次。但是,长期沿用降价策略的前提是市场的无限扩张,而1920年以后,随着人们收入水平的提高,人们的汽车需求转向多样化和舒适性,代步型的经济低价车的市场已经近乎饱和。同时,长期的降价经营使得福特公司的利润率已经很低,继续降价的余地很小。农夫型的T型车靠降价促销,靠"生产导向型发展"的道路已经走到了尽头。

眼看着通用汽车一点一点地吞食福特的汽车市场,福特公司内部许多人都非常着急,希望亨利·福特能够及时调整策略,按照顾客需求重新设计产品,但是这些合理建议都遭到了福特的拒绝和压制并一经数年。后来虽然由于市场压力,亨利·福特终于批准了6缸汽车上马,但那已是7年以后。福特后来也批准了液压刹车上马,但那已是14年以后,为时已经太晚太晚。福特车的销售额不断下降,而外部环境的恶化又使得亨利·福特越来越孤僻,越来越听不进不同意见,正直的人们纷纷离去,身边的圈子越来越窄,不同意见越来越难传入福特的耳中,而福特也变得越来越依靠身边的几个亲信。到1946年,亨利·福特不得不让位给孙子亨利·福特二世时,福特公司的亏损已达到每月1000万美元,只是福特公司的巨大规模和第二次世界大战的政府订货才使福特公司免遭倒闭的噩运。

(本案例资料来源:价值中国网、山东大学精品课程网)

分析与思考:

1. 亨利·福特成功和失败之处各在什么地方,试用学过的管理学理论分析。
2. 从亨利·福特的故事中,你得到了怎样的启发,你认为管理理论与管理实践的发展规律是怎样的?

案例二:管理问题分析

王伟是一个冷冻食品公司的总经理,该公司专门生产一种奶油特别多的冰淇淋。在过去的4年中,每年的销售量都稳步递增。但是,今年的情况发生了较大的变化,到8月份,累计销量比去年同期下降17%,生产量比所计划的少15%,缺勤率比去年高20%,迟到早退现象也有所增加。王伟认为这种情况的发生很可能与管理有关,但他不能确定发生这些问题的原因,也不知道应该怎样去改变这种情况。他决定去请教管理专家。

(本案例资料来源:http://col.njtu.edu.cn/jingpinke/06jpsb/jgxy/glx/)

分析与思考:

问题:假若王伟分别去请教具有科学管理思想、行为管理思想、权变管理思想的三位专家,你认为这三位专家将如何诊断该厂的问题,他们各自会提出什么样的解决问题的方法?如果你是王伟,你将采取什么措施解决目前企业存在的问题?

第三章 决策

【要点提示】

了解决策在管理中的作用；
理解决策的定义和类型；
理解并阐述决策的过程及影响因素；
掌握决策方法及其具体运用。

美国著名管理学家、诺贝尔经济学奖获得者赫伯特·西蒙认为决策贯穿于管理工作的全过程。大量的管理实践证明：归根到底，管理活动完全可以分为决策的制定和决策的实施两大部分活动。每个管理者无论在何种类型的组织中或任何管理领域内，都是在不断地进行决策的制定和决策的实施。但由于在管理实践中管理对象的复杂性和多变性，根据管理实践的实际情况不断地进行决策，就成为决定组织成败的重要影响因素。尤其在当前，随着市场竞争的日益剧烈，企业管理者能否从企业外部纷繁复杂的市场变化中审时度势，避开潜在的发展威胁，发现和抓住对企业有利的契机，作出正确的决策，直接决定着企业能否生存与发展，决定着企业的兴衰成败。决策已成为现代企业管理中的核心问题。在本章中我们将主要介绍决策的基本概念和如何制定决策。

第一节 决策概述

一、决策的含义

有关决策的定义有多种，通常由于一个组织其行动总有一定的目标，可以说，凡是根据预定目标而做出的行动决定或者对行动的事先选择，都可以称为决策。具体来说，决策有狭义和广义之分。狭义的决策是指在几种行为方案中做出选择。广义的决策还包括在做出最后选择之前所进行的一切活动。广义上的定义，基本上反映了决策的含义和主要内容。

准确定义决策就是指决策者为实现一定的目标，从两个以上可行备选方案中选择一个有效方案的分析判断过程。在这个定义中，备选方案的选择，通常不是"是"与"非"之间的简单选择，而往往是"似是"与"似非"之间的复杂选择或多难选择。因此要求管理者要具有准确的判断力,而准确的判断力则是领导艺术、管理实践经验、管理知识理解与发挥和现代化管理方法、手段的综合应用。决策这一定义包含以下几方面特点:

1. 目标性

任何组织决策都是通过解决某个问题来实现既定目标的。只有存在问题并且这些问题又必须要解决的情况下,才会出现决策。可见,如果没有问题就无须决策,而没有目标就无从决策。目标是管理者进行决策的前提和依据,也是组织在未来特定时间内实现决策任务程度的标志。没有了目标,人们对未来活动方案的制定、比较、评价和选择等就失去了进行决策的标准,对问题解决及目标实现效果的检查也失去了依据。明确的决策目标应具有以下特点:(1)决策目标的表达应该是单义的,避免多义性,以便进行比较和评价;(2)决策目标要求数量化,要有明确的衡量标准,可以用一定的标准进行比较衡量,以便在拟订方案时有所参考;(3)责任明确。

2. 可行性

决策的目的是指导组织未来的活动,而组织的任何活动都需要利用一定的资源,如缺乏必要的人力、物力、财力、技术和信息等资源条件,任何好的决策方案都难以实现。因此,决策方案的拟定和选择,不仅要考虑采取某种行动的必要性,而且要注意决策方案实施条件的限制,确保决策所依据的方案必须是可行的。方案可行性应考虑和包括技术上可行、经济上可行和社会上可行等。

3. 选择性

决策是在两个或两个以上的可行适用的方案中进行比较、鉴别的过程。决策的实质是选择。事实上,为了实现相同的目标,组织总是可以通过从事多种不同的活动达到,而这些活动在资源的要求、可能的结果、风险的程度等方面均有所不同,决策在若干可行性方案中进行选择的目的就是优化达到目的。可见,为寻求实现组织某一特定目标,必须从多个可行方案中,通过分析、比较和判断,进行选优。反之,如果备选方案只有一个,就无法比较其优劣,更没有可选择的余地,也就失去了决策的意义。因为没有比较即无以鉴别,没有鉴别也无所谓正确选择,而没有正确的选择,是无从优化地达到目的的。"多方案抉择"是科学决策的重要原则,而要能有所选择,就必须提供可以相互替代的多种方案,并提供选择的标准和准则。

4. 过程性

决策是一个提出问题、分析问题和解决问题的过程,而非拍板、选择与决定方案那一瞬间的行动。这是因为,组织决策不是单一的一次决策活动,而是一系列决策活动的组合。通过决策,组织不仅要选择其活动的内容和方向,决定组织业务活动的如何具体展开,而且还要决定所需资源的如何筹措配置、组织结构的如何组建调整、组织成员的如何配备协调等。只有当这一系列与组织目标一致、相互协调的具体决策制定完成,才能认为组织的决策已经形成。而从决策问题的提出、决策目标的确定,到活动方案的拟定、评价和选择,再到活动方案的实施、评估,这一系列的决策活动本身,就是一个包含了由众多人参与、涉及众多管理活动的过程。决策过程在大的方面至少应包括:提出问题、收集资料、确定目标、拟定行动方案、评价选择、采取行动、实施反馈等一系列活动。此外,这几个阶段都包含有丰富的内容,且每一活动阶段都有可能紧密联系并相互交错,由此构成一个连续统一的动态活动过程,以谋求组织外部环境、内部条件和组织目标之间的动态平衡。

二、决策的作用

决策是管理者从事管理工作的基础,是衡量管理者水平高低的重要标志之一。无论从一个具体组织还是到一个民族国家,决策在对内提高管理水平,对外应对挑战上的重要作用已为愈来愈多的事实所证明。它在管理活动中的重要地位和作用可以从以下几个方面来理解:

1. 决策是管理的核心

在管理的各项职能中,计划职能是管理活动中的首要职能,而执行计划职能的第一步就是决策,决策是计划职能的核心。同时从管理活动的整个过程看,一切管理工作都是围绕管理目标展开和进行的,而目标的选取就要靠决策。可见,决策是筹谋,是行动的魂魄。若没有决策,就不会有管理的目标,管理活动就没有目的性甚至目标错误,造成管理活动的低效或无效。此外,决策所涉及的面很宽,上至国家高层领导者,下至具体组织内的基层管理者,都在他们的工作中进行着各种决策,只是决策的重要程度和影响范围不同罢了。所以,决策是管理的核心。

2. 决策贯穿于管理的全过程

从管理活动由决策、行动两个相关部分组成来看,决策是对将要采取的行动的思考和选择,涉及管理的一切领域,并贯穿于各领域管理的每一环节。如计划工作的每一个环节都涉及决策,组织的目标设立、分解,分析方法的选取、行动方案的选择等都离不开决策;组织、领导、控制等管理职能的发挥也离不开决策。如组织机构的构建,职权的划分、人员的选配,下属的指挥、激励、沟通,领导方式的选取以及如何控制等,都涉及决策问题。所以,决策渗透于管理的每个职能之中。正如现代决策理论的创始人西蒙教授所认为的:管理就是决策,决策贯穿于管理的全过程。

3. 决策正确与否关系着组织的兴衰和存亡

决策的过程就是从多个可行性方案中选定有效方案的过程,它提供了组织中各种资源配置的依据,就是选取所付代价最低、耗费时间最短、取得效果最理想的方案作为资源配置的依据。由于决策是任何组织行动发生之前必不可少的一步管理活动,且其规定了组织在未来一定时期内的活动方向和方式,因而在组织活动尚未开始之前决策就已经在一定程度上决定了组织的活动效率,决定了组织未来的兴衰和存亡。因此,决策决定着行动的方式,预示着行动的结果,所谓"失之毫厘,差之千里",可见,成功的管理来源于正确的决策,失败的行为起因于错误的决策。愈是重大的决策,其后果影响也愈深远。在现实的管理实践中,一项成功的重大决策使组织转败为胜,而一项错误的决策却将一个组织送入绝境的案例不胜枚举。所以说,一切成功中,决策的成功是最大的成功;一切失败中,决策的失败是最大的失败。所以,决策的正确性、科学性、合理性对组织的生存和发展至关重要,决策的正确与否关系着一个组织的兴衰存亡。

三、决策的类型

决策是组织中具有普遍性的活动,涉及的决策问题范围十分广泛。在实际的决策活动中,决策会因管理层次、管理部门不同而有所不同。具体体现为,决策的时间、对象、方法、要求、形式和条件会随管理层次、部门和问题内容、性质的不同而有所不同。但为了便于决策者从不同层次和侧重点上把握各类决策的特点,正确合理地进行决策,我们一般可将决策按不同原则进行分类。

(一)按决策的作用范围和重要程度分类

1. 战略决策

战略决策是为了组织全局的、长期的、关系到组织生存和发展的根本问题所进行的大政方针的决策。对于企业而言,这种决策旨在提高企业的经营效能,使企业的经营活动与外部环境的变化保持正常的动态协调和平衡,以适应外部环境的变化。战略决策常常和长期计划相联系,从调整和作用的对象看,它调整和决定着组织的活动方向和内容,解决的是"干什么"的根本性决策问题。在企业经营中,战略决策又称经营决策,是企业决策中最重要的决策,通常涉及确定或改变企业的经营方向和经营目标,如整体布局、结构调整、竞争重点、新产品开发、企业上市等。战略决策的特点一般表现为:关系组织大局、命脉的重大问题;实施时间较长,时限在 3—5 年或更长,对组织起着比较长远的指导作用;它面临的问题较复杂,风险性较大,往往需要决策者仅能依据不完全信息而对未来作出判断,需要决策者具备宏观洞察力和较强的决策判断力。因此,战略决策多由组织最高层管理者负责制定。

2. 管理决策

管理决策又叫战术决策或策略决策。它是为了实现战略目标而作出的局部性、短期的和执行性的具体决策,通常涉及比较具体,带有局部性并且灵活性较大实施方案的选择、资源的分配、实际业绩的评估等方面的问题决策。在企业中,这种决策旨在提高企业的管理效能,以实现企业内部各环节的高度协调和所需要的资源的合理组织、有效利用。战术决策常常与中、短期计划相联系,从调整和作用的对象看,战术决策调整和决定在既定方向和内容下的活动方式,解决的是"如何干"的执行性决策问题。战术决策是战略决策展开和细化的支持环节,关系着战略决策能否顺利实施。管理决策具有指令化、定量化的特点,在企业中,这种决策一般由企业中间管理层做出。如新产品设计方案的选择、生产计划的确定、销售计划的确定、产品的定价、设备更新改造的确定等均属此类决策。

3. 业务决策

业务决策又叫日常管理决策。它是在组织的日常工作和活动中,针对短期目标,为提高工作效率和合理开展活动而做的决策。这类决策所要解决的问题常常很明确,往往以具体信息为基础,和具体的业务、技术、数字、日程相联结。决策者知道要达到的目标、可以利用的资源以及可以实现的途径选择。决策者进行业务决策时,可以根据制度、规则乃至常识、经验处理决策事务。此类决策大部分是和作业控制结合起来进行的影响范围较小的常规性、技术性决策,具有琐细性、操作性、短期化、日常性的特点。业务决策是战略决策、管理决策的有机展开和具体实施,是战略、管理决策得以实现的基础。要求业务决策者不仅应具备很强的工作责任心,而且要在实际工作中分解并落实之。因此,此类决策一般是由组织内基层管理者负责制定的。例如企业中生产任务的日常安排、工作定额的制定、成本和库存控制、各业务部门的协调等都属于此类决策。

(二)按决策时间长短分类

1. 中长期决策

中长期决策是指在较长时间内,一般是三五年或更长时间才能实现的决策。它关系到企业发展的前途和方向,多属于长期性的、全局性的战略决策,基本上是为组织制定长远目标。此类决策需要一定数量的投资,具有实现时间长和风险较大的特点。如企业的资金投向、生产规模的选择、产品转换、新产品的开发、技术改造、组织革新、市场开拓、厂址选择和生产布局、人力资源开发等方面的决策均属于此类决策。

2. 短期决策

短期决策是指在短时间内,一般是一年和一年以内就能实现的决策。它多属于战术决策或业务决策,是为实现长期战略目标所采取的短期策略手段,短期决策应服从和服务于中长期决策。此类决策具有不需要投资和时间短的特点。如企业的材料采购、物资储备、采购资金控制、生产过程控制、日常的营销策略和广告策略等方面的决策均属于此类决策。

(三)按决策问题出现的重复程度划分

1. 程序化决策

程序化决策又叫常规决策或重复性决策。它是指在日常管理工作中以相同或基本相同的形式经常重复发生的问题的决策。这种决策多属于业务决策。由于这类决策问题涉及一些例行的活动,属于重复出现的决策问题,故此类决策问题产生的背景、特点及其规律易被决策者掌握。所以,决策者可根据已往的经验或惯例把决策过程标准化、程序化,通过建立标准工作程序、业务常规方法和标准将此类决策问题解决,甚至可以由电子计算机进行处理。因此在实际的管理过程中,程序化决策是管理人员按照上级制定的规章制度进行的决策,比较简单,在组织的基层管理中最为常见。在企业管理工作中,绝大多数的决策属程序化决策。如订货程序、采购方案决策、设备选择决策、制订生产作业计划、库存决策等,其过程已标准化,可按规定的程序、决策的模式以及选择方案的标准进行决策,或可委托专门机构和人员进行。

2. 非程序化决策

非程序化决策又叫一次性决策。它是指没有常规可循,对很少重复发生的业务工作和管理工作所做的决策。非程序化决策往往是有关组织重大战略问题的决策。如组织结构变化、重大投资、开发新产品、开拓新市场、重要的人事任免、重大政策的制定等问题的决策。此类决策问题具有偶发性、开创性、不重复、突发、性质和结构不明、影响重大等特征。它缺乏准确可靠的统计数据和资料,没有先例,无章可循,难以定量化,甚至不能预测。相比程序性决策,它显得更重要而又困难,决策者大多对处理此类决策问题感到经验不足。因此不能用固定程序、常规办法处理,更为可行的是采取探索性的办法,发散性的、创新的思维模式。由于解决这类问题的经验不足,这样,此类问题的解决将在很大程度上依赖于决策者及其智囊机构的知识、经验、逻辑思维、洞察力和判断力。一般说来,高层管理者所做的决策多属于非程序化的决策。

(四)按决策问题具备的条件及结果的可靠程度划分

1. 确定型决策

确定型决策是指可供选择的方案实施后只有一种自然状态的决策。在这类决策中,决策者对每个可供选择方案的条件都是已知的和肯定的,而且并能预先准确了解各种方案未来的必然结果,特别是对哪种自然状态将会发生已有确定的把握。此时只需要比较各个不同方案的结果,就可从中选择一个最有利的方案。事实上,在组织中,能充分满足上述条件的确定型决策问题,只存在于环境稳定、决策事项简单的领域。特别是对经常应对环境多变、决策问题复杂的高层管理者来说,确定型决策更多的是一种理想化的决策类型。用以指导确定型决策的方法主要有数学分析方法,如产量、利润决策可采用线性规划、盈亏平衡分析,库存决策可用库存模型,设备的更新改造决策可用技术经济分析方法等。

2. 风险型决策

风险型决策是指可供选择的方案都存在着两种以上的自然状态,哪种状态可能发生是不确定的,但可以测定各种自然状态发生的客观概率的决策。在这种决策中,面临的决策问题是明确的,解决问题的方法是可行的,可供选择的若干个可行方案是已知的,并且每种情况下结果出现的概率也是可以确定的,所不能确定的是最终将出现哪一种情况(自然状态)。如生产某产品,未来的自然状态可能是销售好、一般、不好等几种状态,究竟哪种状态最终将出现,谁也无法做出准确的判断。对于这种决策,决策者无法肯定地判断未来的最终情况,无论选择哪个方案都有一定的风险。但根据历史统计资料或以往的经验可以推断出各种自然状态出现的可能性(即概率)大小,在这种情况下就可利用概率进行分析计算并选择决策方案。这样的风险型决策,在组织决策中占了很大比重。指导风险型决策的方法最常用的有决策收益表、决策树等方法。

3. 不确定型决策

不确定型决策是指各种备选方案未来的各种自然状态完全未知,而且决策者对每种自然状态出现的概率也无法确定的决策。在这种决策中,存在着许多不可控的因素,由于缺乏信息资料,决策者掌握的信息不完全,可供选择的备选方案可靠程度较低,决策者不能测算出每个方案执行后果发生的概率,完全只能以个人的态度、经验、感觉及其所持的决策原则进行判断,当然也可以采用数学分析方法来帮助决策。所以,不同的决策者可能对同一决策问题做出不同的选择。目前,这种决策已经有一些决策准则供不同类型和风格的决策者选用。实际上,大多数工商企业的决策,都属于不确定型决策。在组织外部环境变化较大时,此类决策问题是经常发生的,如在市场变化情况不明时,企业生产一种全新产品的决策等。

(五)按决策主体分类

1. 群体决策

群体决策也称组织决策,它是由组织整体或组织的某一部分对未来一定时期的活动所做的选择或调整。它是在对环境研究的基础上，由多个人在一起做出的决策，其涉及的范围和时限通常都较为宽广。群体决策有很多优点，如可以更好地沟通，更大范围地汇总信息，有效地利用集体智慧，拟定更多的备选方案，提高决策的合理性，增加方案的可接受程度，做出更准确和更有创建性的决策。但集体决策也有一些缺点，如消耗的时间长，职责不清以及由于受群体大小、成员从众现象等影响所造成的决策效果起伏大、效率低等。群体决策适用于所有的决策活动，如董事会决策、职工代表大会决策、某一职能部门决策等都属于组织决策。尤其适用于对组织有重大影响的复杂问题决策，如组织的大政方针、战略目标的确定等。

2. 个人决策

个人决策是指个人在参与组织活动中所做的各种决策。在组织的活动过程中，每一个人都要进行一系列的决策，它适用于日常性事务决策或程序性决策。具体来说，个人决策比较适用于执行一些预先设计好的计划、规章、指示且实施者能独立工作的场合，以及在某些随机性很强的突发事件面前，需要快速果断及时做出决定的场合。个人决策的不足主要是决策质量受决策者能力影响，个人权力过分集中可能导致有效监督失效，挫伤下属参与管理的积极性，有时造成决策方案被接受程度不高。相对来说，个人决策的效率性要高于组织决策，但其效果一般要低于组织决策。因此，对于复杂、重要和需组织成员广泛接受的决策问题，最好采用组织决策。而对于简单、次要、日常事务性、程序性的决策问题，采取个人决策方式更为适宜。表 3-1 所示为群体决策与个人决策的比较。

表 3-1 群体决策与个人决策的比较

方式	群体决策	个人决策
风险性	相对精确周密而全面，风险较低	受到个人制约，风险较高
决策速度	较慢	较快
决策成本	决策总成本较高	决策成本较低
对贯彻执行的影响	决策执行阻力较小	执行阻力较大
适用范围	适用于牵涉面广，影响大，需要依靠多方支持的全面性、战略性决策	适用于局部性、紧急性、战术性决策

第二节 决策的过程与影响因素

在制定决策时，人们为了提高决策的科学性和有效性，使决策能达到预期的效果，减少决策的失误，必须遵循正确的决策程序。

一、决策的过程

尽管因组织在活动中所面临的决策问题类型不同,内容的复杂程度不同,造成每一项具体决策的过程有所不同,但就从各类决策问题的一般规律上看,进行科学决策时,有一些基本的步骤和程序。西蒙将决策过程分为四个主要阶段:(1)情报活动阶段,主要是获取可靠信息,识别潜在的问题或机会,找出决策的理由;(2)设计活动阶段,主要是制定、分析各种达到目标和解决问题的方案;(3)抉择活动阶段,主要是从诸多可供备选方案中选择一个最满意的方案;(4)审查活动阶段,主要是在实施决策后与当初设立的目标进行比较,看是否出现偏差。斯蒂芬·P.罗宾斯认为,决策制定过程包括八个基本步骤。整个过程包括识别决策问题、确认决策标准、为决策标准分配权重、拟定备择方案、分析备择方案、选择方案、实施方案、评价决策效果。综合以上决策制定过程的基本步骤,决策过程主要包括以下步骤:

(一)识别问题

理性的决策过程开始于问题的分析判断,因为决策都是针对要解决的问题而展开的,若没有问题,就不需要决策。具体来说,问题内蕴于事物本身,显现为现实与期望之间存在的差异、矛盾上。例如,企业总希望自己生产的产品是受顾客欢迎的产品,而现实是市场上(当然包括本企业)又不能提供满足顾客对某种功能和质量需要的产品,因而顾客通常会持币待购,造成企业期望与现实之间存在差异,即所谓问题。找出组织中存在的问题就要从组织的实际情况出发,分析组织在特定环境下所应达到的期望状态与实际达到的现实状态的差距有多大。

期望状态是由组织的客观条件决定的,而要找出差距就必须对组织的客观条件进行准确分析。客观条件是指组织所处的政治环境、经济环境、社会环境、技术环境、竞争环境等外部环境及组织的内部条件,如组织结构、人员配备、资金、技术等。组织所处的现实状态是由组织的主观条件决定的,主观条件是指组织的经营战略与策略、经营管理水平等。

1. 识别问题的基本方法

由于客观事物的复杂性和主观认识的局限性,识别问题并不是轻而易举的事情。常用的识别问题的方法是将现实状态与某些标准进行比较,这些标准可以是组织预设的目标,组织以前的绩效,或其他组织中类似的绩效等。要分析差距、识别问题有两种基本方法:

(1)横向分析法,即同国内外同类型组织的现实状况进行比较、分析,寻找差距的大小,发现存在的问题;

(2)纵向分析法,即通过对组织活动的各项指标变化趋势及幅度进行分析比较,判定组织所面临的形势,选定问题需要进一步完善和改进的努力方向。

2. 识别问题是否发生和存在的几种情况

一般来说,在实际的组织活动过程中,可从以下几种情况来识别问题是否发生和存在:

(1)组织运行现状与计划目标是否发生了偏差。如果组织的实际运行状况与原有目标之间出现差异,就意味着存在需要决策的问题。

(2) 组织环境是否发生显著的变化。稳定环境条件下常规运行的组织,如外部环境发生显著变化时,常常会出现新问题。如当一个企业突然面临激烈的行业竞争时或突然遭遇行业政策的重大改变时,很可能会有一些不适应外部环境的异常表现。因此,必须对环境的变化进行分析,这样才有利于及时发现组织存在的问题。

(3) 组织内部是否出现异常变化。如果组织的活动突然出现异常变化,如顾客投诉量突然上升、市场销售量快速下滑、员工消极怠工辞职现象的增加等,则意味着组织的管理上出现了严重问题。因此,必须对组织内部的异常现象进行分析、判断,找出症结所在。

(4) 组织的管理工作是否经常受到批评、质疑。对组织管理的批评意见可能来自组织内部,也可能来自组织外部。如组织成员对组织管理工作发牢骚或表露出不满情绪时,顾客及社会对组织提出了批评和质疑时,则说明组织的管理活动出现了一些有争议的问题,这些问题是组织决策层需要认真考虑和解决的。所以,对组织受到的批评和质疑进行客观分析,是组织识别问题的重要途径。

(二) 确定目标

识别问题后,组织是否采取决策行动以及采取什么行动,就取决于决策目标的确定。决策目标是决策者对未来一段时期内所要达到的目的和结果的判断,它既是组织进行决策的起点,也是决策工作的归宿,因为决策的最终目的就是要达到既定的目标。决策目标的正确与否对决策的成败关系极大,因为决策目标是探索和拟定决策方案的依据,判断方案优劣的标准和检验决策正确与否的尺度。可以说,设计合理的目标是科学决策的内核,只有有了合理的目标,才能着手拟定可行性方案。

设计合理的目标应该满足以下几个基本要求:

1. **确定决策目标应当做到明确具体,并尽量定量化**

有具体衡量组织现实状况的标准,不能抽象空洞。有些无法直接用量化指标表示的目标,可以采取间接表示的方式使其量化,如用评分法、百分比法等。避免由于模糊不清的目标概念所造成的混乱。一般地说,越是近期目标,就越要求明确具体,远期目标则允许有一定的模糊性。

2. **目标应有主次之分**

在多目标决策的情况下,可将目标按其相互关系加以取舍和适当合并,尽可能剔除那些从属性的或不太重要的目标,并按目标的重要程度排出主次,抓住主要矛盾和核心问题,确定主次分明的决策目标体系,从而更有效地把握主要目标。

3. **目标要有可行性**

确定决策目标,不仅要根据管理需要,还要考虑可能性。就是说,要防止目标偏高或偏低。这两种情况都不利于充分发挥组织的潜能,只有将主观需要与客观条件提供的可能性结合起来,决策目标才更有利于实现。为此,要明确实现目标应具备什么条件,采取哪些有效措施予以保证。可行性既包括组织内部为实现目标所需的人力、技术、物资、资金、信息等必备条件,又包括组织符合外部条件的规定,如国家的政策、法令、文化传统、社会心理等。

4. 目标要具有挑战性

挑战性是指目标的新颖性、实现的困难程度,对组织人员内聚力量的激发强度等。只有具体、可衡量、可行、富有挑战性的目标,才最有可能激发组织及其成员的潜能。如决策目标在技术上是先进的,经济上是合理的。

通过上述几个阶段的分析,根据组织的活动特点和实际情况,就可以确定一个适合组织发展的决策目标。如没有选出理想的决策目标,可以重新进行可行性目标的探索、拟定和决策目标的再确定。决策目标的确定是决策工作的关键所在。

(三) 拟订方案

在确定决策目标之后,管理者接下来就要提出达到目标和解决问题的方案。而从决策的本质来看,决策是选择,要进行选择就必须有多个备选方案。不同的备选方案实现目标的效率不一样,决策要求以费用最少、效率最高、收益最大的方式实现目标,就要求对多种备选方案进行比较和选择。这一步拟订的方案越多,质量越好,可供比较和选择的余地就越大,解决问题的办法也就越完善。因此,决策者应该尽可能多地拟订可供选择的方案。

方案的拟订离不开三个基本要素。一是决策目标。方案的拟订必须以实现决策目标为出发点。二是外部环境。可行方案的拟订一定要充分地利用外部环境所提供的各种条件,并且充分地利用外部环境所提供的各种必要信息。三是组织内部条件。在组织内部可能的条件下,充分利用组织现有的各种资源。

1. 备选方案的拟订过程

备选方案的拟订过程就是在组织外部环境研究、组织内部条件分析和消除差异的决策目标基础上,通过以下具体步骤逐步完成的:

(1) 提出改进设想;

(2) 对提出的各种改进设想进行集中、整理、归类,形成多种不同的初步方案;

(3) 再对这些初步方案进行筛选、补充和修改;

(4) 最后对剩下的方案进一步完善,并预测实施结果。

由此便形成了一系列不同的可行备选方案。寻求解决问题的备选方案的过程是一个具有创造性的过程,但提出有创见的备选方案往往并不容易,需要决策者具有广博的知识、敏锐的洞察力和敢于创新的精神,能够对要解决的问题进行全方位的思考。

在这一阶段,决策者需要广开思路,集思广益,大胆设想,充分调动广大组织成员的积极性,最大限度地寻求解决问题的多种途径和办法,将一切可能的备选方案挖掘出来。可见,可行方案的拟订,发挥创造性是其成败的关键。在这个阶段,最好能将专家集中起来进行集体讨论,以便于互相启发,集思广益,具体的方法有头脑风暴法、专家意见法等。

2. 拟订方案应遵循的基本要求

在方案拟订过程中,还应遵循如下的基本要求:

(1) 方案的整体详尽性。整体详尽性,是指所拟订的各种备选方案,应尽可能多地找到所有可行性。方案的设计是对信息全面掌握和思辨后的产物,不使其有任何遗漏,才能为比较、评价和选择方案提供充分的余地,以保证最终选定方案的相对最优性。当然,决策者若要制定出没有疏漏的行动方案,必须要了解与组织活动有关的全部信息,能正确辨识全部信息的价值,并能准确计算出每个方案在未来的实施结果。显然在组织的实际决策实践中,这些条件难以具备。因此,整体详尽性的备选方案应至少体现出具有概括性、典型性和代表性的几个可能方案。

(2) 方案的相互排斥性。相互排斥性是指在多个方案中只能选择一个方案,不能几个同时选用,即各方案的总体设计、主要措施和预定效果应该有明显的区别,是相互排斥的。各拟定备选的方案都有它的优点,且不能完全为其他方案所替代或包容。坚持相互排斥性的目的在于,以利于比较选择时从若干备选方案中选择一个。如果各备选方案的内容接近甚至相同,就失去了选择的意义。拟订备选方案和选择方案往往无法截然分开。实际上在拟订备选方案时,不是等把全部备选方案都拟订完后才最后进行一次性选择,而是先拟订一批,进行初步筛选淘汰,并对其余较好的备选方案进行完善,进行再次选择。如此反复进行,直到最终选出相对满意的方案为止。

(四) 分析方案

拟订出的诸方案都是备选方案,它们并非都具备可实践的价值。况且,也不可能将所有备选方案都一一尝试,根据其优劣,再选择方案。因此,决策者需要对各备选可行方案逐个进行分析评估,再决定选择哪一个方案付诸实践。

分析方案,就是对各备选方案的利弊给出科学、客观、全面的评定。每一个方案的分析,既要测算其预期效果,衡量其解决问题的程度,又要分析判断出各种方案可能产生的不良后果和潜在问题,有哪些问题是致命的,有哪些是严重的,又有哪些是一般的。若没有对事物的透彻分析,决策者便无从选择,硬性做出选择,会造成盲目或风险决策。

1. 备选方案分析比较的内容

在拟订方案的时候,人们总要千方百计地尽可能多地设计出一些方案。因此,拟订出的方案往往较多。决策者在过多的方案面前往往会感到无所适从,难以决断。根据分析方案工作按照谋、断分工协作的历史趋势,备选方案的分析通常也可由咨询机构或专家帮助进行。这样,可以为决策者提供可行性思路。具体来说,决策方案的评价和比较可从以下几个方面进行:

(1) 方案实施所需要的主要条件是否具备,具备这些条件需要耗费的成本有多少。
(2) 方案实施能够给组织带来哪些效益,包括长期、短期的经济和社会效益。
(3) 方案实施中可能遇到的风险、潜在威胁有多大,以及造成失败的概率是多少。
通过以上比较,就能找出各备选方案的差异,分出各方案的优劣。

2. 备选方案分析评估的基本要求

在分析评估备选方案时应该注意以下几点:

(1) 应考虑环境变化中的关键影响因素,预估每个方案实施的综合效果。决策备选方案是面向未来的,它的效果要经过一定时期才能显现。若要了解方案的实施效果,需要通过科学预测客观环境在变化中可能涉及的重要影响因素,特别是要认真考虑对决策影响较大、决定组织命运的客观影响因素,使组织决策者在选择方案时做到心中有数。而且,应特别注意对每个方案实施的长远后果、无形后果、间接后果、社会后果等进行预测、估计,这些后果也会影响决策目标能否最终顺利地实现。对这些后果预测估计得越全面、深入,下一步进行方案选择时,就越有把握。

（2）对各备选方案的优劣进行实事求是、客观、全面的评估。对方案的评估不能凭个人的主观好恶,而应采取科学的态度。但在实际的备选方案分析过程中,由于人们不可避免地带有分析判断上的主观性、价值上的倾向性以及认知上的片面性,所以为了想推行某个方案,在决策时人们往往只看到该方案的种种优点和长处,并极力推崇之,但其实际执行起来却困难重重,问题成堆。与其相反的情况也经常存在,刚开始时,人们从主观上低估某个方案,否定该方案,而过一段时间后,回头审视却发现事实并非如此。可见,既要对备选方案的长处进行充分估计,也要对其不足之处有清醒的认识。在分析评估方案时,特别要注意方案实施过程中可能出现的不利情况,事先考虑预防措施,掌握解决问题的主动权。

（3）分析方案应该注意各备选方案的差异性。分析是选择的前提,若要为方案的选择提供科学、客观、全面的依据,就应先将各备选方案的差异性准确地分析出来。因为,只有存在差异才能比较分析,只有将备选方案内在的、独特的、真正的差异分析出来,才能充分了解各备选方案的优劣长短,才能为下一步决策方案的选择提供坚实可靠的判断标准。此外,分析方案还应该站在更高的高度,对各备选方案的优点加以拓展,对缺点加以修正弥补,作尽可能的协调整合,使可实施的方案趋于完备。

（4）应充分估计人的因素在方案实施中所发挥的作用。任何决策方案的执行都离不开人,人是决策过程中的核心要素。决策方案一旦确定,实施的效果如何,更多地将取决于实施者的接受程度和主观能动性。如充分发挥实施者的主观能动性,往往可有力地推动决策方案顺利实施,并达到事先预定的结果,甚至超出预定的结果。即使一些方案从技术论证上看可能还存在问题,但由于人们易于接受和采纳,其在实际实施中仍能取得相当理想的结果。相反,有些方案从理论上看是正确的,甚至是较为理想的,但由于种种原因,人们的接受和认可程度低,实际的实施结果往往难以达到预期效果。

（5）确定决策方案的评价标准。为了从多个备选方案中选出最佳的方案,需要对这些方案进行比较和评价,若要选择出满意的方案,必须要有科学的比较和评价标准。因为没有标准就没有判断好坏的尺度,一般可把目标或目标具体化之后的指标作为评价标准。从总体上说,评价标准应具有技术先进性、经济合理性、措施可操作性及风险低、副作用小、时效性强等方面的综合要求。评价指标一般包括两大类:一类是耗费性指标,如投资费用指标,使用费用指标。另一类是效益性指标,如生产率提高指标,成本降低指标,销售增长率指标,利润增长率指标等。

（五）选择方案

备选方案经过以上分析评价后,就可对每个方案的利弊长短有一个结论,并可据此来进行最优方案选择。所谓最佳方案,并不是十全十美的方案,而是以满意为准则的方案,因为各备选方案是为解决同一特定决策问题拟定的,它们基本上只呈现出各方案互有优劣且相互依存、难以剥离的状态,而非此全优彼全劣的状态。方案的决策者接受一方案优点时可能无法完全拒绝它的缺点与不足。可见,选择活动不是在优劣间展开,选择方案应摒弃求全责备的理想化模式。

决策者选择方案是牵一发而动全身的重大活动,是进行拍板定案的工作,是决策过程中最为关键的一步。其活动过程虽然要有专家参与,要考虑尊重专家的意见,但也不能被专家的意见左右,而放弃决策者在决策过程中的责任。决策者要依靠当初确定的目标来审查方案,并且对不同的方案要有不同的考虑,能审时度势、当断即断,要敢于承担风险。这就要求决策者要有良好的心理素质、战略的系统观点,处理好一系列复杂问题的魄力和能力等。

在方案优选时应采用科学严谨的态度、满意有效的决策标准。至于选择方案的具体方式,可根据决策问题重要性程度的不同而有所区别。对于重大问题的决策,应有顾问、咨询专家参加,听取多方面的意见。在专家小组报告方案的基础上,由决策者集体进行充分的讨论,选择满意的方案。对于一般性的、程序化的决策,完全可以由决策者个人进行,以提高决策的效率。在这一过程中要注意以下几个问题:

1. 考虑代价、效益和风险三个因素

在选择方案过程中,应当选择代价较小、效益较高、风险较低的方案作为决策方案。但在决策过程中,这三个因素往往是矛盾的。所以只能进行综合分析和考虑,在多项方案的比较中选出最满意的方案,或以一个方案为主,考察它们的利弊得失,尽量发挥各方案的长处,克服其短处,把不同方案综合成更优且可行的方案。为了保证决策方案的可操作性,在确定满意方案后,还应做可行性鉴定:检查决策信息的可信度,检查方案分析时被忽略的某些因素对决策方案实施的可能影响程度,检查主要约束条件变化所带来的变动影响程度,预计方案执行过程中可能发生的问题。对可预测到的未来变化,制定出充分必要的措施,以避免临时应变可能造成的混乱。经过鉴定切实可行后,方能将方案付诸实施。

2. 采用合理的评价方法

常用的选择方案的方法主要有:

(1) 经验判断法。经验判断法是依靠决策者的实践经验和判断能力来选择方案的一种方法。这时决策者的个人素质、知识和分析判断问题的能力起着决定性的作用。利用这一方法,首先要看各方案是否能够满足预先设定的目标要求。对能够满足这一要求的方案予以保留,达不到这一要求的予以淘汰。其次,对保留下来的方案进行评估和全面权衡,从中选择出最满意的方案。这种方法适用于处于较为稳定的环境且较简易方案的选择。

(2) 数学分析法。数学分析法是通过建立各种数学模型和采取数学分析手段,求出最优解,从而对方案进行评选的一种方法。这种方法比较科学、准确,但需要完备的数据资料。此方法适于一些无法靠人的经验来选择方案的复杂决策问题。

(3) 试验法。试验法是选择少数几个典型环境,对不同方案进行试验,以取得经验和数据,作为选择方案依据的一种方法。它适用于,在缺乏资料和经验,既难以判断又没有办法采用数学模型进行定量分析时选择重大方案。

上述三种方法各有优缺点,需要决策者根据具体情况灵活运用,才能对决策方案做出尽可能合理的评价和最好的选择。

(六) 实施方案

决策方案选出后,决策过程并没有结束,因为决策的正确与否最终要以实施的结果来判断。在决策的实施过程中,需要随时掌握实施情况,及时采取措施或对方案加以调整,以最终达到预期的效果。实施的方案有些能很快被付诸实施,例如关于纪律的执行。有些方案可能需要花费一些时间,如公司政策的实施。在执行过程中,决策者还要对组织成员可能存在的一些抵制情绪有所预见,须准备辅助计划来应付和处理此类意外情形。为了保证决策方案能取得令人满意的效果,应做好以下几个方面的工作:

1. 做好组织成员的认同和实施要求的传达工作

为了有效地组织决策实施,需要有组织成员积极参与。决策者应通过各种渠道将决策方案向组织成员通报,使组织全体成员都了解解决方案的内容、目的和意义,争取成员的认同,特别要获得既得利益可能受损的成员的认同和支持。同时还要做好实施方案各项要求的传达,如人力、物力、财力等经济资源的调配,决策目标、行动方案的细分,任务项目的分配、调整,任务指标和工作规范的下达等。

2. 完善组织结构,实现相关实施者责、权、利相统一

要使组织机构的设置和职责关系能适应实施决策方案的需要,把方案实施过程中所需的人力、物力、财力等资源有效地组织、协调起来,使各个要素能够充分发挥作用,并形成整体功能,当然,最有效的办法是能调动组织成员的积极性,能够实现其责、权、利三者的相统一。既要将目标分解到具体的部门、个人,实施目标责任制,又要使相关的主体拥有必要的完成其相应目标的权力,同时又要根据目标完成的情况对其实施相应的奖惩,以确保实施方案向预定的目标演进。

3. 建立信息反馈系统

在决策实施过程中,由于主客观条件的不断变化,或者决策方案自身的不足和缺陷等,造成实施结果和目标出现偏差的情况时有发生。因此,检查、反馈和控制工作十分必要。需要通过信息系统和其他渠道,跟踪检查,密切注意决策实施过程中的情况和问题,把每个环节的实际效果同预期目标进行比较,一旦发现差异,要准确而迅速地将问题反馈到组织的决策层,以查明原因,采取必要的措施进行修正、补充和有效控制,保证决策目标的实现。

(七) 评价决策效果

决策实施的每一阶段,都需要评价和反馈,以备及时发现问题、解决问题。可见,决策过程的最后一步,是评价决策的结果。看看方案实施后,选择的方案和实施的结果是否达到了期望的效果,是否真正解决了问题。如果决策方案几经修改,仍达不到预期效果,问题依然存在,这时管理者就要对决策本身进行仔细分析,找出哪个环节出了错,分析什么原因导致了方案失效。如:是否没有正确认识问题,是否对备选方案的评价出现了问题,是否方案选择正确而实施不当,对这些问题的分析检查,将使管理者重新审视之前的决策步骤,甚至可能需要重新开始整个决策过程。从某种意义上说,评价效果本身就是一个决策过程。假如主观决策预期与客观实施进程相吻合,那么,评价决策效果事实上也为下一轮决策做了必要的准备。

二、决策的影响因素

决策是为实现组织的目标服务的,同时决策作为一个过程又是在组织中完成的,而组织总是在一定的环境下存在和活动的,所以决策活动必然会受到环境的影响。组织在进

行决策时需根据具体环境的不同与变化,做出不同的决策活动。具体来说,组织决策主要受到以下因素的影响。

(一) 环境因素

环境对组织决策的影响是双重的。

1. 环境的特点影响着组织的决策选择

一般来说,处于相对稳定环境中的组织,决策相对简单。由于现时所面临的环境与过去的差不多,大多数决策可以在过去决策的基础上做出。可以说,今天的决策主要是昨天决策的延续。而处于高度不确定性环境中的组织,则要经常面对许多复杂的、过去没有遇到过的决策问题,为了不被环境淘汰,其战略决策必然要经常进行调整。比如,处于垄断市场中的企业,因市场环境相对较为稳定,企业将形成以生产为导向的经营决策,其经营决策重点将放在内部生产条件的改善、生产规模的扩大以及生产成本的降低上。而处在竞争市场上的企业,因市场竞争剧烈,则需要密切注视竞争对手的动向,不断推出新产品,努力改善营销宣传,不断提高对顾客的服务水平,建立和健全营销网络。

2. 对环境的应变模式也影响着组织的活动选择

不同的组织即使在相同的环境背景下,其作出的反应可能也会有所不同。但对一个组织来说,组织与环境之间进行调整的反应模式却是有规律可循的。随着时间的推移,这种调整组织与环境之间关系的模式就会趋向固定,形成组织对环境特有的应变模式。这种模式一旦形成,将指导组织在以后面临环境变化时,如何选择行动方案。

(二) 组织文化

组织文化是组织在长期的创业和发展过程中培育形成的,为组织成员所普遍认可和遵循的最高目标、价值观念、行为规范和思维方式等,它是构成企业内部环境的重要因素。它为组织的领导者和组织成员提供了对待周围世界的共同价值观念体系和行为准则。因此,组织进行决策时不可避免地要受到组织文化的影响。组织文化通过影响组织成员对待变化的态度,进而影响一个组织对方案的选择和实施。组织文化既可以对决策实施起到推动作用,也可能成为阻力。

一项新的组织决策的制定和实施,可能会给组织带来某种程度的变化。组织成员对这种可能产生的变化会怀有抵触或欢迎两种截然不同的态度。在偏向保守、怀旧、维持的保守型组织文化中,组织成员总是根据过去的标准来判断现在的决策,担心在变化中甚至失败后会失去什么,从而对任何带来变化特别是重大变化的行动方案产生怀疑、害怕和抗触的情绪与实际行动。而在具有开拓、创新、进取气氛的进取型组织文化中,组织成员会以发展的眼光和态度来分析行动方案的合理性,希望在可能产生的变化中得到什么,因此欢迎变化,勇于创新,宽容地看待失败。

可见,欢迎变化的进取型组织文化有利于组织选择带来变化的行动方案以及新决策的顺利实施。而抵触变化的保守型组织文化,则因组织成员担心失败,造成决策者易将带来较大变化的行动方案从备选方案中剔除出去,而将维持现状的方案选出并付诸实施,给以后任何带来较大变化的新决策的实施带来更大阻力。在后一种情况下,为了有效实施可能给组织成员带来较大变化的新决策,必须首先通过大量工作来改变组织成员的态度,破除旧有文化,建立一种欢迎变化的组织文化。为此,在制定及选择决策方案时,必须考虑实施方案时可能遇到的组织文化方面的阻力,以及为克服这种阻力而必须付出的时间和费用代价。当环境发生重大变化时,组织的文化随之逐步调整、变化和进步,以保证组织文化与组织的新决策相适应和协调。

(三) 过去的决策

在实际的管理工作中,组织的决策工作并不是完全从"零"开始的,而是对初始决策的修改、调整或完善。并且在实际的决策活动中,程序化决策占有很大比例,即使是非程序化决策,决策者也可以从过去找到类似的决策作为参考。

1. 组织过去的决策是当前决策的起点

过去的决策总是在影响着现在的决策,这一影响因素也可以称为"非零起点"因素。在组织决策所选定方案的实施中,不仅存在着组织人力、物力、财力等资源的大量消耗,而且还伴随着组织内部状况的改变,这样必然影响当前的决策活动。例如,企业在考虑新上某种产品时,会考虑到所需人员的招聘培训费用和广告、营销策略。

2. 组织过去的决策对当前决策的影响程度,主要受到它们与现任决策者关系的影响

这种关系越紧密,现在的决策受到的影响就越大。如果现任决策者也是过去决策的制定者,通常决策者要对自己的选择及其后果负管理上的责任,同时也为了保持决策的连续性,在进行现在的决策时,就必须要考虑过去的决策。因此,决策者一般将倾向于坚持过去的决策,而不会对组织的活动进行大的改动,继续把大部分资源投入到过去方案的执行中,以证明决策的正确。如果决策者以前已经做过许多类似的决策,他还会容易形成一种思维定式,这种思维定式也将影响他现在的决策。反之,如果现任决策者跟过去的决策没有重要的关系,那么现任决策者更易于接受对组织进行重大调整。

过去决策对现在决策的影响有利有弊,其益处是有利于实现组织决策的连贯性和维持组织的稳定,并为现在的决策提供一个较高的基础和起点;其弊端是不利于组织创新,制约组织实现跨越式的发展。

(四) 决策者

决策者是组织进行决策的主体,由于其自身因素特点的不同,将会对组织在决策过程中方案的选择和实施产生重要的影响。

1. 决策者对待风险的态度

决策是人们对未来活动的方向、内容和目标进行分析选择的活动,但由于人们对未来的认识能力有限,对未来状况的预测与未来的实际状况不可能完全相符,因此在决策指导下进行的活动,都有成功或失败的可能。任何决策活动,都面临着一定程度的风险。因此,决策主体对风险的不同态度,将会影响组织对行动方案的选择。决策者对待风险的态度有两种类型:风险爱好型和风险厌恶型。愿意承担风险的决策者,通常会对变化的环境进行更加主动、积极的探索,采取进攻性的反应行动,在多种方案选择中趋向于选择风险大的方案。而不愿承担风险的决策者,通常只对环境做出被动、保守的反应,会在多种方案选择中趋向于选择风险小的方案。

2. 决策者的能力和作风

决策者对问题的认识能力、信息获取能力、沟通能力、组织领导能力和民主作风等都

会直接影响决策的过程和结果。如果决策者对问题的认识能力、信息获取能力、沟通能力以及组织能力越强,其就越有可能依靠个人能力做出高质量的决策。同样如果决策者自身的领导能力强、民主作风好,其有可能集思广益,发动更多的人参与到组织的决策中来,从而提高决策的质量。

(五) 决策问题的性质

1. 问题的紧迫性

组织进行决策时,需要考虑决策的时效性问题,若决策的实施超出了时间的限制,决策就失去了实际意义。决策对于时间的要求是各不相同的,美国学者威廉·金和大卫·克里兰据此把决策类型划分为时间敏感型决策和知识敏感型决策。时间敏感型决策是指那些对组织来说非常紧迫,必须迅速处理,而且要求尽量准确的决策。此类决策对时间性要求高,对决策速度的要求要高于对决策质量的要求。如战争中军事指挥官的决策以及稍纵即逝的重大机会、生死攸关的关键抉择等多属于此类。此类决策在组织中不常出现,但每次出现都将对组织带来重大影响。由于时间敏感型决策在时间上有紧迫要求,造成决策者在心理上有一定的压力,这会限制其资料收集的完整性以及备选方案制定的数量和质量,进而影响决策的正确性。

知识敏感型决策是指那些对组织来说不紧迫,有足够时间应对的决策。此类决策对时间的要求不是十分严格,对决策质量的要求相对较高。而制定高质量的决策,则要求决策者掌握足够的知识,充分利用信息。一般来说,组织中关于活动方向与内容的决策,大部分属于知识敏感型的决策。这类决策着重于未来,而不是现在,所以选择方案时,在时间上相对宽裕。对于决策者来说,组织中的任何决策问题都要求其做出高质量的决策,因此决策者要能对组织中的问题做到及时识别、判断,尽可能地将时间敏感型决策转化为知识敏感型决策。

2. 问题的重要性

问题的重要程度也会对决策造成多方面的影响。首先,问题越重要,越有可能引起高层领导的重视,并可能得到越多的资源和力量支持。其次,越重要的决策问题,越有可能由集体来决策,其决策的质量可能就越高。再次,越重要的问题,决策者决策时就越慎重,考虑得就越全面,就越有可能避免各类决策失误。

第三节 决策方法

为了保证对组织未来生存和发展有重要影响的决策活动尽可能科学、正确,管理者必须要掌握和运用科学的决策方法。合理地选择和运用决策方法是提高决策的科学性、正确性的有效措施。由于决策内容、类型的多样性,决策环境及过程的多变性、复杂性,随着管理理论和实践的发展,在研究组织决策的过程中,出现了越来越多的决策方法。通常根据决策所采用的分析方法,可以把这些决策方法归纳起来分为两大类:一类是定性决策方法,一类是定量决策方法。科学决策一般都采用定性与定量相结合的方法。

一、定性决策方法

定性决策方法是一种建立在决策者本人或有关专家经验、知识、智慧等基础上,对决策方案进行评价和判断的一种方法。在决策过程中,定性决策方法是一种重要而常用的方法,因为许多决策问题有时要依靠经验进行判断,难以采用定量分析法进行处理。但决策活动的经验判断不是仅依靠某个人的判断,而是通过一定的组织形式,在充分发挥专家集体智慧、能力和经验,系统调查研究分析的基础上,根据已掌握的情况和资料,对决策方案的目标、制定、筛选做出评价、判断和选择。它较多地应用于受环境因素影响较大,所含因素错综复杂,抽象程度较高的综合性战略问题的决策。

定性决策方法灵活简便,费用开支小,通用性强,比较适用于非规范化的综合决策问题,而且该方法还有利于调动专家和组织成员的积极性,提高其创造能力。但同时它也存在一定的局限性,由于决策建立在个人主观判断的基础上,缺乏严格的科学论证,主观性成分大。有时,还会因决策参与者知识类型、经验或传统观念的影响而使决策意见有较明显的倾向性。因此,定性决策方法的关键在于决策的民主化,以避免决策的主观随意性和片面性。

常用的定性决策方法主要有以下几种:

(一) 征询法

征询法是一种与被征询意见的人事先不接触、事后接触的决策方法。即将被征询意见的人编为一个小组,但在开始时彼此间不见面谈问题,即使见了面也不谈论问题。在这种互不接触、互不影响的条件下,让被征询意见的人分别以书面的形式提问题、提建议、发表意见或给出所提问题的可能答案。之后由组织者将每个人的书面材料合并成一份汇编材料,并将汇编结果公布于众。公布时只公布汇编的结果,而不公布这些问题、建议或答案具体是由谁给出的。这样,在随后针对汇编的讨论中,可以让每个人充分发表个人意见,而不必有所顾虑。这样就非常有利于把好的、成熟的意见逐步集中起来,以形成高质量的决策。

(二) 名义小组法

在集体决策中,如对问题的性质不完全了解且意见分歧严重,则可采用名义小组技术。在这种技术下,小组的成员互不通气,也不在一起讨论、协商,小组只是名义上的。这种名义上的小组可以有效地激发个人的创造力和想象力。其操作步骤如下:

(1) 召集专业知识人员并告知解决问题的关键;
(2) 独立思考,每人尽可能写出备选方案和意见;
(3) 按顺序陈述方案及意见;
(4) 小组投票,票数多的方案即为所要的方案(管理者有最终决定权)。

(三) 头脑风暴法

头脑风暴法是由被称为"风暴式思考之父"的 A.F.奥斯本提出的。该方法通过邀请相关专家或内行聚在一起,针对特定决策问题,在宽松自由的氛围中,让大家放飞思想,畅所欲言地发表个人意见，充分发挥个人和集体的创造性，以寻求更多的决策思路。该决策方法的四项原则是：

（1）参加者各自发表自己的设想或意见，而不能对别人的意见提出批评或下结论，不管这种设想是否适当或可行；

（2）提倡即席发言，不必深思熟虑，争取的意见、方案越多越好，方案越多越有可能出现高质量的内容；

（3）鼓励独立思考、奇思妙想；

（4）可以补充和归纳，鼓励参加者对已经提出的设想进行补充、改进和完善，从而形成新的、更为完备的设想和方案。

头脑风暴法是决策活动中侧重思想观点创新的方法，它有利于充分调动参与者的主观能动性，获得更多解决问题的备选方案，以作出较好的决策。

（四）德尔菲法

德尔菲法即专家意见函询调查法，就是采用函询来分别征求专家们对某一问题的意见，由美国著名咨询机构兰德公司首创。

1. 德尔菲法的基本运行步骤

（1）意见征询者根据问题的特点，选择和邀请做过相关研究或具有相关经验的专家。

（2）将要讨论或咨询的关键问题（如可能性、突破的时间、障碍等）分别提供给专家。专家在互不通气的情况下，各自独立思考，形成自己的书面意见。

（3）意见征询者对反馈意见进行收集、整理、综合，将经整理、综合的意见反馈给有关专家，再次征询意见。

（4）然后再加以综合、反馈。如此多次反复循环，最后得到一个比较一致的且可靠性较大的意见。

2. 德尔菲法的特点

（1）专家参与。根据问题的特点选择真正的专家，专家既可以是来自基层的管理人员，也可以是高层管理者；既可以是组织内的专家，也可以是请来的专家。

（2）匿名进行。函询全部过程通过背对背地征询意见，使被征询者不受个人的权威、资历、口才等因素的影响，可以有效消除专家彼此之间产生的心理反应。提高专家提出意见的客观性。

（3）多次反馈。多次信息反馈有效弥补了采用函询方式征求意见时，造成的信息封闭的不利局面，使专家们及时了解和慎重考虑其他专家的意见，也利于专家在此基础上补充、改进、深化自己的意见。通常经过四轮征询，专家们可以达到比较一致的意见。

（4）采用统计方法。组织者收集各位专家的意见，然后对每个问题的结果进行定量统计、分析、归纳，据此作出定量判断。通常用问题回答的中位数反映专家的集体意见。

3. 德尔菲法的缺点

德尔菲法也存在一些不足：耗费时间较长，对时间敏感型决策问题不太适用。要选择和邀请到合适的相关专家也存在一定的难度。

二、定量决策方法

定量决策方法是指运用数学模型及计算机手段，在对决策问题定量化分析的基础上进行决策的方法。其核心是把与决策有关的变量与变量、变量与决策目标之间的相互关系用数学式表示出来，即建立数学模型，然后根据决策条件及已有的实际数据，通过计算求得答案，供决策者参考。

定量决策方法与定性决策方法相比，其优点是：

第一，提高了决策的准确性和可靠性。由于借助了量化分析和精确的计算，运用这类方法进行决策可以大大提高决策的客观性和准确性，是决策方法科学化的典型表现。

第二，可使决策者从常规的决策中解脱出来。由于该方法可以把大量的决策程序化工作加以计算机化，这就大大减轻了决策工作量，使决策者能把注意力和主要精力专门集中在关键的、复杂的战略决策问题方面。这有助于决策者提高重大战略决策的正确性和可靠性。

但定量决策法也有其局限性，由于许多心理因素、社会因素无法估量和用数学手段处理，以及其在实际决策应用上也难以掌握，此类方法的使用会受到限制。它主要适用于常规性的程序化决策。

定性分析法和定量决策法各有长处及局限性，因而决策者在决策中应根据决策问题的性质以及决策过程各个阶段的具体情况，将这两类决策方法结合起来并灵活应用，以提高决策的科学化水平和决策质量。下面将对定量决策方法中的一些常用的决策方法，按不同的决策类型分别进行介绍。

（一）确定型决策方法

确定型决策方法是决策者对决策问题已有完整、可靠的资料不存在不确定因素的决策。尽管实际决策中，许多决策问题不是绝对的确定型决策，但如果主要的因素是确定的，为了处理方便，可以暂且忽略不确定性因素，按确定型决策来对待。在此类决策中，决策的影响因素和每一个可行方案实施后的结果都是明确的、肯定的。因此，决策者一般可根据已知的条件和决策目标的要求，利用直观判断或模型计算，直接计算出各个方案的损益值，再通过比较，从众多的备选方案中选出一个比较满意的决策方案。

确定型决策方法具有以下特点：

第一，存在着决策者希望达到的一个明确目标；

第二，存在着可供决策者选择的两个或两个以上的可行方案；

第三，每个方案都只有一个确定的自然状态；

第四，每个方案在某一确定的自然状态下的损益结果是可以计算出来的。

确定型决策的质量，主要取决于对决策问题资料的搜集、整理，对决策问题的深入理解、对模型的采用以及决策者自身的经验、素质等。企业中有相当数量的决策问题属于此种类型，均可采用这种方法。对于这类确定型决策，最常用的方法主要有以下几类：一是线性规划、库存论、排队论等数学模型法；二是盈亏平衡分析法或保本分析法，即借助盈亏平衡点进行分析的方法。以下主要介绍线性规划法和盈亏平衡分析法。

1. 线性规划法

线性规划法是在各种相互关联的多变量约束条件下,求解或规划一个对象的线性目标函数最大值或最小值的方法。线性规划是数学规划中理论较完整、方法较成熟、应用较广泛的一个分支,它作为经营管理决策中的数学手段,在科学研究、工程设计、生产安排、经济规划、经营管理等各方面的决策中有非常广泛的应用。其主要解决的问题是:在人力、物力、财力等资源数量一定的限制下,如何应用资源以获得最大的经济效益;或是给定一项任务或目标,如何合理安排和规划,能用最少的资源来实现。

当决策问题中的资源限制或约束条件表现为线性等式或不等式,决策目标函数表示为线性函数时,可以运用线性规划法对此类问题进行决策。线性规划模型中的目标函数是决策问题要求达到目标的数学表达式,用一个极大或极小值表示。而模型中的约束条件是指实现目标的资源性或条件性限制因素,用一组等式或不等式来表示。

运用线性函数规划法建立数学模型的步骤是:

(1) 确定影响目标大小的决策变量;

(2) 建立目标函数方程;

(3) 找出实现目标的约束条件,即列出决策变量的线性方程或线性不等式;

(4) 求出目标函数达到最优的可行解,即该线性规划的最优解。

求解线性规划模型的方法有多种,包括图解法和单纯形法等。其中图解法比较简单、直观,但应用面较窄,适合于只有两个变量的线性规划问题;单纯形法较为复杂,但应用面较广。也可以用计算机软件求解,如常用的 Excel 软件和商用版的 Linda 软件。

例 3-1:某企业生产 A 和 B 两种产品,它们需要经过制造和装配两道工序,制造时分别在各自的车间进行,装配在同一车间进行。有关资料如表 3-2 所示。假设生产的产品都能销售出去,问何种产品组合才能使企业的利润最大?

表 3-2 某企业的有关资料

车间 \ 产品	A	B	工序可利用的时间(小时)
A 产品制造工序的时间(小时)	1	0	7
B 产品制造工序的时间(小时)	0	2	10
在装配工序上所用的时间(小时)	3	4	32
单位产品利润(元)	12	25	

解:第一步,确定影响目标大小的变量。在本例中,目标是利润 P,影响利润的变量是 A 产品的数量和 B 产品的数量。

第二步,列出目标函数方程:$f = 12X + 25Y$

第三步,找出约束条件。本例中,工序可利用的时间为约束条件,即:

A 产品的制造时间:$1X + 0Y \leqslant 7$

B 产品的制造时间:$0X + 2Y \leqslant 10$

装配时间:$3X + 4Y \leqslant 32$

另外,非负约束条件:$X \geqslant 0$,$Y \geqslant 0$

第四步,求出最优解——最优产品组合。通过图解法(如图 3-1),求出解为:X=4,Y=5

该企业的最大利润为 173 元。

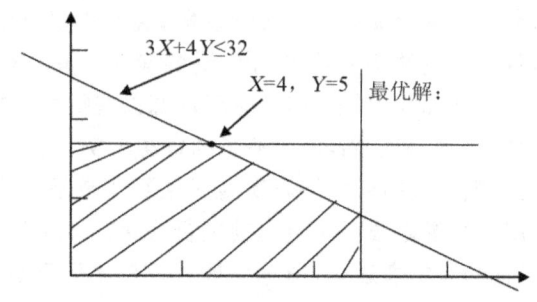

图 3-1 图解法示意图

2. 量本利分析法

量本利分析法又称盈亏平衡分析法或保本分析法,是通过考察产销量、成本(包括固定成本和变动成本)、价格和利润之间的关系,以及盈亏变化的规律来为决策提供依据的方法。这是一种简便易行、应用范围广泛的定量决策方法,适用于生产方案的选择、目标成本控制、利润预测和价格确定等问题的决策。

量、本、利的基本关系是:利润=收入－成本。在应用量本利分析法时,关键是找出企业盈亏平衡时的产量,即保本产量或盈亏平衡产量,此时企业的总收入等于总成本。如图 3-2 所示:

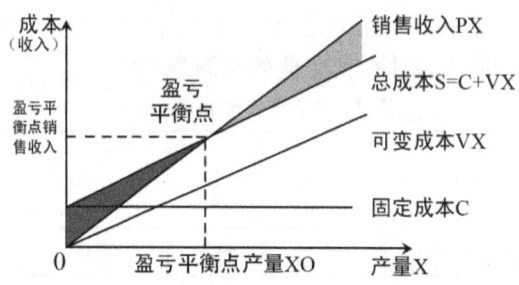

图 3-2 量本利分析图

设:P 为单位价格;X 为产量或销售量;C 为固定成本;V 为单位变动成本;R 为利润。
根据量、本、利的基本关系:利润=收入－成本
收入= 固定成本＋变动成本＋利润
单价×数量=固定成本＋单位变动成本×数量＋利润
$PX = C + VX + R$

在图 3-2 中,当产量为 X_0 时,对应的盈亏平衡点上的销售收入等于产品成本。
即:$PX_0 = C + VX_0$
可推出:$X_0 = C/(P-V)$
即盈亏平衡时,保本点产量=固定成本/(单价－单位变动成本)
这个点上的产销量是最低限度的产销量,如果再低企业就会产生亏损现象。

当产量为 X1 时,假设 X1＞X0,
利润＝收入－成本
即:R＝PX1－(C＋VX1)
可推出:X1＝(C＋R)/(P－V)
实现目标利润的产销量公式为:
保利点产销量＝(固定成本＋目标利润)/(单价－单位变动成本)

因此,企业在进行产品产销量决策时,应使产品数量大于保本点产量的数量 X0 值。在此基础上,要求企业的生产经营规模必须足够大,但还必须考虑企业是否具备相应的客观条件,如原材料、企业的生产能力等。即在约束条件允许的条件和范围内尽可能增加产品数量,使产品的产销量达到最大值。

例 3-2: 某企业生产某种产品的总固定成本为 60000 元,单位产品变动成本为 1.8 元,产品价格为每件 3 元。假定该企业预测下一年度的市场需求量为 80000 件,试问该方案可行否？

解:已知,F＝60000 元,V＝1.8 元/件,P＝3 元/件,Q＝80000 件

盈亏平衡点产量计算公式:$X_0 = C/(P-V) = \frac{6000}{3-1.8} = 5000$(件)＜80000(件)

所以,该方案可行。

(二) 风险型决策方法

风险型决策又称随机型决策。它是指虽然未来事件的自然状态不能肯定,但是发生概率为已知的决策。风险型决策判断的特征是:存在明确的决策目标,如利润最大或成本最低;存在多个备选方案;每个方案实施后存在不以决策者意志为转移的多种可能的自然状态;各备选方案在不同自然状态下的损益值可以计算;能够估计各种自然状态可能出现的概率。决策者可以根据各个方案的最终期望值的大小来决定其方案的选择。风险型决策的评价方法有很多,最常用的方法是最大期望收益值法和决策树分析法。

1. **最大期望收益值法**

最大期望收益值法是指根据各备选方案的期望值大小进行决策分析,选择期望收益值最大的方案为最优方案。

其具体分析过程为:

(1) 计算各备选方案的期望收益值;

(2) 求最大期望收益值。

例 3-3:

某企业打算生产某产品。根据市场预测,产品销路有三种情况:畅销、平销和滞销。生产该产品有三种方案:①改进生产线;②新建生产线;③与其他企业联合。据估计,在各方案的不同状态下的收益见表 3-3。若销路好、一般和差的概率分别是 0.3、0.45、0.25,企业应该选择哪一个方案？

表 3-3　各方案在不同状态下的收益值(单位:万元)

自然状态 方案	畅销	平销	滞销
A1 改进生产线	180	120	—40
A2 新建生产线	240	100	—80
A3 与其他企业联合	100	70	16

解:按照最大期望值准则,计算出每一个决策方案的期望值。

$E(A1)=180×0.3+120×0.45-40×0.25=98$

$E(A2)=240×0.3+100×0.45-80×0.25=97$

$E(A3)=100×0.3+70×0.45+16×0.25=65.5$

因此选择第一种方案,即改进生产线。

2. 决策树分析法

(1) 决策树分析法的含义

它是指将构成决策方案的决策点、方案枝、状态结点、概率枝以树状图形的方式表现出来,并且在这一图形上分析和选择决策方案的一种系统分析法。此类方法比较适合分析复杂的多阶段风险决策问题,是风险型决策常用的方法和有效工具。它通过比较不同方案期望收益值(或期望效用值)的大小来评价和选择方案。决策树分析法能够比较直观、形象地显示出整个决策问题在不同时间和阶段上的决策过程,整个决策分析过程思路清晰,层次分明。决策树根据问题的不同可分为单级决策树和多级决策树。

(2) 决策树的结构

决策树由决策点、方案枝、状态结点、概率枝构成。决策树的基本图形,如图 3-3 所示:

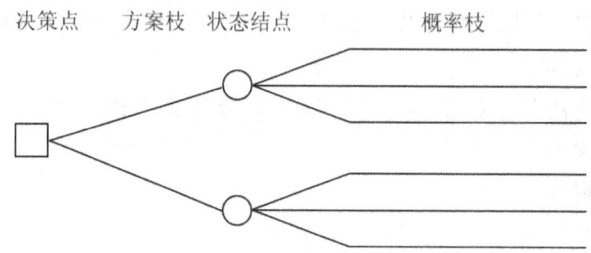

图 3-3　决策树结构图

决策树左端方框代表决策点,表示一个决策问题。以决策点为出发点引出直线作为方案枝,其中每一条方案枝代表一个备选方案。在方案枝上注明行动方案。方案枝的末端有一个状态结点,用圆圈表示。从状态结点引出若干条直线作为概率枝,表示不同备选方案可能出现的不同自然状态,每一条概率枝代表一种自然状态,所以又称状态枝。在状态枝上面标明对应自然状态的名称及出现概率,状态枝末端上标明每种自然状态下的概率损益值或效用值。该方案的综合期望值列在圆形结点的上方。这样图形由左向右,层层展开,构成了一个树状图形。

(3) 决策树法的程序

第一步,绘制决策树图形。绘制程序按上述要求从左向右分层展开。如果是多阶段风险决策问题,则应确定是几级决策,并逐级展开其方案枝、状态结点和概率枝。

第二步,计算每个状态结点的期望值。期望值的计算要由右向左逐步进行,首先将各自然状态下的损益值分别乘上其对应概率枝上的概率,再乘上方案使用的期限,最后将各概率枝上的值相加,将其标在状态结点的上方。其计算公式为:状态结点的期望值=Σ(损益值×概率值)×经营年限。

第三步,剪枝决策,即进行方案的优选。比较各备选方案的损益期望值,选其中损益期望值最大者,同时将其数值作为决策点的期望值,标在决策点的上方。其余的方案枝上画上"\\\\"符号,表示该方案枝剪掉不用。

例 3-4:某公司为了扩大某产品的生产,拟建新厂。据市场预测分析,产品销路好的概率为 0.7,销路差的概率为 0.3。有三种方案可供公司选择。

方案 1,新建大厂,需投资 300 万元。据初步估计,销路好时,每年可获利 100 万元;销路差时,每年亏损 20 万元。服务期为 10 年。

方案 2,新建小厂,需投资 140 万元。销路好时,每年可获利 40 万元;销路差时,每年仍可获利 30 万元。服务期为 10 年。

方案 3,先建小厂,3 年后销路好时再扩建,需追加投资 200 万元,服务期为 7 年,估计每年获利 95 万元。

哪种方案最好?

第一步:绘制决策树图形(图 3-4)

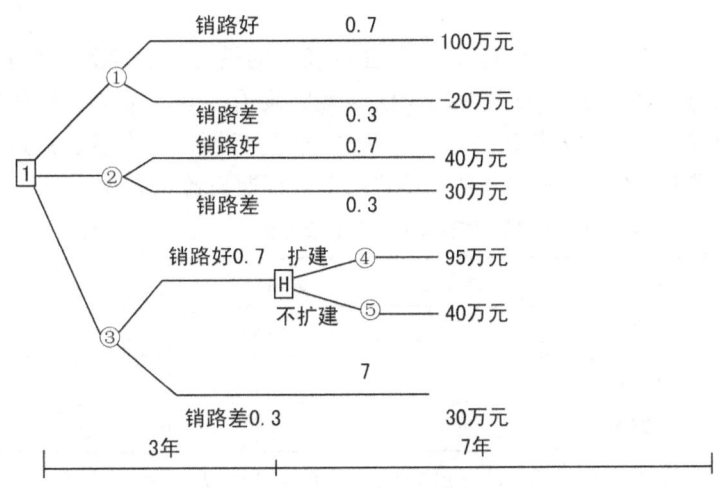

图 3-4 用决策树解多阶段生产规模问题

第二步:计算每个状态结点的期望值

方案 1(结点①)的期望收益为:

[0.7×100+0.3×(−20)]×10−300=340(万元)

方案 2(结点②)的期望收益为:

(0.7×40+0.3×30)×10−140=230(万元)

方案 3，由于结点④的期望收益 465(95×7－200)万元大于结点⑤的期望收益 280(40×7)万元，所以销路好时，扩建比不扩建好。方案 3(结点③)的期望收益为：

(0.7×40×3＋0.7×465＋0.3×30×10)－140＝359.5(万元)

第三步：选择方案

计算结果表明，在三种方案中，方案 3 最好。

(三) 不确定型决策方法

不确定型决策方法是指在未来事件的自然状态是否发生不能肯定，而且未来事件发生的概率也是未知情况下所做的决策。它是一种没有先例的、没有固定处理程序的决策。由于这种类型的决策一般要依靠决策者的个人知识、经验、智慧和性格偏好等进行决策，在对同一问题进行决策时，不同的决策者会因其性格特点、知识、经验的差异，而采用不同的决策标准和方法。

不确定型决策问题的决策方法通常有以下几种：

1. 大中取大法

大中取大法也叫乐观决策法，对未来持乐观态度、富有冒险精神的决策者在进行不确定型决策时，一般采用这种方法。决策者认为收益最大的客观状态极有可能是会发生的，决策时从最好的可能性中选择最好的方案。这种方法的决策程序是：先找出每个方案在不同自然状态时的最大收益值，再从这些最大收益值中选收益值最大的方案作为决策方案。悲观决策法与乐观决策法都是一种把不确定型问题简化为确定型问题并进行处理的方法。

例 3-5：

某公司计划生产一种新产品。该产品在市场上的销售有销路好、销路一般和销路差三种可能。对每种情况出现的概率均无法预测。现有三种方案：A 方案是改造原有设备；B 方案是全部更新，购进新设备；C 方案是购进关键设备，其余自己制造。该产品计划生产 5 年。据测算，各个方案在各种自然状态下的预期损益见表 3-4。

表 3-4 各方案在不同情况下的损益值 （单位：万元）

	销路好	销路一般	销路差
A 方案	140	75	20
B 方案	160	65	10
C 方案	75	55	35

解：A 方案(改造原有设备)，Max(140,75,20)＝140 万元

B 方案(全部购进新设备)，Max(160,65,10)＝160 万元

C 方案(购进关键设备)，Max(75,55,35)＝75 万元

从三个方案的最大收益值中选择一个最大的收益值，Max(140,160,75)＝160 万元

最后，160 万元对应的方案是 B，就是被选中的决策方案，因此，选择全部更新，购进新设备。

2. 小中取大法

小中取大法也叫悲观决策法，对未来持悲观态度、比较谨慎的决策者在进行不确定型决策时，一般采用这种方法。决策者认为，收益最小的客观状态是极有可能出现的，决策时只求从最坏的可能性中选择最好的方案，这种方法的决策程序是：它是先找出各备选方案在不同自然状态时的最小收益值，再从这些最小收益值中选择一个收益值最大的方案作为决策方案。

仍以例 3-5 为例，使用小中取大法进行决策。

解：A 方案（改造原有设备），Min(100,75,20)＝20 万元
　　B 方案（全部购进新设备），Min(160,65,10)＝10 万元
　　C 方案（购进关键设备），Min(75,55,35)＝35 万元

从三个方案的最小收益值中选择一个最大的收益值，Max(20,10,35)＝35 万元

最后，35 万元对应的方案是 C，就是被选中的决策方案，因此，购进关键设备，其余自己制造。

3. 最小后悔值法

最小后悔值法，也叫大中取小法。决策者在选择了某一自然状态下的理想方案并组织实施后，若事后发现实际情况并未按自己的预想出现，企业在无形中遭受了损失，这时决策者会为自己事前的选择而后悔。该方法认为，后悔最小的就是最优化方案。后悔值现象存在于经济生活的许多方面之中，如炒股票等。采用这个方法时，决策者应先计算出每个方案在每一种自然状态下的后悔值。所谓后悔值，是指该自然状态下各方案中的最大收益值与该方案在该情况下的收益值之间的差额。

最小后悔值法的决策程序是：先计算每个方案在每种自然状态下的后悔值，再找出每个方案的最大后悔值，最后从这些最大后悔值中找出后悔值最小的方案作为决策方案。

例：3-6

表 3-5　各方案在不同情况下的后悔值　　（单位：万元）

	销路好	销路一般	销路差
A 方案	20	0	15
B 方案	0	10	25
C 方案	85	20	0

由表 3-5 可看出，A 方案的最大后悔值为 20 万元，B 方案的最大后悔值为 25 万元，C 方案的最大后悔值为 85 万元，经过比较，A 方案的最大后悔值最小，所以选择 A 方案，改造原有设备。

上述三种方法，在实际中可以独立采用，也可以同时运用，将三种方法决策时选中次数最多的方案作为决策方案。

本章小结

1. 决策是决策者为实现一定的目标,从两个以上可行备选方案中选择一个有效方案的分析判断过程。决策活动主要具有目标性、可行性、选择性和过程性的特点。

2. 决策在管理活动中的重要作用体现为:决策是管理活动的核心,贯穿于管理的全过程,其正确与否关系着组织的生死存亡。

3. 决策可按不同的原则进行分类。按决策的作用范围和重要程度可分为战略决策、管理决策、业务决策;按决策时间长短可分为中长期决策和短期决策;按决策问题出现的重复程度可分为程序化决策和非程序化决策;按决策问题具备的条件及结果的可靠程度可分为确定型决策、风险型决策和不确定型决策;按决策主体可分为组群体决策和个人决策。

4. 决策是一个系统的动态过程,决策的过程主要包括识别问题、确定目标、拟订方案、分析方案、选择方案、实施方案、评价决策效果七个步骤。在决策活动中受到的主要影响因素有环境因素、组织文化、过去的决策、决策者和决策问题的性质等。

5. 为了保证影响组织未来生存和发展的决策尽可能正确,必须运用科学方法。常用的决策方法有定性决策方法和定量决策方法两大类。定性决策方法主要包括征询法、名义小组法、头脑风暴法和德尔菲法等。定量决策方法又具体包括确定型决策方法、风险型决策方法和不确定型决策方法。

练习与思考

一、选择题

1. 决策者在决策之前需要进行大量信息和建议的收集,(　　)决策方法最适合当前情况。
   A. 名义小组　　　　　　　　　B. 德尔菲专家方案
   C. 头脑风暴　　　　　　　　　D. 计算机模拟决策方法
2. 决策过程的第一步是(　　)。
   A. 明确目标　　　　　　　　　B. 诊断问题
   C. 拟订方案　　　　　　　　　D. 选择方案
3. 非确定型决策问题的主要特点在于(　　)。
   A. 各方案所面临的自然状态未知　B. 各自然状态发生的概率未知

C. 各方案在各自然状态下的损益未知　　D. 各自然状态发生的概率已知

4. 有一种说法认为"管理就是决策",这实际上意味着(　　)。
   A. 对于管理者来说,只要善于决策就一定能够获得成功
   B. 管理的复杂性和挑战性都是由决策的复杂性导致的
   C. 决策能力对于管理的成功具有特别重要的作用
   D. 管理首先需要的就是面对复杂的环境做出决策

5. 决策是工作和日常生活中经常要进行的活动,但人们对其含义的理解不尽相同,你认为以下哪种理解较完整?(　　)
   A. 出主意　　　　　　　　　　B. 拿主意
   C. 既出主意又拿主意　　　　　D. 评价各种主意

6. 企业面临的境况正日益变得复杂多变,企业的决策越来越难以靠个人的智力与经验来应付了,因此现代决策应该更多地依靠(　　)。
   A. 多目标协调　　　　　　　　B. 集体智慧
   C. 动态规划　　　　　　　　　D. 下级意见

7. 你正面临是否购买某种奖券的决策。你知道每张奖券的售价以及该期共发行奖券的总数、奖项和相应的奖金额。在这样的情况下,该决策的类型是什么?加入何种信息以后该决策将变成一个风险型决策?(　　)
   A. 确定型决策;各类奖项的数量
   B. 风险型决策;不需要加其他信息
   C. 不确定型决策;各类奖项的数量
   D. 不确定型决策;可能购买该奖券的人数

8. 某公司生产某产品的固定成本为100万元,单位产品可变成本为700元,单位产品售价为900元,那么其保本的产量至少是(　　)。
   A. 5000　　　　　　　　　　　B. 6000
   C. 4500　　　　　　　　　　　D. 3000

9. 越是组织的高层管理者,所做出的决策越倾向于(　　)。
   A. 战略的;程序化的;确定型的决策　　B. 战术的;非程序化的;风险型的决策
   C. 战略的;非程序化的;风险型的决策　　D. 战略的;非程序化的;确定型的决策

10. 目的在于创造一种畅所欲言、自由思考的氛围,诱发创造性思维的共振和连锁反应,产生更多的创造性思维的集体决策方法是(　　)。
    A. 头脑风暴法　　　　　　　　B. 名义小组技术
    C. 德尔菲技术　　　　　　　　D. 征询法

11. 在决策过程中,最需要充分发挥创造力和想象力的步骤是(　　)。
    A. 识别目标　　　　　　　　　B. 拟定备选方案
    C. 评估备选方案　　　　　　　D. 做出决定

12. 某企业计划开发新产品,有三种设计方案可供选择。不同的设计方案制造成本、产品性能各不相同,在不同的市场状态下的损益值也不同。有关资料如下:

损益值状态\方案	畅销	一般	滞销
方案 X	400	300	200
方案 Y	500	360	150
方案 Z	600	200	−100

试用乐观决策法、悲观决策法和最小后悔值法分别选出的满意方案是（　　）。

A．方案 X，方案 Y，方案 Z 　　B．方案 X，方案 Z，方案 Y

C．方案 Y，方案 Z，方案 X 　　D．方案 Z，方案 X，方案 Y

13. 决策者的个性对（　　）决策影响最大。

  A．风险型 　　　　　　　　B．确定型

  C．不确定型 　　　　　　　D．程序化

14. 现有两个所需代价相同的投资方案，其成败的可能性与损益情况如下表：

方案	成功		失败	
	获利	可能性	损失	可能性
第一方案	100	60%	50	40%
第二方案	500	60%	650	40%

根据以上情况，你认为以下几种说法中，哪一种说法更为科学（　　）

  A．由于这两个方案都有 40% 的可能失败，所以，均不可能获利

  B．第二方案的经营风险性要比第一方案大

  C．两个方案的获利期望值都是 40 万元，所以，这两个方案没有什么差别

  D．第二方案成功时可获利 500 万元，由此可见，第二方案要比第一方案好

15. 张强和王智共同商量解决问题的方法。二人将各自的观点未考虑可行性和可操作性就列出来。他们处于决策制定过程的（　　）阶段。

  A．开发备选方案 　　　　　B．分析备选方案

  C．确认决策标准 　　　　　D．选择备选方案

16. 采取匿名方式进行经济预测的专家预测法又称为（　　）

  A．经验判断法 　　　　　　B．定性预测方法

  C．德尔菲法 　　　　　　　D．管理人员评判法

17. 某企业打算开发一种新产品，预计该产品未来市场销路可能有三种自然状态：销路好、销路一般、销路较差。各种自然状态的概率不知道。现有两个方案可供选择，自行开发方案在上述三种自然状态下的损益值为分别为 500、300 和 100，购买专利方案的损益值分别为 800、500 和 −300。用最小后悔值法判断选择的结果应是（　　）

  A．自行开发 　　　　　　　B．购买专利

  C．两个方案都可行 　　　　D．两个方案都不可行

二、问答题

1. 什么是决策?决策的意义是什么?
2. 如何区分决策的类型?决策的类型有哪些?
3. 决策的过程有哪些步骤?
4. 决策的影响因素有哪些?
5. 常用的决策方法有哪些?

三、计算题

1. 某化工厂 2012 年生产某种产品,售价 1000 元,销售量为 48000 台,固定费用 3200 万元,变动费用 2400 万元,求盈亏平衡点产量。

2. 某企业计划生产一产品,经市场调查后预计该产品的销售前景有两种可能:销路好,其概率是 0.6;销路差,其概率是 0.4。可采用的方案有两个:一个是新建一条流水线,需投资 2000 万元;另一个是对原有设备进行技术改造,需投资 500 万元。两个方案的使用期均为 10 年,损益资料如下表所示,用决策树法选择方案。

方案	投资(万元)	年收益		使用期
		销路好(0.6)	销路差(0.4)	
甲 新建流水线	2000	700	−200	10 年
乙 技术改造	500	500	100	10 年

四、讨论及思考题

1. 对于"管理就是决策"这种说法,你怎样去理解二者之间的关系?
2. 决策失误,往往会造成"一着失误,全盘皆输"的严重后果。你认为如何才能提高决策的质量?

第四章 计划

【要点提示】

理解计划的含义；
掌握计划的内容和特征；
掌握计划的类型；
掌握计划的制定过程。

计划工作就是在我们所处的情况和要达到的境界之间铺路搭桥，行动之前先制订一个科学的计划在我们的日常生活中是非常普遍的，一个科学合理的计划对于预期目标的顺利实现是十分重要的。无论是国家、组织，还是个人发展，目标的实现都依赖于一个科学的计划。我们做任何事，事前是否进行计划，有没有制订一个科学的计划，事后将会得到完全不同的结果。

第一节 计划概述

计划是管理中最基本、最首要的职能，它是为了保证组织目标能够得以实现而制定的行动纲领，在管理工作中起主导作用。只有通过系统周密的计划，把各项工作有机地结合起来，才能保证组织正常、有序地运作。

一、计划的含义

所谓计划，是指通过调查研究、预测未来，确定组织的目标，并规定出实现目标的途径、方法，从而把既定的目标具体转化为全体组织成员在一定时期内的行动纲领，它是组织未来行动的蓝图。在动词意义上，计划指制订计划的工作过程，是管理者对未来的活动所进行的运筹、策划过程；在名词意义上，计划指在制订计划的工作中形成的行动方案，是管理者对某种战略目标制定的具体实施方案。它是在具体活动展开之前，用文字和指标的形式对未来行动方案的一种提前安排和说明，它告诉管理者和执行者未来的目标是什么，要采取什么样的活动、经过什么样的过程来达到目标，要在多长时间范围内达到目标，以及由谁来承担这项活动完成目标等。

计划在管理中是非常重要的，它是管理有效的前提，是组织目标如期顺利实现的保障。没有计划,组织活动就没有目标、方案、措施,管理中各项活动就没有了围绕的中心,活动就失去了方向,管理过程中的指挥、组织、协调、控制等活动就成为"无本之木",如同音乐指挥失去了"指挥棒"。科学合理的计划则可以充分调动、安排组织内部有限的资源,充分发挥组织内部成员的积极性、主动性和创造性,以最小的投入获得最优的效果。

二、计划的内容

管理学大师彼得·德鲁克将计划的内容概括为6个方面,即做什么、为什么做、何时做、何地做、谁去做和怎么做,西方管理学将其称为"5W1H"。

1. 做什么(What)

即实现组织目标需要什么样的行动。它是要明确计划所包括的具体活动内容、步骤和要求,明确每一个时期的中心任务和工作重点。如企业制订生产计划,就要明确所生产产品的品种、数量、质量、进度、费用等,以保证从企业的实际出发,充分利用企业的生产能力,按质、按量、按期完成生产计划。

2. 为什么做(Why)

即为什么要进行这项活动。这是活动之前事先论证计划的可行性、必要性,明确计划的目的和原因,使计划的执行者了解、接受和支持这项计划,把"要我做"变为"我要做",以充分发挥下属的积极性、主动性和创造性,实现预期目标。

3. 何时做(When)

即什么时候展开行动。这是强调计划实施的时间范围,明确计划中各项工作、每个具体的任务、步骤开始和结束时间,以便合理安排时间,有效地控制整个目标的进程,确保如期完成计划。

4. 何地做(Where)

即在何处采取这项行动。这是在对计划的实施进行环境论证,规定计划实施的地点或场所条件,以便合理地安排计划实施的空间,从而选择最有利于实现目标的环境条件。

5. 谁去做(Who)

即由谁负责实施这项计划。这是在明确承担计划、完成任务的主体,即规定这项活动最终由哪些部门和人员负责实施,包括每一阶段的责任人、协助者、参加者,各阶段交接时由谁鉴定、审核等。即按照组织内部成员的不同能力水平,对活动进行人事上的合理分工,确保每项具体任务都有相应人员完成。

6. 怎么做(How)

即具体如何围绕目标展开行动。这需要制订实现计划的具体措施、步骤、阶段任务,以及相应的政策、规则、监督、考核方式等,以便对组织内部的人力、物力、财力等资源进行合理分配、优化组合、充分利用,最终从各个方面确保计划顺利完成。

三、计划的特征

计划是一个组织的管理目标、战略和决策的具体化表现,是组织中每个成员的行动纲

领,它具有如下特征:

1. 首要性

计划在时间上总是要领先于其他管理活动,它是管理者行使管理职能的起步和基础。计划必须在具体的组织管理活动展开之前就事先制订好,因为在进行任何一项工作之前,必须明确工作目标、方针政策及行动的具体方法,即必须科学地进行计划。其他一切管理活动的具体实施都是以计划为依据和指导安排的,只有拟订了计划之后,管理者有了明确的目标,才能围绕目标进行具体、有效的管理活动,并及时控制组织和个人的行为不偏离计划等等。如图 4-1 所示。

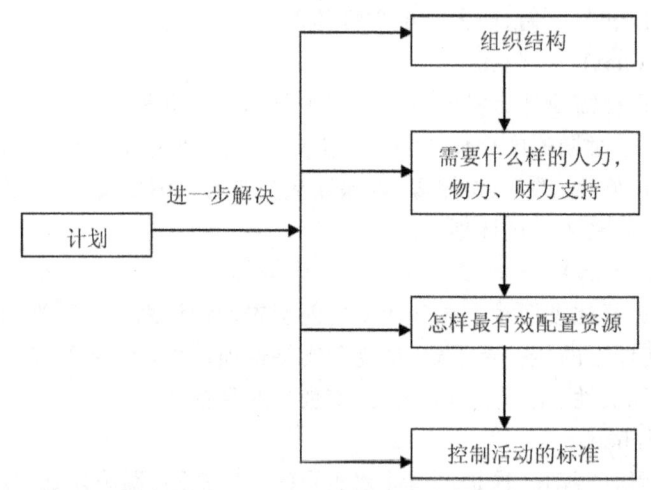

图 4-1 计划职能先于其他管理职能示意图

2. 普遍性

计划在日常活动中是无处不在的。国家的长远发展战略的实现离不开计划,组织活动目标的完成离不开计划,个人理想、愿望的实现也离不开计划等。尤其是在管理活动中,任何管理活动都需要进行计划,任何一个管理者都要参与计划管理活动。计划涉及组织内各层次、各部门,贯穿于管理活动的全过程,无论是什么组织,无论是组织的哪个层次、部门,要想实施有效管理,都必须做好计划工作。所有管理人员,从总经理到第一线的基本主管都要制订计划,做计划工作。如高层管理者要制订战略计划,中层管理者要确定施政计划,基层管理者要实施作业计划。所以说,计划是每个管理者都无法回避的职能工作。

3. 前瞻性

这是计划的根本属性。计划不是处理以往的陈规,不是对过去行动结果的总结,也不是对现状的描述,而是在调查、预测的基础上对未来的安排,是为实现组织目标提供的有关未来行动方案的策略和谋划,对未来一定时期内组织的活动起指导作用。计划有助于组织消除或减少对未来的不确定的判断,使企业领导能事先把握未来发展的有利机遇,预见可能出现的困难,提前做好防范风险的准备等,进而明确发展方向,为实现未来目标创造条件。

4. 目标性

计划工作是为实现组织目标服务的,计划通过将组织内部的各种资源集中优化配置,对组织目标从时间上和空间上作进一步的展开和细化,通过制订阶段性的工作任务,从而保证目的或目标的实现。著名的管理学家高茨指出,计划能使行动对准一定的目的,它能预测哪些行动能导致最终目标的实现,哪些行动会背离目标,哪些会导致相互抵消,而哪些又是不相干的。通过制定计划可以对组织活动做有利于目标实现的设计和安排,将人们的集体活动结合成一种彼此协调、相互支持、始终如一的力量,反之如果没有计划,行动就会变成仅仅是一种盲目的、杂乱无章的活动,除了混乱之外,什么目标也不会实现。

5. 经济性

计划工作对未来的设计不是空泛的,它也追求经济、效益。计划本身不仅要确保实现目标,而且要从众多方案中选择最优最好的资源配置方案,以便合理利用资金和提高效率。一个科学、优秀的计划必然是最经济高效的,它总是力求通过对组织内部资源的优化配置以使整个组织的活动不仅科学、正确,而且高效、经济,确保组织以最小的耗费实现最优的效果。衡量一个计划是否经济,主要看这个计划对目的和目标的贡献的多少,计划对组织的目的和目标所做的贡献是扣除了为制订、执行计划所付出的成本之后所得的剩余效益,带来的社会效益、经济效益越高,组织成员的满意度越高就越经济。

四、计划与决策的关系

决策与计划是两个既相互区别又相互联系的概念。

决策与计划的区别在于需要解决的问题不同。决策是对组织活动方向、内容以及方式的选择。我们从"管理的首要工作"这个意义来理解决策的内涵。任何组织,在任何时期,为了表现其社会存在,必须从事某种社会需要的活动。在从事这项活动之前,组织当然必须首先对活动的方向和方式进行选择。计划则是对组织内部不同部门和不同成员在一定时期内的活动的具体内容和要求。

但计划与决策又是相互联系的,这是因为:(1)决策是计划的前提,计划是决策的逻辑延续。决策为计划的任务安排提供了依据,计划则为决策所选择的目标活动的实施提供了组织保证。(2)在实际工作中,决策与计划是相互渗透的,有时甚至是交织在一起的。

第二节　计划类型

依照不同的标准可以将计划区分为不同的类型。

一、按计划的时间期限分类

按计划的时间长短可将计划分为长期计划、中期计划和短期计划。

1. 长期计划

长期计划又称为远景规划,通常将5年或5年以上的计划称为长期计划,是组织为实现长期目标而制定的具有战略性、纲领性、指导性、综合性的发展规划。它描述了组织在较长时期的发展目标和方针,它主要为组织在未来相当长的一段时间内规定主要行动步骤、分期目标和重大措施,绘制了组织长期发展的蓝图。

2. 中期计划

中期计划是根据长期计划提出的战略目标和要求制订的,是长期计划的具体化。它比长期计划要详细具体,同时又是短期计划制订的依据,是考虑了组织内部与外部的条件与环境变化情况后制订的可执行计划。一般将1年以上、5年以下的计划称为中期计划。

3. 短期计划

短期计划则是最接近于实施的行动计划,是为实现组织的短期目标服务的。一般1年或1年以下的计划称为短期计划。短期计划比中期计划更加详细具体,它是中期计划的分解与落实,同时又对中期计划起着反馈的作用,其执行情况是修订中期计划的依据。它主要是具体规定了组织中各部门和成员为实现未来目标在当前应该从事何种活动以及达到什么样要求,从而为组织成员近期内的行动提供依据。

在管理实践中,长期、中期和短期计划不是各自孤立、互不联系的,而是一个有机的整体,它们必须有机地衔接起来,长期计划对中、短期计划具有指导作用,而中、短期计划的实施要有助于长期计划的实现,为长期计划的实现服务。

当然上述时间划分标准也不是绝对的。某些特殊的行业,发展周期比较长,如航天事业、一项基础研究项目的短期计划可能就需要5年甚至5年以上。而一些和市场联系比较密切,受市场波动影响比较大的一些企业,短期计划可能才两三个月。

二、按计划的组织层次分类

按计划的组织层次,可将计划分为战略计划和战术计划。

1. 战略计划

战略计划指应用于整体组织的为组织未来较长时间(通常为5年以上)设立总体目标和要求的计划。它由组织中的高层管理者负责制订,指明了组织在未来较长一段时间内总的发展目标及实施的途径。战略计划具有长远性、全局性和指导性,它指明了组织在相当长的一段时间内资源的运动方向。

2. 战术计划

战术计划是战略计划的具体化和细化,它是在战略计划所规定的方向、方针、政策框架内,确保战略目标落实和实现的具体计划。它主要是围绕战略计划的实现指明组织具体各部门或职能单位在未来较短时间内的行动方案。战术计划又可进一步分为施政计划(也称管理计划)和作业计划。施政计划由中层管理者按年度制订,它将战略计划中具有广泛性的目标和政策,转变为各年度的具体目标和达到具体目标的确切时间。作业计划由基层管理者负责制订,是在施政计划的指导下确定的计划期内更为具体的目标、工作流程。施政计划虽已比较详细,但在实践、预算和工作程序方面还不能满足实际实施的需要,因此在组织展开具体的实践活动之前,还必须进一步制订具有可操作性的作业计划。作业计划对组织活动的具体工作流程、人选、任务、资源的分配、权力与责任等都有了明确的规定。

战略计划和战术计划是紧密相连、不可分割的。战略计划是制订战术计划的依据,而战术计划则保障战略计划的落实。

三、按计划的表现形式分类

按计划的表现形式,可将计划分为宗旨、目标、策略、政策、程序、规则、方案(规划)、预算。

1. 宗旨

社会上不同的组织各有其不同的活动宗旨,它是区别不同组织的标志。宗旨指明了组织机构在社会上应起的作用和所处的地位,表明了社会赋予组织的基本职能和基本使命。它主要用来说明组织是来干什么的,组织的一切活动的根本价值取向。

2. 目标

目标是宗旨的具体化,是组织活动要达到的结果。因为组织的宗旨、使命往往富于原则,太抽象,在具体实践中的可操作性不强,所以在具体实施过程中需要具体化为组织在一定时期内的目标和各部门的目标。目标常由一系列指标构成,为完成组织的使命而设定。

3. 策略

策略是为达到组织总目标而采取的行动和利用资源的方案。它通过制定一系列实现主要的目标的具体政策来为实现组织的宗旨和目标服务,同时又为政策和规划的确定提供一些基本原则。

4. 政策

政策是组织为达到目标而制订的一种限定活动范围的计划,它确定了组织成员行动的方向和界限。政策往往由组织的最高层管理者确定,是组织制定的在管理中处理各种具体问题的一般规定,它使下属各级管理者在决策时有一个明确的参考范围。政策的制定和执行也保证了对同类问题处理的一致性。

5. 程序

程序是组织根据时间顺序而制定的未来活动的例行方法或行动步骤。它详细列出了完成某项工作的具体过程,如工作方法、时间安排、承担人员及所需的资金、工具等,是组织成员直接采取行动的指导方针和参考标准。

6. 规则

规则是组织规定的指导成员行动的是非标准,它明确规定了组织成员在某项活动中的必需行动或非必需行动。它和指导活动的程序相关但又不同于程序,它不具体规定组织成员活动的时间顺序。另外,规则也不同于政策,政策的目的是指导行动,并给执行人员留有酌情处理的余地,而在指导行动的过程中规则则要求,执行人员只能严格按规则办事,执行人员没有自行处理权。

7. 方案（规划）

方案是一个综合性的计划，又称规划，它是由宗旨、目标、策略、政策、程序、规则以及任务分配、行动步骤、资源利用、为完成任务所需的其他各种因素等组成的一个复合体。通常一个主要方案下面还包括了许多支持计划、派生计划，在该主要方案进行之前，必须把这些支撑计划先制订出来并付诸实施，所有这些计划在制订、实施的过程中还必须注意及时沟通、协调一致，这样才能保证整个方案的实现。

8. 预算

预算是一份用数字来表示预期结果的报告书或报表。它是数字化的计划，以一系列具体的数字来表现计划的投入和产出的数量、时间、方向等。预算是实现规划的重要手段，它使组织的整体活动目标及各阶段任务有了明确的数量标准，而且通过预算也可以实现对管理工作的及时检查、考核和调控。如图 4-2 所示。

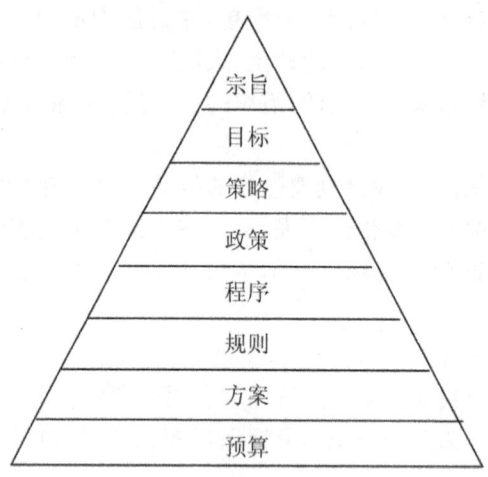

图 4-2 计划等级层次图

四、按计划的职能分类

按计划的职能，可将计划分为业务计划、财务计划和人事计划。

1. 业务计划

业务计划是组织的主要计划，因为组织通常是依靠提供一定的业务活动立足于社会的。业务计划的内容一般涉及"物、供、产、销"。如一个经济组织，其业务计划一般涉及产品的开发、物资的采购、仓储后勤、生产作业以及销售促进等内容。业务计划根据时间长短，一般有长期业务计划和短期业务计划两种。长期业务计划主要涉及业务方面的调整或业务规模的发展。短期业务计划则主要涉及业务活动的具体安排。

2. 财务计划

财务计划是根据业务计划制订的，内容主要涉及"财"。它主要研究制定如何从资金的提供和利用方面促进业务计划的有效进行。财务计划也有长期财务计划和短期财务计划。长期财务计划主要是为了满足业务规模发展和资本增大的需要。而短期财务计划则要研究如何保证资金的供应或如何监督这些资金的利用效果。

3. 人事计划

人事计划也是围绕业务计划的实现制订的,内容主要涉及"人"。它主要是分析如何为业务规模的维持或扩大提供人力资源的保证。人事计划也有长期人事计划和短期人事计划两种。长期人事计划主要研究如何为了保证组织的发展提高员工的素质,储备必要的人力资源。短期人事计划则要研究如何将不同素质和特点的组织成员安排在不同的岗位上。

五、按计划对执行者的约束力分类

按计划对执行者的约束力,可将计划分为指令性计划和指导性计划。

1. 指令性计划

指令性计划是由上级主管部门下达的具有行政约束力的计划。它的计划内容非常明确,详细规定了活动的程序、预算方案及日程进程表。指令性计划一经下达,各级计划执行单位必须严格遵照执行,而且要尽一切努力必须完成,对执行者的约束力比较强。

2. 指导性计划

指导性计划是由上级主管部门下达的具有参考作用的计划。它一般只规定活动的一般计划和原则,指出工作重点,但不为管理者限定具体的任务目标或特定的行动方案,给予行动者较大的自由处置权。这种计划下达之后,执行单位不一定完全遵照执行,可结合自己单位的实际情况进行灵活变通。指导性计划是一种间接的计划方法,上级为了促使下级按指导性计划工作,不是采取行政命令的方式而是用一些经济政策或法规等经济杠杆对计划进行指导,通过对指导性计划任务给予各种优惠待遇,来促使下级执行单位完成任务。

计划的分类,如图 4-3 所示。

分类标准	类型
时间期限	长期计划、中期计划、短期计划
组织层次	战略计划、战术计划
表现形式	宗旨、目标、策略、政策、程序、规则、方案、预算
职能	业务计划、财务计划、人事计划
约束力	指令性计划、指导性计划

图 4-3 计划的分类示意图

第三节 计划制订过程

计划的制订过程是非常重要的,计划制订的程序是否科学合理,关系到计划是否正确。由于计划的种类很多,不同类型的计划制订的过程也不尽相同。但一般来说,制订一个完整的计划,一般需要以下 8 个环节或步骤,即估量机会、确定目标、确定前提、提供方案、评价方案、确定方案、拟定政策及引申计划、编制预算。

一、估量机会

这是制订计划工作的起点。因为在做计划时,管理者首先要考察清楚组织活动的环境因素,要通过广泛的调查研究,搜集各种信息资料,充分了解组织活动的内外部条件、现实环境等,要对组织所将面临的机会、获得成功的有利条件和不利条件进行分析,弄清楚组织目前所处的地位,对组织未来发展中可能面临的各种不确定因素进行预测,对组织未来可能取得的成果进行展望。这样,通过组织所面临的外部环境,特别是未来将要面临的环境的分析和预测,进而为组织确定可行性目标提供依据。可以说,准确地估量机会是组织确定一个正确的目标的前提和关键。

二、确定目标

对组织所面临的形势和机会进行了充分的估量分析之后,接下来就是确定组织未来行动的目标。目标指组织活动计划在一定期间内达到的数量和质量指标。目标是计划的灵魂,为组织未来的发展指明了方向。它明确地告诉组织各部门及成员组织未来要做什么、各项工作的重点等,是组织活动的指引和归宿。

企业的发展目标一般包括:盈利性指标、增长性指标、竞争性指标、产品类指标、人事类指标、财务类指标等。在制定目标的过程中要注意:第一,高低适中;第二,尽可能指标量化;第三,目标要具体明确,责任到人;第四,要制定相应的考核标准。

三、确定前提

确定前提即明确企业计划将在什么样的环境背景中展开,以什么样的环境为前提,它是对企业实施计划的未来环境条件进行事先预测。因为这个环境将是未来企业实施计划过程中面临的实际环境,只有对它提前进行科学预测,充分预见企业在未来活动中可能遇到的各种可能性或不确定因素,才能帮助企业提前做好积极准备,及时把握有利机会,防控不利因素。由于环境是复杂多变的,因此想对未来每个细节都进行预见是不可能,也是不必要的,组织只需要重点预见那些对计划成功影响非常大的、起决定作用或关键作用的、具有重大战略意义的因素即可。

四、提供方案

充分预见了计划实施的前提环境之后,还必须从实际出发,充分挖掘能够完成计划的各种可行方案。就如同到达一个目的地可以有不同的路线一样,实现组织目标一般也有许多种方法,这些方法挖掘得越充分,越有利于组织充分比较,选择最科学、最经济的方案。因此,在提供方案的过程中要充分调动组织成员的积极性,发扬民主精神、倡导"百家争鸣、百花齐放"、集思广益,形成大量的备选方案。管理者最后要对形成的大量的备选方案进行比较筛选,排除那些希望小的、成本比较大的方案,选择那些最有成功可能性的最经济的方案,以便能集中精力对成功希望比较大的几个方案进行充分的分析论证,并从中抉择出最佳方案。在管理实践中,管理者挖掘方案的才能和其抉择方案的才能同样重要,管理者越是能够充分挖掘方案,可供选择的方案越多,最后确定的方案满意度就越高,组织目标成功实现的可能性就越大。

五、评价方案

各种备选方案经过充分的挖掘之后,接下来要做的是按照前提和目标对每一个方案进行比较,即对各个方案在多大程度上有利于目标的实现进行评价。由于各个方案各有利弊,所以在评价的过程中要注意以下几点:(1)要注意发现每个方案的制约因素和不足,要注意认清那些妨碍目标实现的因素,对这些制约因素认识得越充分深刻,越有利于组织最终确定正确的方案。(2)在评估每一个方案时,既要考虑到许多有形的可以用数量表示的因素,也要考虑许多无形的不能用数量表示的因素。如不仅要考虑某方案的经济价值,还要考虑它的精神价值,如对企业的社会声誉的影响等。(3)要用全局的、总体的效益观点来衡量每一个方案。要认识到一些方案可能对具体的某一部门、某个项目有利,而对组织的整体、长远发展却非常不利。

六、确定方案

对各种方案进行充分的比较评估之后,接下来就要在几个可能性最大的方案中进行权衡,最终选择一个或几个最优方案,并正式通过方案。这是做决策的最关键的一步,方案选择是否正确,事关今后整个组织活动的成败。选择过程要经过充分的深思熟虑、研究论证,并在过去经验、实验、试点成功的基础上,最终确定活动方案。

七、拟定政策及引申计划

方案确定好之后,接下来是围绕方案拟定相关政策及引申计划(也称派生计划)。政策是贯彻和达成目标的保证,拟定政策可以为整个组织如何采取行动实现目标规定指导方针。政策制定好之后,还必须拟订引申计划,它是围绕总计划实现而制订的派生计划,总计划的实现往往需要分解为许多派生计划来完成,只有每个派生计划完成了,总计划的完成才能得到落实和保障。在制订派生计划的过程中,要注意使派生计划中的相关部门和人员充分了解总计划的指导思想和内容,认清派生计划在总计划任务完成中的地位和作用。要注意各派生计划和总计划的协调一致,防止个别部门追求部门利益而妨碍总计划的实现,要科学安排各派生计划的时间顺序。

八、编制预算

制订计划过程的最后一步是把决策和计划转化为预算,使之数字化。预算即数字化的计划,通过预算使各项计划要求指标具体量化,通过具体的数字反映计划的内容和任务标准。如以数字的形式来表现计划的投入与产出的数量、时间、方向等,使计划的指标体系更加具体明确。这既便于组织对计划的执行进行控制,增强约束力,也为日后检查、考核各单位对计划的完成程度提供了重要标准。如图4-4所示。

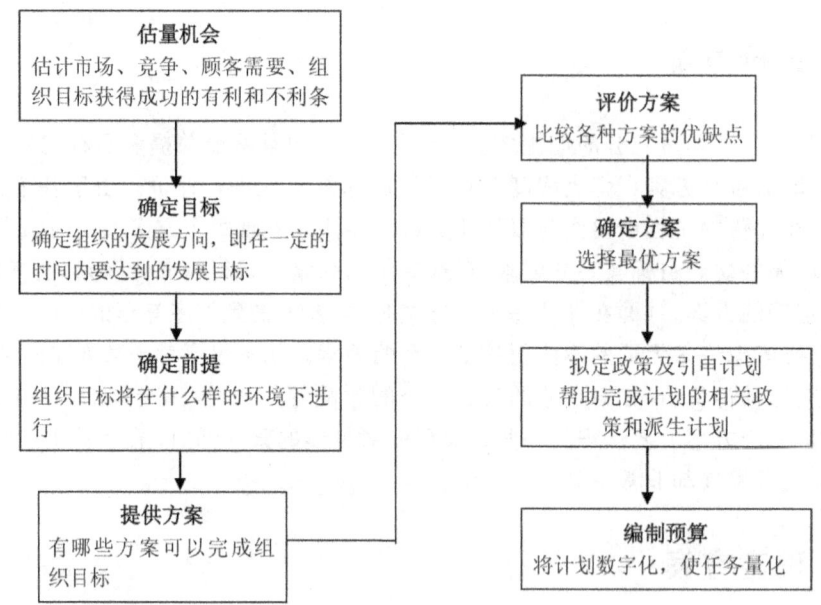

图4-4 计划的制订过程

第四节 计划方法

计划工作的效率高低和质量的好坏在很大程度上取决于所采用的计划方法是否科学。随着现代科学技术的迅速发展,越来越多的数学方法、电子计算机被应用于管理实践,为制订切实可行的计划提供了手段,大大提高了计划工作的效率和质量,增强了管理活动的科学性和准确性。现代计划工作中使用的技术与方法有很多,这里主要介绍甘特图法、运筹学法、滚动计划法和网络计划技术。

一、甘特图法

甘特图(Gantt chart)又称为横道图、条状图(Bar chart)。以提出者亨利·L.甘特先生的名字命名。以图示的方式通过活动列表和时间刻度形象地表示出任何特定项目的活动顺序与持续时间。该图是一幅线条图,横轴表示时间,纵轴表示活动(项目),线条表示在整个期间上计划和实际的活动完成情况。如图4-5所示。

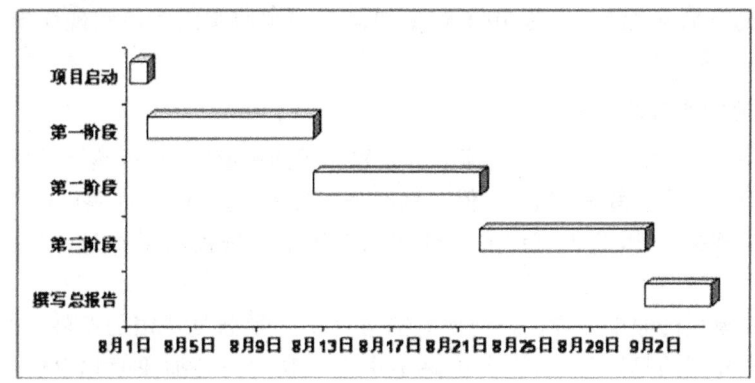

图 4-5　甘特图示例

二、运筹学法

运筹学方法是计划工作的最全面的分析方法之一。它是一种分析的、实验的和定量的科学方法,用于研究在物质条件已定的情况下,为了达到一定的目的,统筹安排整个活动所有各个环节之间的关系,为选择一个最好的方案提供数量上的依据,以便能最经济、最有效地使用人、财、物做出综合性的合理安排,取得最佳的效果,为决策者提供决策的依据。这种方法的核心是运用数学模型,力求将相关因素都转化为变量形式反映在模型中,然后运用数学和统计学的方法在一定的范围内解决问题。

(一) 运筹学法的具体步骤

应用运筹学处理问题之前,首先要运用系统的观点来分析问题,即不仅要提出需要解决的问题和希望达到的目标,而且还要弄清问题所处的环境和约束条件,包括时间、地点、资金、原材料、设备、人力、能源、动力、信息、技术等环境和约束条件,以及要处理问题的主要因素、各种环境和约束条件之间的逻辑关系。其具体步骤如下:

1. 把主要问题化为数学模型。根据问题的性质建立数学模型,同时界定主要变量和问题的范围。为了简化问题和突出重点影响因素,还需要做出各种假定。

2. 规定一个目标函数。根据模型中变量和结果之间的关系,建立目标函数作为对各种可能的行动方案进行比较的尺度。

3. 确定模型中各变量的具体数值。

4. 求解数学模型,找出使目标函数达到最大值或最小值的最优解,即问题的最佳解决方法。包括确定求解模型的数学方法、程序设计、调试运行和方案选优,这个过程一般要借助电脑完成。

(二) 运筹学方法的优点

1. 使我们能从众多方案中选择最优方案。它便于使计划内容具体量化,量化结果又易于比较选优,而且由于运筹学处理决策问题时一般先考察某种情况,然后评价由结局变化所产生的结果,所以不会造成各种损失和过大的费用。

2. 数学工具和计算机技术的运用,可以节省大量人力,提高工作效率。

3. 尤其适于资源配置。在运用于解决如何合理利用有限资源实现既定目标的问题上,收到了很好的效果。

(三)运筹学方法的局限性

20 世纪 50 年代和 60 年代是运筹学研究和应用的鼎盛时期,虽然运筹学方法的运用大大提高了管理工作的效率和效果,但毕竟经济管理中许多问题、许多目标并不是非要通过数学量化来解决的,因此也有许多管理学家对运筹学法提出了质疑,问题主要集中在两点:

一是针对模型的假设条件。任何模型的应用都必须满足一定的条件,为了建立模型的方便或降低模型的复杂程度,许多运筹学家把原来的问题抽象简化以适合数理计算。这就出现了矛盾,是让模型适合问题,还是让问题适合模型?这样的做法都有"削足适履"之嫌,过多的假设使得模型中的许多数学难点或计算难点都被舍去,可能出现对问题的过分简化,以致不能完全描述实际问题,从而使计算结果高度失真,失去了解决实际问题的实用价值。

二是关于目标函数的最优解问题。运筹学的量化模型分析最终是要求出问题的最优解,而在管理实践中,决策目标往往有多个,并且各目标之间可能有冲突,因此,最终的解决方案只能是一种折中,只要能给出一个近似的、比人的经验判断所得的结果高出一筹就不错了的解,而不可能是数学上的最优解。管理者追求的往往是从多个角度来看均为"满意的解",而非附着各种条件的"最优的解"。

当前,批评的压力促使运筹学家们正在改进运筹学的方法,电脑的模拟技术的发展和应用就是向着更加实用方向的一种巨大进步。随着计算技术的不断发展,数学模型允许的复杂程度不断提高,以上的问题已有部分得到了解决。

虽然运筹学法不是一种最完美的方法,但这无疑要比简单地依靠经验推断和定性方法来做出计划要科学得多。在某些领域中,运筹学法还是一种不可替代的有效的计划方法。

三、滚动计划法

滚动计划法是一种定期修订未来计划的方法。大家知道,中长期计划由于时间跨度较长,在执行过程中,常常有许多难以预测的变化发生,而且随着计划期的延长,这种不确定性会越来越大,这些变化都要求对计划进行相应的调整,即要求长期计划具有较大的弹性。如果硬性地按几年以前的计划继续实施下去,或机械地、静止地执行战略性计划就可能导致重大的错误或巨大的损失,滚动计划法可以避免这种不确定性可能带来的不良后果。

滚动计划的编制方法是:制订好组织在一定时期的行动计划后,根据未来计划的执行情况和内外环境因素变化情况,采取"近具体,远概略"的方法,即"近细远粗"的办法来制定计划。计划期越近,时间越短,计划越详细;计划期越远,时间跨度越长,计划就越粗略。近期详细计划执行完毕后,根据计划期的执行情况和内外部因素的变动情况,调整一次长期计划,并将计划进行细化,向前推进一年。此后便根据同样的原则不断滚动修改后期的计划,每次修正都向前滚动一个时段,使计划期不断延伸、滚动向前,从而把近期的详细计划和远期的粗略计划结合起来,使长、短期计划相衔接。这样通过边执行、边修订、不断滚动推进的方式来定期调整、修订计划,既保证计划的指导性、准确性和严肃性,又有一个自始至终起到指导作用的长期奋斗目标,以便更好地完成计划任务。

如企业编制五年经营计划,先编制出第一个一定时期的完整计划(通常为一年),当第一个计划期(一年)结束后,组织根据本期实际完成情况及外部环境、内部条件等因素的变化情况对原五年计划的后四年进行调整或修订,并将原计划向前推进一期(一年),编制出第二个五年计划,如此不断向前滚动,始终保持一个完整的五年计划。滚动计划的优点是使短、中期与长期计划相互衔接,提高了计划的连续性和一致性。如图4-6所示。

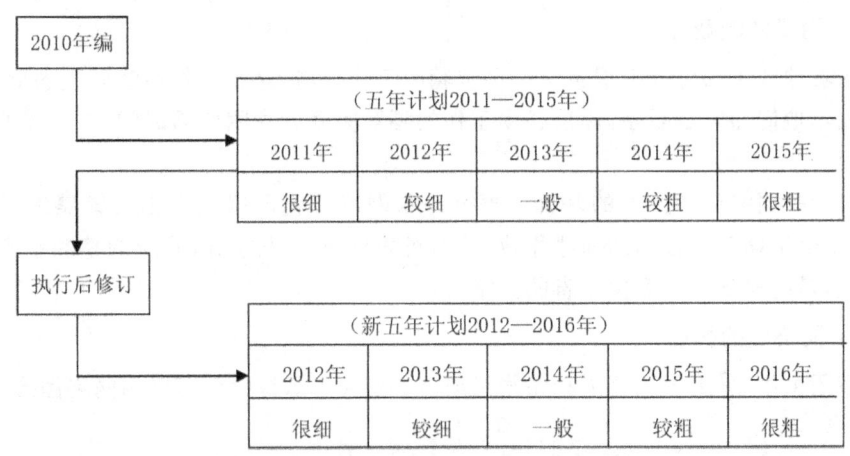

图4-6 滚动计划图

滚动计划法由于在执行过程中需要管理者不断根据环境的变化对计划进行修订,所以加大了计划的工作量,但在电脑被广泛应用的今天,其优点是非常突出的。其优点主要表现在:首先,长、中、短期计划能够相互衔接,使计划始终是一个动态协调的过程,既保证了长期计划的指导作用,也使得各期计划能够保持基本一致;其次,保证了计划应具有的弹性,提高了组织在面对外部环境变化时的应变能力,避免了计划的僵化,提高了计划的适应性和准确性,使计划更加切合实际,有效地保证计划对实际工作的指导作用。

四、网络计划技术

网络计划技术又称计划评审技术(PERT),我国又称为统筹法,是运用网络图的形式来组织生产和进行计划管理的一种科学方法。它是20世纪50年代由美国科学家首先开发的一种系统分析技术,包括各种以网络为基础制订计划的方法,如关键路径法(CPM)、计划评审技术(PERT)、组合网络法(CNT)等。

这种技术工作的基本原理是:以网络图的形式表示计划任务的进度安排,并反映出组成计划任务的各项活动(或各道工序)之间的相互关系,然后通过分析计算,找出完成任务的最优方案,最后以最优方案进行工作安排和控制工作进度,利用时差,不断改善网络计划,求得工期、资源与成本的综合优化方案,从而获得最好的经济效益,通过信息反馈进行监督和控制,以保证预定计划目标的实现。

用这种技术进行计划管理和进度控制,能有效地节约人力、物力、财力和时间,工程项目越复杂,网络计划技术的使用效果越明显。如1958年美国海军武器计划处采用了计划评审技术,使北极星导弹工程的工期由原计划的10年缩短为8年,此后,这项技术很快扩展到全美的国防和航天工业。1961年,美国国防部和国家航空太空总署规定,凡承制军用品必须用网络计划技术制订计划上报,从那时起,网络计划技术就开始被广泛地应用。

网络计划技术是把一项工作或项目分成各种作业,然后根据作业顺序进行排列,通过网络图对整个工作或项目进行统筹规划和控制,以便用最少的人力、物力、财力资源,用最高的速度完成工作,它能够帮助管理者明确工作重点,对各个关键工序加以有效控制。

(一)网络图的概念

任何一项任务都可分解成包含许多步骤的工作,根据这些工作在时间上的衔接关系,用箭线表示他们的先后顺序,画出各项工作的相互关联并注明所需时间,这个箭线图就称作网络图。

网络图是网络计划技术的基础。根据一张网络图就可以确定出关键路线或关键作业,即对整个工期造成影响的那些作业,然后可以依据这些分析,重新调整和平衡各种资源的分配,最终得到一个多快好省的方案。

(二)网络图的构成

网络图由作业(工序)、事项和路线组成。如图4-7便是一个简单的网络图形。

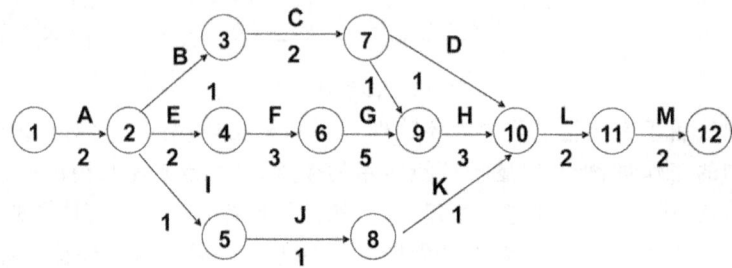

图 4-7 网络图

1. "→"作业(工序)

作业是指通过消耗一定人力、物力、财力,经过一段时间才能完成的一项工作过程,又称为工序、工作。在网络图中用箭线(→)表示。该作业的名称标在箭线的上方,完成该项工作所需的时间标在箭线的下方。

作业可以根据他们之间的相互关系,分为紧前作业、紧后作业、平行作业、交叉作业和虚作业。紧前作业,是指紧接在某作业之前的作业。紧后作业,是指紧接在某项作业之后的作业。平行作业,是指可以与本作业同时进行的作业。交叉作业,是指可以交替进行的作业。既不消耗人力和资源,又不占用时间的作业称为虚作业,在图中用"⋯→"表示。网络图中应用虚工序的目的是避免工序之间关系的含混不清,以正确表明工序之间先后衔接的逻辑关系。

2. "○"事项

事项也称为节点,是两个工序间的连接点。事项既不消耗资源,也不占用时间,只表示前道工序结束、后道工序开始的瞬间。在网络图中是前后箭线之间的连接点,一般用"○"表示。一个网络图中只有一个始点事项、一个终点事项。

事件可以根据它们之间的相互关系,分为起始事件、终止事件和中间事件。起始事件,是指网络图开始的事件,即没有箭头进入的事件,又称网络始点。终止事件,是指网络图最后的事件,即没有箭尾出去的事件,又称网络终点。中间事件,介于网络起始事件与终止事件之间的事件。所有的中间事件所代表的意义都是双重的,它既表示前一项作业的结束,又表示后一项作业的开始。

3. 路线

路线是网络图中由起始事项出发,沿箭线方向前进,连续不断地到达终止事项的一条通道。路有路长,路长是一条路线上各作业的作业时间之和。一个网络图中往往存在多条路线,每条路线的路长是不一样的,比较各路线的路长,可以找出一条或几条最长的路线,这种路线被称为关键路线。关键路线上的工序被称为关键工序。关键路线是整个计划组织工作的关键,一般在网络图中用粗箭线或双箭线表示,它的路长决定了整个计划任务所需要的时间。关键路线上各工序的完工时间提前或推迟都直接影响着整个活动能否按时完工,确定关键路线,据此合理地安排各种资源,对各工序活动进行进度控制,是利用网络计划技术的主要目的。例如图 4-7 中从始点①连续不断地走到终点⑫的路线有 4 条,即:

(1) ①→②→③→⑦→⑩→⑪→⑫,路长=2+1+2+1+2+2=10

(2) ①→②→③→⑦→⑨→⑩→⑪→⑫,路长=2+1+2+1+3+2+2=13

(3) ①→②→④→⑥→⑨→⑩→⑪→⑫,路长=2+2+3+5+3+2+2=19

(4) ①→②→⑤→⑧→⑩→⑪→⑫,路长=2+1+1+1+2+2=9

显然,线路(3)为关键路线,其路线上的工序 A、E、F、G、H、L、M 为关键工序。

(三) 绘制网络图的步骤

在绘制网络图之前,要先做一些准备活动,调查清楚三件事:一项工程的全部作业;各项作业间的衔接关系;完成各项作业所需的时间。然后按如下步骤绘图:

1. 分解任务,划分作业项目。首先把整个计划活动分成若干个数目的具体工序,对一项重要工程包括的所有活动做出预期需要很多技巧和较强判断能力。

2. 确定作业间的相互关系。确定各工序的时间,然后在此基础上分析并明确各工序时间的相互关系,把所有的活动按照适当的先后顺序联系起来,即计划者必须决定哪一个活动在前,哪一个活动在后。

3. 列出作业表。按衔接顺序由小到大编排节点号码、确定作业代号。

4. 绘制初步的网络图。根据各工序之间的相互关系及一定规则绘制出包括所有工序的网络图。绘制网络图的原则具体如下:

(1) 不允许有循环回路;

(2) 事件编号不允许重复；

(3) 箭线的首尾必须在节点上；

(4) 一张网络图只有一个开始点和一个结束点；

(5) 遇有几道工序平行作业和交叉作业时，必须引进时间为零的虚工序；

(6) 图面布置要合理、清晰。

5. 作业时间的计算。一般计算方法有：

(1) 工作定额法。按规定的可靠工时编制作业时间。

(2) 三点估计法。即先估计最短工时(最乐观时间)a，是指如果所有的事情都顺利进行，完成一项活动所需的最短时间。最长工时(最保守时间)b，是指如果所有的事情都很不顺利，完成一项活动所需要的最长时间。最可能时间 m，是指对一项活动所需时间的最实际的估算。当计划者收集了全部的估计时间之后，接下来就可以计算完成活动的期望时间了，期望时间是指完成一项活动所必需的时间，它是对以上三种时间的平均。

6. 计算关键路径。根据各工序所需作业时间，计算网络图中各路线的路长，找出关键线路，并对此进行优化。关键路径是网络图中花费时间最长的事件和活动的序列。对于某一项工程来说，整个工程的时间长度取决于花费最长时间的线路，只有当其中所需时间最长的组成部分完成了，才能认为完成了整个工程，如果关键路径上的活动需要花太多的时间来完成的话，整个工程就无法按时完成。因此，确定关键线路后，项目经理必须对各关键工序优先安排资源，挖掘潜力，采取相应措施，尽量压缩需要的时间，保证所有的关键事件都按时完成。而对非关键路线上的各个工序，只要在不影响工程完工时间的条件下，可抽出适当的人力、物力等资源，用在关键工序上，以达到缩短工程工期，合理利用资源的目的。有必要的话，管理者还必须采取其他一些控制行动使活动向前推进，例如增雇员工、解雇不称职的员工或者购买更多生产设备等。

(四) 网络技术的优点

1. 通过网络图可使整个项目及其各组成部分清晰明了。该技术能清晰地表明整个工程的各个项目的时间顺序和相互关系，并指出了完成任务的关键环节和线路。使参加项目的各单位和有关人员可以充分了解他们各自工作的完成时间及在项目中的地位和作用，也有利于管理者在制订计划时统筹安排，全面考虑，抓住重点。

2. 有利于对工程的时间进度与资源利用实施优化。在计划实施过程中，管理者可随时调动非关键线路上的人力、物力和财力从事关键作业，进行综合平衡，这既可节省资源又能加快工程进度。

3. 可防范、降低任务风险。该技术指出了计划实施过程中可能发生的困难点，有利于管理者将注意力集中到最可能出问题的环节上，提前做好应急措施，从而减少完不成任务的风险。

4. 便于组织与控制。管理者可以将工程，特别是复杂的大型项目，分成许多支持系统来分别组织实施与控制，通过化整为零、聚零为整的方法，在保障各局部最优的情况下，保证整个项目的最优化。

5. 简单易懂，易于操作，应用范围非常广泛。网络技术具有中等文化程度的人就能够掌握，具有广泛的应用范围，适用于各行各业及各种任务，尤其是特别适用于大型的项目(包含许多项作业、涉及数千家单位的项目),如大型设备的制造、各种工程建设等,在这种场合下采用网络技术进行统筹规划将会显示出巨大的优越性。

本章小结

1. 计划是指通过调查研究、预测未来、确定组织的目标,并规定出实现目标的途径、方法,从而把既定的目标具体转化为全体组织成员在一定时期内的行动纲领,它是组织未来行动的蓝图。计划是管理中最基本、最首要的职能,它是为了保证组织目标能够得以实现而制定的行动纲领,在管理工作中起主导作用。一项完整的计划通常包括做什么、为什么做、何时做、何地做、谁去做和怎么做几个方面的内容。

2. 计划的特点主要有首要性、普遍性、前瞻性、目标性、经济性等。计划在日常活动中是无处不在的,在时间上也总是要领先于其他管理活动,它是管理者行使管理职能的起步和基础。计划有助于组织消除或减少对未来的不确定的判断,对未来一定时期内组织的活动起指导作用。通过制订计划可以对组织活动做有利于目标实现的设计和安排,使组织经济合理地进行管理。

3. 计划从不同角度,可分为不同的类型。按计划的时间期限可将计划分为长期计划、中期计划和短期计划;按计划的组织层次可将计划分为战略计划和战术计划;按计划的表现形式可将计划分为宗旨、目标、策略、政策、程序、规则、方案(规划)、预算;按计划的职能可将计划分为业务计划、财务计划和人事计划;按计划对执行者的约束力可将计划分为指令性计划和指导性计划。

4. 制订计划的过程一般来说要经过估量机会、确定目标、确定前提、提供方案、评价方案、确定方案、拟定政策及引申计划和编制预算等几个不同的环节或步骤。现代计划工作中使用的技术与方法主要有甘特图法、运筹学法、滚动计划法和网络计划技术。

练习与思考

一、选择题

1. 在管理的基本职能中,属于首位的是(   )。
   A. 计划　　　　　B. 组织　　　　　C. 领导　　　　　D. 控制
2. 计划职能的主要作用是(   )。
   A. 确定目标　　　　　　　　　　　B. 管理
   C. 确定实现目标的手段　　　　　　D. A 和 C

3. 管理的计划职能的主要任务是要确定（　　）。
   A. 组织结构的蓝图　　　　　　　B. 组织的领导方式
   C. 组织目标以及实现目标的途径　D. 组织中的工作设计
4. 可以依据（　　）把计划分为战略计划和战术计划。
   A. 决策层次　　B. 对象　　C. 时间　　D. 范围
5. 企业计划从上到下可分成多个等级层次，并且（　　）。
   A. 各层次的计划都是具体而可控的
   B. 上层的计划与下层的计划相比，比较模糊和不可控
   C. 各层次的计划都是模糊而不可控的
   D. 上层的计划与下层的计划相比，比较具体而可控
6. 能把整个计划中的各项工作之间的内在联系和制约关系清晰地表示出来，特别适合于复杂的大项目，这是哪种计划方法的优点？（　　）
   A. 滚动计划法　B. 网络计划技术　C. 预算　D. 情景计划法
7. 使长期、中期和短期计划相互衔接，保证能根据环境的变化及时进行调节，这是哪种计划方法的优点？（　　）
   A. 滚动计划法　B. 网络计划技术　C. 预算　D. 情景计划法
8. 在下列计划的诸形式中，哪一种是主要针对反复出现的业务而制定的？（　　）
   A. 目标　　B. 规划　　C. 程序　　D. 预算
9. 计划的普遍性是针对计划（　　）特征而言的。
   A. 任何工作都要制订计划　　B. 所有管理者都要制订计划
   C. 所有员工都要执行计划　　D. 是上述答案的综合
10. 与程序相比，规划更加（　　）。
    A. 简单　　　　　　　　　　B. 详尽
    C. 无法比较谁更详尽　　　　D. 没有这样的比较
11. 计划过程的第一步是（　　）。
    A. 确定目标　　　　　　　　B. 寻找机会
    C. 评价方案　　　　　　　　D. 用预算方式固定计划
12. 国家十二五规划属于什么计划类型？（　　）（多选）
    A. 长期计划　　B. 战略计划　　C. 综合计划　　D. 指导性计划
13. 从抽象到具体，计划的表现形式排序正确的有（　　）。（多选）
    A. 目标、政策、规划　　　　B. 战略、程序、预算
    C. 目标、预算、程序　　　　D. 预算、程序、战略
    E. 政策、规则、规划

二、计算题

1. 根据下表资料，(1) 绘制网络计划图，(2) 确定关键路线。

工作代号	紧前工作	工作持续时间(天)
A	——	15
B	A	15
C	A	14
D	B、C	10
E	B	6
F	D	6
G	D	1
H	E、G	30
I	F、H	8

2. 某项工程的各工作及其持续时间如下表所示：

工作名称	紧后工作	工作持续时间(天)
A	B、C	4
B	D、E	6
C	E	5
D	F、G	8
E	F、G	5
F	——	7
G	——	9

要求：绘制网络图，确定关键路线，计算工程完工期。

三、问答题

1. 什么是计划，它包含哪些内容？
2. 计划有哪些特点？
3. 计划有哪些分类？
4. 简述制订计划的过程。
5. 现代计划方法都有哪些？它们各有什么优缺点？

四、讨论及思考题

根据自己的近期、中期和长期发展目标，如何制订自己的中、长期发展计划？

第五章　目标与战略管理

【要点提示】
理解目标的确定；
掌握目标管理过程；
理解目标管理的优缺点；
理解战略和战略的概念；
区分战略的类型；
理解并阐述战略管理的过程；
掌握常见的战略管理工具。

　　确立组织目标是计划工作的首要内容。目标是组织活动的目的和终点，组织工作只有围绕目标展开才能取得预想的成果。管理学大师彼得·德鲁克认为，一个组织的目的和任务，必须转化为目标，如果一个领域没有明确的目标，这个领域必然被忽视。

　　社会中的任何组织，不论规模多大、属于何种类型，都有其既定的宗旨和目标，目标为组织中每一个成员提供行动指南。目标管理的最大的好处是可以大大激发员工的动力，因为它可以使组织的成员亲自参加工作目标的制定，每个员工根据总目标的要求，朝着有利于总目标实现的方向积极进行自我控制，制定个人目标，并努力达到个人目标，使总目标的实现更有把握。这种管理制度在美国应用广泛，而且特别适用于对主管人员的管理，所以被称为"管理中的管理"。

第一节　目标及其特点

一、目标的概念及内容

　　目标是指组织根据宗旨而提出的在未来一段时间内通过努力争取达到的理想状态或期望获得的成果，它代表着一个组织的方向和未来，包括组织的目的、任务、具体的目标项目和指标及目标的时限。组织的目的是组织最基本的目标，它是组织任务和各项具体目标的基本出发点。如企业的目的是追求最佳的经济效益，学校的目的是培养高素质人才，医院的目的是治病救人，等等。组织的任务是组织目的的明确化和具体化，它主要是确定实现组织目的的具体活动内容。如大学主要是培养研究型人才,而职业技校主要是培养应用型人才。具体的目标项目和指标是组织目的和任务的进一步具体化、明确化和定量化。它使组织成员明确奋斗方向、工作重点和具体要求。目标的时限即目标的时间跨度,即要求在多长的时间内完成目标。

组织的一切管理活动都是以目标为依据的,它是组织及其成员的行动指南。在日常生活中,我们经常可以看到,任何一个社会组织,无论是企业、学校,还是政府机关,都有自己的目标。目标是组织宗旨的载体,是组织各项管理活动的出发点和最终所指向的终点,它为管理决策指明了方向,是开展各项组织活动的依据和动力,同时也是效率评价和成果考核的基本标准。

一个组织往往有许多目标,既有关于经济方面的,也有涉及社会、环境或政治方面的。著名管理学家彼特·德鲁克认为,一个成功的企业应在以下八个方面有自己的具体目标:(1)市场方面,如市场占有率或市场竞争中占据的地位。(2)技术进步和发展方面,如新产品、新服务的开发。(3)提高生产力方面,即如何优化配置人、财、物资源,提高生产率。(4)物质和金融资源方面,即生产中所需的物质和资金的获取及有效利用。(5)利润方面,如利润率提高的具体量化指标。(6)人力资源方面,如人力资源的获取、培训和发展。(7)员工积极性方面,如激励和报酬等措施。(8)社会责任方面,如企业活动对社会产生的影响。

二、目标的特点

1. 层次性

为了给组织成员提供一个明确的有利于组织目标实现的行动指南,使不同层次和岗位的员工都知道他们做什么才能有助于组织总体目标的实现,往往需要将组织目标进行进一步的分解,这个分解过程使得组织目标体现出层次性的特征。层次性是指组织目标从上到下可分为多个等级层次,是一个有层次的目标体系。目标的层次性与组织的层次性密切相关。由于组织一般可分为四个层次:高层管理、中层管理、基层管理及基层工作层。与此相对应,组织目标也体现出不同的层次性:处于最顶层的是企业的宗旨和使命,以下依次为:企业在一定时期的总目标、各个领域的目标、各个部门的目标,最底层则是组织成员的个人目标。其中下层目标是由上层目标派生出来的,是实现上层目标的前提和保证,而上层目标则统领下层目标。上层目标一般比较模糊,而下层目标则具体明确。

2. 多样性

组织追求的目标一般并不是仅有一个,而是多种多样的、多方面的。这种多样性既表现在目标的数量上,又表现在这些目标常常分属于不同的领域(如经济目标、社会发展目标等)和不同的利益主体上(如国家、部门、单位、个人等)。因为每个组织都要面对众多的公众,而不同群体的公众对组织有不同的要求,为了满足不同公众的不同的要求,维护组织的生存发展,由此就产生了组织目标的多样性,即不同类型的组织有不同的目标,同一组织也会有不同性质的多个目标。不同类型的组织,由于其组织宗旨的不同,组织目标也大不相同。如医院、学校、企业、政府部门作为不同的组织,目标是不一样的,企业性组织的目标往往表现为各种营利性指标,而事业性组织则不会将营利性指标作为组织目标。同一组织一般也追求多个发展目标。如一个企业就可能追求如利润率、市场占有率、员工凝聚力、行业地位、企业的社会责任等多个目标,甚至企业内部各个部门及每一个员工也都有着多样性的目标。再如一所大学则追求招收高质量学生、教学科研条件一流、培养高素质学生、出更多科研成果、提高就业率等多个目标。

3. 系统性

前面提到一个组织的目标往往是多样的,有多个发展目标,而这些目标一般很少表现为线性相关的方式,即并不是一个目标实现后接着就去实现另一个目标,而是目标与目标相互关联、相互贯通、彼此呼应,融汇成一个结构复杂、彼此依存的网络体系。不同目标之间都有直接或间接的联系,形成了一种相辅相成的关系,一个组织的目标也通常是通过各种活动的相互联系、相互促进来实现的。有些目标可能对某个部门有利,但对其他部门或组织整体却是有害的。某一部门拟定一个适合自己的具体目标并不难,但要制定一个既有利于自己同时又有利于其他部门或组织整体利益的目标就并非易事。这就要求在制定目标时,必须使构成网络的各具体目标之间彼此协调、互相支援。如图 5-1 所示。

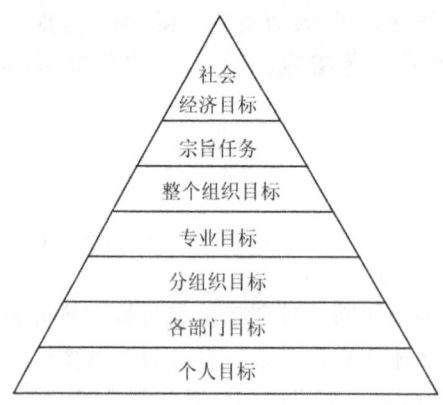

图 5-1 目标系统示意图

4. 时间性

组织目标的时间性,一方面是指组织目标要在未来一定时期内达到。如果失去了目标完成的具体时间范围这一约束条件,目标就失去了存在的意义,所以,在确定目标时必须指明其时间期限。另一方面是指在不同的时间里组织目标是发展变化着的,管理者要根据外部环境和组织内部条件的变化及时地制定出新的组织目标。

按时间长度的不同可以将组织目标分为长期目标、中期目标和短期目标。长期目标是指五年以上的目标,它是一个组织的总体目标或战略目标,在整个组织目标体系中最为抽象,时间跨度最长。中期目标是指一年到五年的目标,它是中层组织的目标,比较抽象。短期目标是指一年以内的目标,它是基层组织的目标,比较具体,时间跨度最短。要保证总目标的实现,管理者必须把长期目标、中期目标和短期目标有机地结合起来,使它们协调一致。在确定目标时,要由远到近,先制定长期目标,后制定中、短期目标。中、短期目标是用来实现长期目标的,是长期目标的基础和保障,因此,在制定中、短期目标的过程中必须体现长期目标,围绕实现长期目标制定。

第二节　目标与管理

一、目标的确定

组织的管理活动是从确定目标开始的,它是实施目标管理的第一阶段,同时也是最重要的阶段,如果目标科学、明确,后面的管理过程与评估就十分容易。

(一) 确定目标应遵循的基本原则

1. 以满足社会需求为前提

每个组织总是在一定的社会中存在的,具有社会性,作为社会的基本单位,组织的存在和发展免不了会受一定的制约。不同的组织只有以自己的活动满足社会的需求,对社会有所贡献,并承担一定的社会责任和义务,才能得到社会的承认并取得不断的发展。因此,确定组织目标,必须首先充分调查了解社会需求,将满足社会需求作为确定目标的前提。除此之外,还要考虑到组织应该承担的社会责任和义务,如遵纪守法、保护环保等。只有做到组织目标和社会需求一致才能确保最终目标的实现。

2. 与各种主客观条件相适应

确定目标是把主客观条件统一起来的决策或计划过程,以此来确定组织未来一段时间的努力方向。组织面临的主客观条件是不断发展变化的,目标的确定要充分考虑条件的不断变化,并随着情况的变化而相应地做出调整或修改,以使目标不断适应实际情况。特别是在制定长期目标时,要重视战略上的预见性,尽量做让目标同将来事物的发展状态相吻合,以防止和避免长期目标在执行一段时间后就半途而废,失去任何指导意义。

3. 保证组织的经济效益

组织确定目标时,要充分遵循最小投入、最大效益原则,选择最能充分利用组织的有限的资源、发挥最大的效益的目标方案。这就要求,组织在确定目标时,要尽可能全面、系统地分析影响组织效益的一切因素,在对多个目标方案进行了一番充分的比较论证之后,选择最优目标方案。

4. 确定先进合理的目标

组织确定目标必须要先进合理,要根据员工的实际能力和当时的实际情况制定目标,必须是员工在组织拥有的资源条件下经过一定的努力能够完成的目标,而不能把目标定得过高或过低。目标定得过低,达不到组织发展的要求,没有挑战性,不能充分激发员工的工作积极性,目标定得过高,太难实现,组织成员即使努力了也不能实现,就会产生挫败感,进而放弃努力。因此,目标要做到既先进又切实可行。这就要求组织在确定目标时要尽可能对组织的资源条件和成员的主观努力能达到的程度进行全面分析,确定一个合理的目标。

5. 形成协调一致的目标体系

目标的确定是一个极其复杂的过程，由于组织目标是多种多样的，且又都与每个部门、每个员工的任务和利益相关，难免会出现互不协调甚至相互矛盾的情况，因此，目标的确定要考虑到许多方面的因素。在确定目标的过程中，要注意不同层次目标的协调，用总目标统领下层目标，下层目标是总目标的细化和具体化，要紧密围绕总目标制定下层目标，使组织总目标和内部各层次、各部门目标以及员工个体目标形成一个协调一致的目标体系。此外，在目标的次序安排上，要注意区分轻重缓急，合理地分配组织的资源，从而使得各目标之间不是相互矛盾、相互脱节的，而是相辅相成的，这样从整体上有利于总目标的实现。

（二）目标制定过程

组织目标的制定，一般包括以下几个步骤：

1. 内外环境条件分析

任何组织活动总是在一定的环境条件中展开的，难免要受到环境的制约。因此，要确保组织目标制定的科学合理，在制定目标的时候就必须首先对组织所处的内外环境条件进行充分的认识和分析。首先，要分析外部环境。对外部环境的分析，主要是分析影响组织目标制定和组织生存发展的外部环境状况及其发展趋势。如社会的需求、经济形势、政策法规及其发展趋势等，从而预见组织未来发展的各种有利和不利因素，明确组织在未来一段时间内的活动方向和范围，即明确社会需要组织做什么、不允许组织做什么。其次，分析组织内部条件。对内部条件的分析，主要是分析组织自身的条件，如拥有的物质资源、员工素质、资金实力、管理水平等。以此来明确组织的实力水平，知道在组织的现有实力之上能够做什么和不能做什么。只有对组织的内外环境条件进行了充分的分析，才能在制定目标的时候做到心中有数，确定一个既符合社会需要又符合组织实际的科学目标。

2. 确定总目标

在对组织内外环境进行分析之后，接下来就要确定组织的总体目标。总目标的内容一般包括：组织的服务方向（做什么）、服务对象（为谁做）和贡献率（做到何种程度）。比如，对于企业性组织来说，就是要明确企业在未来一定时间内生产什么、服务什么样的消费者和要达到什么样的经济效益。在制定总目标的过程中，管理者尤其是组织中的高层管理者要注意，确定总目标不只是组织中高层管理者的事，不能仅由组织中的高层管理者来制定，而要注意让广大员工积极参与。不能只是一味地将上层管理者已确定的目标作为任务强加给下级，强迫其接受和完成；而要根据企业的长远规划，结合组织当前面临的内外环境，同组织成员一起共同来制定目标，如图5-2所示。

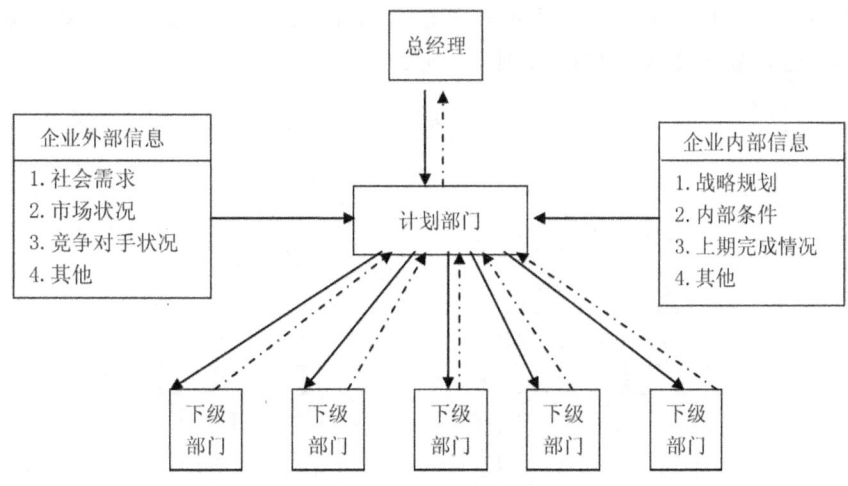

图 5-2 制定总目标示意图

在这个过程中,管理者可以通过对组织在未来应该和能够完成的任务目标的估计,确立几个可能性比较大的备选目标,然后经过和组织成员的充分商议,确定组织总目标。也可以由员工自下而上经过充分讨论和论证,由下级提出,上级批准来形成组织的总目标。但是不管哪种形式,都要注意广泛吸收员工的意见,共同商量决定。这样,员工感到被尊重,通过参与有了归属感,进而真正体验到自己是组织的一分子,自己的活动和组织的发展息息相关,从而发挥主人翁的作用,用积极的行动去确保组织总目标的实现。

3. 目标的分解和协调

总目标确定后,为了保证总目标的实现,必须把它具体落实到组织的每一个部门和个人身上,这就需要对总目标在组织内部不同层次的部门和成员间进行层层分解,使总目标成为每个部门各成员具有可操作性、可考核的具体目标。为了保证总目标的全面实现,在目标分解的过程中,要明确职责分工,尽可能做到某个目标只由一个部门或个人负责和主管,对需要多个部门配合的目标,还需在这些部门之间进行协调,明确谁主谁从。反之,若具体目标、责任不清,分工不合理,总目标定得再好也难以完成。

在目标分解的过程中,上级要注意做到充分和下级进行沟通交流,以此来确立下级目标。具体来说,首先,上级要向下级清晰完整地传达组织的规划和总目标,使下级对组织的总目标有个明确的认识。其次,在有利于总目标实现的前提下和下级商定下级的具体目标。在商定具体目标时,要充分了解下级的能力和水平,知道他能做什么、其特长和优势所在,也要充分了解下级的困难、完成任务需要的条件和要获得的帮助,然后再根据下级的实际能力和下级一起共同确定切实可行的下级目标,并授予下级以相应的支配人、财、物的权力。上级和下级在商讨具体目标时还要注意:(1)目标必须有重点,不能贪多。(2)目标必须具体化、量化,有客观的考核标准,不能太模糊。(3)目标实现的难易程度要适中,目标必须有一定的难度,但经过努力又有实现的可能性。目标太容易实现,没有挑战,起不到激励、鼓舞士气的作用,也限制了组织的发展幅度;而目标太高,太难实现,往往会使员工产生一种挫败感,进而导致灰心丧气,失去信心。(4)要注意各分目标之间的协调。目标的确定应该是下级目标支持上级目标,分目标支持总目标,每个人员和部门的目标要同其他部门和人员的目标协调一致,不能追求部门或个人眼前利益而损害组织的整体利益和长远利益。目标分解图,如图 5-3 所示。

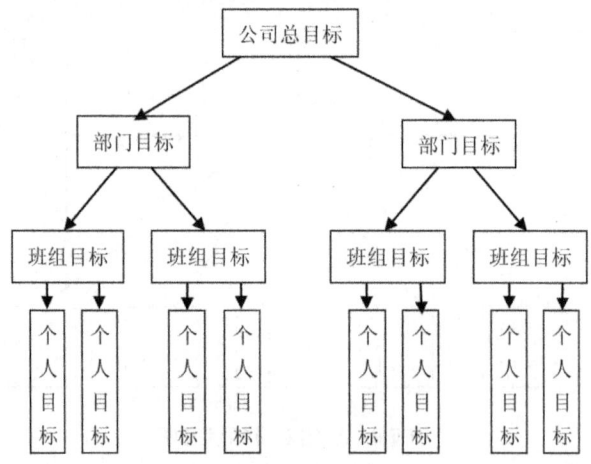

图 5-3　目标分解示意图

二、目标的作用

目标的作用可以概括为以下四个方面。

1. 方向作用

目标的作用首先表现在为管理指明了方向。管理是为了达到一定目标而协调集体所做努力的过程,如果没有目标就无须管理。目标是组织各项活动的出发点和所要实现的最终目的,它指明了组织的发展方向,指引着组织的行动,决定着整个组织的各种管理活动的内容。因此,任何管理都必须把制定目标作为首要任务,都应有明确的目标。如果没有目标,就会使组织像大海中的一叶孤舟,迷失航向。如果目标不确定,或者混淆了不同的目标,则会导致管理的混乱,无法展开工作。

2. 激励作用

目标为调动组织成员的积极性提供了动力。组织目标尤其是各阶段的具体实施目标具有时限性,也有量化标准和具体的奖惩措施,组织围绕着这些具体目标开展组织活动,可以充分激发组织成员的工作的动力。目标对于组织的激励作用,主要表现在两个方面:(1)对于组织整体的激励作用。明确的目标会使组织产生一种充分调动各种资源和全部力量,低投入、高效率实现组织目标的动力。(2)对于组织成员个人的激励作用。表现在个人只有有了明确的目标才能产生竭尽全力完成目标的动力,才能充分调动积极性和能动性,发挥各方面的才能和潜力,创造出最佳成绩。完成一定的目标后,个体产生的成就感和满足感会激励其进一步去完成新的目标。

3. 凝聚作用

组织是由众多成员构成的一个社会系统,要维护组织的存在和长远发展,组织就必须对其成员有一种凝聚力。大量实践表明,组织的凝聚力是决定组织发展成败的一个关键因素,一盘散沙的组织是难以发挥作用的,是不能够长期存在的。组织的凝聚力受到多种因素的影响,其中的一个重要的因素就是组织目标。当组织的目标既符合社会发展的要求,又符合组织发展需要,同时又和组织成员的个人目标协调一致、充分体现组织成员的共同利益时,组织目标就能很好地起到凝聚作用,激发组织成员工作的积极性和创造性,使其积极为组织目标的实现出谋划策,贡献力量。

4. 考核作用

组织目标为组织与成员的考核提供了主要依据,它是考核主管人员和员工绩效的客观标准。在管理活动中,还需对一定阶段组织成员是否完成了任务、完成的程度和工作的好坏进行考核。考核应怎么进行才会客观、公正?将上级管理人员的主观印象和对下级主管人员的价值判断作为考核依据,肯定是不客观、不科学的,正确的方法应当是根据明确的目标进行考核。组织总目标通过层层分解后,使组织内的各层次人员都有自己明确的目标,而目标实现的程度反映了组织成员的工作绩效,因此考察组织成员工作绩效,最重要的标准组织目标实现的状况。当然这些可考核依据又反过来使各部门、各个人有了正确的工作方向,并使其能根据目标来自我控制、自我引导,使整个组织自动地运转起来。

第三节 目标管理

一、目标管理的含义

目标管理理论由著名管理学家彼得·德鲁克在 1954 年首先提出,后被广泛运用于企业、学校、政府、医院等各种组织中,取得了显著的效果,被认为是一种科学的管理方法。所谓目标管理,就是指组织的最高领导层根据组织面临的形势和社会需要,先制定一定时期内组织活动所要达到的总目标,然后层层分解,要求下属各部门主管人员乃至每个员工根据上级制定的目标和保证措施,形成一个目标体系,并把目标完成的情况作为各部门或个人考核的依据。它体现为组织内各部门及个人为实现组织目标,自上而下地制定各自的目标并自主地确定行动方针、工作进度等的管理方法。

目标管理是一个全面的管理系统,它用系统的方法,通过目标的分解、制定、落实等环节将组织目标和个人目标密切地结合在一起,以有效地实现组织目标。由于目标管理充分体现了组织目标和个人目标的结合,因此对于调动员工的积极性、增强组织的凝聚力和提升员工在工作中的满足感起到了很好的作用。

目标管理强调以目标指引行动,强调组织成员的参与和自我控制,它不同于传统的目标设定方法。传统的目标设定方法是一种自上而下的目标制定法,目标通常由组织中的上层管理者来制定,而中下层管理人员、普通员工被排除在目标制定工作之外,他们只能被动地服从和执行,因此不能充分调动组织成员完成目标的积极性。而目标管理则强调组织成员在目标建立和实现的过程中的广泛参与、自我控制和自我评价的重要性,它改变了过去那种管理目标制定只是上级的事的观念，吸收全体员工一起参与目标制定，是一种把个人需求与组织目标结合起来的管理制度。

二、目标管理的特点

1. 重视人的因素

目标管理是一种平等的、民主的、自我控制的管理制度，在这种管理制度下，上级和下级的关系不再是命令和服从、布置任务和执行任务的关系，而是平等、尊重、信赖、支持的关系，下级在制定和实现目标的过程中是自觉、自主和自治的，而不是被安排和强制的。它能充分调动成员工作的积极性、主动性，并使员工充分享受工作的满足感和成就感。

2. 重视员工的参与

目标管理是参与管理的一种形式，它确定目标的过程由上级与下级共同参与，重视组织总目标和员工个人目标的一致。目标的实现者同时也是目标的制定者，通过上下协商、目标分解的方式制定出企业各部门、各车间直至每个员工的目标。用总目标指导分目标，用分目标完成保证总目标实现。由于在制定目标的过程中，充分吸收全体员工一起参与，注重组织目标和员工个人发展目标的协调一致，将组织目标和个人目标结合起来，因此能充分调动员工的工作积极性，使员工在实现个人目标的同时也保证了组织目标的实现。

3. 强调"自我控制"

目标管理强调员工用积极主动的"自我控制式的管理"代替消极被动的"压制性的管理"。它强调员工在完成任务过程中主动性的发挥，通过让员工参与目标的设立来实现员工在总目标实现过程中的自我管理、自我控制和自我安排。这种"当家做主"的体验可以成为员工努力工作的强烈推动力，推动组织成员竭尽全力将工作做到最好，而不是过去那种对工作的"得过且过"、"一般就行"或"差不多，过得去"就行的消极应付心理。

4. 强调结果，注重目标实现

目标管理不同于传统的管理，它是一种成果管理，强调成果第一。传统的管理方法，评价员工往往根据上层管理者的主观印象、本人的思想政治表现和对某些问题的态度等来评价，由于没有一个客观标准，所以评价过程随意性很大，很难做到客观、公正。而实行目标管理后，以目标作为客观标准，将组织成员的管理和考核同其对组织目标实现的贡献紧密地结合起来，把成果与每个人晋升、加薪等结合起来，从而能够按员工的实际贡献大小如实评价一个人，进而促进员工奋进精神的发扬和创新能力的发挥，大大提高企业的劳动生产率。

三、目标管理的基本过程

目标管理的过程就是通过动员全体员工参加组织目标的制定，用明确的目标来指引和考核组织成员的工作，进而引导成员参与积极"自我控制"活动来保证目标的实现的全过程。这种管理制度由于有明确的目标作为考核依据，能使对组织成员的评价和奖励做到更客观、更合理，进而能极大地激发员工完成组织目标的动力。目标管理的基本过程主要包括以下四个步骤:制定总目标、目标分解、目标实施与检查、目标成果评价。

1. 制定总目标

组织总目标是组织的共同愿望、宗旨和使命在某一阶段预达成的状态或结果。一个组织光有共同愿望而没有具体实现这些愿望的阶段性目标,那么共同愿望始终是一个空想。因此,在组织发展的不同时期,由组织的最高管理层确定组织在未来一定时期内要达到的总目标是非常重要的。

组织总目标的确定是实施目标管理的第一阶段,同时也是最重要、最关键的阶段。任何一项管理活动都是由一个总体目标联系起来的整体,这个总体目标体现了一个组织在一定时期内各项工作的努力方向和管理目的。总目标制定得是否合理、科学和明确事关组织其他一切具体活动能否顺利进展甚至关系到组织的生死存亡。

组织的总目标一般主要由最高管理层制定,也可吸收一些中下层管理者或少数职工参加。在组织总目标确定的过程中关键要做到:

(1) 分析社会的需求和组织外部环境。任何组织都是在一定的社会中存在的,不可避免要受到社会的影响,组织要存在并获得发展,必须能够适应社会的变化,以自己的活动满足社会的需求。这就要求组织在制定发展的总目标时,不能只在组织内部转圈子,只考虑组织的利益,还必须了解组织所处的社会在不同时期的需求以及社会环境的变化,即分析社会需要组织做什么,允许组织做什么,社会为组织的发展提供了哪些有利条件、哪些不利条件等。这样,才能制定适应社会需求的也能够实现的目标。

(2) 分析组织的资源优势。在制定组织总目标的过程中,除了要分析组织所处的外部社会环境之外,还必须深入透彻地分析组织的内部环境,如组织所拥有的人力、物力、财力等资源,了解组织的优势劣势,尤其是组织的优势和核心专长所在,并围绕自己的核心专长来确定自己的总目标。这个过程也即认清组织实力,知道组织在现有的实力基础之上,能做什么,不能做什么,组织最擅长的、最可能取得成功的是什么,这样,才能确保制定的目标符合组织的实际,并确保目标的实现。

(3) 组织总目标要明确、可考核。组织目标一旦设定就成了将来组织工作的前提或依据,因此,组织总目标必须是清晰明确可以度量和考核的,即可以用一系列相应指标来反映、计量和考核,这样才能使员工明确工作方向,并充分发挥对员工的控制和约束作用。

2. 目标分解

组织总目标确定之后,为确保总目标的实现,必须对组织总目标进行分解,确立各级的分目标,这样才能确保总目标的实现落实到具体的部门、班组和个人,为总目标的实现提供支撑和保障。在目标分解的过程中,应做好以下几方面的工作:

(1) 组织中的上层管理者要向下级和组织成员充分传达和解释组织的规划和目标。如向全体成员宣传和解释总目标的内容、完成目标的时间期限、可行性、对组织及成员的好处,目标实现的途径和方法等,使成员充分了解和认可总目标,并增强其对目标实现的信心、决心和积极性。然后在此前提下商定不同部门和个人的分目标,才能促使组织成员积极参与目标的分解和落实,并努力去为实现各自的分目标承担责任,保证总目标的实现。

(2) 经过上下协商,制定出与总体目标相一致的下属各部门及个人的分目标。使组织内部上下左右都有自己的具体目标,从而形成一个有利于总目标实现的完整的目标体系。其中总目标指导分目标,分目标完成保证总目标实现。在确定下属和组织成员的分目标和任务的过程中,要注意以下四个方面:一是目标一定要具体,尽可能定量化,具有可操作性;二是目标既要有挑战性,又要有实现的可能性;三是目标要协调一致,这包括分目标不仅要与总目标协调一致,而且每个成员、每个部门的目标都要和其他人员、其他部门的目标协调一致,不能为了个人或部门的眼前利益损害整个组织的长远利益;四是要有明确的时间要求和奖惩标准,以便于评估和考核。

(3) 逐级授权和分配资源。下级的分目标确定之后,上级还应为下级提供必要的实现目标的权力和资源等条件。首先,上级就要本着权责相称的原则,根据完成目标的需要,授予下级部门或个人以相应的权力,让他们在一定的职责和权限范围内自主管理、自主地开展业务活动,自行决定完成目标的方法、手段等。其次,还要进行组织内部各种资源的分配,上级对下级为完成目标所提出的合理要求应予以满足,要为下属目标的实现提供相应的人员、资金、设备等,以保证目标的实现,上下级之间还要就完成和未完成目标后的奖惩事宜达成协议。

3. 目标的实施与检查

目标体系形成以后,各部门应及时组织实施并及时对实施的状况进行检查。

(1) 目标的实施。组织的总目标和分目标确定后,接下来就是目标的实施了。在具体实施之前,首先应发动组织成员制定目标实施的具体措施,包括途径、方法、进度以及其他具体要求。为便于检查和进行自我控制,应将这些内容制定成任务书。由于部门和个人的分目标是在部门和个人的能力基础上制定的,因此任务书制定好之后,主管人员要以相信的态度放手授权给下级,主要依靠目标执行者的自主管理和自我控制去实现目标。

(2) 目标的检查。在目标实施过程中,应定期检查各项任务的进展情况,以便及时发现问题,采取相应的补救措施。这个检查既包括自上而下的上层管理者对下属管理者任务完成情况的督促检查,也包括下级部门和成员个人的自我检查。

上层管理者自上而下进行检查,是由于目标的实施过程是一个自下而上层层保证的过程,一环失误,则可能牵动全局。因此在此过程中,各上级部门应经常深入基层,对工作进展情况进行定期检查,通过检查,一方面确保目标执行者的各项工作落实到位,并及时对下属的工作进行指导、协助。另一方面督促下属不断改进自己的工作方法,采取有效措施,保质、保量、按期完成目标任务。在这个过程中如果发现问题,和下属一起商议,及时解决。在必要时,甚至也可通过一定的手续和程序,修改原定的目标。此外,下级部门和成员个人的自检也非常重要。下级部门和员工本人通过对自己所完成的工作进行自我测定和评价,可以总结经验教训,明确今后工作改进的方向。

4. 目标成果评价

当目标管理的一个周期结束时,必须对目标实现的结果进行评价。该阶段主要应做好以下两方面的工作:

一是对目标执行者的工作成果进行考核,并对执行者进行奖惩。考核与奖惩的关键是要做到公正、合理,体现多劳多得的分配原则。一个组织如果能够公正地判断每个组织成员的业绩和工作努力程度,这种公正的评价可以成为对组织成员最有力的激励。目标成果评价应采取自评、互评和上级部门评定相结合的方式,首先是组织各层次、各部门、各个成员对照任务书中的要求进行自我评价和互评,即自己对照目标和自己所取得的工作业绩来判断自己工作完成的程度,然后由本部门职工或部门之间以民主讨论方式互评。其次是组织的上级部门依照下达的目标任务与工作业绩对下级部门及组织成员进行考核,或审定下级部门的自评结果。在进行成果评价时可以根据目标的完成程度、目标的复杂程度,以及工作的努力程度将结果分成不同的等级,按照事先制定的奖惩条例和标准来分别进行奖惩。对按期保质完成目标任务、成果显著的单位和个人,应该予以表彰和奖励,对没有按期完成目标任务的单位和个人,要给予必要的惩罚,甚至降职或撤销其职务。这样,通过奖勤罚懒有效地激励、鼓舞员工为搞好下一期的目标管理而努力。

二是成果评价不只是一个目标管理周期的结束,也是下一周期的开始。对成果进行评价的另外一个作用是有利于总结经验教训,把成功的经验、好的做法固定下来,并加以完善,使之科学化、标准化、制度化。对不足之处则通过分析原因,采取措施加以改进和避免,从而为下一循环打好基础。

四、目标管理的优缺点

1. 目标管理的优点

(1) 目标明确。目标管理使组织的各级管理人员及成员都明确了组织的总目标、自己的分目标及在总目标中的地位和作用。组织内部各层次之间分工明确、职责清晰,奖惩分明。目标管理要求尽可能把完成一项组织目标的成果和责任划归一个职位或部门,避免了组织以往授权不足与职责不清等缺陷。而且,目标管理使各项活动的目的性很明确,它注重活动的结果而不是过程,有利于管理者改变以往那种将精力主要耗费在一些琐碎的管理作业程序上和形式上而忽略结果的做法。目标管理是一种结果控制,通过目标的分解,用明确的、可考核的目标作为结果来约束组织成员的活动,促进目标的实现。

(2) 形成激励。目标管理重在用一定的目标任务和相应的奖励来激励员工不断进取。当目标富有挑战性且实现的可能性相当大时,目标就成为激励组织成员不断努力的内在动力。特别是当目标实现后,组织还有相应的报酬、奖励或将其作为个人提薪、晋职的依据时,目标的激励效用就更大,它促使员工不断进取,争取更大的成就。

目标管理非常重视激发组织成员的自觉性和自主性,这大大调动了员工工作的主动性和积极性。在目标管理过程中由于上层管理者在制定目标的过程中能让员工充分地参与,广泛地听取员工的意见,和员工共同商定目标内容,这使得员工不再是消极被动地接受别人的安排和指使,而是感受到了被尊重以及在组织中有了当家做主的主人翁地位。通过参与组织目标的制定过程并自主制定自己的工作任务,明确了自己的工作在整个组织目标实现中的地位和作用,加之比较公正合理的奖惩措施,将个人利益和组织利益紧密联系在一起,这些都使得组织成员从以前那种一味听从命令、等待指示的被支配和盲从的状态中解放出来,变成一个主动的、积极进行自我控制的、可以在一个领域内充分释放能量、施展才华积极员工。

(3) 有利沟通。目标管理通过目标的层层分解,围绕总目标的实现形成了一个相互协调的目标体系,明确了各部门、各类人员在总目标实现过程中的作用和相互间的关系,每个分目标的实现都事关总目标的完成。因此,目标管理十分重视上下层之间的协商和意见交流,在目标管理过程中,无论是目标的制定、实施,还是实施结果的评价,都不是只靠上级的严格管理和监督,而是注重上下级之间的交流和合作。在这样的管理过程中,上下级关系也发生了变化,上下级之间不再是支配和被支配关系,而是平等、彼此尊重、彼此信赖、相互支持的关系。这样可以改善上下级之间的关系,建立平等、互助与和谐的人际关系,大大促进了上下级之间的沟通和交流。

(4) 方便管理。目标管理方式的实施可以切实地提高组织管理的效率。目标管理是一种结果式管理,在目标管理过程中,组织的全体成员通过目标的分解,每个人的工作都直接或间接地与企业的总体目标联系起来。这种管理迫使组织的每一层次、每个部门及每个成员首先考虑目标的实现,尽力完成目标,因为这些目标是组织总目标的分解,当组织的每个层次、每个部门及每个成员的目标完成时,组织总目标也就能实现。而且目标管理并不是上级将目标分解下去便没有事了,而要定期检查评比,发现问题及时纠正。显然,目标是上级监督管理下级的最好依据。此外,目标管理注重员工的自我管理和自我控制,不规定各个层次、各个部门及各个组织成员完成各自目标的方式、手段,给了成员一定的创新的空间,这使得员工的自觉性、自主性大为提高,有效地提高了组织管理的效率。

2. 目标管理的缺点

(1) 目标难以制定。组织是一个复杂的产出联合体,在实际的组织活动中,许多岗位难以制定量化的可考核的目标。组织总目标的实现需要组织内部各级各部门及其成员的协调配合,在完成总目标的过程中,每个成员都要竭尽全力,不能计较个人得失,必要的话甚至要牺牲个人利益去维护组织整体利益,因此在完成组织总目标的过程中很难去明确划分组织内部各个层次及个人的职责范围,目标的实现是大家共同合作的成果,在合作中许多情况下很难确定不同个人的任务量和贡献量,因此可度量和考核的目标确定起来也就十分困难。而且目标协商的时间成本很高,目标管理强调在目标制定和分解的过程中广大员工充分参与,强调上级和下级通过民主、平等的协商来共同确定目标,这使得目标管理往往要把很多时间用在统一思想上,因为不同部门和个人往往都从个人与部门利益最大化角度出发来思考问题,而往往忽略组织总目标的重要性,这使得意见很难达成一致。

(2) 目标管理的假设条件缺乏普遍意义。目标管理注重员工的自我管理,它以假设组织成员都有事业心和上进心,都有承担责任、实行自治和自我管理的能力,都有通过努力工作来获得成就感的需求。这对人的本性和能力做了过分乐观的假设,而在现实中并不完全是这样,现实中组织成员并不都是主动地积极追求富有挑战性和对组织贡献大的目标,而往往被动地执行任务,且更期望执行一些指标要求低、出力少、奖励多的任务。因此组织在依靠员工的自我管理执行目标时,如果没有一套科学的监督、管理、约束和考核机制的话,很容易导致总目标难以实现。

(3) 缺乏组织最高管理者的支持。目标管理是一种结果管理,由于特别注重员工的自我控制,上层管理者在目标的实施过程中实施的管理活动比以前大大减少,这会导致上层管理者把任务交给下一级管理者或成员负责执行之后,往往认为自己的任务完成了,忽视自己在下级完成目标的过程中还应该承担的责任,放任自流,从而影响到目标管理的效果。

(4) 缺乏灵活性。目标管理要取得成效,就必须保持目标稳定性和肯定性,目标一旦确定就不能轻易改变。如果目标经常改变,就难以说明它是经过深思熟虑和周密计划的结果,这样的目标是没有意义的,难以有效发挥对组织成员活动的规定和约束作用,从而给目标管理带来困难,甚至导致组织的混乱。但是,计划是面向未来的,而未来存在许多不确定因素,因此要求目标要有一定的弹性,要随着情况的变化而调整,以适应变化多端的外部环境。否则,如果组织活动预期环境已经发生重大变化,要求放弃既定目标时,如果员工仍追求原有目标,也会给组织带来不利影响。

第四节 战略管理

从20世纪50年代开始,随着组织外部环境的不确定性和复杂性日益增强,特别是进入20世纪90年代以来,市场竞争的日趋激烈,使组织面临着许多更为严峻的挑战。正是这些变化迫使组织的管理者逐渐认识到:要使组织能够更好地适应复杂多变的外部环境,在管理实践中,不仅要协调组织内部的各种关系,还要协调组织与外部环境的关系。在这样的背景下,以协调组织和所处环境相适应而实现组织目标的战略管理受到越来越多的重视。如果说目标是计划工作的基础,那么战略就是组织实现目标所采取的形式和方针。

一、战略概述

(一) 战略的概念

战略最早用于军事领域,在我国古代兵家对"战略"先是分开使用的,"战"指战斗、战争;"略"指筹略、策略、计划等。19世纪德国著名的军事战略家克劳塞维茨在《战争论》中提出,战争由一系列战斗组成,而战略就是为了达成战争目的而对战斗的运用。

用于组织管理时,战略是为了实现预定的目标,对组织全局的、长远的重大问题进行的谋划。它表现为在组织活动的重点和顺序、人财物各种资源的分配和使用方向等方面做出的设计和统筹安排,以最大限度地实现目标。其内容包括组织发展的长远目标、发展方向和重点、前进道路,以及采取的基本行动方针、重大的措施和步骤等,是对外部环境和内部条件进行预测和把握的结果,涉及组织向哪里发展这样带有全局性、长远性和根本性的问题。战略对于一个组织是非常重要的,决定着一个组织未来经营活动的方向和水平。

把战略的含义用于政治、经济领域,就形成了政治和经济发展战略,运用于企业就形成了企业战略。战略是针对竞争对手的优势和劣势,以及正在和可能采取的行动而制定的谋划,可以说,只要组织间存在竞争,就需要制定战略。

(二) 组织战略的特征

一般来说,组织战略具有以下几个特征:

1. 全局性

组织战略是以组织的全局为对象,根据组织总体发展的需要而制定的行动方案。它规定了组织的总体行动,追求的是组织的总体效果。它通过制定组织的使命、目标等从组织全局来实现对局部的指导,使组织局部达到最优的结果,从而使组织的总体目标得到实现。

2. 长远性

组织战略是对组织未来较长时间内,就组织如何生存和发展等问题进行的统筹规划。它是从组织的长远生存和发展来考虑问题,其着眼点是组织的长远利益而不是眼前利益,关系到组织今后一段较长时间内的奋斗目标和前进方向。此外,组织战略的实施一般要经过较长的时间过程,在短期内是不能完成的。

3. 风险性

战略计划的前提条件多是不确定的,战略实施的结果也往往有很大程度的不确定性。可见,组织在制订战略计划的时候必须要有较高的风险意识,能在不确定中选定组织未来的发展方向和行动目标。同时战略总是针对竞争对手的优势和劣势及其正在和可能采取的行动而制定的,表现出明显的抗争性,战略的抗争性有时是残酷和激烈的,也导致组织的战略具有较强的风险性。

4. 社会性

组织战略的制定不能仅仅立足于组织自身的目标,还要兼顾国家、社会和组织成员的利益等。现今的组织都存在于一个开放的社会系统中,受到组织外部诸多环境因素的影响。特别对于企业来说,要在未来竞争的环境中占据有利的竞争优势,必须要考虑政府、竞争者、顾客等相关方面的利益,承担自身相应的社会责任,树立良好的社会形象,使自己在不断变化的外部环境中,能够生存和发展下去。

(三)组织战略的类型

在规模较大的组织中,由于存在着不同的管理层次,为了保证战略目标的实现,组织的战略必须由不同层次、不同方面的战略构成,与组织层次相适应。所以战略按经营层次大体可分为公司层战略、事业层战略和职能层战略三个层次。

1. 公司层战略

公司层战略也称为组织总体战略,指组织应当拥有什么样的事业组合,并且确定每一种事业在组织中的地位。公司层战略决定组织的发展目标和方向,确定组织的重大方针与计划、组织的业务类型,解决组织中各种资源在各类业务中的分配。如果一个组织拥有一种以上的事业,那么它将需要制定公司层的总体战略,以作为指导公司中长期整体发展的主要依据,但并不能说业务种类单一的公司就不需要制定公司层战略。如果某组织从事的业务种类单一,那么它的公司战略相对比较简单,其公司层战略可能就是其事业层战略。

为实现组织中各层次的目标,公司层战略相对于事业层战略和职能层战略具有很强的原则性指导作用。公司层战略要回答的主要问题有:

一是组织应当拥有什么样的公司层事业结构,尤其是主业结构。也就是组织涉及的业务范围及组合情况,包括确认现有业务涉及的领域和现有业务的组合是否有利于组织的整体发展,是否增加新的业务种类或适时退出某些业务活动,以及各项业务所需要的战略指导等。

二是每一种主业在组织发展中的地位如何。包括明确组织内各业务的层次和地位,根据组织的目标、自身优势及环境变化明确组织重点发展的业务或中心业务,调整各业务间的支持力度。

三是事业或主业结构调整的依据是什么。即确定资源在各业务之间的分配。如何在组织资源有限的情况下,将其拥有的资源在各业务之间进行优化配置,有效保证组织创造更多的效益,这是公司层战略要考虑的核心问题。为此,要确认组织在各项业务上的实际能力及采用新技术的可能等。

公司层的总体战略主要是决定组织应该选择哪类经营业务,进入哪些领域。公司层的总体战略具体包括:稳定战略、发展战略和紧缩战略。

(1) 稳定战略

稳定战略也称为维持战略,指组织不是不发展或不增长,而是稳定地、非快速地发展。这一战略的主要特征是没有什么重大变化,或者维持一种温和程度的增长,或者维持现状。具体体现为:继续提供同样的产品或服务来满足它的顾客,满足过去的组织绩效,维持公司的投资回报率等。当一个组织处于以下几种情况时,可能将采用该战略:

首先是外部环境的相对稳定性,会使组织更趋向于稳定战略。组织现有的战略方案与外部环境仍相对适应。

其次是组织内部缺乏足够的实力和支持性资源,环境的发展超出了组织自身的管理能力和资源配置限度,采用发展战略反而会带来低效率和风险。

再次是管理层不希望承担较大幅度地改变现行战略所带来的风险,改革需要新的技能时,会对使用以前技能的现有组织成员形成威胁,影响现有组织的稳定。

(2) 发展战略

发展战略亦称增长战略、扩张战略、成长战略。它指的是增加组织的经营层次的战略,其组织的发展是在现有基础水平上向更高一级的方向发展。采用发展战略的组织具体表现为:扩大组织规模、扩大市场份额、增加雇员人数、提高利润率等。发展战略主要有集中战略、一体化战略、多元化战略三种类型。

① 集中战略。集中战略是指组织将主要的资源和经营活动集中于一种业务或一个行业,以快过以前的速度增加销售额、利润额或市场占有率等来实现增长的战略。它是从组织内部提高销售额、扩大产能或员工队伍,即通过扩大原有业务来实现增长,而不是通过并购其他企业来实现增长。大多数组织在建立初期都选择集中战略,以提高产品的知名度、增加销量、占取一定的市场份额、培养和建立自己的品牌和顾客忠诚度。随着组织产品和市场的变化,需要适时地进行战略调整和演化,常常会延伸为市场开发战略、产品开发战略等。

集中战略集中组织的优势资源进行发展,有利于组织优势的充分发挥。其主要优势在于组织可以形成规模经济;其主要威胁在于一旦组织的产品或服务的市场需求下降或萎缩,组织就会面临困境。

② 一体化战略。一体化战略是指组织充分利用自身在产品、技术、市场上的优势,根

据物资流动的方向,使组织不断地向深度和广度发展的一种战略。包括纵向一体化战略、横向一体化战略。纵向一体化战略是指组织在两个可能的方向上扩展现有经营业务的一种发展战略。按物流的方向,纵向一体化又可分为后向一体化战略和前向一体化战略。横向一体化战略是指组织通过兼并同一产业的其他组织的方式实现增长的战略,即合并竞争对手的业务。

③ 多元化战略。多元化战略也称为多角度战略、多种经营战略,是指组织在现有业务领域基础之上增加新的产品或服务的战略。根据组织现有业务领域和新业务领域之间的关联程度,可以把多元化战略分为相关多元化战略和非相关多元化战略。相关多元化战略是指组织增加新的、与原有业务相关的产品或服务。非相关多元化战略是组织增加新的、与原有业务不相关的产品或服务。多元化战略可以使组织获得范围经济和分散风险的好处,但也存在一定的弊端。

(3) 紧缩战略

紧缩战略也称为收缩战略,是指组织从目前的战略经营领域和基础水平收缩和撤退,缩小经营规模,且偏离起点战略较大的一种经营战略。它常在经济不景气、需求萎缩、资源匮乏、产品滞销等情况下使用。当组织面临绩效困境时,紧缩战略有助于稳定组织的经营,激活组织的资源和恢复竞争力。其方式有减少投入、生产量,出售部分固定资产,退出某一个或几个业务领域。收缩战略主要有转向战略、清算战略和放弃战略等类型。

2. 事业层战略

事业层战略主要是规定组织内从事某一事业的经营单位提供的产品或服务类型以及目标市场在哪里等。该战略主要考虑的是如何在某个业务范围内支持总体战略的实现。事业层战略有时也称为竞争战略,它更多地考虑组织在特定的事业领域里应当如何进行竞争。该战略较少涉及组织的业务范围和资源配置,而主要强调竞争优势和协同作用。对于只从事一种业务的小型组织和没有实施多元化的大型组织,事业层战略通常与公司层战略相重叠,但当一个组织从事多种不同的事业时,每一个分部都应有自己的战略,组织建立分部这样的战略事业单位更便于计划和控制。

事业层战略常常采用适应战略和竞争战略。

(1) 适应战略

适应战略模型是雷蒙德·迈尔斯和查尔斯·斯诺提出的。该战略认为战略管理的主要任务是,组织或内部事业部门的使命和目标应与组织的环境相适应或保持有效的一致性。

防御者战略的组织非常关心稳定性,并且试图创造和维持最适应稳定组织形式的环境。而探索者战略与防御者战略正好相反,采用防御者战略的组织努力为自身创造和维持一种动态的环境。对于分析者战略的组织来说,它试图使风险最小化和利润最大化,努力把防御者战略和探索者战略在一个组织中结合起来。反应者战略则是当其他三种战略实施不当时所采取的一种不一致和不稳定的战略模式,它实际上是战略的失败,是对出现问题的仓促被动反应。

在稳定的环境中,组织采用防御者战略时,组织与环境的适应程度最高。而所处的环境稳定程度低时,采用探索者战略时,组织可达到与环境的高适应。在中度稳定的环境中,采用分析者战略时,组织与环境适应程度较高。适应战略模型强调了组织与环境相一致的重要性,帮助组织理解其采用的战略在外部环境中所处的战略地位。

(2) 竞争战略

竞争战略由迈克尔·波特提出。根据他的观点,组织不能在所有的事情上都获得成功,组织在选择战略时,应该选择能够带来竞争优势的战略。而竞争优势要么来自比竞争对手的成本更低,要么是与竞争对手形成显著的差异。因此,组织可以选择的使自身获得竞争优势的三种基本战略是:成本领先战略、差异化战略和专一经营战略。组织究竟选择哪一种战略,则要根据各自具体的情况来选择,如组织自身的优势和其竞争对手的劣势等。成本领先战略、差异化战略、专一经营战略在企业中应用比较广泛,是具有基础性的总体战略,所以又常被称为一般经营战略。

① 成本领先战略。这种战略是指组织在提供相同的产品或服务时,其成本明显低于行业平均水平或主要竞争对手的竞争战略。它强调的是要以很低的单位成本价格为价格敏感的顾客提供标准化的产品。此战略可以使组织在竞争中获得低成本的优势,组织在相同的规模经济下,获得更大的盈利或具有更强的讨价还价能力,并获得竞争对手在一定时期内难以达到的成本水平,能够相对稳定和维持组织自身的竞争优势。在实施该战略时,尽管贯穿整个战略的主题是使成本低于竞争对手,但组织对于其质量、服务以及其他方面也是不可忽视的。

② 差异化战略。这种战略是指组织向顾客提供的产品或服务与其他竞争者相比独具特色、别具一格,从而使组织建立起独特竞争优势的一种战略。差异化战略旨在为对价格相对不敏感的用户提供某产业中独特的产品或服务。与成本领先战略形成对比的是,差异化战略强调的是选择被产业内许多用户重视的一种或多种重要特质,通过为这些用户提供与众不同的产品或服务,满足用户的要求以获得一种独特的地位和竞争优势。该战略中的差异化来源有很多种方法、方式,可以是与众不同的设计、独特的功能、优质的服务、过硬的质量或杰出的品牌形象等。通过这些竞争对手无法比拟的优势,使组织在追求高利润的同时不必追求低成本。当然在实施该战略时,并不意味着组织可以一味地忽视成本,只不过此时成本已经不是组织考虑的首要战略目标了。

③ 专一经营战略。专一经营战略又称重点战略,是指组织经营活动集中于产业内一种或一组细分市场,通过向顾客提供比竞争对手更好、更有效率的产品或服务来建立竞争优势的一种战略。专一经营战略与成本领先战略、差异化战略的区别在于,它强调的是专门提供满足小用户群体需求的产品或服务。它着眼于在产业内一个狭小空间内做出选择,主攻某个特定的顾客群、产品线的某一部分或某一地域性市场,以更高的效率、更好的效果为某一狭窄的战略对象服务,取得其在特定目标市场上的竞争优势,从而超过在更广范围内的竞争对手。专一经营战略在实施中具体有两种形式:一种是特定目标市场上的低成本战略,一种是特定目标市场上的差异化战略,即分别寻求其特定目标市场上的成本优势和差异优势。此战略对于小企业最为有效。

3. 职能层战略

职能层战略,是为实现组织的公司层战略和事业层战略,对组织内部的各项关键的职能活动做出的统筹安排。该层次的战略是为其他各级战略服务的,其主要内容比事业层战略更具体、更细致。职能层战略通常包括市场营销策略、生产策略、财务策略、研究与开发策略、人力资源策略等。组织各职能部门的工作目标和行动策略,应当与事业层战略保持一致并为其服务。如果说公司层战略和事业层战略主要强调"做正确的事情"的话,职能层战略则强调"将事情做好"。

对于一个组织来说,无论其选择哪一种公司层战略、事业层战略或职能层战略,都仅仅是战略管理过程的一个组成部分。如果没有战略管理过程对决策、战略、计划和组织活动的指导,管理者将难以设计出有效的战略。

二、战略管理

(一) 战略管理的概念

战略管理是指组织管理者根据组织外部环境和内部条件有效地谋划、实施和控制战略,使组织能充分利用自身的优势、抓住机会、避开风险,实现组织目标的一个动态管理过程。

战略管理的概念可以作进一步的解释:第一,它是一个全过程和全面的管理,不仅涉及战略的制定和规划,而且还包括将制定出的战略付诸实施的管理。第二,战略管理是一个动态的管理过程。它不是静态的、一次性的管理,需要根据外部环境的变化、内部条件的改变以及战略实施的实际反馈效果等进行不间断的、循环的管理。

(二) 战略管理的过程

战略管理过程主要包括战略的制定、实施和控制、评估几个阶段。

1. 战略制定

制定战略要面向未来,根据组织的外部环境和内部条件,设定组织的战略目标,寻求实现目标的方法,进而谋划和制订具有竞争力的行动计划。其具体步骤是:

(1) 确定组织当前的使命与目标

每个组织都有一定的使命,使命是对组织目的的陈述。它规定了组织存在的目的或理由,描述了组织的根本性质,能够将组织的经营业务与其他类似企业的业务区分开来。组织目标的确定在战略的制定中有着非常重要的作用,它将组织的使命与组织的日常活动连接在一起,使组织的使命具体化。明确组织的使命与目标能促使管理者认真确定组织的产品和服务范围。同时它也反映了组织的价值观和行为准则,体现了组织的宗旨和追求的公众形象。

(2) 进行环境分析

环境分析是战略管理过程的关键环节,因为组织的产生、存在和发展不仅是由于它们的产品或服务能满足社会的需要,而且是因为它们自身能够适应所处的外部环境。因此,如何把握环境的变化,利用有利的发展机会,避开潜在的威胁,成为制定组织战略的首要问题。

组织的外部环境主要是指存在于组织边界之外对组织有潜在影响的因素。一般来说,一个组织所处的环境可分为一般环境和行业环境两类。每个组织都需要准确把握这些环境要素的变化和发展趋势对组织所带来的潜在的或直接的重要影响。

① 一般环境

一般环境又称总体环境,是存在于社会中的各类组织均要面对的环境。一般环境包括政治环境、经济环境、社会环境、技术环境四个方面。

政治环境。政治环境是指那些制约和影响组织的政治要素的总和。政治因素是组织宏观环境中的重要组成部分。对组织起决定、制约和影响作用的因素主要有:政治局势,政府的政策、规定,国家的法律、法规,特别是有关的经济法律、法规等。

经济环境。经济环境是指构成组织生存和发展的社会经济状况的复杂动态系统。一个企业经营成功与否在一定程度上取决于所在的经济环境状况的好坏。经济环境主要包括宏观的国民经济总体运行情况、发展水平、发展速度等因素,以及微观的消费收入水平、消费偏好、就业率等因素。

社会环境。社会环境是指组织所处环境中诸多社会现象的总和,主要包括社会文化环境和社会物质环境。社会文化环境包括一个国家或地区居民的受教育程度、文化水平、风俗习惯、价值观念和宗教信仰等。社会物质环境包括组织所处的地理位置、气候条件和资源条件等因素。

技术环境。技术环境是指一个国家或地区的技术水平、技术政策、技术的发展变化等。技术环境不仅要考虑与组织活动直接相关的技术手段的发展动态,还要考虑国家对科技投资和支持的重点、组织所在产业研发支出状况、知识产权和专利的保护情况等。

② 行业环境

行业环境是指与组织本身有密切联系和较强相关性的外部组织,是组织投入竞争的一个或几个行业的环境,是组织所处环境中最关键的部分,包括竞争者、消费者、供应商等要素。

目前对行业环境分析所采用的最为广泛的方法是美国学者波特的研究成果——影响行业竞争的五种力量模型。他认为一个行业的内部竞争状态取决于五种基本竞争作用力,即进入威胁、替代威胁、买方讨价还价能力、供方讨价还价能力和现有企业间的竞争。如图5-4,这五种基本竞争力量决定了企业相对于其他竞争对手的行业竞争地位。为此,企业要取得市场上的竞争优势,就要首先对这五种基本的竞争力量进行分析。

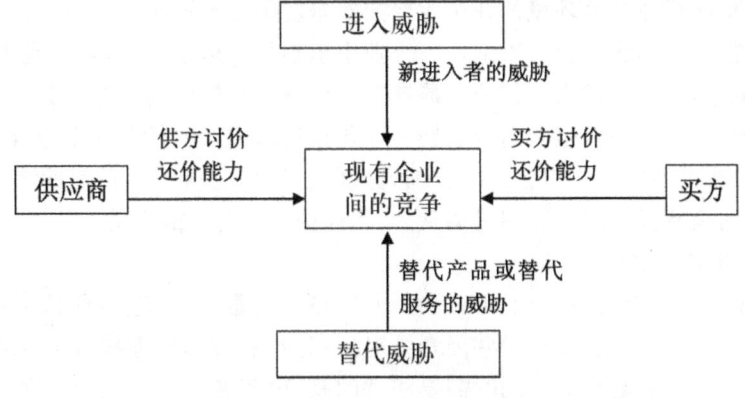

图5-4 影响行业竞争的五种力量

现有企业间的竞争。现有企业间的竞争是指行业内各企业间的竞争关系。行业不同其竞争激烈程度也不同。现有企业间的竞争状态取决于如下因素：主要竞争对手的力量和数量、行业增长的速度、产品或服务的差异化程度、固定或库存成本、战略利益相关性及退出障碍等。

进入威胁。它是指行业外准备或正在进入某行业的企业，潜在威胁的进入将影响现有行业的竞争格局。对于一个企业来说，其受进入者威胁的大小取决于该行业对潜在威胁设置的进入障碍的高低，以及该企业对准备进入者反击的力度和有效性的大小。决定进入障碍高低的主要因素有：经济规模、产品差异、资金需求、转化成本、在位优势和政府政策等。

买方讨价还价能力。它主要指某行业中产品或服务的购买者对供应商所产生的影响。对于该行业中的企业来说，购买者是一个重要的竞争力量。购买者对行业内企业产生影响的主要因素有：买方是否大批量或集中购买、购买者的购买额占全部购买费用的份额大小、买方购买转移成本的大小、购买方是否采用后向一体化策略、产品或服务是否有价格合理的替代品、买方行业的盈利水平等。

供方讨价还价能力。它是指供应商对潜在的购买者可能产生的影响。对于企业来说，其生产所需的许多生产要素要从外部获得，而提供这些生产要素的供应方就会在一定程度上影响和制约企业的经营活动。影响供应商讨价还价能力的主要因素有：供应方行业的集中程度、交易量的大小、要素差异化的情况、转换供货商成本的高低、一体化的程度等。

替代威胁。它指的是那些可能取代或减少本企业产品和服务需求的替代物所造成的影响。企业生产的产品从实质上看，是能够满足消费者需要的使用价值或功能。使用价值或功能相同的产品，在使用过程中可以相互替代，替代品生产企业就会可能与现有企业产生竞争。

（3）竞争对手分析

竞争者分析的目的在于认识行业竞争中可能成功的战略的性质、预测竞争对手的行为或可能做出的反应。是否进行竞争者分析取决于企业所处行业的结构，若企业所处的是一个分散程度较高的市场，分析单个竞争者意义不大；若所处的是一个高度集中的行业，就需要对影响行业竞争环境的几个主要的竞争对手进行详尽的分析。

一般来说，主要的竞争者可以从以下企业中识别判断出来：一是可以克服行业壁垒进入到本行业的企业；二是进入本行业后能够产生明显协同效应的企业；三是由于战略实施而进入本行业的企业，如实施前向或后向一体化战略而进入本行业的企业等。

竞争者分析的内容主要包括四个方面，分别是：①确定竞争者目前的战略；②确定竞争者目标；③明确行业内高层管理者的理念；④评价竞争对手的实力。

（4）识别机会和威胁

在对环境进行分析之后，企业可以利用所获得的大量信息，通过评估分析，来确定企业可以把握的机会有哪些，又有哪些因素会对组织造成威胁，以便抓住有利时机，避开不利因素，形成企业的战略目标。同时需要注意的是，由于各个企业自身条件不同，对于某些企业来说意味着是机会的，但对其他企业则可能意味着是威胁。

(5) 分析组织的内部条件

组织战略目标的制定和战略的选择不仅需要对组织的外部环境进行客观的分析,也需要对组织的内部资源条件进行正确的评价,因为组织的内部条件是组织经营活动的基础和制定战略的依据、出发点,也是企业取得竞争优势、实现战略目标的根本所在。对于每一个组织来说,无论其实力是否强大,都要在一定程度上受自身资源和力量的限制。组织内部条件分析主要包括组织结构、企业文化和企业的资源条件三个方面。

① 组织结构分析。组织结构是企业内部条件中重要的一个方面,也是企业的一种重要资源,因为企业的组织结构是企业经营战略顺利实施的组织基础和有效手段。良好的组织应符合以下几个原则:权责对等、分工合理、协调明确、信息和沟通通畅等。通过组织结构分析以确定与战略方向相适应的组织形式。

② 企业文化分析。企业文化是企业在经营活动实践中所形成的并且为组织成员普遍认可和遵循的价值观念、共同意识、职业道德、行为规范的总和,其中价值观念是核心。每个企业都有自己的企业文化,其对企业的长期经营有重大影响。企业文化对企业的经营战略也起着重要的支持或制约作用,既可能助其成功,也可能促其失败。通过企业文化分析,掌握企业文化的现状和特色,制定出与企业文化相容的企业战略。

③ 企业的资源条件分析。所有的企业都是建立在自身的资源条件之上的。企业的资源条件主要包括:人力、物质、财务、信息、技术资源以及产品、服务方面的能力等。这些都是支持企业战略的物质基础。通过企业的资源条件分析,掌握企业资源的现状,明确企业在资源上的优势和劣势。

(6) SWOT 分析

对组织外部环境和内部条件进行分析后,就需要确定组织自身的优势(strength,S)和劣势(weakness,W)所在,分析确认组织外部环境中的机会(opportunities,O)和威胁(threats,T)。进而把组织的优势和劣势与环境中的机会和威胁结合在一起分析,使组织和环境相适应。具体来说,就是通过 SWOT 分析,组织能分别对公司层、事业层和职能层的战略进行选择,使组织能够通过利用机会、避开威胁、形成优势、改善劣势,以更好地实现组织的使命和目标。

根据 SWOT 分析,还应重新评价组织当前的使命和目标,分析它们是否可行、是否需要修订。如果需要对组织的整体方向做出调整和改变,则战略管理过程就可能要重新开始。

(7) 构造和确定企业的战略

组织的战略要分别在公司层、事业层和组织的职能层上建立。构造和确定战略时,可以遵循第三章介绍的决策的程序过程,以构造出组织需要的战略,选择出能够使组织具有持久竞争优势的战略。在这一过程中要注意以下几个问题:①组织的长期目标和总战略要从本企业实际发展出发,既要有独到的和创新的思路,又要做到切实可行。②认真和慎重选择组织战略的类型。③要使组织的战略具有可操作性,做好细化工作。④制定促进组织战略实施的企业政策。

2. 战略实施和控制

确定的组织战略不管多么合适或有效,如果不能很好地实施,也会导致制定的战略失败。一个成功的战略取决于成功的实施。不同的组织,尽管其性质、任务、管理模式以及战略的实施方式不同,但它都要涉及大量的工作安排,人力、资金和时间等资源的分配,组织的每一个成员都要参与到战略的实施过程中。因此,组织的战略实施应注意以下几个方面:

(1) 制定实施计划和方案

为了确保组织的战略得到有效和顺利实施,需要制定相应的实施计划和方案。这是组织战略实施过程中在某一阶段或某一部分的具体体现和具体要求。战略也只有通过制定实施计划和方案才能得到具体实施和落实。

(2) 分配资源

组织战略的实施需要涉及包括人力、物力、财力、时间、信息等全部资源的规划和分配。组织战略也唯有从资源分配上得到体现,特别是人力资源的分配,才能使战略的实施得到有效的落实。同时资源的分配状况也反映出了组织战略的重点。

(3) 组织设计

组织设计是保证战略得以实施的重要环节,涉及组织的职位职责、任务设计、组织结构、集权与分权等。组织具体采用哪种性质和形式的组织结构,将主要取决于组织任务的性质、战略的内容以及组织成员的特点等。

(4) 领导

组织高层管理者的领导能力也是战略成功实施的重要组成部分。如何引导、激励中层和基层管理者有效执行组织的特定战略,以及引导和鼓励组织成员做出符合战略实施的行为,已成为组织战略得以顺利实施的重要环节。

(5) 战略控制

在战略实施的过程中,由于组织成员能力的限制、信息的制约、认识的有限等影响,将会出现行为上的偏差,同时由于环境的发展变化,将造成制定的战略与实际的实施情况出现某种程度上的不相符。因此,一个完整的战略管理过程必须要有战略控制,必须要对战略实施的有效性进行监控。

3. 战略评估

战略管理的最后一步是战略评估,其目的是要检验和评价组织战略的正确性、有效性,这是战略管理过程中一个非常重要的环节。战略评价的标准主要有:

(1) 一致性。组织的战略方案中不能出现不一致的目标和政策,避免组织内部的冲突。

(2) 适用性。这是用来评估所提出的战略与组织情况的适应程度,评估战略对外部环境和内部条件的关键变化能否做出适当的反应,以及它如何建立和保持组织的竞争地位。

(3) 可行性。对战略可行性的评估就是分析是否成功地实施该战略。一个好的战略既不能过度消耗组织现有的可利用资源,也不能造成无法解决的派生问题。

(三) 战略管理工具

当组织的公司战略包含多种业务时,管理者可以运用组合分析法进行公司战略分析。组合分析法是很多组织制定公司战略时常用的工具之一。在组合分析中,高层管理者将组织所有的业务视为一系列投资,期望获得更大的利润回报。组合分析方法主要有 BCG 发展矩阵、行业吸引力矩阵。矩阵反映的是重要变量之间的关系,战略矩阵就是帮助企业权衡关系、实施战略组合的方法。

1. BCG 发展矩阵

BCG 发展矩阵是由美国波士顿咨询公司(Boston Consultant Group)在 1970 年首先提出的一种规划企业产品组合的方法,一般也称"市场增长率——相对市场份额矩阵",是组织最普遍采用的一种业务组织分析法,如图 5-5 所示。BCG 发展矩阵将公司的业务标示在 2×2 矩阵中,按每种产品的销售增长率和相对市场份额将公司的产品分为四种类型,根据它们在矩阵中的位置以确定哪项业务可以提供较高的潜在收益,而哪项业务又在消耗公司的资源,从而帮助管理者确立组织资源分配决策的优先目标。

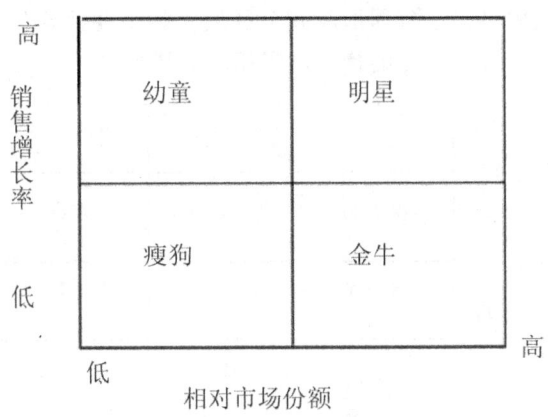

图 5-5　BCG 发展矩阵图

在该矩阵中,横坐标代表相对市场份额,从低到高;纵坐标代表销售增长率,也是从低到高。纵横轴中间形成四个象限,企业所有经营业务都可列入任一象限中,每个象限代表不同的业务的相对市场地位。

(1)瘦狗型业务。此类业务的市场份额和业务增长率都较低。其特点是利润率低、只能给企业带来很少的现金和利润,甚至无法带来收益,处于保本或亏损状态。对于此类业务应采取放弃的战略。

(2)幼童型业务。此类业务处于有吸引力的市场中,市场前景好、机会大,但目前所占市场份额较小。其特点是利润率较低,所需资金不足。对于此类业务应采取选择性投资战略;经改进可能向明星型转变的业务应进行必要的投资;判断不能转化明星型的业务,应及时放弃。

(3)明星型业务。此类业务市场份额和业务增长率都较高,处于快速增长的市场中,并占有主导的市场份额,更多的资源投入能带来更多的现金流。对于此类业务应采取发展战略,加大资金投入,扩大经济规模,抓住市场机会。

(4)金牛型业务。此类业务市场份额较高,而业务增长率较低,可以为企业带来大量的利润,但增长的潜力有限。其业务增长率低,只需较少的资金投入,因而可以满足企业回收资金、支持其他业务的需要。对于此类业务可采取收获战略或维持战略。

2. 行业吸引力矩阵

通用电气公司(GE)在20世纪70年代开发了行业吸引力矩阵(简称GE矩阵)。与BCG发展矩阵相比较,该方法认为,在对组织的业务组合进行分析评估时,除市场增长率和相对市场占有率外,还需要考虑更多的影响因素。这些因素可分为两大类:一是行业吸引力,行业吸引力取决于外部环境因素,是与各业务有关的不可控的外部因素,包括市场容量、市场增长率、行业竞争结构、行业盈利能力等因素。二是企业业务实力,企业的实力取决于内部的各项可控因素,包括相对市场占有率、品牌知名度、生产和营销能力、研究与开发力量、质量与管理素质等。由于该矩阵使用多个因素,可以通过增减某些因素使矩阵更适应高层管理者的具体意向或某产业特殊性的要求。

两大类因素指标又可各自分三级,如图5-6所示。行业吸引力分为弱、中、强三档;企业的业务实力分为强、中、弱三档,即形成九个区域。将企业经营的各种业务定位在各个区域内,就可根据业务所处区域内的特点制定相应的战略。

图5-6 行业吸引力矩阵图

本章小结

1. 目标是组织根据宗旨而提出的在未来一段时间内通过努力争取达到的理想状态或期望获得的成果,它代表着一个组织的方向和未来,包括组织的目的、任务、具体的目标项目和指标及目标的时限。目标的特点主要有层次性、多样性、系统性和时间性。确立组织目标是计划工作的首要内容,组织工作只有围绕目标展开才能取得预想的成果。确定目标应遵循的基本原则有:(1)以满足社会需求为前提;(2)与各种主客观条件相适应;(3)保证组织的经济效益;(4)确定先进合理的目标;(5)形成协调一致的目标体系。目标制定过程一般包括以下几个步骤:(1)内外环境条件分析;(2)确定总目标;(3)目标的分解和协调。目标的作用主要有方向作用、激励作用、凝聚作用、考核作用四个方面。明确的目标为组织管理指明了方向,为激发组织活动提供了动力,能很好地起到凝聚成员力量的作用,为组织与成员的考核提供了主要依据。

2. 目标和管理之间存在着密不可分的关系。目标管理的基本思想可以概括为强调以目标为中心的系统管理,以人为中心的主动式管理,强调以目标指引行动,强调组织成员的参与和自我控制。目标管理的基本过程主要包括以下四个步骤:制定总目标、目标分解、目标实施与检查、目标成果评价。目标管理的优点是:有利于明确组织的各级管理人员及成员的工作任务,有利于激励广大管理人员和员工不断进取,有利促进组织中上下级之间的沟通和交流,有利于提高组织管理的效率。目标管理的缺点是,目标难以制定,目标管理的假设条件缺乏普遍意义,缺乏组织最高管理者的支持,缺乏灵活性。

3. 战略是为了实现预定的目标,对组织全局的、长远的重大问题进行的谋划。组织战略主要具有全局性、长远性、风险性、社会性等特点。战略按经营层次大体可分为公司层战略、事业层战略和职能层战略三个层次。每个层次又可进一步划分为不同的战略类型。

4. 战略管理是指组织管理者根据组织外部环境和内部条件有效地谋划、实施和控制战略,使组织能充分利用自身的优势、抓住机会、避开风险,实现组织目标的一个动态管理过程。战略管理过程主要包括战略的制定、实施和控制、评估等阶段。组合分析法是很多组织制定公司战略时常用的工具之一,主要包括 BCG 发展矩阵和行业吸引力矩阵。

练习与思考

一、选择题

1. 实施目标管理的主要缺点是（　　）。
   A. 不利于有效地实施管理　　　B. 不利于调动积极性
   C. 难以有效地控制　　　　　　D. 目标制定及量化存在困难

2. 一家酒类公司划分为白酒部和葡萄酒部,分别面向不同的市场,制定不同的战略。白酒部和葡萄酒部战略组各自制定适合自身的战略属于（　　）。
   A. 公司层战略　　　　　　　　B. 事业层战略
   C. 职能层战略　　　　　　　　D. 营销战略

3. 某品牌手机因在手机上增加了导航功能而大受欢迎,这属于（　　）。
   A. 市场渗透战略　　　　　　　B. 差异化战略
   C. 目标聚集战略　　　　　　　D. 成本领先战略

4. 企业战略管理的内容包括从阐明企业战略的任务、目标、方针到战略实施的全过程,一般由（　　）等所组成。
   A. 战略目标、战略方针和战略实施　B. 战略制定、战略实施和控制、战略评估
   C. 战略制定、战略实施和战略控制　D. 战略目标、战略实施、战略评价及控制

5. 某电冰箱生产企业经市场调研发现,各竞争企业的产品在质量上出现同质化趋势,竞争的重点转到价格上。该企业拟调整竞争战略,假如你是该企业总经理,应选择（

)。

  A. 成本领先战略   B. 差异化战略
  C. 集中化战略   D. 防御型战略

 6. 企业通过有效途径降低成本，使企业的全部成本低于竞争对手的成本，从而取竞争优势的一种战略是（　　）。

  A. 成本领先战略   B. 营销战略
  C. 竞争优势战略   D. 差异化战略

 7. H 公司是一家汽车制造公司，公司的零部件主要从供应商 A 公司处采购。近年来，原材料价格上涨，A 公司要求提高零部件的供应价格，由于供应商比较单一，公司不得不同意 A 公司的涨价要求。A 公司的影响力属于波特五种力量模型中所提及的（　　）。

  A. 买方讨价还价能力   B. 替代威胁
  C. 供方讨价还价能力   D. 现有企业间的竞争

 8. 下列各项中，能够提高买方讨价还价能力的有（　　）。

  A. 转换成本低
  B. 该产品是独一无二的
  C. 所购买的产品或服务无替代品
  D. 购买商购买的产品或服务占其成本的比例较高

 9. 甲公司是一家快递公司，按照波特的五种力量模型，下列各项因素中，可能对甲公司获取产业竞争优势产生不利影响的有（　　）。

  A. 进入快递产业需要的资金投入不大
  B. 快递企业数量众多
  C. 现有快递企业对新进入者反应强烈
  D. 甲公司与多家安检设备供应商关系良好

 10. 实施目标管理应包括（　　）等阶段。（多选题）

  A. 目标的制定阶段   B. 目标实施与检查阶段
  C. 目标明确阶段   D. 目标成果评价阶段
  E. 目标变更阶段

二、问答题

 1. 什么是目标，它包括哪些内容？
 2. 简述组织目标的制定过程。
 3. 目标有哪些作用？
 4. 简述目标管理的过程。
 5. 目标管理有哪些优缺点？
 6. 什么是战略和战略管理？
 7. 战略主要包括哪些类型？

8. 论述战略管理过程的主要内容。
9. 简述常见的战略管理工具。

三、讨论及思考题

1. 目标管理在我国企业和非盈利组织是否适用？为什么？
2. 试用波特的五种力量模型分析某一行业的竞争结构。

四、案例练习

耐克不造一双鞋

耐克作为知名度最高的全球运动品牌，2009年销售额191亿美元，跻身《财富》500强行列，超过了原来同行业的领袖品牌阿迪达斯和锐步，并被誉为近20年来成功的消费品公司之一。

耐克是一个不折不扣的中间商品牌，从来就没有一间属于自己的工厂。如此大的销售额，全部是在全球寻找条件最好的生产商贴牌生产，以前主要是日本和东南亚，现在主要是中国拿到耐克的订单。耐克选择生产商的标准有成本低、交货及时、品质有保证等，为了掌握合作的主动权，耐克与生产商的签约期限都不长，这一点正好形成了耐克的竞争优势，巧妙规避了制造业的风险，可以专心于消费者研究以及新产品开发，大大缩短了产品的生命周期，可以快速推出新款式。

为了方便表达与沟通，需要一个视觉标识，它可以是象征性的符号，也可以是象征性的颜色，但绝对不能模糊，这就是超级品牌的特征。Nike是希腊最崇高的胜利女神，据说宙斯将她送到人间来，目的就是为胜利者加冕。Nike有一对能飞的翅膀，充满活力，从天上下凡为胜利者吟唱胜利之歌。而超越自我、赢得胜利是每个运动员内心的渴望，是耐克品牌核心理念的最好诠释。从20世纪80年代到90年代，200名NBA球员、275位美式职业橄榄球员和290名职业棒球球员全部穿耐克鞋。18—25岁的美国男孩中，有77%认为耐克是最理想的运动鞋，可见耐克营销策略的威力。

耐克对产品创新不遗余力，公司组成了由足科医生、教练、运动员、矫正专家等人组成的用户调查顾问委员会，定期讨论设计、材料、原理等问题，根据人体工程学理论设计鞋样和结构。为了得到产品最终的检测反馈信息，耐克多年坚持开设专门的零售商店，不断征求顾客意见，介绍最新产品，及时了解市场行情变化，以便进一步研究和开发。

在耐克所有的广告里，淡化产品、突出精神成为一贯的风格。耐克凝聚了员工的事业梦想，更像一个拥有共同梦想的大家庭，在共同奋斗的过程中不断加深友谊。任何一个企业员工都是品牌精神传递的一个载体，任何一个企业行为都是品牌精神与理念的一种直接表达。耐克品牌的意义超越了一双运动鞋，成为让每个人紧紧联系在一起的精神追求，因此得到了万千顾客心灵的回应和共鸣。

耐克利用青少年崇拜的偶像如迈克尔·乔丹等进行传播，还利用电子游戏设计耐克的专用游戏。每当新款式推出之后,就请乐队来进行演奏,传播一种变革思想和品质。耐克的传播策略使其品牌知名度迅速提升,建立其受人们高度认同的品牌资产价值。

分析与思考:

分析耐克公司是通过什么战略获得竞争优势的。

第六章 组织

【要点提示】

掌握组织的概念、构成要素；
掌握组织结构设计的内容、影响因素；
理解组织结构设计的原则；
概述组织结构的类型、优缺点和适用范围；
理解职权、授权、集权与分权的含义；
理解组织文化的内涵及功能；
掌握组织变革的过程。

企业、政府和学校等都是组织，其管理活动的开展离不开人员的分工与合作，即以组织工作为前提，同时组织工作也决定着管理活动能否有效和顺利完成。

第一节 组织概述

组织是人类社会最常见、最普遍的现象，人类要生存、发展，就始终不能离开彼此间的相互协作。这说明，组织既是管理的对象，又是管理的职能。

一、组织的概念

关于"组织"，它有两种词性。一种是名词，一种是动词。作为名词的组织，是指两个或两个以上的人为实现共同的目标组合而成的有机整体。这是因为，社会发展使人们的需求日趋复杂化、多样化，要不断满足这种需求，单靠个人的努力是无法实现的，因此不得不依靠众多人的共同努力，这就导致了组织的形成。但将自然形成的组织上升到管理学的范畴，那就是以目标为导向的、经过精心构建的社会团体。这实际上是管理者在组织中开展组织工作的一种结果。对于任何一个组织来说，人们为实现组织目标而进行的共同劳动，都是建立在分工与协作的基础之上的。分工与协作促成了组织内部层次结构、部门结构和权责关系结构的形成。

作为动词的组织，是指管理的一项基本职能，即根据组织目标和计划的需要设置部门、岗位，为每个岗位配备人员，明确各部门和岗位的职责、职权和相互之间的关系。或者说,组织就是配置组织资源以实现战略目标。资源的配置通过组织不同部门和工种的具体劳动分工、正式的权力线、协调不同组织工作的机制等方面反映出来。

二、组织的构成要素

社会组织是由多种要素构成的,一般包括目标、规范、成员、权威和物质设备等五个方面。

(一)目标

一个社会组织的活动是有目标的,无论其成员各自的目标有何不同,但组织一定有一个统一的目标。目标代表着一个组织的发展方向和存在理由。没有目标的组织是不存在的,失去目标的组织也会解体。

从本质上说,组织的目标是由社会分工的要求所决定的。因此,不同类型的社会组织具有不同的目标,而且对于同一个组织,目标也有长期目标与中短期目标的区别。一般来讲,长期目标比较概括、抽象,是一种理想的目标;而中短期目标则比较详细、具体,是关于实现行动步骤的安排。

(二)规范

规范是人们在各种情况与关系中如何行动的准则,是社会互动的基础。无论在初级群体还是社会组织中,其成员的活动都要按一定的规范进行,但与初级群体中的规范相比,社会组织中的规范则更细致明确,往往是用书面的形式固定下来,要求成员严格执行。这是因为,组织内部实行高度的分工与协作,组织成员往往不能面对面地直接互动,要使他们之间的活动能够互相配合,有效地完成组织目标,就必须以严格的组织规范作保证,否则,组织就无法正常运转。

(三)成员

组织成员有正式的身份,被组织认可,加入和离开都要经由一定的程序。成员的活动是社会组织存在的主要条件,没有成员,就没有组织。

(四)权威

权威是维持组织运行的必要手段。组织系统是一个管理系统,它需要有一个权威分层体系,以指挥、协调和管理组织内部的活动。权威分层体系既包括领导与被领导的关系,也包括权威的内部分工。从领导与被领导的关系来看,一般分三个层次,即决策层、管理层和执行层。从权威的分工来看,则是分工负责,互相配合。

(五)物质设备

没有必要的物质设备,一个组织的存在与发展都是不可能的。如一所学校要有校舍和教学设备、一个工厂要有厂房和机器、一所医院要有病房和医疗器械,一个军队要有一定数量的武器装备等。

三、组织的类型

组织按不同标准分类就有不同的类型,通常情况,组织可按照如下标准进行分类。

(一) 按组织的性质进行分类

1. 经济组织

这是人类社会最基本、最普遍的社会组织,它担负着提供人们衣食住行等物质生活资料的任务,履行着社会的经济职能,包括生产组织、商业组织、交通运输组织及金融组织等。

2. 政治组织

政治组织出现于人类社会划分阶级之后,它包括政党组织和同家政权组织,是国家管理社会的重要机器。

3. 文化组织

文化组织是以满足人们各种文化需求为目标,以文化活动为基本内容的社会团体,如学校、图书馆、科学研究机构、艺术团体等。

4. 群众组织

这类组织是社会各阶层、各领域的人民群众形成的社会团体,如工会、共青团、科学技术协会等。

5. 宗教组织

宗教组织是以某种宗教信仰为宗旨而形成的组织,代表宗教界的合法利益,组织正常的宗教活动。

(二) 按组织的形成方式分类

1. 正式组织

正式组织是指在组织设计中,为了实现组织的总目标而成立的功能结构,这种功能结构或部门是组织的组成部分并有明确的职能。例如,企业中的销售部门、生产部门、财务部门等都是正式组织。组织设计的主要任务就是规划设计正式组织,确定这些部门的功能及其相互关系。正式组织的基本特征是设立的程序化、解散的程序化、运作的程序化。

2. 非正式组织

非正式组织是指在组织中的成员由于地理位置关系、兴趣爱好关系、工作关系、亲朋好友关系等而自然形成的群体,这种群体不是经过程序化而成立的。例如,企业中的业余足球队、业余合唱团等都是非正式组织。非正式组织的作用具有两面性,是现实中不可忽视的群体,它的优点是参加非正式组织的个人有表达思想的机会,能提高士气,可以促进人员的稳定,有利于沟通,有利于提高人员的自信心,能减少紧张感,如果利用得好,它可以为组织目标的实现发挥重要作用。但是,当组织中非正式组织的目标与组织的总目标不一致或冲突时,非正式组织又会成为组织目标实现的障碍,可能会出现集体抵制上级的政策或目标的情况。

（三）按是否以营利为目的分类

1. 营利性组织

营利性组织是以获取利润为目的的组织，如果营利性组织不能获取利润，自身就很难运转，进而将会被其他竞争对手挤出市场，最后导致破产。

2. 非营利性组织

非营利性组织与营利性组织相对应，它们的主要宗旨是向成员提供服务，而不以营利为目的。宗教组织、社会福利组织、部分医疗和教育组织等都属于非营利性组织。

四、组织的作用

由于人类受到生理的、心理的和社会的种种限制，为了达到某种目的就必须进行合作，而合作之所以能有更高的效率、能更有效地实现某种目标，在多数情况下就是因为组织职能执行得当的缘故。

不难发现，在每项管理业务中，都要做大量的组织工作，组织工作的优劣在很大程度上决定着这些管理活动的成败。例如，实际生活中，既有"三个臭皮匠，顶个诸葛亮"的现象，也有"三个和尚没水吃"的状况。因此，组织是管理活动的根本职能，是其他一切管理活动的保证和依托。

组织的基本作用可以概括为以下三个方面。

（一）人力汇集作用

单个的人对于整个组织而言，力量是渺小的，只有把人们联合起来，互相协作，共同从事某项活动，才能把每个人的力量汇集起来。组织工作就是通过各种形式把个人力量汇集成一个整体，把分散的个人汇集成集体，借助集体的力量人们才能在复杂的环境之中实现个人的价值，集体也才能有效地发挥个人的力量实现集体的目标。

（二）人力放大作用

当个体汇集成集体之后，个体的能力和集体的能力就会发生变化。集体的能力有可能等于组成集体的个体能力的简单相加，也可能大于或小于个体能力之和。组织职能的作用就在于使集体的能力大于组成集体的各个个体能力之和，即使"整体大于部分之和"，用简单的数学公式表示就是"$1+1>2$"，这既是对个体能力的超越，也是对集体能力的超越。

（三）组织的纽带和桥梁作用

组织是实施有效领导的前提，是管理者与员工之间的信息交流和情感交流的前提。信息交流可使每个员工明确个人的权利和责任。一方面借助于组织内部的合理分工，可以形成组织成员间的一个正式的信息联系渠道。另一方面，一个人从生到死，需要有归属感，需要社会交往，需要得到自尊和自信。在这方面，组织具有满足其成员心理需要的功能，能增进员工之间的友情。因此，组织对于员工来说，具有纽带作用、桥梁作用。

（四）组织的资源整合作用

在组织中除人力资源以外，还汇集了其他多种资源。组织通过精心的结构设计和合理的分工协作,将使各种资源得到有效的整合,从而最大限度地发挥效益。因此,有管理学家这样评论,高水平的组织发挥出的功能就如同原子核裂变一样,可以放射出像蘑菇云一样巨大的能量。这就充分说明了组织的重要作用。

第二节 组织结构设计

组织结构设计,是指建立或改造一个组织结构的过程,是把任务、权力和责任进行有效的组合和协调的活动。通过组织结构设计,为组织中的全体人员指派工作职责并协调其工作,以期在达成组织经营目标的过程中获得最佳的工作绩效。

一、组织结构的含义

(一) 组织结构的定义

组织结构是组织内的全体成员为实现组织目标,在管理工作中进行分工协作,通过职务、职责、职权及其相互关系构成的结构体系。组织结构的本质是组织成员间的分工协作关系。组织结构的内涵就是人们的职、责、权关系,因此,组织结构又可称为权责关系,也就是分工协作关系。

(二) 组织结构的内容

组织结构具体包括以下内容。

1. 横向结构

包括职能结构和部门结构。职能结构说的是组织有多少项业务以及各业务之间的关系;而部门结构说的是组织有多少个部门以及各部门之间的关系。

一个企业可能有很多项业务,因此可能有很多个部门,有时一个部门承担一项业务,也可能承担多项业务。因此,业务的数量和部门的数量不一定是相等的。

如一个企业有采购、销售、生产、技术、后勤等不同的业务,为此,企业设置了生产部(负责生产业务)、技术部(负责技术业务)、经销部(负责采购和销售业务)、财务部(承担财务管理职能)、人事部(承担人事管理职能)、后勤部(负责后勤业务)等业务和职能部门,它们都是为实现企业的总体目标服务,但各部门的权责关系却不同。

部门划分除了上面说的按职能划分,还有以下划分方法:按人数划分,如新兵连分班;按地区划分,如广州销售部;按产品或服务划分,如童装厂、美发部;按服务对象划分,如大客户部、研究生院;按设备划分,如骑兵连、心电图室。

2. 纵向结构

包括层次结构和职权结构。层次结构是指管理层次的构成,职权结构是指各层次、各部门在权力和责任方面的分工及相互关系。

例如,公司制企业的管理机构通常分为股东会—董事会—监事会—经理层(总经理—

各职能部门—基层部门),这样就形成了一个自上而下的纵向组织结构层次。其中,各自的职权又不同,股东会为最高权力机构,董事会为决策机构,监事会为监督机构,以总经理为首的经理层则负责执行与指挥,这样就形成了公司的职权结构。

二、影响组织结构设计的因素

面对日趋激烈的外部竞争环境及不确定的市场需求变化,组织设计需要引入权变思想,用系统、动态的观点来思考和设计组织,要求把组织看成一个与外部环境有密切联系的开放式组织系统。因此,组织结构设计必须考虑组织环境、组织规模、组织战略、技术等一系列因素。

(一)组织环境

组织面临的环境特点,对组织结构中职权的划分和组织结构的稳定有较大的影响。如果组织面临的环境复杂多变,有较大的不确定性,就要求在划分权力时给中下层管理人员较多的经营决策权和随机处理权,以增强组织对环境变动的适应能力。如果组织面临的环境是稳定的、可把握的,对生产经营的影响不太显著,则可以把管理权较多地集中在组织领导手里,设计比较稳定的组织结构,实行程序化、规模化管理。

(二)组织规模

组织的规模对组织结构有明显的影响。组织学家彼得·布劳认为,组织规模的扩大,促进了组织结构差异化程度的增加,但是,在组织初创时期,组织规模对其结构的影响要大于当组织规模达到一定程度后再扩大时对组织结构的影响程度。英国学者研究表明,组织规模越大,工作专业化程度越高,水平的部门和垂直的管理层也越多;组织规模越大,其标准化程度和规章制度的健全程度就越高,其分权化程度也越大。

一般而言,组织规模小,管理工作量小,为管理服务的组织结构也相应简单;组织规模大,管理工作量大,需要设置的管理机构多,各机构间的关系也相对复杂。可以说,组织结构的复杂性是随着组织规模的扩大而相应增加的。

(三)组织战略

组织结构是实现组织目标的保证手段,所以组织结构必须服从所选择的战略需要。如果组织的战略做出了重大调整,就应修改或调整原有的组织结构,以适应新的战略需要。

美国学者迈尔斯和斯诺对组织结构与战略关系进行了深入的研究,他们把组织战略分为四种类型,其中前三种战略与结构的类型如表6-1所示。

表6-1 迈尔斯和斯诺的战略与结构类型

战略类型	战略目标	面临环境	组织结构特征
防守型战略	稳定性	稳定的	高度的劳动分工,高度的规范化、集权化,严密的控制系统

续表

战略类型	战略目标	面临环境	组织结构特征
分析型战略	稳定和灵活性	变化的	适度的集权控制,对一部分实行劳动分工,规范化程度高,对一部分实行分权制和低规范化
进攻型战略	灵活性	动荡的	低劳动分工,低规范化,部门化,松散型结构,分权化

(四)技术

技术是指组织将输入转化为输出的知识、工具、技能和活动。技术不仅影响组织活动的效果和效率,而且影响组织结构的设定。通常,组织所采用的技术方法与水平不同,组织结构的形式也会不同,或集权式,或分权式等。

总之,组织结构设计必须认真研究上述四个方面的影响因素,并与之保持相互衔接和相互协调,究竟应主要考虑哪个因素,应根据组织的具体情况而定。一个较大的企业,其整体性的结构模式和局部性的结构模式可以是不同的。例如,在整体上是事业部制的结构,在某个事业部内则可以采用职能制的结构。因此,不应该把不同的结构模式截然对立起来。

三、组织结构设计的原则

组织结构设计,是指对一个组织的组织机构进行规划、构造、创新或再造,以便从组织的结构上确保组织目标的有效实现,也就是说,管理人员在设立或变革一个组织的结构时,他们就是在进行组织结构设计的工作。为了能设计出适合组织实际的高效的组织结构,应遵循一些基本的原则,这些原则也是组织工作必须遵循的原则。

(一)目标可行原则

也就是说,组织结构的设计,必须有助于组织目标的实现。

从根本上讲,组织结构是一种实现目标的工具,所以必须先于组织结构的开发而系统地提出一套目标。规定各项目标,会使组织机构有一种明确的方向感,以便指导工作的实施和促进全面管理的开展。如果没有明确的目标,不仅会使组织机构的工作盲目无序,而且也将丧失组织机构存在的理由。

(二)因事设职与因职用人相结合的原则

组织设计的根本目的是保证组织目标的实现,是使目标活动的每项内容都落实到具体的岗位和部门,即"事事有人做",而非"人人有事做"。因此,在组织设计中,要求首先考虑工作的特点和需要,要求因事设职,因职用人,而非相反。但这并不意味着在组织设计中可以忽视人的因素,忽视人的特点和人的能力,而是做到"人"与"事"的有机结合。

(三)专业分工和协作的原则

现代企业的管理,工作量大,专业性强,分别设置不同的专业部门,有利于提高管理工作的质量与效率。在合理分工的基础上,各专业部门只有加强协作与配合,才能保证各项专业管理的顺利开展,达到组织的整体目标。贯彻这一原则,在组织设计中要十分重视横向协调问题。主要的措施有：

（1）实行系统管理，把职能性质相近或工作关系密切的部门归类，成立各个管理子系统，分别由各副总经理、副厂长等负责管辖。

（2）设立一些必要的委员会并通过召开会议来实现协调。

（3）创造协调的环境，增强管理人员的全局观念。

（四）统一指挥原则

除了位于组织金字塔顶部的最高行政指挥外，组织中的所有其他成员在工作中都会收到来自上级行政部门或负责人的命令，根据上级的指令开始或结束、进行或调整、修正或废止自己的工作。但是，一个下属如果同时接受两个上司的指导，而这些上司的指示并不总是保持一致的话，那么他的工作就会产生混乱。如果两位上司的命令相互矛盾，下属便会感到无所适从，这时，下属无论依照谁的指令行事，都有可能受到另一位上司的指责。当然，如果下属足够聪明，且有足够的胆略的话，他还可利用一位上司的命令去影响另一位上司的指示，不采取任何执行行动，这显然也会给整个组织带来危害，这种现象是组织设计中应注意避免的。组织工作中不允许存在的"多头领导"现象，与之相对立的"统一指挥"或"命令统一"的原则指的是组织中的任何成员只能接受一个上司的领导。

（五）权责对等原则

在管理组织中，每个部门和职务都必须完成规定的工作，而为了从事一定的活动，都需要利用一定的人、财、物等资源。为了保证"事事有人做"，"事事都能正确地做好"，不仅要明确各个部门的任务和责任，而且在组织设计中，还要规定相应的取得和利用人力、物力、财力以及信息等工作条件的权力。从各级管理机构到各级管理人员，都应该具有责任和权限，并使二者最佳结合从而形成约束力量。责任是核心，组织中各个部门、每个管理人员都应对自己所从事的业务活动、所做出的决策以及对组织目标，对本单位的利益负责。权限是前提，有多大的责任，就应该有多大的权限，权责必须对等。

有效的管理组织中必须责权相互制衡。有责无权，责任就难以落实；责任大于权限，则大部分责任就会难以实现；有权无责，就会滥用职权；权限大于责任，则多余的权限就会节外生枝。因此，必须实现责权的对等和统一。

（六）精简高效原则

组织机构必须坚持精简高效原则。要精简一切可有可无的机构，剔除多余的或不能胜任工作的人员，以精简的机构、精简的人员，进行低成本、高效率的运转。

机构臃肿，层次重叠，人浮于事，冗员众多是现代组织常见的毛病。这必然造成相互推诿、相互扯皮、不讲实际、脱离群众、高高在上，从而大大降低了组织的效率。坚持精简高效原则，就是要对组织机构能取消的取消，能合并的合并，能代替的代替，通过职能转变以及人员精简来提高组织效率。

（七）有效管理幅度与管理层次原则

管理幅度也称管理跨度、管理宽度，指一名领导者直接领导的下属人员的数目。管理层次指组织中职位等级的数目。由于受个人精力、知识、经验条件的限制，一名领导人能够有效领导的直属下级人数是有一定限度的。有效管理幅度不是一个固定值，它受职务的性质、人员的素质、职能机构健全与否等条件的影响。这一原则要求在进行组织设计时,领导人的管理幅度应控制在一定水平,以保证管理工作的有效性。由于管理幅度的大小同管理层次的多少呈反比例关系,这一原则要求在确定企业的管理层次时,必须考虑到有效管理幅度的制约。因此,有效管理幅度也是决定企业管理层次的一个基本因素。

如果管理幅度过大,超出领导者的能力,就会造成组织管理的混乱;而管理幅度过小,则会造成管理费用高、资源浪费。因而需要确定一个适宜的管理幅度。一般来讲,主管人员的能力强、精力充沛,下属能力强、素质较高的,管理幅度可大些,反之应小些。组织中较高层次的管理人员,需要处理的重要事物较多,可以比较低层次的管理人员有较小的管理幅度。

(八) 集权与分权相结合的原则

进行组织设计时,既要有必要的权力集中,又要有必要的权力分散,两者不可偏废。集权是大生产的客观要求,它有利于保证企业的统一领导和指挥,有利于人力、物力、财力的合理分配和使用。而分权是调动下级积极性、主动性的必要组织条件。合理分权有利于基层根据实际情况迅速而正确地做出决策,也有利于上层领导摆脱日常事务,集中精力抓重大问题。因此,集权与分权是相辅相成的,是矛盾的统一。没有绝对的集权,也没有绝对的分权。企业在确定内部上下级管理权力分工时,主要应考虑的因素有:企业规模的大小、企业生产技术特点、各项专业工作的性质、各单位的管理水平和人员素质的要求等。

四、组织结构设计的基本程序

由于各个组织所处的环境、采用的技术、制定的战略、发展的规模不同,所需的职务和部门及其相互关系也不同,所以组织结构设计是一个复杂的系统工程,但任何组织在进行机构和结构的设计时既然都需遵守一些共同的原则,那么也就有一些共同的基本程序,如图6-1所示。

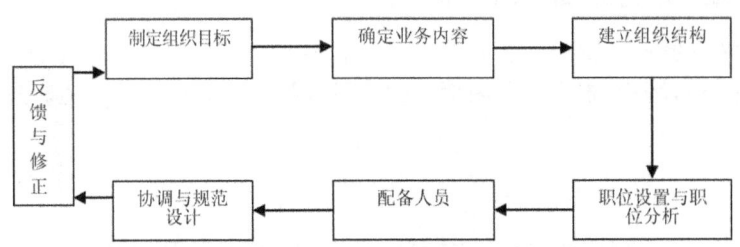

图6-1 组织结构设计基本程序示意图

(一) 制定组织目标

组织目标是进行组织设计的基本出发点。任何组织都是实现其特定目标的工具,如果没有目标,组织就失去了存在的意义。因此,组织设计首要的是在系统分析组织外部环境和内部条件的基础上,提出科学合理的总目标及子目标。

(二) 确定业务内容

也就是分解组织目标，即依据组织目标的要求，确定为完成组织目标所必须进行的业务管理工作的内容，并按其性质进行部门划分。明确各类活动的范围界限和大概工作量，进行业务活动的总体设计，使总体业务活动程序优化。

(三) 建立组织结构

依据组织规模、内外环境、技术特点、业务量的大小，借鉴同类其他组织设计的经验教训，研究应采取什么样的管理组织形式，需要设计哪些单位和部门，并把性质相同或相近的管理业务工作划归适当的单位和部门负责，建立层次化、部门化的组织结构。

(四) 进行职位设置与职位分析

根据工作性质和工作量的大小设置相应的职位，然后依据组织目标的要求，进行职位分析，以规定各单位、各部门及其责任者对其管理业务工作应负的责任以及考核工作绩效的标准；依据搞好业务工作的实际需要，赋予各单位、各部门及其责任者的相应权力；建立各种管理规范和运行制度。

(五) 配备人员

依据各单位和各部门所分管的业务工作的性质和工作对人员素质的要求，挑选和配备称职的人员及其行政负责人，并明确其职务和职称。

(六) 协调与规范设计

即通过明确规定各单位、各部门之间的相互关系，以及它们之间信息沟通、协调控制的原则、方法和手段，把各组织单元上下左右有机地组合起来，建立一个能够即时沟通协调、高效运作的管理组织系统。

规范设计就是管理规范的设计。管理规范就是企业的规章制度，它是管理的规范和准则。结构本身设计最后要落实、体现为规章制度。管理规范保证了各个层次、部门和岗位，按照统一的要求和标准进行配合和行动。

(七) 反馈与修正

在组织运行过程中，根据出现的新问题、新情况，对原有组织结构适时进行修正，使其不断完善。

第三节　组织结构的基本类型

设置组织结构需要选择适当的组织结构形式，因不同的组织有不同的特点，不可能用统一的固定模式。但各组织在进行组织结构设计时，可以把已有的组织结构模式作为参考。可以说，组织结构是随着社会的发展不断发展和演进的，到目前为止，常见的一些组织结构的基本类型有直线制、职能制、直线职能制、事业部制、模拟分权制、矩阵制、网络型和集团控股型组织结构等。下面以企业为例介绍这几种基本的组织结构形式。

一、直线制组织结构

直线制组织结构是最早、最简单的一种组织结构形式。它最初产生于手工业作坊,当时老板和工场主都是实行"个人管理",对生产、技术、销售、财务等各项事务都亲自处理。

(一) 特点

组织中各种职务按垂直系统直线排列,各级主管人员对所属下级拥有直接的一切职权,组织中每一个下属只能向一个直接上级报告。直线制组织结构形式如图 6-2 所示。

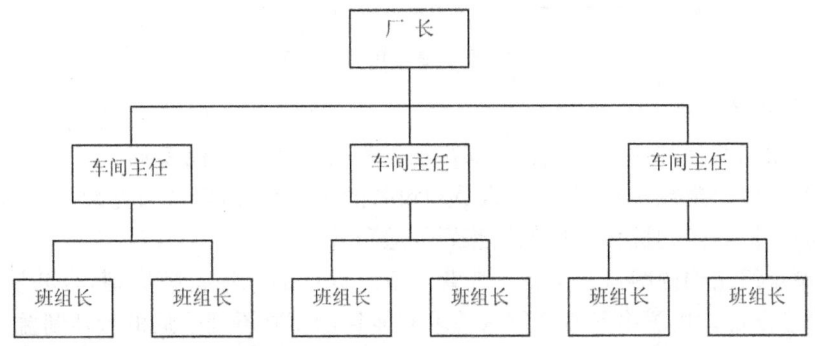

图 6-2 直线制组织结构示意图

(二) 优缺点

直线制组织结构的优点在于结构比较简单,权力集中,责任分明,命令统一,联系简捷。其缺点是缺乏弹性,容易导致专制,不利于组织总体管理水平的提高。另外,由于不设参谋或职能部门,所有的管理职能都集中由一个人承担,这就要求管理者是全能型的,他必须具有与直属下级一切工作有关的知识和经验才能应付工作。在组织规模较大的企业中,运用直线制组织结构,会出现由于个人知识、经验和能力的限制而导致难以胜任的情况,容易导致顾此失彼,造成失误。此外,每个部门基本上关心的只是本部门的工作,因而各部门间的协调比较差。

(三) 适用范围

直线制组织结构形式一般只适用于生产规模较小、产品单一、管理简单、业务性质单纯,没有必要按职能实行专业化管理的小型组织或者是现场的作业管理。

二、职能制组织结构

(一) 特点

职能制组织结构是按照专业分工设置相应的职能部门,实行专业分工管理,各职能部门在自己的业务范围内都有权向下级下达命令和指示,即下级除了要服从上级直接领导和指挥以外,还要受上级各职能部门的管理。职能制组织结构形式如图 6-3 所示。

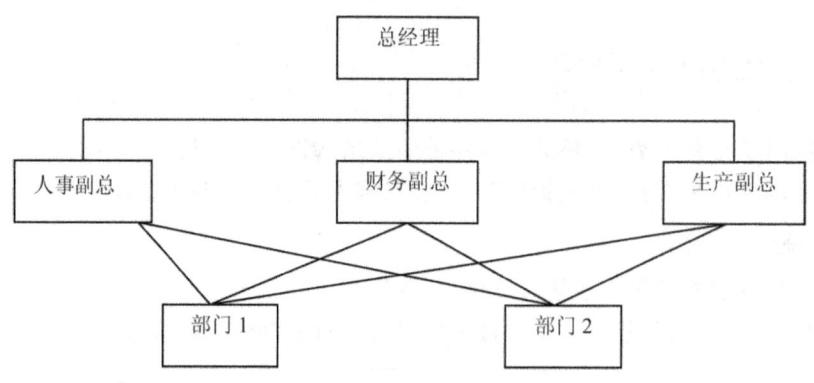

图 6-3 职能制组织结构示意图

（二）优缺点

职能制组织结构的优点在于它可以在很大程度上实现职能专业化。例如，将同类专家归在一起可以产生规模经济，减少人员和设备的重复配置，以及通过给员工们提供与同行们"说同一种语言"的机会而使他们感到舒适和满足。

职能制组织结构的明显缺点在于违背了组织设计的统一指挥原则，容易导致多头领导，造成管理混乱。组织中常常会因为追求职能目标而看不到全局的最佳利益，没有一项职能对最终结果负全部责任，每一职能领域的成员们相互隔离，很少了解其他职能的人干些什么，因为只有高层管理人员能看到全局，所以他们得担当起协调的角色。不同职能间利益和视野的不同会导致职能间不断地发生冲突，各自极力强调自己的重要性。职能制组织结构的另一个缺点是，它不能给未来的高层经理提供训练的机会，职能经理们看到的只是组织的一个狭窄的局部，他们的职能只涉及部分，而对其他职能的接触非常有限。因此，这种结构并不能给管理者带来关于整个组织活动的广阔视野。

（三）适用范围

职能制组织结构形式适用于任务复杂的社会管理组织和生产技术复杂各项管理工作需要具有专门知识的组织。实际生活中没有纯粹的职能制组织结构。

三、直线职能制组织结构

（一）特点

从名称上就可以看出这是一种综合直线制和职能制两种类型组织特点而形成的组织结构形式。其特点在于，直线管理者将一部分直线职权授予参谋部门或参谋人员，使其成为拥有职能职权的职能部门，因而形成直线部门与职能部门共存的组织结构。它把直线指挥的统一化思想和职能分工的专业化思想相结合，在组织中设置纵向的直线指挥系统和横向的职能管理系统。它与直线制的区别就在于设置了职能机构；与职能制的区别在于，职能机构只是作为直线管理者的参谋或助手，它们不具有对下面直接进行指挥的权力。直线职能制组织结构形式如图 6-4 所示。

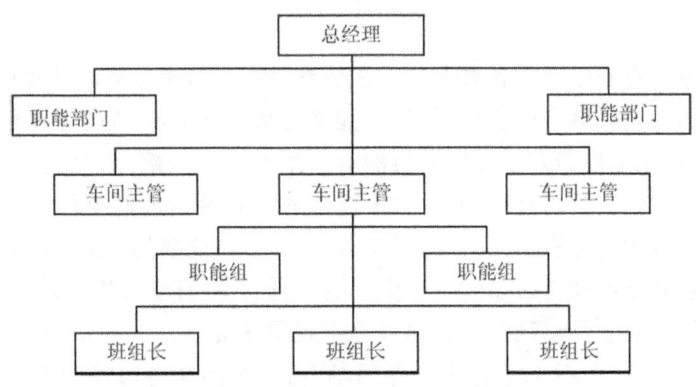

图 6-4　直线职能制组织结构示意图

(二) 优缺点

直线职能制组织形式既保持了直线制集中统一指挥的优点,又具有职能分工专业化的长处。但是,这种类型的组织存在着职能部门之间横向联系较差、信息传递路线较长、适应环境变化差的缺陷。

(三) 适用范围

直线职能制一般在企业规模比较小、产品品种比较单一、工艺比较稳定、市场销售情况比较容易掌握的情况下采用。

四、事业部制组织结构

20 世纪 20 年代,事业部制组织结构由美国通用汽车公司首创。

(一) 特点

事业部是企业的第二级机构,是以产品、地区或客户为依据,由相关的职能部门结合而成的相对独立的单位。其特点在于,每个事业部都有自己的产品和市场,按照"统一政策,分散经营"的原则,实行分权化管理,各事业部独立核算,自负盈亏,彼此之间的经济往来要遵循等价交换原则。事业部制组织结构形式如图 6-5 所示。

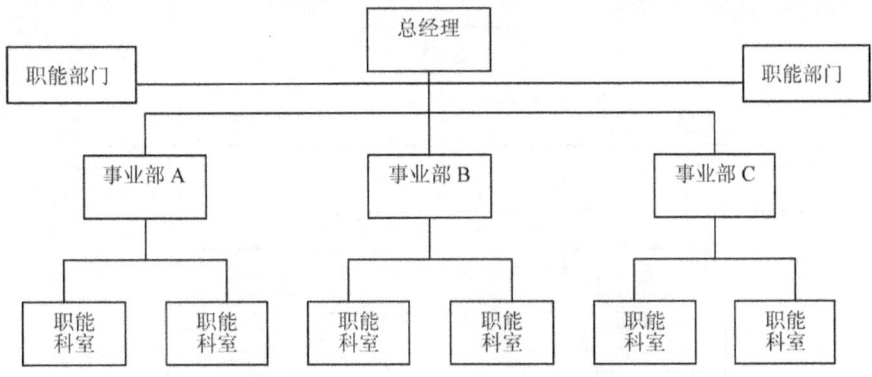

图 6-5　事业部制组织结构示意图

(二)优缺点

事业部制结构有利于发挥各事业部的积极性、主动性,事业部制结构也使总部人员摆脱了关注日常运营具体事务的负担,使他们能专心致志于长远的战略规划。与职能制结构不同,分部形式也是培养高级经理人员的有力手段。各分部经理们在运营其自治单位的过程中也就获得了广泛的经验,而个人责任感和独立性给他们提供了品尝经营一个完整企业的酸甜苦辣的充分机会。所以,一个具有15个事业部的大型组织,也就有15位分部经理在发展着高层经理所必需的多方面才能,他们会拥有全局视野。

事业部制结构的主要缺陷是活动和资源出现重复配置。例如,每一个分部都可能有一个市场营销部门,而在不采用自治分部的场合,组织的所有市场营销活动都集中地进行,其成本远比分部化以后的总花费低得多。因此,事业部制结构的职能重复配置就导致了组织总成本的上升和效率的下降。

(三)适用范围

事业部制主要适用于规模大、产品或服务种类繁多、分支机构分布区域广的现代大型企业。

五、模拟分权制组织结构

(一)含义及特点

随着组织规模的不断扩张,直线职能制组织结构难以适应需求,虽然事业部制有较大适应性,但是许多大企业,如连续生产的企业,由于产品品种或生产过程有限,无法分解成为几个独立的事业部门,在这种情况下,就出现了模拟分权制。模拟分权制组织结构又称模拟分散管理组织结构,是指为了改善经营管理,人为地把企业划分成若干单位,实行模拟独立经营、单独核算的一种管理组织模式。模拟分权制的特点是模拟事业部相对独立经营、独立核算的功能,达到改善经营管理的目的。模拟分权制按生产阶段把企业分成若干个"组织单元",这些"组织单元"拥有较大的自主权,有自己的管理机构,各个"组织单元"之间按内部的"转移价格"进行产品交换及利润计算,进行模拟的独立核算。模拟分权制组织结构形式如图6-6所示。

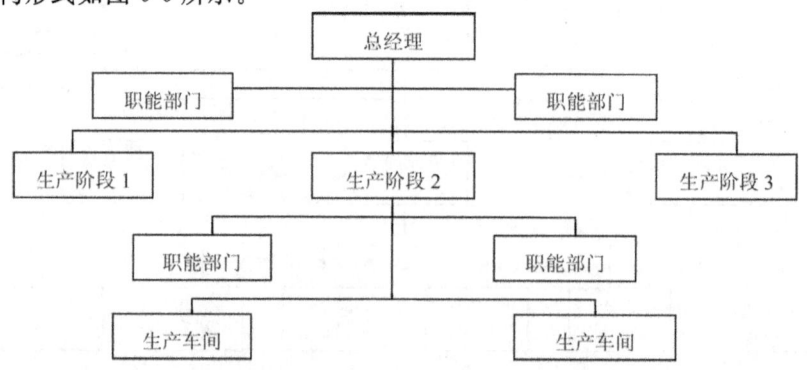

图6-6 模拟分权制组织结构示意图

（二）优缺点

模拟分权制的优点在于它解决了企业规模过大而不易管理的问题。在这种组织形式中，最高层管理人员在可能的范围内把权力分配给各事业部，减少自己的行政工作，集中精力进行战略性问题的研究。

这种组织形式的缺点是，无法使组织中的每一个成员能够明确自身的任务，各部门的领导也不易了解整个组织的全貌，在沟通、决定权分配上存有较大问题。

（三）适用范围

模拟分权制主要适用于不能设置事业部的大型企业，如大型的化工、钢铁、原材料生产等工业企业，也适用于银行、医药、保险等服务行业。

六、矩阵制组织结构

（一）含义及特点

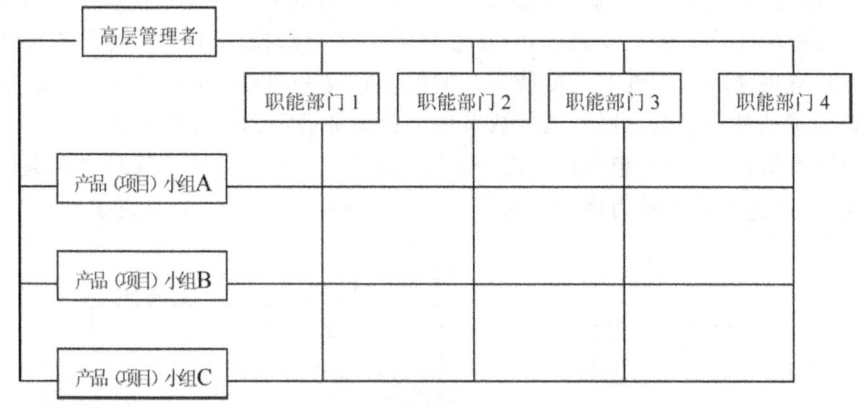

图 6-7　矩阵制组织结构示意图

矩阵制组织结构又叫规划—目标结构，它由纵横两套管理系统叠加在一起组成一个矩阵。矩阵制组织结构创造了双重指挥链，使用职能部门化来获得专业化经济，但在这些职能部门之上，配置了一些对组织中的具体产品、项目和规划负责的经理人员。如图 6-7 所示的矩阵制组织结构图，在图中的上部排列的是技术、财务、人事等职能，在纵坐标上每一项目由一个经理人员领导，他将为其负责的项目从各职能部门中抽调有关人员。这样在横向的传统职能部门基础上增加纵向坐标的结果，就将职能部门化和产品部门化的因素交织在了一起，因此称之为矩阵。

（二）优缺点

优点：由这种矩阵关系形成的总体结构，可以兼有职能部门化和产品部门化的优点，而避免它们各自的缺点。具体表现在以下三个方面：

（1）将企业的横向与纵向关系结合，有利于协作生产。

（2）针对特定的任务进行人员配置有利于发挥个体优势，集众家之长，提高项目完成的质量，提高劳动生产率。

（3）各部门人员的不定期的组合有利于信息交流，增加互相学习的机会，提高专业管理水平。

缺点：矩阵制的主要缺点在于它造成了混乱，成员位置不固定，有临时观念，有时责任心不够强。人员受双重领导，有时不易分清责任。

（三）适用范围

矩阵制组织结构适用于一些重大攻关项目。企业可用来完成涉及面广的、临时性的、复杂的重大工程项目或管理改革任务。特别适用于以开发与研究为主的单位，例如科学研究，尤其适用于应用性研究单位等。

七、网络型组织结构

（一）含义及特点

网络型组织结构是利用现代信息技术手段，发展起来的一种新型的组织机构，是目前正在流行的一种新形式的组织设计，它使管理当局对于新技术、时尚，或者来自海外的低成本竞争具有更大的适应性和应变能力。网络结构是一种很小的中心组织，依靠其他组织以合同为基础进行制造、分销、营销或其他关键业务的经营活动的结构。

在网络型组织结构中，组织的大部分职能从组织外"购买"，这给管理当局提供了高度的灵活性，并使组织集中精力做它们最擅长的事。网络型组织结构形式如图6-8所示。

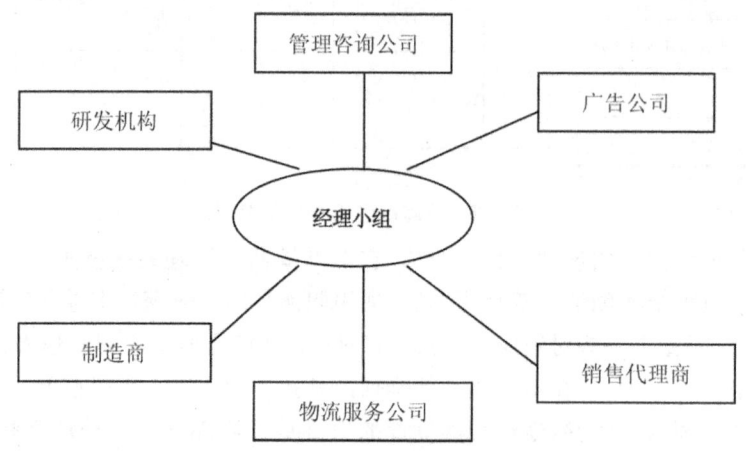

图6-8 网络型组织结构示意图

（二）优缺点

网络型组织结构的本质是利用优先获得的最佳资源的信息，依靠其他组织的生产、销售等能力，从而获得较大收益。它的最大优点是运营成本低，运营效率高，适应能力和应变能力强。其主要缺点是外协单位的工作质量难以控制，创新产品的设计容易被他人窃取。

(三)适用范围

网络型组织结构并不是对所有的企业都适用的,它比较适用于玩具、服装制造、电子产品企业,也适用于那些制造活动需要低廉劳动力的公司。

八、集团控股型组织结构

(一)含义

集团控股型组织,是在非相关领域开展多种经营的企业所常用的一种组织结构形式,是通过企业之间控股、参股,形成由母公司、子公司和关联公司组成的企业集团。各个分部具有独立的法人资格,是总部下属的子公司,也是公司分权的一种组织形式。

基于持股控制的关系,对那些企业单位持有股权的大公司便成为母公司;被母公司控股和进行实质影响的各企业单位则成为子公司;被母公司一般参股的企业则成为关联公司。关联公司、子公司与母公司一道构成了以母公司为核心的企业集团。集团控股型组织结构如图 6-9 所示。

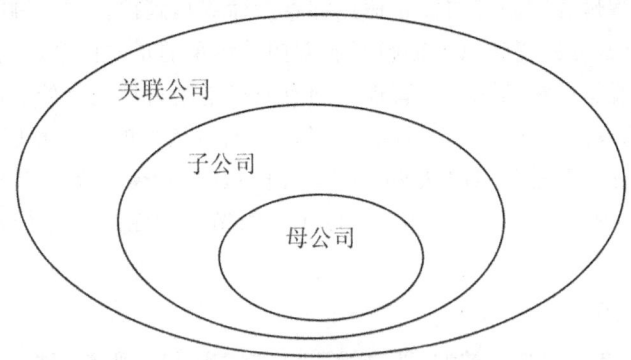

图 6-9　集团控股型组织结构

(二)优缺点

集团控股型组织的子公司是独立的法人,比事业部制具有更大的独立性,总公司对子公司承担有限的责任,风险得到控制,大大增加企业之间联合和参与竞争的实力。不足之处在于总公司的影响必须通过子公司的股东会和董事会来实施,公司的控制、监督方面较困难,资源配置也较难,缺乏必要的战略联系和协调,管理变得间接化。

(三)适用范围

集团控股型组织结构是实现现代化企业制度的企业常常采用的形式,尤其是实行多元化扩展的企业。

第四节 组织结构的运行

上一节介绍的各种组织结构仅仅是一个"骨架",尚处于"静态"之中。为了充分体现组织结构在实现目标的过程中的重要作用,必须使它运转起来。使组织结构运转起来的前提是配备人员、确定职权,而高效地运转又必须恰当地进行授权和分权。

一、职权

职权是组织结构运作中的一个重要概念,它与职责、统一指挥密切相关,管理者只有拥有职权才能行使其职责。

(一)职权的定义

所谓职权,是管理者所固有的发布命令和希望命令得到执行的一种权力,它是管理者制定决策、发布命令、分配资源以取得组织所期望的结果的正式而合法的权力。

首先,职权是授予组织的职位。管理者拥有职权是因为他们所处的职位,其他人处于这样的位置也会拥有同样的职权。其次,职权是下属所认可的。尽管职权在组织的层级结构中是自上而下的,但是下属服从职权,因为他们认为管理者有发布命令的法定权力。最后,职权沿纵向层次结构自上而下流动,位于层级结构顶端的职位与底端的职位相比,被赋予更大的正式职权。

(二)职权的类型

组织中的职权有三种基本类型,即直线职权、参谋职权和职能职权。

1. 直线职权

直线职权是指管理者所拥有的可以直接指挥其下属工作的权力,具体表现为上下级之间的命令权力关系。例如:一个企业中的厂长对车间主任拥有的职权就是直线职权,车间主任对班组长拥有的职权也是直线职权。这样,一个组织中从上到下的主管人员之间便形成了一条权力线,这条权力线被称为指挥链。它界定了"谁向谁报告工作"的问题。

2. 参谋职权

参谋职权是指参谋人员所拥有的辅助性职权,是顾问性、咨询性和建议性的职权,旨在帮助直线职权权力更有效地实现组织目标。在田忌赛马的故事中,孙膑为田忌献策而战胜齐威王,孙膑所行使的就是参谋职权。

参谋人员可分为个人参谋和专业参谋两类。个人参谋是直线主管人员的咨询人和个人助理,其职责是专门向直线主管人员提供建议和意见,并协助主管人员完成工作。在正式组织中,个人参谋可以副职的身份出现,但更多的是以助理职衔出现。专业参谋常常表现为一个单独的组织或部门,人们往往称之为顾问班子或智囊团。专业参谋部门是时代发展的产物,它聚合了一批专家,运用集体智慧协助主管进行工作。

3. 职能职权

职能职权是指参谋人员等所拥有的，由直线主管人员授予部门的决策权和指挥权。由于直线主管人员缺乏某些方面的专业知识，以及存在着对方针、政策有不同的解释等问题，主管人员为改进管理效率，而将一部分职权授予参谋人员或另外一个部门的主管人员，这部分职权就是职能职权。在一般情况下，职能职权是由组织的业务职能部门或参谋职能部门的负责人来行使的，而这些部门一般由职能管理专家所组成。

（三）三种类型职权的关系

在组织运作中，三种职权人员都发挥着重要作用。他们之间彼此关系的协调是组织正常运转的重要因素。在任何一种现实组织中，各级管理人员的职责都兼有直线、参谋和职能的因素。直线职权意味着做出决策、发布命令并付诸实施，是协调组织的人、财、物等要素，保证组织目标实现的基本权力。参谋职权则仅仅意味着协助和建议的权力，它的行使是保证直线人员做出的决策更加合理与科学的重要条件。职能职权是直线职权的一部分，但职能职权的范围小于直线职权，它主要解决的是较具体的问题，如怎么做、何时做的问题。不允许职能职权包揽直线职权的一切权力。同时，由于职能职权的行使者多是一些有一定专长的参谋人员，因此，它更能从某一专业的角度出发来保证组织决策的科学性、可行性和实用性，从而大大促进管理效率的提高。

另外，在组织内部要通过规范化的文件，制定合理的程序，努力营造"参谋建议、直线指挥"及"直线拿大权、职能用特权"的融洽的工作氛围。既要充分调动参谋人员和职能人员的积极性，又要防止争权夺利现象的发生，以保证有效地实施管理。

二、授权

在现代组织中，为了给员工提供在客户服务和适应环境方面的灵活性，推出了一个与职权概念相关的名词——授权。

（一）授权的含义

所谓授权，是指管理者将分内的某些工作托付给下属或他人代为履行，并授予被托付人完成该工作所必需的权力。授权的含义包括下述几层意思：首先，要说清职责，即向被托付人交代任务。其次，要授予相应权力，绝不能只授职责不授或少授权力，否则被授权者就无法处理被授予的工作。再次，要明确责任。所谓责任，是人们完成被分派的任务或者工作的义务。责任和职权是一个硬币的正反两面。交代了任务，授予了权力，那么被授权者就应该对被托付的工作负全责，去设法完成任务，主动向授权者汇报情况，提交成果。

恰当的授权可使高层管理人员从日常事务中解脱出来，专心处理重大问题，控制全局；可提高下属的工作积极性，锻炼下属的能力，增强其责任心，从而增进效率；还可充分发挥下属的专长，以弥补授权者自身才能的不足。

（二）有效授权的原则

为充分发挥授权的作用，使授权取得良好的效果，授权时必须遵循以下原则：

1. 信任原则

"疑人不用,用人不疑。"管理者通过考察了解,一旦授权就要信任被授权者,一般不要直接干涉被授权者的工作,以调动他们的工作积极性。

2. 慎选原则

授权既是一门艺术,也是一项政策性、原则性很强的严肃性工作,必须慎重行事。除慎重地确定授权范围和大小外,特别要注意选好被授权者,如果被授权者选择不好,不仅难以取得预期的授权效果,而且会给管理者带来麻烦。因此,应以被授权者的才能大小和知识水平的高低为依据,慎重选择人选,一旦出现失误,应立即明智地收回职权。否则,必将耽误大事。

3. 层级原则

一个组织从最高主管到每一层级下属人员的职权系统越明确,决策和信息沟通工作就越有效。下级人员必须知道是谁授予自己的职权,当遇到超出职权范围内的问题,应该向谁请示。

一般情况下,不可越级授权和交叉授权,只能对直接下属授权。越级授权必然造成中层主管人员的被动以及部门之间的矛盾。

4. 适度原则

各级管理者授权要掌握"度",既不能过小,也不能过大。过小,就可能打击下属的积极性,不利于他们尽职尽责;过大,就会大权旁落,造成授权者不好控制,命令指挥就难以执行。

5. 权责对等原则

授权时必须保证被授权者的职权与职责相一致,即有多大的权力就应担负多大的责任,做到权责统一。

6. 可控原则

授权绝对不是弃权,没有可控制的授权就是弃权。授权者应该经常综合观察全局的计划进程,对可能出现的偏离目标的局部现象对被授权者进行协调,对授权者实行必要的监督。

三、集权与分权

随着组织规模的日益扩大,组织管理不可避免地会出现等级层次,也必然要求管理的职权在不同的等级层次中进行分配,因而就产生了组织集权与分权的概念。

(一) 集权与分权的含义

所谓集权,是指较多的权力和较重要的权力集中在组织的较高层次的管理者手中。而分权,则是指将较多的权力和较重要的权力分散授予组织的较低层次的管理者手中。

集权和分权是任何组织正常运行都必然会发生的现象。组织的集权和分权是相对的,没有任何组织是绝对的集权,也没有任何组织是绝对的分权。因为绝对的集权,就是最高管理者把所有的权力都集中在自己手中,这就会影响组织的活力,甚至导致组织不能正常运作。绝对的分权,就意味着最高管理者不再有任何职权,这会形成无组织的局面,最终势必造成组织的解体。作为组织来说,应该集中的权力而过于分散,称为上级领导的失职;应该分散的权力而过于集中,称为上级领导的擅权。

现实的组织都是集权和分权的结合体,只不过有的集权成分多一些,有的分权成分多一些。对集权或者分权不能简单地用好或坏来加以判断。在成功的企业中,既有许多被认为是相对分权的企业,也有许多被认为是相对集权的企业。作为管理学,研究的重点应该放在哪些权力宜于集中,哪些权力宜于分散,在什么情况下集权成分应多一点,什么情况下分权成分应多一点。

(二)影响集权与分权的主要因素

1. 组织规模

组织规模越大,管理的层次就越多,需要决策的数目也就越多,控制的难度也就越大,这时适宜分权。反之,则适宜集权。

2. 经营环境

如果组织所处的环境复杂多变,为了更及时、准确地适应环境变化的要求,应该实行分权。但是,当环境巨变时,为了有利于组织的整体协调,这时保持相对集中的权力为佳。

3. 业务性质

组织业务的内容、范围和性质不同,集权与分权的程度也会不同。对于工业生产组织而言,单一产品结构宜于集权;而多品种,特别是差异大的产品结构,则宜于分权。

4. 职责和决策的重要程度

一般说来,事关组织发展根本性问题的决策宜于集权,反之则宜于分权。

5. 政策的一致性要求

在组织内,对于需要全体组织成员共同贯彻执行的政策,为了提高效率,降低费用,权力宜于相对集中;而对于在政策上允许出现某些不同的事项,或者说在统一政策的前提下鼓励创新以及出现多样性的事项,则以相对分权为宜。

6. 管理者的素质

领导者的个人性格、兴趣爱好、气质、能力等个性特征以及个人的阅历,对决策问题重要性的主观判断,都将影响其在管理活动中集权与分权的程度。不同领导者的领导观念,领导方式也影响着集权与分权。一般说来,对于具有较高的素质、较强工作能力的被领导者来说,适度的分权能更大限度地调动他们工作的积极性和主动性。

除此之外,组织成长的历史、组织的文化、管理控制技术的改进程度等因素也影响着组织的集权与分权程度。

(三)过分集权的弊端

一个组织,在其成长初期规模较小时,高度集权则可能是必要的。因为集权能保证政策的统一和决策执行的高效率。但随着组织规模的逐渐扩大,如果将许多权力仍过度地集中在较高的管理层,则可能表现出种种弊端。

1. 降低决策的质量和速度

现在的企业发展趋势是规模越来越大,组织层次越来越多,从总经理、副总经理、事业部长、二级部长、组长到普通员工,少则三至五层,多则十几层,甚至更多。基层领导遇到问题,如果自己没有决策权,由下往上一层一层汇报,然后再由上向下传达,在此时企业也许已经错过了大好商机。另外,组织管理者的领导能力也许无可置疑,但他却不是万能的,不可能具备下属所具有的行业知识。所以说过于集权,决策质量和速度都无法得以保证。

2. 降低组织的适应能力

当今企业所处的环境瞬息万变,出现例外事件,必然要求组织以最快的速度反应,商场如战场,稍有迟疑就可能"兵败国亡"。过于集权,会使组织缺乏弹性,反应僵化,适应力下降。

3. 致使高层管理者陷入日常管理事务中,难以集中精力处理企业发展中的重大问题

我们先假设企业的信息反馈渠道十分迅捷,企业的高层也是知识全面,但一个人的精力必然是有限的。组织的高层需要下属为他们分担工作,把自己时间放在企业的发展大计上,最通俗的说法就是:杀鸡焉用牛刀!

4. 降低组织成员的工作热情

最常见的情况是我们的员工经过理论的学习和实践的磨炼,自身的水平已经提高到崭新的层次,他们渴望获得更大的权力、承担更多的责任、做出更大的贡献。这时的管理者如果过于集权,看不到员工的能力,对员工不信任,必然会严重打击下属的工作积极性和工作热情。我们的管理者在适当的时机应该相信下属的办事能力,敢于授权,授权是一个人的修为,是一种境界,更是一种态度!

(四) 分权的标志和途径

由于过分的集权存在诸多的弊端,那么适当的分权就是顺理成章的事了。

1. 分权的标志

考察一个组织集权或分权的程度有多大,最根本的标志是要看该组织中各项决策权限的分配是集中还是分散的。具体地说,判断一个组织分权程度的标志主要有:

(1) 决策的频度。组织中较低管理层次制定决策的频度或数目越大,则分权程度越高。

(2) 决策的幅度。组织中较低层次决策的范围越广,涉及的职能越多,则分权程度越高。

(3) 决策重要性。决策的重要性可以从两个方面来衡量,一是决策的影响程度;二是决策涉及的费用。

(4) 对决策的控制程度。如果高层次对较低层次的决策没有任何控制,则分权程度极高;如果低层次的决策需要向高级管理部门报告备案,则分权程度次之;如果低层次管理者在决策前需要征询上级主管部门的意见,则分权程度更低。

2. 分权的途径

权力的分散可以通过两个途径来实现:一是组织结构设计中的权力分配,我们称之为制度分权。二是主管人员在工作中的授权。制度分权与授权的目的相同,那就是使较低层管理人员行使较多的决策权,形成权力分散化。但实质上两者还是有重要区别的。制度分权,是在组织结构设计中考虑到组织规模的大小和组织活动的特征,在工作分析、职务和部门设计的基础上根据各管理岗位工作任务的要求,规定必要的职责和权限。而授

权则是担任一定管理职务的领导者在实际工作中,为充分发展专业人才的特长,利用专门人才的知识和技能,或在组织出现新问题、增添新业务的情况下,将一些权力授予给某个或某些下属。制度分权存在一定的必然性,而授权则具有很大的随机性;制度分权是将权力分配给某个职位,而授权是将权力授予某个下属;制度分权是相对稳定的,而授权往往是短期的;制度分权主要是一条组织工作的原则,而授权则主要是领导者在管理工作中的一种领导艺术。

制度分权和授权具有互补性。组织调剂中难以预料每个管理岗位上的工作人员的能力,同时也难以预测每个管理部门可能出现的新问题,因此,需要各层管理者在工作中通过授权来补充。

四、非正式组织

在组织运作过程中,影响组织目标实现的关键因素,是在正式组织的结构内如何进行集权和分权,但另外一个因素也在或多或少地影响着组织目标实现的绩效,它就是非正式组织。

(一)非正式组织的概念

非正式组织是相对于正式组织而言的。正式组织是指为了完成组织所规定的特定目的与特定工作,而产生的正式的官方组织机构,如一个企业的车间、科室。非正式组织是未经正式筹划而由人们在交往中自发形成的一种关于个人与社会的关系网络,这种关系网络并非由法定的权力机构所建立,也不是出于权力机构的要求,而是在人们彼此交往的联系中自发形成的。比如知青会、校友会、钓鱼协会、桥牌协会以及家庭都属于非正式组织。一般而言,非正式组织可以存在于任何一种群体之中,只要群体中的成员对这种组织形式有一定的需求。

非正式组织没有正式组织机构,一般也不具备自觉的共同目标,它产生于与工作有关的联系,并由此形成一定的看法、习惯和准则,它是代表一定利益的团体。

(二)非正式组织的基本特征

非正式组织有以下基本特征。

1. 自发性

非正式组织中共同的个人行动虽然有时也能达成某种共同的结果,但人们并不是本着有意识的共同目的参与活动的。他们只是由于自然的人际交往(例如以某种共同利益、观点和爱好为基础)而自发地产生交互行为,由此形成一种未经刻意安排的组织状态。

2. 内聚性

非正式组织虽然没有严格的规章制度来约束其成员的行为,但它通过成员的团队意识、团队固有的规范和压力以及非正式领导者的说明和影响作用而将人们团结在一起,并产生很强的凝聚力。

3. 不稳定性

由于非正式组织是自发产生、自由结合而成的,因此呈现出不稳定性,它可以随着人员的变动或新的人际关系的出现而发生改变,从而使其结构表现出动态的特征。

(三) 非正式组织的作用

非正式组织的存在及其活动既可对正式组织目标的实现起到积极促进的作用,也可能对后者产生消极的影响。

1. 非正式组织的积极作用

(1) 可以满足职工的需要

非正式组织是自愿性的,其成员甚至是无意识地加入进来的,他们之所以愿意成为非正式组织的成员,是因为这类组织可以给他们带来某些需要的满足。比如,工作中或作业间的频繁接触以及在此基础上产生的友谊,可以帮助他消除孤独的感觉,满足他们"被爱"以及"施爱之心于他人"的需要;基于共同的认识或兴趣,对一些共同关心的问题进行谈论,甚至争论,可以帮助他们满足"自我表现"的需要;从属于某个非正式群体这个事实本身,可以满足他们"归属"、"安全"的需要等,组织成员的许多心理需要是在非正式组织中得到满足的。而我们已经知道,这类需要能否得到满足,对人们在工作中的情绪,甚至对工作的效率是有着非常重要的影响的。

(2) 增强团队精神

人们在非正式组织中的频繁接触会使相互之间的关系更加和谐、融洽,从而易于产生和加强合作的精神。这种非正式的协作关系和精神如能带到正式组织中来,则无疑有利于促进正式组织的活动协调地进行。

(3) 促进组织成员的成长

非正式组织虽然主要是发展一种业余的、非工作性的关系,但是它们对其成员在正式组织中的工作情况也往往是非常重视的。对于那些工作中的困难者、技术不熟练者,非正式组织中的伙伴往往会给予自觉的指导和帮助。同伴的这种自觉、善意的帮助,可以促进他们技术水平的提高,从而可以帮助正式组织起到一定的培训作用,促进组织成员的成长。

(4) 帮助非正式组织维护正常的活动秩序

就像对环境的评价会影响个人的行为一样,社会的认可或拒绝也会左右非正式组织的行为。非正式组织为了群体的利益,为了在正式组织中树立良好的形象,往往会自觉或自发地帮助正式组织维护正常的活动秩序。虽然有时也会出现非正式组织的成员犯了错误互相掩饰的情况,但为了不使整个群体在公众中留下不受欢迎的印象,非正式组织对那些严重违反正式组织纪律的害群之马,通常会根据自己的规范、利用自己特殊的形式予以惩罚。

2. 非正式组织的消极作用

(1) 可能与正式组织产生冲突

非正式组织的目标如果与正式组织冲突,则可能对正式组织的工作产生极为不利的影响。比如,正式组织力图利用职工之间的竞赛以达到调动积极性、提高产量与效益的目标,而非正式组织则可能认为竞赛会导致竞争,造成非正式组织成员的不和,从而会抵制竞赛,其结果必然是影响企业竞赛活动的开展。

(2) 可能束缚组织成员的发展

非正式组织要求成员具有一致性,这往往也会束缚成员的个人发展。有些人虽然有过人的才华和能力,但非正式组织一致性的要求可能不允许他冒尖,从而使个人才智不能得到充分发挥,对组织的贡献不能增加,这样便会影响整个组织工作效率的提高。

(3) 可能影响组织的变革

非正式组织还会影响正式组织的变革,发展组织的惰性。这并不是因为所有非正式组织的成员都不希望改革,而是因为其中大部分人害怕变革会改变非正式组织赖以生存的正式组织的结构,从而威胁非正式组织的存在。

(四) 对待非正式组织的策略

不管我们承认与否、允许与否、愿意与否,非正式组织总是客观存在的,它对正式组织的正反两方面的作用也客观存在。要想有效实现正式组织的目标,就要求充分发挥非正式组织的积极作用,努力克服和消除它的不利影响。

1. 允许存在,谋求吻合

利用非正式组织,首先要认识到非正式组织存在的客观必然性和必要性,允许乃至鼓励非正式组织的存在,为非正式组织的形成提供条件,并努力使之与正式组织吻合。比如,正式组织在进行人员配备工作时,可以考虑把性格相投、有共同语言和兴趣的人安排在同一部门或相邻的工作岗位上,使他们有频繁接触的机会,这样就容易使两种组织的成员基本吻合。又如,在正式组织开始运转以后,注意开展一些必要的联欢会、茶话会、旅游等旨在促进组织成员间感情交流的联谊活动,为他们提供业余活动的场所,在客观上为非正式组织的形成创造条件。

促进非正式组织的形成,有利于正式组织效率的提高。人通常都有社交的需要,如果一个人在工作中或工作之后与别人没有接触的机会,则可能心情烦闷,感觉压抑,对工作不满,从而影响效率。相反,如果能有机会经常与别人聊聊对某些事情的看法,摆摆自己生活或工作中的障碍,甚至发发牢骚,那么就容易卸掉精神上的包袱,以轻松、愉快、舒畅的心理状态投身到工作中去。

2. 积极引导,不断规范

通过建立和宣传正确的组织文化来影响非正式组织的行为规范,引导非正式组织做出积极的贡献。非正式组织形成以后,正式组织既不能利用行政方法或其他强硬措施来干涉其活动,也不能任其自由,因为这样有产生消极影响的危险。因此,对非正式组织的活动应该加以引导,这种引导可以通过借助组织文化的力量影响非正式组织的行为规范来实现。

许多管理学者在研究中发现,不少组织在管理的结构上并无特殊的优势,但却获得了超常的成功,成功的奥秘在于有一种符合组织性质及其活动特征的组织文化。所谓组织文化,是指被组织成员共同接受的价值观念、工作作风、行为准则等群体意识的总称,属于管理的软件范畴。组织通过有意识地培养、树立和宣传某种文化,来影响成员的工作态度,使他们的个人目标与组织的共同目标尽量吻合,从而引导他们自觉地为组织目标的实现积极工作。

如果说合理的结构、严格的等级关系是正式组织的专有特征的话,那么组织文化则有可能被非正式组织接受。正确的组织文化可以帮助树立正确的价值观念和工作生活的态度,从而有利于产生符合正式组织要求的非正式组织的行为规范。

第五节　组织变革

组织内外环境发生改变或为了让组织更好地发展,组织必须进行变革,同样,在组织文化方面也要与时俱进。

一、组织变革的内涵

组织为了适应内外环境的变化,必须对自身进行整理和修正,这就叫组织变革。由此可见,组织变革的原因是内部和外部环境的变化。外部环境包括政治的、经济的、技术的、社会的、心理的等;内部环境主要指组织成员的工作态度、士气、期望、个人价值观、人员素质等。

具体地说,组织变革是指运用行为科学和相关管理方法,对组织的权力结构、组织规模、沟通渠道、角色设定、组织与其他组织之间的关系,以及对组织成员的观念、态度和行为,成员之间的合作精神等进行有目的的、系统的调整和革新,以适应组织所处的内外环境、技术特征和组织任务等方面的变化,提高组织效能。

二、组织变革的原因

一般来说,组织结构变革的原因在于以下几个方面。

(一) 组织经营环境的变化

诸如国民经济增长速度的变化、产业结构的调整、政府经济政策的调整、科学技术的发展引起产品和工艺的变革等。组织结构是实现其战略目标的手段,组织外部环境发生变化必然要求组织结构做出适应性的调整。

(二) 组织内部条件的变化

组织内部条件的变化主要包括以下三个方面:
(1) 技术条件的变化,如企业实行技术改造、引进新的设备以及技术、生产、营销等部门的调整。
(2) 人员条件的变化,如人员结构的调整和人员素质的提高等。
(3) 物理条件的变化,如实行计算机辅助管理,实行优化组合等。

(三) 组织本身成长的要求

企业处于不同的生命周期时对组织结构的要求也各不相同,如小企业成长为中型或大型企业,单一品种企业成长为多品种企业,单厂企业成长为企业集团等。

三、组织变革的目标

（一）提高组织适应环境的能力

适应环境是组织生存的前提。当组织的外部环境或内部环境发生变化时，组织也必须随之而变。但是这种变化不是盲目的跟随，不是急功近利的变革，而是在对环境变化做出正确认识的前提下，审时度势，认真思考后进行的。组织变革要通过建立健全组织运行机制，改造组织结构和流程来增加组织对环境的适应性。

（二）提高组织的工作绩效

通过组织变革提高组织的适应能力，仅仅是组织变革的基础目标。在提高适应能力的基础上，促进组织进行自我创新，提高组织运作效率和效益，使组织不断发展壮大，这才是组织的最终目标。

（三）承担更多的社会责任

在现代社会中，单个组织的生存和发展从根本上来说取决于它同社会的关系。任何组织都不能只追求自身利益，而不顾社会责任。因此，每个组织所承担的社会责任，它所树立的社会形象，都成为组织运作的必要前提。组织的社会责任要求组织要不断地进行调整与变革，这也是组织变革的最高目标。

四、组织变革的内容

组织变革的内容包括组织结构变革、技术变革和人事变革三类。

（一）结构变革

结构变革是对组织的构成要素、整体布局和运作方式所做的较大调整。结构所涉及的内容主要有：权力分配、结构调整、工作设计、绩效评估、报酬制度和控制系统设计等。

对于这些变革内容进行具体分析，能帮助我们更好地理解结构变革的内涵。

1. 权力重新分配

结构变革首先要考虑的问题就是组织的集权与分权问题。组织所处的环境，组织发展的阶段，组织正规化程度，这些都会影响到组织的集权和分权的程度。因此，组织的管理者要根据形势的变化对组织权力进行重新分配。

2. 结构再设计

它包括对结构要素的调整（如合并或增设部门、增减管理层次等）和整个结构的重新设计（如从直线制结构到直线职能制结构）以及组织整体的结构扩张（如通过兼并、收买、控股等方式扩张）或缩减（如通过卖出或取消分支机构等形式收缩）。

3. 工作再设计

管理者可以通过重新设计职位体系、工作程序，修订职务说明书，丰富职务内容，实行弹性工作日制等方式来变革组织结构。

4. 绩效评估和奖励制度的改变

组织发展的不同阶段,对员工的要求会有很大差别,同时,员工的需要也会发生较大的变化,因此,管理者必须及时改变对员工的评价和奖励制度,以适应变化的要求。

5. 控制系统的改变

组织的控制系统包括对财务、人力资源、生产过程、产品质量、投资计划等方面的控制。组织控制系统要随技术、市场、内部资源情况做出相应的调整。

(二) 技术变革

一个组织的技术水平标志着该组织将投入转化为产出的能力。组织的技术变革是指管理人员通过改变从原料的投入到转变成为产品的整个过程所使用的技术促使人们的工作内容、工作顺序、工艺程序的改变,以达到影响人的行为、提高工作绩效的目的。改变技术意味着运用各种新技术去提高工作效率,具体形式有设备更新和工艺流程的变革。不同类型的技术对组织结构和下级员工的工作行为会产生不同的影响,这些影响包括:①影响工作分工与工作内容;②影响下级的社会关系;③影响工作环境;④影响管理者所需要的技能;⑤影响工作的类型;⑥影响员工工资;⑦影响工作时间。因此,在考虑技术变革问题时,不仅要考虑新技术可能带来的效益,而且要考虑新技术可能对组织结构和下级员工的行为带来的影响。

(三) 人事变革

人员变革是管理者着重于改变人员的态度、价值观和需要的种类与层次,通过转变人员的工作态度促使人们修正自己的行为,从而达到改进工作绩效的目的。

人员变革是围绕人力资源进行的变革,具体包括组织变动和组织发展两部分内容,组织变动涉及人员流动、人员选择和人员培训,组织发展涉及人员的态度、观念、行为和关系的改变。一般来说,人员变革更加强调组织发展。人员变革的目的是努力创造一种良好的组织气氛,促进组织成员之间相互关系的改变,使组织中个人和群体更加有效地工作。

五、组织变革的方式与程序

由于组织的适应性、革新性、稳定性对于其生存和发展都是必不可少的。所以,组织的变革要达到动态平衡的目的,就必须要有足够的稳定性,以保证组织在目标和方法方面进行有秩序的变革;要有足够的适应性,以保证组织能够对外部的机会和要求以及内部的变化条件做出合适的反应;要有足够的革新性,以便使组织在条件允许的情况下主动地进行变革。

(一) 组织变革的方式

管理学界普遍认为,组织变革有两种方式:渐近式变革与激进式变革。

1. 渐近式变革

渐进式变革以组织保持一定程度的稳定性为前提,由一系列线性连续的改进所构成,其变革过程具有缓慢、微小、循序渐进的发展特点,通常只影响到组织的一些组成部分,不会破坏组织的整体平衡状态。打一个比喻,设想组织是一艘在风平浪静的海洋中航行的大船,船长和船员们都清楚地知道他们正开往何处,因为他们以前已经进行了多次这样的航行,只是偶尔遇到风暴才会有变化出现,在其他平静、可预测的航程中尽可以安心航行。因此,有人把支持这种变革方式的观点叫作风平浪静观。

渐进式变革常常发生在已建立起组织结构和管理流程的组织之中,比较适用于以技术为中心的变革内容,但这一层次的变革对于改变组织成员的世界观和提高组织功能方面的作用是有限的。在日常生产过程和营销过程中,产品改进、技术革新、效率提高的变革多属于渐进式变革。

2. 激进式变革

激进式变革是一种多维度、多层次、不连续、剧烈的组织变革,是组织应对难以预测的动荡环境的一种变革形式。支持这种变革方式的观点被称为急流险滩观。在这里我们可以将组织看作是在不断出现险滩的湍急河流中航行的小木筏,筏上有若干船工,他们以前从未在一起航行过,也完全不熟悉河流的情况,不了解最终目的地,甚至他们得在漆黑的夜晚航行。在这种急流险滩中,变化就是一种自然的状态,对变革的管理应该是一个持续的过程。它涉及打破组织的原有结构框架,重新建构组织内部环境,对组织整体革故鼎新,创建新的组织平衡和管理流程以适应不断变化的环境和需求等重要内容。激进式变革适应于组织发生危机、经营出现问题或效率问题特别严重等情况。急流险滩的比喻更适合不确定的和动态的环境,它是与日益由信息、思想和知识主导的新时代的动态环境相适应的。

一般认为,渐进式变革对组织是有益的。因为这样的变革是以组织中的技术、能力、组织惯例以及文化等原有环境为基础进行的,会受到组织内各个方面的更多认可,因此,所受到的阻力会少一些,同时组织所承担的风险也小些。但是,外部环境的变化并不总是逐渐的,也不可能总与渐进的变革同步。如果这种渐进的变革落后于环境变化,那么,组织就可能会与环境不协调,这时,就需要改变变革方式。有越来越多的人认为,渐进式变革对今天组织的管理者所面临的环境而言,已经不再适合。

(二) 组织变革的程序

组织变革虽然具有必然性,但组织变革的成功并不具备必然条件,我们提倡有计划地实行变革,按照科学的变革程序进行变革。应用行为学家、心理学家科尔特·勒温(Kurt Lewin)是有计划变革理论的创始人,他特别重视组织变革过程中的人的心理机制,针对组织成员的心理态度和行为提出了变革的三步骤,即"解冻—变革—再冻结"。

1. 解冻

激发要求变革的动机,首先应使员工认识到按照老办法不能得到希望的结果。为了做到这一点,一方面要对旧的态度和行为进行弱化和否定;另一方面,要使员工感到变革的迫切性,只有当员工自己认识到旧态度、旧行为确实行不通,迫切要求变革、愿意接受新事物,变革才有可能实行。此外,还要创造一种心理上的安全感,扫除害怕失败、不愿变革的心理障碍,使员工感到变革安全,感到有能力进行变革。

2. 变革

指明改变的方向,实施变革,使员工形成新的态度和行为。在这一步骤中,应该注意以下几个心理过程。首先,学习一种新的观点(概念)或确立一种新的态度的最有效的方法,就是看看其他人是如何做的,并且以这个人作为自己形成新态度和新行为的榜样。用心理学术语讲就是对角色模范的认同。其次,由于职位、工种等的不同,从角色模范身上学来的东西不能死搬硬套,必须从客观实际出发,对于多种信息加以选择,并在复杂的环境中筛选出有关自己特殊问题的信息。勒温说,变革是个认知的过程,只有获得新的概念和信息才能得以完成。但上述过程的形成的前提条件,是员工有真正愿意变革的动机。否则,上述的"认同"、"信息的选择"和"在环境中筛选"都只是空话。

3. 再冻结

利用必要的强化方法使新的态度和行为方式固定下来,使之持久化。我们经常可以发现,引导形成新态度和新行为的方案在开头很见效,但一旦受培训的人回到了老地方,从事原来的工作,改革效果就不能持久。因此,为了确保变革的稳定性,需要注意以下几点:首先,要使员工有机会来检验新的态度和新的行为是不是符合自己的具体情况。员工从自己的实际情况出发,开头可能只是学习角色模范的小部分优点,这时起步虽小,却应该给予强化,应当用鼓励的办法使之保持持久。切不能因为变革开始很微小、很缓慢而操之过急、求全责备。其次,员工应当有机会检验与他有重要关系的其他人是否接受和肯定新的态度。群体在强化一个人的态度和行为方面的作用是很大的。勒温认为,变革计划也应包括那些员工所处的群体,这样群体的成员彼此强化新的态度和行为,个人的新态度和新行为可以保持得更久些。

六、组织变革的阻力及其管理

随着信息技术的发展,企业所面临的环境发生着急剧的变化,任何以市场为导向的企业都必须不失时机地推动企业进行技术变革、结构变革和人事变革,以适应不断变化着的内外环境。然而变革就意味着破坏,意味着打破传统。变革的这一特性,使得变革具有不同程度的风险性。组织内员工对变革接受与否,组织变革的方向是否适应不断变化的外部环境,都直接影响着企业变革的成败。正是由于组织变革所具有的破坏性和风险性才使得组织变革会招致来自组织内外各个方面的阻力,认识这些阻力的来源,探究阻力产生的原因将对我们解决组织变革中所遇到的问题提供重要的指导和依据。

(一) 组织变革阻力的来源

组织变革就是要改变那些不能适应企业的内外环境,阻碍企业可持续发展的各种因素,如企业的管理制度、企业文化、员工的工作方式、工作习惯等。这种变革必然会涉及企业的各个层面,引起企业内部个人和部门利益的重新分配。因此,必然会遭受来自企业各个方面的阻力。

1. 个人层面

人们对待组织变革的态度与其个性有十分密切的关系。那些敢于接受挑战,乐于创新,具有全局观念,有较强适应能力的人通常变革的意识较为强烈。而那些没有强烈成就欲望的人,或是一些因循守旧、心胸狭窄、崇尚稳定的人对变革的容忍度较低,对变革的抵触情绪较大。一些依赖性较强,没有主见的员工常常在变革中因不知所措而依附于组织中群体的态度倾向。除此之外,由于变革会打破现状,破坏已有的均衡,必然会损害一部分人的既得利益，这类人常常是组织变革的最大抵触者，他们常常散布谣言，制造混乱，甚至采取强硬措施抵制变革。个人层面的阻力主要是来源于员工的个性心理和经济利益的驱使，变革阻力的力度较小，但却是构成组织变革阻力的基本单元。

2. 组织层面

在组织层面上产生变革阻力的因素有很多，既包括了组织结构、规章制度等显性阻力，还包括了组织文化、氛围、员工的工作习惯等隐性阻力。由于组织变革会对组织内部各部门、各个群体的利益进行重新分配，那些原本在组织中权力较大、地位较高的部门和群体必然会将变革视为一种威胁，为了保护自身利益常常会抵制变革。另外，企业的业务流程再造必然会重组企业的组织结构，对某些部门、某些层次予以合并、撤减，以及重新进行权责界定，一些处于不利地位的部门和层次就会反对变革。相对组织内的显性阻力而言，组织内的隐性阻力就更加隐蔽，而且一时间难以克服。组织内的文化、员工的工作方式已经成为一种工作习惯，在长期的工作中，员工与员工之间、员工与领导之间、员工与组织之间已经形成了某种默契或契约，一旦实行变革，就意味着改变员工业已形成的工作关系和工作方式，必然会引起员工的不满。

(二) 组织变革阻力产生的原因

1. 企业员工在个人利益和整体利益之间难以取舍

一般而言，企业变革的目标就是要追求企业整体利益的最大化，这与组织内各个利益主体的根本利益是一致的，但是，组织利益最大化实现需要各个利益主体的有效组合，这样就必然会对组织内的各个主体的权力和利益进行重新分配。因此，一些群体和个人的既得利益就会有所损失。这就要求企业的员工要有一种舍小家、顾大家的全局意识，从组织的整体利益和全局利益出发去看待变革的意义。然而，在现实社会中，一些领导和员工只顾自己的个人利益和短期利益，盲目地抵制变革，使得企业的变革难以有效地实施。

2. 员工不明变革的意义，对变革的发动者缺乏信心

在组织变革的过程中，一些员工对企业变革的紧迫性认识不足，认为变革没有必要，企业推动变革是多余之举，并且会对自己的利益造成损害。更有甚者，为了维护个人利益，常常捏造事实，散布谣言。还有一些员工认为变革很有必要，但对变革发动者发动变革的动机和实施变革的能力产生怀疑，他们中有的认为变革是发动者为了获得私利进行的，有的认为发动者的知识和能力不足以实现既定的目标。

3. 员工对变革的后果不确定

在实施变革的过程中，一些员工虽然认识到了变革的迫切要求，但却不能准确地把握变革实施的后果，他们常常会对变革产生各种猜疑，认为变革有可能达不到预期的效果，很可能会对组织和个人的利益产生危害。这类人常常认为变革是在冒风险。因此，在变革的过程中，他们常常依附于群体的态度倾向，有的甚至公开抵制变革。

4. 员工对自己的能力产生怀疑，认为变革是对自己的一种威胁

企业的变革常常伴随着技术变革、人员变革。每一次变革的实施都会对企业内的员工提出更高的要求。先进生产线的建立、办公自动化的建立、新技术的应用都要求员工不断地提高自己的知识和能力，以适应企业变革的需要。而一些员工担心自己的技术已经过时，一旦企业发生变革，自己就会被淘汰或是地位遭到挑战，因此，他们宁愿维持现状。

这类人，常常是那些墨守成规、进取心较弱的员工或是企业中的高龄员工。

(三) 组织变革阻力的克服

从对变革阻力的来源和产生的原因进行的分析来看，我们可以通过以下方法来克服变革阻力。

1. 企业的人力资源管理做好组织变革服务

员工的个性与其对待变革的态度有着密切的关系。因此，首先，企业在招聘的过程中，就应该引入心理测评，通过测评招聘一些有较强适应能力、敢于接受挑战的员工。其次，在组织变革的过程中，企业要加强对员工的培训，提高员工的知识水平和技能水平，使企业的人力资源素质和企业变革同步推进。再次，在企业的日常经营过程中，企业应该树立一种团体主义的文化，培养员工对组织的归属感，形成一种愿意与企业同甘共苦的企业文化。

2. 加强与员工的沟通，让员工明白变革的意义

在变革实施之前，企业决策者应该营造一种危机感，让员工认识到变革的紧迫性，让他们了解变革对组织和自己的好处，并适时地提供有关变革的信息，澄清变革的各种谣言，为变革营造良好的氛围。在变革的实施过程中，要让员工理解变革的实施方案，并且要尽可能地听取员工的意见和建议，让员工参与到变革中来。与此同时，企业还应该时刻关注员工的心理变化，及时与员工交流，在适当的时候可以做出某种承诺，以消除员工的心理顾虑。

3. 适当地运用激励手段

在组织变革的过程中适当运用激励手段，将达到意想不到的效果。一方面，企业可以在变革实施的过程中，提高员工的工资和福利待遇，使员工感受到变革的好处和看到希望。另一方面，企业可以对一些员工予以重用，以稳住关键员工，消除他们的顾虑，使他们安心地为企业工作。

4. 引入变革代言人

变革代言人即通常所说的咨询顾问。由以上分析我们已经知道，在变革的过程中，一些员工认为变革的动机带有主观性质，他们认为变革是为了当局者能更好地谋取私利。还有一些员工认为变革发动者的能力有限，不能有效地实施变革。而引入变革代言人就能很好地解决上述问题。一方面，咨询顾问通常都是由一些外部专家组成，他们的知识和能力不容置疑。另一方面，由于变革代言人来自第三方，通常能较为客观地认识企业所面临的问题，较为正确地找到解决的办法。

5. 运用力场分析法

力场分析法是卢因于1951年提出来的，他认为，变革是相反方向作用的各种力量间能动的均衡状态，对于一项变革，企业中既存在变革的动力，又存在变革的阻力，人们应该通过分析变革的动力和阻力，找到变革的突破口。

6. 培植组织的精神领袖

在组织变革的过程中，如果组织中有一位强力型的领导者，相对而言，变革的阻力就会很小。由于组织的精神领袖通常具有卓越的人格魅力和非常优秀的工作业绩。因此由他们发动变革，变革的阻力就会很小。当然，客观而论，在组织中培植精神领袖并不一定

是一件好事,但在组织变革的过程中确实能起到立竿见影的效果。

第六节 组织文化

一、组织文化的概念及特征

(一) 组织文化的概念

组织文化指的是组织在长期的生存和发展中所形成的,为组织多数成员所共同遵循的最高目标、基本信念、价值标准和行为规范。它是理念形态文化、物质形态文化和制度形态文化的复合体。

组织文化是一种客观存在,无论它属于优良的文化还是劣性文化,它的存在是客观的。从一个组织诞生那一天开始,组织成员在长期的共同活动中,必然会形成一些独特的行为方式、独特的风俗习惯,以及独特的价值观念。

在组织文化中,核心内容是组织的价值观,它为组织成员提供了一种共同意识,以及日常行为的指导方针。组织文化通过以价值观为核心的文化意识观念,说服、感染、诱导、约束组织成员,把全体成员凝聚在一起,最大限度地调动成员的积极性和创造性,为组织的发展和效率提高提供源源不断的动力。这就是组织文化的精髓。

(二) 组织文化的特征

1. 普遍性

一个组织是一定个体的集合体,人们加入某个组织的目的各种各样。但是,组织的每一个成员都清楚,组织目标与个人目标的统一是个人和组织获得发展的必要条件,要保证二者的一致,除了要有必要的制度规范这种强制保障外,组织的管理者还必须让员工了解组织的目标,让个人目标自觉地与组织目标协调。为此,组织内部必然会建立起一系列整合员工行为、观念的规范和判断这些行为与观念的标准,形成员工共享的符合组织宗旨和发展需要的价值观念和行为准则,即使在这方面没有开展有意识的工作,在组织的生存与发展中,它们也会逐渐地自然形成。可以说,只要有正式的组织,就有组织文化。只不过有些组织文化已经定型,十分明显,容易感受;有些则比较模糊,还可能在形成过程之中,需要认真分析才能发现,但这并不否认组织文化的存在。所以说,组织文化具有普遍性。

2. 客观性

组织文化虽然是通过有目的的活动建立起来的,而且管理者必须为之付出一定的努力,但是一种组织文化的形成并不完全取决于管理者的主观意志。一种组织文化能够稳定,为社会所感受,就必须符合组织的实际,这就是对组织文化的客观性要求。在现代社会,组织不仅是人们工作的场所,也是人们开展社会活动的场所,是人们社会性得到满足的重要方式。人们有理由希望工作本身具有意义,管理者在建设组织文化的工作中必须意识到并且实践这一点。在组织文化的形成过程中,组织的结构、性质、规模以及所处的社会环境都将对其产生直接的影响。从这个意义上说,组织文化是客观的。

3. 实践性

每个组织的文化,都是在组织长期实践的基础上通过有目的的实践活动有意识地培养起来的。离开了组织的实践,就不可能有组织文化。组织的实践是组织文化产生、发展和不断丰富的源泉。实践性的含义还在于组织文化不是空洞的口号,而是需付诸实践的价值观和信仰体系。不结合组织实际的文化,只是一种文化理念;不能够与组织的实际有机结合起来的文化,肯定是没有生命力的文化。这一点,担负着组织文化建设重要使命的管理者要特别注意。

4. 可塑性

组织文化的可塑性指的是组织文化是可变的,受时代以及组织的内部结构、战略目标和结构等因素的影响。因此,组织文化的塑造必须与时俱进,必须适应组织的发展,必须充分发挥组织成员的创造性,不断塑造新型的组织文化。

二、组织文化的结构

美国著名组织行为学家薛恩在其名著《组织文化与领导》中,将文化分解为三个由表象至基础的层面。在创建组织文化时,人们是由基础往顶层砌筑的,但在认识它时,却是由可见的表象逐层深挖到它隐含的基础上去的。这三个文化层面如下。

(一) 物质层

物质层是组织文化的表层部分,是组织文化的外在表现,是精神层的载体,它往往能折射出组织的经营思想、经营管理哲学、工作作风和审美意识。它代表着组织的信誉、产品的质量、品牌的价值、人员的素质、管理的效率等,是组织的无形资产,也是组织重要的战略资源。企业物质层主要包括以下几方面:

1. 组织标志、标准字、标准色;
2. 组织容貌,包括其自然环境、建筑风格、车间和办公室的设计布置方式、生产区和生活区的绿化美化、污染的治理等;
3. 产品的特色、式样、品质、包装等;
4. 企业的技术工艺设备特性;
5. 组织服装、旗帜、徽章等;
6. 组织的文化体育生活设施;
7. 组织造型或纪念建筑;
8. 组织的纪念品;
9. 组织的文化传播渠道,如报纸、期刊、广播、电视、宣传栏、广告牌等。

(二) 制度层

组织制度是组织对其成员的行为带有强制性并能保障成员一定权利的各种规定。它是组织文化的中间层次,主要是指对组织职工和组织行为产生规范性、约束性影响的部分,它主要规定了组织成员在共同的生产经营活动中所应当遵循的行动准则及风俗习惯。它是组织理念、价值观、精神和伦理道德的具体反映,将抽象的意识转变为具体的条文,使其更明确、更具体,具有可执行性。它是物质文化实现的保证,并从制度上保证物质文化的正常运行。

组织制度主要包括工作制度、责任制度、特殊制度、特殊风俗等。制度层文化把组织物质文化和组织精神文化有机地结合成一个整体。

(三) 精神层

主要是指组织的管理者和员工共同信守的基本信念、价值标准、职业道德及精神风貌,包括组织经营哲学、组织精神、组织风气、组织目标、组织道德等。组织精神文化是组织价值观的核心,是组织优良传统的结晶,是维系组织生存发展的精神支柱。

这三个层面不应逐一分割开来对待,而应视为一个整体,相互依存,相互作用,并且不断发展,形成了形形色色的组织文化:(1)组织精神层的内容决定了物质层和制度层的内容,精神层是组织文化的核心;(2)制度层是精神层和物质层的中介;(3)物质层和制度层是精神层的直观体现。从以上对组织文化的层次及其相互关系的分析中可以看出,组织文化的精神层是最根本的,它决定着其他两个层次。因此,建设组织文化要以精神层文化的确立为核心。

三、组织文化的功能

文化因素在管理中,尤其是在对人的管理方面具有重要的影响和巨大的意义,文化环境是人力资源管理的重要外部条件,它在一定程度上决定了人在质上的规定性。具体而言,组织文化对于解决组织目标与个人目标的矛盾、领导者与被领导者之间的矛盾,开辟了一条现实可行的道路。其功能主要有:

(一) 导向功能

即把组织成员的行为动机引导到组织目标上来。为此,在制定组织目标时,应该融进组织成员的事业心和成就欲,包含较多的个人目标,同时也要高屋建瓴、振奋人心。

组织文化可使组织在一种共同的价值观念引导之下,形成一股强大的精神动力,产生经济机制难以产生的巨大潜力。由于组织理念是组织的主导共识,因此,这种导向功能对大多数人来讲是建立在自觉基础上的,他们会主动将自己的行为和组织的要求对照,使之符合组织文化的要求。对于少数未取得共识的人来讲,组织文化对他们具有强制约束性,使他们按整体的价值取向行事。

(二) 约束功能

一个组织,常常不得不制定出许多规章制度来保证生产的正常运行,这当然是完全必要的,但是即使有了千万种规章制度,也很难规范每个职工的行为,而组织文化是用一种无形的文化上的约束力量,形成一种行为规范,制约员工的行为,同时还可以弥补规章制度的不足。它使信念在职工的心里成为一种定势,构造一种响应机制,只要外部诱导信号发生,即可以得到积极的响应,并迅速转化为预期的行为。这就形成了有效的"软约束",

它可以减弱硬约束对职工心理的冲撞,缓解自治心理与被治理现实形成的冲突,削弱由其引起的一种心理抵抗力,从而使企业上下左右达成统一、和谐和默契。

(三) 凝聚功能

文化是一种极强的凝聚力量。组织文化是一种黏合剂,把各个方面、各个层次的人都团结在组织文化的周围,产生一种凝聚力和向心力,使组织成员个人思想和命运与组织的安危紧密联系起来,使他们感到个人的工作、学习、生活等任何事情都离不开组织这个集体,将组织视为自己最为神圣的东西,与组织同甘苦、共命运。

(四) 激励功能

组织文化的核心是组织的共同价值观念,在这种群体价值观指导下发生的一切行为,又都是组织所期望的行为,这就促成了组织利益与个人行为的一致,组织目标与个人目标的结合。在满足物质需要的同时,崇高的群体价值观带来的满足感、成就感和荣誉感、使组织成员的精神需要获得满足,从而产生深刻而持久的激励作用。

优秀的组织文化就是要营造出一种人人受重视、受尊重的文化氛围。良好的文化氛围,往往能产生一种激励机制,使每个成员做出的贡献都会及时得到其他成员及领导的赞赏和奖励,由此激励员工为实现自我价值和组织发展而不断进取。

(五) 辐射功能

组织文化塑造着组织的形象。优良的组织形象是组织成功的标志,包括两个方面:一是内部形象,它可以激发组织成员对组织的自豪感、责任感和崇尚心理;二是外部形象,它能够更深刻地反映出该组织文化的特点及内涵。组织形象除了对本组织有很大的影响之外,还会对本地区乃至国内外的其他一些组织产生一定的影响,因此,组织文化有着巨大的辐射作用。

总之,优秀的组织文化可以使人力资源开发深刻化,人力资源管理自动化。组织文化像一只无形的手,引导人力资源发挥出巨大的潜在能量。

四、组织文化的类型

组织文化在不同的外部环境和内部条件下,从不同的角度来看,会呈现出不同类型。

(一) 按照组织文化的内在特征

艾莫瑞大学的杰弗里·桑南菲尔德提出了一套标签理论,它有助于我们认识组织文化之间的差异,认识到个体与文化的合理匹配的重要性。通过对组织文化的研究,他确认了四种文化类型:

1. 学院型组织文化

学院型组织是为那些想全面掌握每一种新工作的人而准备的地方,在这里他们能不断地成长、进步。这种组织喜欢雇用年轻的大学毕业生,并为他们提供大量的专门培训,然后指导他们在特定的职能领域内从事各种专业化工作。桑南菲尔德认为,学院型组织的例子有IBM公司、可口可乐公司、宝洁公司等。

2. 俱乐部型组织文化

俱乐部型公司非常重视适应、忠诚感和承诺。在俱乐部型组织中,资历是关键因素,年龄和经验都至关重要。与学院型组织相反,它们把管理人员培养成通才。俱乐部型组织的例子有联合包裹服务公司、德尔塔航空公司、贝尔公司、政府机构和军队等。

3. 棒球队型组织文化

棒球队型这种组织鼓励冒险和革新。招聘时,从各种年龄和经验层次的人中寻求有才能的人。薪酬以员工绩效水平为标准。由于这种组织对工作出色的员工给予巨额奖酬和较大的自由度,员工一般都拼命工作。在会计、法律、投资银行、咨询公司、广告机构、软件开发、生物研究领域,这种组织比较普遍。

4. 堡垒型组织文化

棒球队型组织重视创造发明,而堡垒型组织则着眼于公司的生存。这类公司以前多数是学院型、俱乐部型或棒球队型的,但在困难时期衰落了,后来尽力来保证企业的生存。这类组织工作安全保障不足,但对于喜欢流动性、挑战的人来说,具有一定的吸引力。堡垒型组织包括大型零售店、林业产品公司、天然气探测公司等。

(二) 按照权力的集中或分散

卡特赖特(Cartwright)和科伯(Cooper)于1992年提出四种文化类型。这四种组织文化的区别在于权力是集中的还是分散的,以及政治过程是以关键人物还是以要完成的职能的人物为中心的。

1. 权力型组织文化

也叫独裁文化,由一个人或一个很小的群体领导这个组织。组织往往以企业家为中心,不太看重组织中的正式结构和工作程序。随着组织规模的逐渐扩大,权力文化会感到很难适应,开始分崩离析。

2. 作用型组织文化

也叫角色型组织文化。在这样的组织里,你是谁并不重要,你有多大能力也不重要,重要的是你在什么位置,你和什么人的位置比较近,做每件事情都有固定的程序和规矩,人们喜欢的是稳重、长期和忠诚,有的甚至是效忠。这种文化看起来安全和稳定,但是当组织需要变革的时候,这种文化则会受到较大的冲击。

3. 使命型组织文化

也叫任务文化。在这种文化中,团队的目标就是要完成设定的任务。成员之间的地位是平等的,这里没有领导者,唯一的老板就是任务或者使命本身。有人认为这是最理想的组织模型之一,但这种文化要求公平竞争,而且当不同群体争夺重要的资源或特别有利的项目时,很容易产生恶性的政治紊乱。

4. 个性型组织文化

这是一种既以人为导向又强调平等的文化。这种文化富于创造性,孕育着新的观点,允许每个人按照自己的兴趣工作,同时保持相互有利的关系。在这样的组织里,组织实际上服从个人的意愿,但是很容易被个人左右。

(三) 按照组织文化所涵盖的范围

组织作为一个系统,是由各种子系统构成的,各个子系统又是由单个的具有文化创造力的个体组成的。在一个组织中,除了整个组织作为一个整体外,各种正式的、有严格划分的子系统或非正式群体,相对于组织来说也都能够作为一个小整体。从这个角度来说,组织文化又可以分为两类:

1. 主文化

主文化体现的是一种核心价值观,它为组织大多数成员所认可。当我们说组织文化时,一般就是指组织的主文化。正是这种宏观角度的文化,使组织具有独特的个性。

2. 亚文化

亚文化是某一社会主流文化中一个较小的组成部分。在组织中,主文化虽然为大多数成员所接受,但是它不能包含组织中所有的文化。组织中有各种小群体,在认同组织主文化的前提下,它们也有自己独特的亚文化。亚文化或者是对组织主文化更好的补充,或者是与主文化相悖的,或者虽然与主文化有区别,但对组织来说是无害的,在一定条件下又有可能替代组织的主文化。

五、组织文化建设

文化管理是当今世界企业管理的最佳形态和发展方向,在文化管理下,组织文化建设成为企业经营管理的"牛鼻子"。海尔、华为、平安等企业都成功地塑造了自己的组织文化,同时这些企业在优秀的组织文化的推动下走向了更大的成功,也使更多的企业意识到了组织文化的塑造对企业发展的重要性。那么该如何进行组织文化建设呢?

组织文化建设是个长期的过程,同时也是组织发展过程中的一项艰巨、细致的系统工程。通常,组织可以通过以下过程进行组织文化建设。

(一)诊断现有文化

总结现有组织文化状况,然后进行诊断,可以对组织中已有的企业价值观、企业精神、道德风尚、企业制度等因素进行评价,判断出哪些是恰当的、哪些是不恰当的、哪些是符合时代要求的、哪些是将为时代所淘汰的,等等。可以通过以下方式进行:

(1)精心分析。在经过群众性的初步认同之后,应当对反馈回来的意见加以分析和评价,详细分析和比较实践结果与规划方案之间的差距,必要时还可吸收有关专家和员工的合理化意见和建议。

(2)全面归纳。在系统分析的基础上,进行综合的整理、归纳、总结和反思,采取去粗取精、去伪存真、由此及彼、由表及里的方法,去除落后的、不为员工认可的内容和形式,保留那些为员工所接受的、卓有成效的内容和形式。

(二)提炼定格

提炼定格就是确立组织价值观及整个组织文化体系。通过诊断,把经过科学论证和实践检验的组织精神、组织价值观、组织文化条理化和格式化,在加以必要的理论加工和文字处理后,用精练的语言表述出来,同时结合组织的战略发展确立未来的组织价值观,并围绕所确立的价值观建立相应的组织目标、组织制度、组织道德、组织文化礼仪等,从而将组织文化的整个体系构建出来。为了便于广大员工记忆、流传和推广,还应该把企业价值观及企业精神用简明扼要、精练确切的语言表述出来。

(三) 强化员工认同

组织价值观和组织文化模式一旦确定，就应通过一定的强化灌输方法使其深入人心，具体方法包括：

(1) 大力宣传。组织要充分利用一切宣传工具和手段，大张旗鼓地宣传组织文化的内容和要求，使之家喻户晓，人人皆知，以营造浓厚的环境氛围。

(2) 树立典型榜样和英雄人物。典型榜样和英雄人物是组织精神和组织文化的人格化身和形象缩影，能够以其特有的感染力、影响力和号召力为组织成员提供可以仿效的具体榜样；而组织成员也正是从英雄人物和榜样的精神风貌和言行表现之中，深刻理解到组织文化的实质和意义。

(3) 培训教育。有目的的培训与教育，能够使组织成员系统地接受和强化认同组织所倡导的组织精神和组织文化，而且培训教育的形式可以多种多样，如可以使用户外拓展的方法。当前，在健康有益的娱乐活动中，恰如其分地糅进组织文化的基本内容和价值准则，往往成效显著。

(四) 巩固落实

组织文化的塑造不能停留在口头和文字上，还需要巩固和落实，其中有以下两个方面比较重要。

(1) 必要的制度保障。在组织文化成为全体员工的习惯行为之前，要使每一位成员都能自觉地按照组织文化和组织精神的标准去行事，这是不可能的。即使在组织文化已经成熟的组织中，个别成员背离组织宗旨的行为也是经常发生的。因此，必须建立某种奖优罚劣的规章制度，以保证组织文化的落实。

(2) 领导的率先垂范。组织领导者在塑造组织文化的过程中起着决定性的作用，他本人的模范行为就是一种无声的号召和导向，对广大员工会产生强大的示范效应。所以，任何一个组织如果没有组织领导者的以身作则，要想培育和巩固优秀的组织文化都是非常困难的。这就要求组织领导者观念更新、作风正派、率先垂范，真正肩负起带领组织成员共建优秀组织文化的历史重任。

(五) 丰富发展

任何一种组织文化都是特定历史的产物，当组织的内外条件发生变化时，不失时机调整、更新、丰富和发展组织文化的内容和形式是非常必要的。这既是一个不断淘汰旧文化、生成新文化的过程，也是一个认识和实践不断深化的过程，组织文化经过循环往复达到更高的层次。

本章小结

1. 组织有两种词性。一种是名词，一种是动词。作为名词的组织，是指两个或两个以上的人为实现共同的目标组合而成的有机整体。一般由目标、规范、成员、权威和物质设备等五个构成要素。作为动词的组织，是指管理的一项基本职能，即根据组织目标和计划的需要设置部门、岗位，为每个岗位配备人员，明确各部门和岗位的职责、职权和相互之间的关系。

2. 组织结构设计，是指建立或改造一个组织结构的过程，是把任务、权力和责任进行有效的组合和协调的活动。通过组织结构设计，为组织中的全体人员指派工作职责并协调其工作，以期在达成组织经营目标的过程中获得最佳的工作绩效。组织结构设计必须考虑组织环境、组织战略、组织规模、技术等一系列因素，并遵循一些基本的原则，选择适当的组织结构形式。

3. 常见的组织结构类型有直线制、职能制、直线职能制、事业部制、模拟分权制、矩阵制、网络型和集团控股型组织结构等，各有优缺点。

4. 职权是组织结构运作中的一个重要概念，它是管理者所固有的发布命令和希望命令得到执行的一种权力，是管理者制定决策、发布命令、分配资源以取得组织所期望的结果的正式而合法的权力。组织运作的效率与效果在于管理者怎样正确地行使职权，如何恰当地集权和分权，如何充分地对下属或他人授权。授权是指管理者将分内的某些工作托付给下属或他人代为履行，并授予被托付人完成该工作所必需的权力。

5. 组织是集权和分权的对立统一的结合体。集权指较多的权力和较重要的权力集中在组织的较高层次的管理者手中。分权则是指将较多的权力和较重要的权力分散授予组织的较低层次的管理念手中。集权和分权的程度以决策的频率、决策的幅度、决策的重要程度和下属决策受控制的程度为标志。组织运作的过程中还要注意利用非正式组织的作用。

6. 组织为了适应内外环境的变化，必须对自身进行整理和修正，即进行组织变革，包括组织结构变革、技术变革和人事变革三类。而组织变革又具有的破坏性和风险性，会招致来自组织内外各个方面的阻力，这就需要分析变革阻力的来源、产生的原因，然后采取适当的方法克服变革阻力。

7. 组织文化指的是组织在长期的生存和发展中所形成的，为组织多数成员所共同遵循的最高目标、基本信念、价值标准和行为规范。它是理念形态文化、物质形态文化和制度形态文化的复合体。组织文化在不同的外部环境和内部条件下，从不同的角度来看，会呈现出不同类型。

8. 组织文化对组织有导向、约束、凝聚、激励、辐射等功能，对组织发展至关重要，这就要求组织必须重视组织文化建设。

练习与思考

一、选择题

1. 保证在组织中"事事有人做"体现了下面的哪个职能？（　　）
   A. 计划职能　　B. 组织职能　　C. 领导职能　　D. 控制职能
2. 下列哪项不是直线型组织结构的特点？（　　）
   A. 多头领导
   B. 结构简单,管理费用低,命令统一
   C. 决策迅速
   D. 责任与职权明确,指挥灵活,上下级关系清楚
3. 下列哪项不是"扁平化"组织结构的特点？（　　）
   A. 外界环境适应快　　　　　　B. 管理幅度大
   C. 上下级容易互动　　　　　　D. 管理费用高
4. 直线职能制组织结构有一些缺点,以下指出的缺点,通常不属于直线职能制组织结构的是（　　）。
   A. 产生隧道视线
   B. 指挥部门与职能参谋部门的工作不易协调
   C. 产生"本位主义"的观念
   D. 保证统一指挥
5. 一家产品单一的跨国公司在世界许多地区拥有客户和分支机构,该公司的组织结构应考虑按哪个因素来划分部门？（　　）
   A. 职能　　　　B. 产品　　　　C. 地区　　　　D. 技术
6. 某家电企业的组织结构呈典型的金字塔状,越往上层（　　）。
   A. 其管理难度与幅度都越小　　B. 其管理难度越小,而管理幅度则越大
   C. 其管理难度越大,而管理幅度则越小 D. 其管理难度和幅度都大
7. 一般说来,管理层次所拥有的能够确定集权或分权程度的权力是（　　）。
   A. 审批权　　　B. 决策权　　　C. 组织权　　　D. 计划权
8. 管理幅度是指管理人员（　　）。
   A. 直接而有效地指挥和管理下级部门的数量
   B. 直接而有效地指挥和管理下属的数量
   C. 指挥和管理的全部下属的数量
   D. 职责与权利的范围
9. 现代大公司广为采用的组织形式是（　　）。

A. 直线制　　　B. 职能制　　　C. 直线职能制　　　D. 事业部制

10. 当代管理机构变革的一大趋势是（　　）。
    A. 管理层次复杂化　　　　　　B. 组织结构扁平化
    C. 管理幅度日益减少　　　　　D. 锥形结构更受欢迎

11. 李健是一民营企业的职员，他工作中经常接到来自上级的两个有时甚至更多相互冲突的命令。以下哪种说法指出了导致这一现象的本质原因？（　　）
    A. 该公司在组织设计上采取了职能制结构
    B. 该公司在组织结构中出现了越级指挥问题
    C. 该公司的组织层次设计过多
    D. 该公司组织运行中有意无意地违背了统一指挥的原则

12. 在组织中，直线与参谋两类不同职权在确保企业有效运行上存在着以下哪种关系？（　　）
    A. 领导与被领导　　　　　　B. 一般协作同事
    C. 负直接责任与协作服务　　D. 命令与服从

13. 直线职能制组织形式一般适用于（　　）。
    A. 中小企业　　B. 大企业　　C. 所有企业　　D. 不能判断

14. 事业部制的主要不足在于（　　）。
    A. 不利于调动下层的积极性　　　B. 不利于灵活调整经营策略
    C. 易造成事业部之间无效的内部竞争　D. 不利于企业发展壮大

15. 对于科研院所等研究项目较多、创新功能较强的组织或企业，以下哪一种组织形式最合适？（　　）
    A. 直线制　　B. 事业部制　　C. 矩阵制　　D. 职能制

16. 关于扁平式组织结构，下列说法中正确的是（　　）
    A. 它是指管理层次多而管理幅度小的一种组织结构形态
    B. 它有利于缩短上下级距离、密切上下级关系、降低管理费用
    C. 它更有可能使信息在传递过程中失真
    D. 它不适合于现代企业组织

17. 管理层次与管理幅度两者存在（　　）的数量关系。
    A. 正比　　　　　　　　B. 反比
    C. 无比例　　　　　　　D. 既可以正比，也可反比

18. （　　）就是要求每位下属应该有一个并且仅有一个上级，要求在上下级之间形成一条清晰的指挥链。
    A. 统一指挥原则　B. 控制幅度原则　C. 权责对等原则　D. 柔性经济原则

19. 责任、权力、利益三者之间不可分割，必须是协调的、平衡的和统一的。这就是组织结构设计的（　　）原则。
    A. 责权利对等　　B. 分工与协作　　C. 分级管理　　D. 弹性结构

20. 组织纵向结构设计的结果是（　　）。
    A. 组织的部门化　B. 组织的层级化　C. 管理幅度　D. 职务分析与设计

21. 沸光广告公司是一家大型广告公司,业务包括广告策划、制作和发行。考虑到一个电视广告设计至少要经过创意、文案、导演、美工、音乐合成、制作等专业的合作才能完成,下列何种组织结构能最好地支撑沸光公司的业务要求?(   )
    A. 直线制   B. 职能制   C. 矩阵制   D. 事业部制
22. 分权的主要意义在于(   )。
    A. 可以让下级来参与上级的决策,从而提高下级的工作积极性
    B. 使上级领导有更多的时间处理对外关系
    C. 减轻上级领导的工作负担,使他们能够集中精力处理高层管理问题
    D. 下级可以先斩后奏,从而提高应变能力
23. 组织文化的核心和主体是(   )。
    A. 物质层   B. 制度层   C. 道德规范   D. 精神层
24. 组织变革的过程包括(   )。(多选)
    A. 准备阶段   B. 解冻阶段   C. 变革阶段   D. 再冻结阶段
25. 职权可以分为(   )。(多选)
    A. 直线职权   B. 参谋职权   C. 职能职权   D. 领导职权

二、问答题

1. 什么是组织?它的构成要素是什么?
2. 简述组织结构设计的影响因素和原则。
3. 简述组织结构设计的基本程度。
4. 矩阵制组织结构有什么特点?什么样的组织适合采用矩阵制结构?
5. 什么是职权?职权有几种基本类型?它们之间的关系如何?
6. 简述影响集权与分权的主要因素。
7. 什么是组织变革?组织变革的原因是什么?
8. 组织变革的阻力有哪些?该如何克服组织变革的阻力?
9. 什么是组织文化?它有什么功能?

三、讨论及思考题

1. 调查你周边的企业都采用什么类型的组织结构,是否合理。
2. 现在有些组织的管理层次过多是由什么原因造成的?应如何改变?
3. 在你的生活环境中是否存在非正式组织,若存在,请列举它的作用。
4. 查阅相关资料,谈谈你对"狼文化"的看法。

三、案例练习

东原公司的组织问题

东原公司是一家新兴企业。六年前以房地产业务起家,创业时仅有几个人,资产1500万元。如今已形成以房地产开发为主,集娱乐、餐饮、咨询、汽车维护、百货零售等业务于一体的多角化经营格局,已拥有1300多名员工、5.8亿元的资产。

随着公司的不断发展,人员开始膨胀,部门设置日益复杂。如总公司下设五个分公司及一个娱乐中心,娱乐中心下设嬉水、餐饮、健身、保龄球、滑水等项目。另外,总公司所属的房地产开发公司、装修公司、汽车维修公司和物业公司又都自成体系。管理层次不断增加,总公司有三级,各分公司又各有三级以上的管理层,最突出的是娱乐中心的管理层次多达七级。职能部门重叠设置,管理混乱。事实表明,原有的直线职能制已不适应公司的发展了,需要进行组织变革。但是,组织变革意味着利益的重新分配,可能会产生阻力,东原公司的领导层面临考验。

分析与思考:

1. 你认为东原公司适合采用什么类型的组织结构。
2. 如果你是公司的领导,你将如何解决这些问题?

第七章　人员配备

【要点提示】

掌握人员配备内容与程序；
掌握人力资源规划的内容；
掌握人员招聘的渠道、方法；
掌握培训与发展的方法；
理解绩效的含义，掌握绩效考核的程序。

组织设计仅为系统运行提供了可供依托的框架。框架要能发挥作用，必须配置相应的资源，而所在资源中人力资源是第一资源，因此，人员配备对组织结构运行来说至关重要。可以说，人员配备是组织设计的逻辑延续，要通过分析人与事的特点，谋求人与事的最佳组合，实现人与事的不断发展。

第一节　人员配备概述

人员配备是组织设计的延续，其任务是要为组织的不同岗位选配合适的人员，以谋求人与事的最佳组合，实现员工的不断成长和组织的持续发展。做好人员配备，首先必须明确人员配备的要求、内容与原则。

一、人员配备的基本要求

人员配备的基本要求是谋求人与事的最佳组合，因此，人员配备要求是既要满足组织需要，又要考虑组织成员的需要。

（一）人员配备应能满足组织的需要

1. 使组织系统得以运转

若要让组织有效运转，必须使组织中的每个岗位配备有符合要求的人，才能使组织的每项工作都有相应的人去完成。

2. 为留住人才创造条件

人们总是希望能做发挥自己才能并给自己带来最大收益的工作，因此，需要流动和尝试不同的工作。因此，组织若想留住人才，需要对员工进行轮岗、转岗或岗位重新设计，为员工才能的充分发挥和实现个人发展目标创造良好的条件。

3. 适应组织发展需要

组织总是处在不断发展变化的内外环境之中,组织的目标与战略也需要随环境的变化和组织的发展做出适当的调整,相应的组织结构及岗位设置也要发生改变,因此,人员配备应考虑到组织结构和岗位设置在未来可能发生的变化。

(二) 人员配备要考虑到组织成员的需要

从组织成员的需要出发,人员配备必须能够充分发挥组织成员的能力,使之自觉自愿地履行其职责,为实现组织目标而努力工作。为此,通过人员配备,不仅要使每个人的知识与能力得到公正的评价、承认与运用,而且要使每个人的知识与能力得以不断发展与提高。工作要求与员工自身能力是否相符,工作目标是否具有挑战性,工作内容是否丰富化,是否符合自己的兴趣与需求,是否"大材小用"使员工感到"怀才不遇",所有这些都会影响到员工在工作中的主动、热情与积极程度。知识与技能的提高,不仅可以满足人们较高层次的心理需求,而且也是组织成员得以不断晋升发展、通向职业生涯巅峰的阶梯。因此要通过人员配备,使每个组织成员都能看到这种机会和希望。

二、人员配备的内容与程序

人员配备是一个系统过程,这个过程受组织内外许多因素的影响。一般来说,组织内部的影响因素主要有组织目标、任务、技术特点、组织结构、组织所雇用的人员种类、组织风气、组织内部对主管人员的需求状况、报酬制度以及各种人事政策等;外部的影响因素则主要包括社会文化教育水平、经济条件、直接影响人员配备工作的一些法令或者条例,以及组织外部对主管人员的供应情况等。以上这些内外影响因素相互交织在一起,使人员配备显得格外复杂。尽管如此,仍旧按照一定的系统的逻辑内容和程序步骤描述这一活动过程。一般情况下,人员配备的工作内容包括三个方面:通过人力资源规划以确定人员需要的种类与数量,通过招聘与甄选以选配合适的人员,通过考核与培训以使人员适应发展的需要。

(一) 人力资源规划:确定人员需要量

人员配备是在组织设计的基础上进行的。人力资源的有效利用首先依赖于科学的人力资源规划。人力资源规划是管理者为了确保组织能够为所需要的岗位配备所需要的人员,并使其能够有效地完成相应的岗位职责而在事先所做的计划工作。人力资源规划的内容主要包括评价现有的人力资源配备情况,根据组织发展战略预测组织所需要的人力资源,制定满足未来人力资源需要的行动方案。

人力资源规划涉及组织内人力资源供求配置的诸多方面。人力资源规划一般包括人力资源补充计划、人力资源调配计划、人力资源开发计划、员工职业发展规划。

(二) 招聘与甄选:选配人员

组织能否根据组织的发展和岗位要求招聘到所需数量的合格人才,直接决定了一个组织人力资源的整体质量。

人员选聘包括招聘与甄选。招聘是指组织按照一定的程序和方法招募具有岗位素质要求的人担任相应岗位工作的活动。甄选是指依据既定的用人标准和岗位要求,对应聘者进行评价与选择,从中选出能够胜任其岗位的合适人员的活动。通过招聘与甄选,组织为相应岗位配备合适的人员。

(三)考核与培训:使人员适应发展需要

1. 人员考核

如何对组织成员的工作表现进行客观考核,是组织工作中保持人与事最佳组合所必须进行的工作。考核是指相关部门或人员,按照一定的程序和方法,对组织中各部门、各岗位在一定时期内做出的工作绩效或表现出的能力素质所做的评价。考核又称绩效评估或考评,进行绩效评估的目的是保证组织目标的实现,促进员工的成长,为人员晋升和公平奖惩提供客观的依据。

2. 人员培训

组织在不断发展壮大过程中所产生的人力资源需求,除了以招聘方式予以补充外,更主要的方式是通过开发组织现有人力资源来加以满足。培训是组织开发现有人力资源和提高员工素质以适应组织发展要求的基本途径。同时,为员工提供学习机会,使其看到在组织中的发展前途,以维持组织成员对组织的忠诚度。因此,培训既是为适应组织发展的需要,也是为实现员工个人的充分发展。

通过培训与考核,可促使员工随着组织的发展不断成长,最终达到组织发展和员工成长的"双赢"。培训可分为岗前培训、在岗培训、转岗培训、升职培训等,培训方式主要有在职和离职两种。

三、人员配备的原则

为了求得人与事的最佳组合,在人员配备中必须坚持因事择人、量才适用、动态平衡等原则。

1. 因事择人原则

因事择人是人员配备的首要原则,它要求根据工作需要配备具有相应知识与能力的人员。同时,在人员配备过程中,要做好人力资源储备,以适应组织未来发展的需要。

2. 经济效益原则

组织人员配备计划的拟订要以组织需要为依据,以保证经济效益的提高为前提。它既不是盲目地扩大员工队伍,也不是单纯为了解决员工就业,而是为了保证组织效益的提高。

3. 量才适用原则

量才适用就是根据每个人的能力大小安排合适的岗位。人的差异是客观存在的,一个人只有处在最能发挥其才能的岗位上,才能干得最好。

4. 用人所长原则

所谓用人所长,是指在用人时不能够求全责备,管理者应注重发挥人的长处。在现实中,由于人的知识、能力、个性发展是不平衡的,组织中的工作任务要求又具有多样性,因此,完全意义上的通才、全才是不存在的,即使存在,组织也不一定非要选择用这种通才、全才,而应该选择最适合空缺职位要求的候选人。有效的管理就是要能够发挥人的长处,并使其弱点减少到最小。

5. 程序化、规范化原则

员工的选拔必须遵循一定的标准和程序。科学合理地确定选拔标准和聘任程序是组织聘任优秀人才的重要保证。

6. 动态平衡原则

要求以发展的眼光看待人与事的配合关系,不断根据变化了的情况进行适时调整,实现人与工作的动态平衡与最佳匹配。

第二节 人力资源规划

一、人力资源规划的含义

人力资源规划是根据企业的人力资源战略目标,科学预测企业未来的人力需求,预测其内部人力资源供给满足这些需求的程度,确定供求之间的差距,制订人力资源净需求计划,用以指导人力资源的招聘、培训、开发、晋升和调动,确保企业对人力资源在数量和质量上的需求的活动。

要正确理解人力资源规划,需要把握以下几个方面的内涵。

一是人力资源规划是以组织的发展战略目标为依据的。人力资源规划是在组织战略目标的指导下,对组织人力资源的供需状况进行分析和预测,以确保组织在近期、中期和长期对人力资源的需求。组织的发展战略目标是人力资源规划的基础,人力资源规划是组织发展战略目标实现的重要支撑。

二是组织所处的环境和组织的发展是一个动态的过程。组织的发展战略要随着环境的变化而作相应的调整,这就决定了组织人力资源的供需必然也是动态变化的。人力资源规划就是对这种动态发展过程进行分析和预测,从而确保组织的人力资源与组织的发展目标保持一致。

三是组织的人力资源规划必须转化为必要的人力资源政策和措施。人力资源规划的实施需要制定相应的人力资源政策和措施作为保障,如内部员工的调动和补缺、员工的晋升或降职、员工的培训与开发、外部招聘等政策和措施。

四是人力资源规划要符合组织和员工的利益。组织在追求高效率的同时也要关心员工个人的利益和要求。一方面,组织要创造良好的条件,为员工发挥积极性和创造性提供平台,提高工作效率,实现组织目标;另一方面,组织也要关心员工的物质和精神等方面的需求,帮助员工在实现组织目标的同时实现个人目标。

二、人力资源规划的内容

对于人力资源规划类型的划分,按照规划涉及的范围大小,可以将其分为宏观规划、中观规划和微观规划;按照规划涉及的时间长短,可以将其分为短期规划、中期规划和长期规划;按照规划涉及的内容特征,可以将其分为总体规划和具体业务规划。一般来说,按照规划涉及的内容特征划分比较容易获得人们(尤其是初学者)的理解和接受。所以本书重点介绍总体规划和具体业务规划。

(一)人力资源总体规划

人力资源总体规划是在有关特定计划期内,以组织战略目标为基础的人力资源管理与开发利用的总目标、政策、实施步骤及预算的安排,是人力资源管理活动的基础。

人力资源总体规划的主要内容概括起来有如下几个方面:一是阐述在组织战略目标导向下,组织对各种人力资源的需求和各种人力资源配置的总体要求框架;二是阐明在实现组织战略目标中,有关人力资源管理方面的重要方针、政策和原则,如人才的招聘、培训、配置、晋升、降职、发展、奖惩和薪酬福利等方面的重大方针和政策;三是确定人力资源投资的总预算。总之,人力资源总体规划是侧重于组织人力资源管理方面的总的、战略性的有关重要方针、政策和原则。

(二)人力资源各项具体业务规划

人力资源各项具体业务规划是对人力资源总体规划的展开和具体化,主要包括岗位职务规划、人员补充规划、人员配置规划、人员晋升规划、教育培训规划、员工激励规划、劳动关系规划、退休解聘规划等。详见表7-1。

表7-1 人力资源规划的类型和内容

计划类别	目标	政策	预算
总体规划	总目标(绩效、人力总数、职工满意度等)	基本政策(如扩大、收缩、改革、稳定等)	总预算
岗位职务规划	组织目标、劳动生产率、技术设备和工艺要求、生产流程等	定岗定编、组织机构、岗位要求、上岗要求等	组织变革、岗位设计等费用
人员补充规划	人员类型、数量、层次,对人力素质结构及绩效的改善等	录用人员素质标准、来源、范围、起点待遇等	招聘、挑选等费用
人员配置规划	部门编制,人岗配置优化及绩效改善,职务轮换幅度等	任职条件,职位轮换范围及时间	人岗匹配设计和调配、轮岗成本等费用
人员晋升规划	保持后备人员数量,改变人才结构及提高绩效目标	选拔标准,晋升比例,未晋升人员的安置	晋升所引起的薪酬变动、安置等费用

续表

计划类别	目标	政策	预算
教育培训计划	满足员工发展需要，实现员工与组织目标一致，改善绩效、态度	培训数量类型、时间的保证，培训效果的保证	培训直接投入、脱产培训、人员流失成本等费用
员工激励规划	减少人才流失，提高员工士气，改善工作绩效	工资政策，激励政策，股权激励，激励重点	因激励（精神的和物质的）产生的成本等费用
劳动关系规划	建立合作关系，降低非期望离职率，提高员工满意度	改善管理模式，参与管理，加强沟通	参与管理和沟通的成本等费用
退休解聘规划	人员数量控制，人力成本降低，竞争力提高	退休政策及解聘程序	安置、解聘补偿、人员重置等费用

1. 岗位职务规划

主要研究定员定编问题，依据组织的近期和远期目标、劳动生产率、技术设备和工艺要求、生产流程等状况来明确相应的组织机构和岗位职务标准，并进行定员定编，在数量上确定人力资源的规模。

2. 人员补充规划

主要研究人员的招聘问题，根据组织内外环境变化和组织发展战略，通过有计划地吸收组织外部人员，确保组织在岗位职务出现空缺时能从质量和数量上得到合理的补充。其具体内容是规定了招聘各级各类人员所需要的学历、年龄、经历、能力等要求。

3. 人员配置规划

主要研究人员的合理配置问题，满足组织目标与人力资源数量和质量方面的需要，实现人岗匹配，根据组织目前的人员状况（尤其是在人员短缺或富余时）对引进、保持、提高、流动人力资源的数量和质量做出预测和布置。

4. 人员晋升规划

主要研究人员的晋升问题，根据组织的发展目标、人力需要和内部人员分布情况，制定员工职务的晋升方案。晋升规划一般由晋升条件、晋升比率、晋升时间等指标组成。

5. 教育培训规划

主要研究员工的培训开发问题，考虑员工的发展需要，通过对员工进行有计划的培训和开发，引导员工的技能发展和职业发展与组织的发展目标相适应。其具体内容包括培训的目标、受训人员的类型和数量、培训的内容和方式、培训费用预算等。

6. 员工激励规划

主要研究员工的有效激励问题，一方面是为了保证组织的人工成本与组织的经营状况保持良好的比例关系，另一方面是为了充分发挥各种激励措施的有效功能。其具体内容包括设计、制定、实施未来一段时期的激励措施，主要包括精神和物质两大类型的激励措施。

7. 劳动关系规划

主要研究雇主与员工的关系问题，通过构建良好的合作关系，减少非期望离职率和投诉率,提高员工的工作满意度。其具体内容包括改善管理模式、实施参与式管理、完善管理沟通渠道等。

8. 退休解聘规划

主要研究员工的退休和解聘问题,根据组织的发展目标和经营的具体情况,通过有计划地让符合退休标准的人员或还没达到退休年龄的人员有序地离开组织,从而使组织的人员结构更优、更合理。其具体内容包括退休或解聘的政策和程序等。其他还包括劳动组织规划、员工援助规划、劳动卫生与安全生产规划等。

三、人力资源规划的程序

人力资源规划的程序即人力资源规划的过程,一般可分为以下几个步骤:收集有关信息资料、人力资源需求预测、人力资源供给预测、确定人力资源净需求、编制人力资源规划、实施人力资源规划、人力资源规划评估、人力资源规划反馈与修正。

(一)收集有关信息资料

人力资源规划的信息包括组织内部信息和组织外部环境信息。组织内部信息主要包括企业的战略计划、战术计划、行动方案、各部门的计划、人力资源现状等。组织外部环境信息主要包括宏观经济形势和行业经济形势、技术的发展情况、行业的竞争性、劳动力市场、人口和社会发展趋势、政府的有关政策等。

(二)人力资源需求预测

人力资源需求预测包括短期预测和长期预测、总量预测和各个岗位需求预测。人力资源需求预测的典型步骤如下:

步骤一,现实人力资源需求预测。

步骤二,未来人力资源需求预测。

步骤三,未来人力资源流失情况预测。

步骤四,得出人力资源需求预测结果。

(三)人力资源供给预测

人力资源供给预测包括组织内部供给预测和外部供给预测。人力资源供给预测的典型步骤如下:

步骤一,内部人力资源供给预测。

步骤二,外部人力资源供给预测。

步骤三,将组织内部人力资源供给预测数据和组织外部人力资源供给预测数据汇总,得出组织人力资源供给总体数据。

(四)确定人力资源净需求

在对员工未来的需求与供给预测数据的基础上,将本组织人力资源需求的预测数与在同期内组织本身可供给的人力资源预测数进行对比分析,从比较分析中可测算出各类人员的净需求数。这里所说的"净需求数"既包括人员数量,又包括人员的质量、结构,即既要确定"需要多少人",又要确定"需要什么人",数量和质量要对应起来。这样就可以有针对性地进行招聘或培训,就为组织制定有关人力资源的政策和措施提供了依据。

(五) 编制人力资源规划

根据组织战略目标及本组织员工的净需求量,编制人力资源规划,包括总体规划和各项业务计划。同时要注意总体规划与各项业务计划及各项业务计划之间的衔接和平衡,提出调整供给和需求的具体政策和措施。一个典型的人力资源规划应包括规划时间段、规划达到的目标、情景分析、具体内容、规划制定者、规划制定时间。

1. 规划时间段

确定规划时间的长短,要具体列出从何时开始,到何时结束。若是长期的人力资源规划,可以长达5年;若是短期的人力资源规划,如年度人力资源规划,则为1年。

2. 规划达到的目标

确定达到的目标要与组织的目标紧密联系起来,最好有具体的数据,同时要简明扼要。

3. 情景分析

目前情景分析:主要是在收集信息的基础上,分析组织目前人力资源的供需状况,进一步指出制订该计划的依据。

未来情景分析:在收集信息的基础上,在计划的时间段内,预测组织未来的人力资源供需状况,进一步指出制订该计划的依据。

4. 具体内容

这是人力资源规划的核心部分,主要包括以下几个方面:项目内容、执行时间、负责人、检查人、检查日期和预算。

5. 规划制定者

规划制定者可以是一个人,也可以是一个部门。

6. 规划制定时间

主要指该规划正式确定的日期。

(六) 实施人力资源规划

人力资源规划的实施,是人力资源规划的实际操作过程,要注意协调好各部门、各环节之间的关系,在实施过程中需要注意以下几点:

第一,必须要有专人负责既定方案的实施,要赋予负责人拥有保证人力资源规划方案实现的权力和资源。

第二,要确保不折不扣地按规划执行。

第三,在实施前要做好准备。

第四,实施时要全力以赴。

第五,要有关于实施进展状况的定期报告,以确保规划能够与环境、组织的目标保持一致。

(七) 人力资源规划评估

在实施人力资源规划的同时,要进行定期与不定期的评估。主要从以下三个方面进行:第一,是否忠实执行了本规划;第二,人力资源规划本身是否合理;第三,将实施的结果与人力资源规划进行比较,通过发现规划与现实之间的差距来指导以后的人力资源规划活动。

(八) 人力资源规划的反馈与修正

对人力资源规划实施后的反馈与修正是人力资源规划过程中不可缺少的步骤。评估结果出来后,应进行及时的反馈,进而对原规划的内容进行适时的修正,使其更符合实际,更好地促进组织目标的实现。

第三节 员工招聘

员工招聘在人员配备工作中具有重要的意义。招聘工作直接关系到企业人力资源的形成,有效的招聘工作不仅可以提高员工素质、改善组织人员结构,也可以为组织注入新的管理思想,为组织增添新的活力,甚至可能给组织带来技术、管理上的重大革新。

一、员工招聘的概念

员工招聘是企业根据人力资源规划和工作分析的数量、质量要求,通过信息发布和科学甄选,选拔岗位所需的人力资源的过程。

人力资源规划和工作分析是员工招聘工作开展的两个前提。人力资源规划是对企业人力资源需求和供给的分析和预测的过程。它为招聘提供了"量"的要求,从而确定配备、补充或晋升的规模。工作分析主要分析组织中工作岗位的工作内容、职责、工作环境、时间性、工作关系等,形成工作描述,以及确定什么素质的人才能胜任这一岗位,即任职资格。它为招聘提供了"质"的要求,从而明确谁适合该岗位。同时,工作描述也为应聘者提供了工作的详细信息。

二、员工招聘原则

(一) 因事择人原则

所谓因事择人,就是员工的选聘应以实际工作的需要和岗位的空缺情况为出发点,根据岗位对任职者的资格要求选用人员。

(二) 公开、公平、公正原则

公开就是要公示招聘信息、招聘方法,这样既可以将招聘工作置于公众的监督之下,防止出现以权谋私、假公济私的现象,又能吸引大量应聘者。

公平公正就是确保招聘制度给予合格应聘者平等的获选机会。

(三) 竞争择优原则

竞争择优原则是指在员工招聘中引入竞争机制,在对应聘者的思想素质、道德品质、业务能力等方面进行全面考察的基础上,按照考查的成绩择优选拔、录用员工。

(四) 效率优先原则

效率优先原则就是用尽可能低的招聘成本录用到最佳人选。

三、招聘的渠道

人力资源获取的渠道有内部招聘与外部招聘两种。

(一) 内聘招聘

内部招聘是指从企业内部获取企业需要的各种人才。内部招聘渠道有公开竞聘、主管推荐、人才储备等。

(二) 外部招聘

外部招聘是组织从外部寻找人员来填补职位空缺。外部招聘的渠道大致有人才交流会、传统媒体广告、网上招聘、校园招聘、人才猎取和员工推荐等。

1. 人才交流会

人才交流中心或其他人才交流服务机构每年都要举办多场人才招聘会,用人单位的招聘者和应聘者可以直接进行接洽和交流。招聘会参会人数流量大,有利于在相对比较集中的时间招聘人才,直接面对应聘人员;有利于集中安排面试时间,提高工作效率;有利于统一安排工作和生活;还可以起到很好的宣传作用。招聘会的缺点是招聘成本相对较高、招聘人员需要安排专门的时间进行招聘以及有些招聘会的专业性太强,对需求多种专业职位的公司不太适应等,也使现场招聘面临需要改进的挑战。

2. 媒体广告

企业可能通过报纸杂志、广播电视等媒体进行广告宣传,向公众传达招聘信息,覆盖面广、速度快。媒体广告招聘的优点是:信息传播范围广、速度快,应聘人员数量大、层次丰富,组织的选择余地大,可以招聘到素质较高的员工。媒体广告招聘的缺点是:招聘时间较长,费用较高,要花费较多的时间进行筛选。

各种媒体的优缺点比较及适用范围,如表 7-2 所示:

表 7-2 各种媒体的优缺点比较及适用范围

类型	优点	缺点	适用范围
报纸	信息传播范围广、速度快,应聘人员数量大、层次丰富,组织的选择余地大	阅读对象较杂,应聘者非所选;预约期长,分散	某特定地区招聘某专业领域或较基层的人员
专业杂志	针对性强,容易招到想要的人才	不适合基层员工招聘	专业技术人员
广播电视	冲击力强,印象深刻,对企业有宣传作用	时间短,不便保留,费用高	招聘大量人员

3. 网络招聘

网络招聘是一种新兴的招聘方式,用人单位可以将招聘广告张贴在自己的网站上,或者张贴在某些网站上,也可以在一些专门的招聘网站上发布信息。

依托互联网强大的信息量和交互式功能,网上招聘具有信息量大、查询快、个性化服务强,不受时间、空间的限制等诸多优点,因而被广泛采用。网络招聘的快捷方便还表现在电子化筛选和管理简历、用电子邮件预约面试、网上远程面试等。当然其也存在一定的缺点,比如容易鱼目混珠,筛选手续繁杂,以及对高级人才的招聘较为困难,等等。

4. 校园招聘

学校是人才高度集中的地方,是组织获取人力资源的重要源泉。对于大专院校应届毕业生招聘,可以选择在校园直接进行。包括在学校举办的毕业生招聘会、招聘张贴、招聘讲座和毕业生分配办公室推荐等。

学校招聘的优势有:

(1) 组织可以在校园中招聘到大量的高素质人才;

(2) 大学毕业生虽然经验较为欠缺,但是具备巨大的发展潜力;

(3) 大学生思想较为活跃,可以给组织带来一些新的管理理念和新的技术,有利于组织的长远发展。

但是,学校招聘也存在明显的不足之处:

(1) 学校毕业生普遍缺少实践经验,组织需要用较长的时间对其进行培训;

(2) 新招聘的大学毕业生无法满足组织即时的用人需要,要经过一段较长的相互适应期;

(3) 招聘所费时间较多,成本也相对较高;

(4) 在大学中招聘的员工到岗率较低,而且经过一段时间后,离职率也较高。

5. 中介机构

常见的中介机构有猎头公司、人才交流中心、职业介绍所、劳动力就业服务中心。猎头公司是一种专门为雇主"搜捕"和推荐各类高级管理人才和高级技术人才的公司。在我国,猎头公司往往冠以各自的名称而不直接以"猎头公司"命名,如某某管理咨询公司、某某劳动事务咨询中心。猎头公司都建立自己的人才库,向委托单位收取昂贵的服务费,一般为所推荐人才年薪的 25%—40%。职业介绍所、劳动力就业服务中心一般提供基层员工招聘,人才交流中心则提供中高级人才招聘。

6. 员工推荐

通过企业员工推荐人选,也是组织招聘的重要形式。员工推荐具有对候选人了解比较准确,招募成本低等优点。缺点是容易形成裙带关系,不利于管理。思科公司大约 10% 的应聘者是通过员工相互介绍而来的。思科的一项特别的奖励机制是鼓励员工介绍人加入思科,其方式有点像航空公司累积旅程:介绍一个来就有一个点数,每过一关又有一个点数,如果最后被雇用还有一笔奖金。这些点数最后累积折成对员工的海外旅游的奖励。

(三) 内部招聘与外部招聘的比较分析

通用电气公司数十年来一直从内部选拔 CEO(首席执行官),日本许多企业的管理特殊之处就是内部晋升,而 IBM(国际商业机器公司)、HP(惠普公司)等的 CEO 则更多的是外部"空降"。从组织人员的招聘渠道来讲,一般分为内部和外部两种,一些公司在实际运作中常常注重外部招聘,却忽视了从组织内部招聘人员。到底是选择内部招聘还是外部招聘？下面先分析一下各自的优缺点。

1. 内部招聘的优点

（1）了解全面、准确性高。招聘者对内部员工选任时间较为充裕，了解全面，能做到用其所长，避其所短。

（2）更快适应工作。内部员工对组织情况较为熟悉，了解与适应工作的过程会大大缩短，他们上任后能很快进入角色。

（3）可鼓舞士气，激励员工。内部提升给每个人带来希望，有利于鼓舞士气，提高工作热情，调动员工的积极性，激发他们的上进心。例如，一项研究发现，晋升机会能导致流动率的下降、较高的工作满意度及更高的工作效率。

（4）招聘成本低。与外部招聘相比，内部招聘在评价、测试和背景资料方面，能节约一定的人力、物力和财力，而且招聘的速度快。同时，组织可以充分利用现有员工的能力，从以前对员工的人力资本投资上获得一定的回报。

2. 内部招聘的缺点

（1）容易造成"近亲繁殖"。老员工有老的思维定式，不利于创新，而创新是组织发展的动力。

（2）容易操作不公。内部招聘面对的是企业内部员工，招聘者往往会受个人感情、人情及其他因素的影响，在选择过程中容易操作不公，这样反而会打击员工的积极性，同时还可能造成内部矛盾。

（3）来源局限、水平有限。相对于外部招聘来说，内部备选对象范围狭窄，可供选择的人员较少。

3. 外部招聘的优点

（1）人员选择范围广泛。从外部招聘的人员来源比内部招聘多得多，从技术、能力和数量方面讲，都有很大的选择空间。

（2）外部招聘有利于带来新思想和新方法。从外部招聘来的员工会给组织带来"新鲜的空气"，会把新的技能和想法带进组织。这些新思想、新观念、新技术、新方法、新价值观、新的外部关系，使得企业充满活力与生机，能帮助企业用新的方法解决一直困扰组织的问题。这对于需要创新的企业来说就更为关键。在大学里，教职工系统通常是采用外部招聘的方法，因为学术研究需要新的思想和方法，获得博士学位的人很少在授予他学位的学校就职。

（3）节省培训费用。从外部获得有熟练技术的工人和有管理经验、才能的人往往要比内部培训节省费用，特别是在组织急需这类人才时尤为明显。这种直接的"拿来主义"，不仅节约了培训经费和时间，还节约了为获得实践经验所交的"学费"。

4. 外部招聘的缺点

（1）外部招聘选错人的风险比较大。这是因为外部招聘在吸引、联系和评价员工方面比较困难。

（2）需要更长的培训和适应阶段。新员工需要对组织的人员、程序、政策和组织的特征加以熟悉，而这是需要时间的。

（3）影响内部员工的积极性。外部的招聘会影响组织内部那些认为自己可以胜任空缺职位的员工的士气。

（4）外部招聘可能费时费力。与内部招聘相比，无论是引进高层人才还是中低层人才，都需要相当高的招聘费用，包括招聘人员的费用、广告费、测试费、专家顾问费等。来自外部的员工通常需要比较长的时间去了解组织、其产品和服务、同事以及客户，完成这个社会化的过程。虽然候选人可能具备出色的技能、培训经历或经验，并且在其他组织中也干得比较成功，但是这些因素并不能保证其在新组织中取得同样的成功或有能力适应新组织的文化。

因此，企业在招募人员时最好采取内外部相结合的办法。具体的做法是偏向于内部还是外部，取决于组织战略、职位类别和组织在劳动力市场上的相对地位等因素的影响。对于招募组织的中高层管理人员而言，内部与外部招聘都是行之有效的方法。在实践过程中并不存在标准答案。一般来说，对于需要保持相对稳定的组织中层管理人员，可能更多地需要从组织内部选拔，而在组织需要引入新的风格、新的竞争时，可以从外部引进合适的高层管理人员。

避免从内部招聘或晋升产生的负面冲击的最好方法就是设立一个公平的程序，因为如果程序是公平合理的，人们更能够接受失败。如果有了一个公平的晋升程序，大多数人是能够接受失败并保持高效生产力的。一是使用客观的选择工具，避免主观的选择方法，如可以使用面试或测试的方法，这些方法可以客观评价在工作描述中已具体规定的所需的工作能力。使用客观的选择方法给雇员提供这样一个信息：选择程序是公平的，并且担任某个职位的可能性是与能力直接相关的，而不受领导偏爱的影响。二是与求职者公开沟通。告知求职者关于选择过程的工作方式和成功的求职者必须符合的标准，决策过程保证公开。例如，如果一项工作要求交际能力是决定性因素，必须将这一点首先陈述出来。三是为落选的求职者提供信息反馈。告知落选的求职者选择的决策、结果和原因，帮助他们分析自己的优势和劣势，并且明确他们需要改进的地方，以便他们成为今后空缺职位的候选人。

四、员工招聘的程序

员工招聘是一个复杂、完整、连续的程序化过程，可分为招募、甄选（选拔）、录用和评估四个阶段。招募主要是通过宣传来扩大影响，树立企业形象达到吸引人应聘的目的，包括制订招聘计划和策略、招聘信息的发布及候选人信息搜寻等。甄选则是使用各种技术测评手段与选拔方法挑选合格员工的过程，包括资格审查、初选、笔试、面试、体检等环节。录用是对选拔出的员工进行录用，包括录用决策、初始安置、试用、正式录用。评估则是企业对招聘活动效益与录用员工质量的评估。

（一）招募

1. 制订招聘计划和策略

招聘计划是组织根据发展目标和岗位需求对某一阶段招聘工作所做的安排，包括招聘目标、信息发布的时间与渠道、招聘员工的类型及数量、甄选方案及时间安排等方面。具体来讲，员工招聘计划包括以下内容：(1)招聘的岗位、要求及所需人员数量；(2)招聘对象;(3)招聘信息的发布方式;(4)选拔方法;(5)招聘预算;(6)招聘时间安排。

2. 招聘信息发布及候选人信息搜寻

组织要将招聘信息通过多种渠道向社会发布,向社会公众告知用人计划和要求,确保有更多符合要求的人员前来应聘。

企业可以通过以下方式搜寻候选人信息:(1)应聘者自己所填的求职表,内容包括性别、年龄、学历、专业、工作经历及业绩等;(2)推荐材料,即有关组织或个人就某人向该企业写的推荐材料;(3)调查材料,指对某些岗位人员的招聘,还需要亲自到应聘人员工作过或学习过的单位向其接触过的有关人员进行调查,以掌握第一手材料。

(二) 甄选

甄选的过程一般包括对所有应聘者的情况进行的初步审查、知识与心理素质测试、面试、品行能力检查、体检,以确定最终的录用者。

(三) 录用

人员录用过程一般可分为试用合同的签订、新员工的安置、岗前培训、试用、正式录用等几个阶段。

试用就是企业对新上岗员工的尝试性使用,这是对员工的能力与潜力、个人品质与心理素质的进一步考核。

员工的正式录用是指试用期满后,允许表现良好、符合组织要求的新员工成为组织正式成员的过程。一般由用人部门根据新员工在试用期间的具体表现对其进行考核,做出评价并提交人力资源管理部门。人力资源管理部门对考核合格的员工正式录用,并代表组织与员工签订正式录用合同,正式明确双方的责任、义务与权利。

(四) 评估

招聘评估主要指对招聘的结果、招聘的成本和招聘的方法等方面进行评估。一般在一次招聘工作结束之后,要对整个评估工作做一个总结和评价,目的是进一步提高下次招聘工作的效率。

对招聘工作的评价一般应从以下两方面进行:一是对招聘工作的效率评估;二是对录用人员的评估。

第四节　绩效考核

一、绩效的含义与特征

(一) 绩效的含义

绩效的含义非常丰富,在不同的情况下,绩效有它不同的含义。从字面上看,"绩"是指业绩,即员工的工作结果;"效"是指效率,即员工的工作过程。

一般来说,绩效是指一个组织或个人为了达到目标而采取的各种行为的结果。绩效又分为组织绩效和员工绩效。我们这里主要研究的是后者,即员工绩效。

另外,我们还可以从以下几个方面来理解绩效的含义:

(1) 绩效是人们行为的后果,是目标的完成程度,是客观存在的。

(2) 绩效必须具有实际劳动效果,无效劳动的结果不能称为绩效。

(3) 绩效是一定的主体作用于一定的客体表现出来的效用,即它是在工作过程中产生的。

(4) 绩效应该体现投入与产出的对比关系。比如每天生产100件产品的工人和生产90件产品的工人,如果前者的废品率为10%,后者为零,那么虽然数量上前者高于后者,其绩效却低于后者。

(5) 绩效应该有一定的可度量性。对于实际成果的度量需要经过一定的转换方可取得,具有一定的难度,这正是考核过程中必须解决的问题。

(二) 绩效的特征

1. 多因性

多因性是指绩效的好坏的影响因素不是单一的,而受多种主观和客观因素的影响。我们先从绩效形成上分析绩效的影响因素,绩效的形成如图7-1所示:

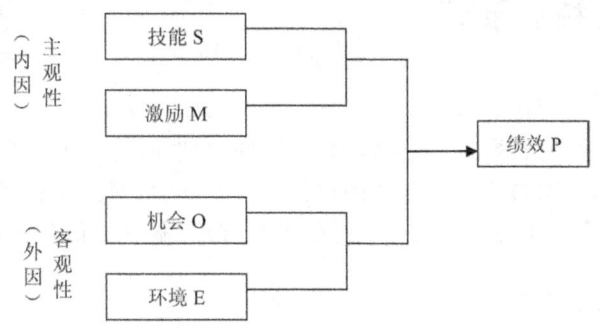

图7-1 绩效的形成示意图

从上图可以得出公式 $P=F(SOME)$,此公式说明,绩效是技能、激励、机会与环境四变量的函数,其中前两者是属于职工自身的、主观性影响因素,后两者则是客观性影响因素。

2. 多维性

指除了产量指标完成情况外,对质量、原材料消耗率、能耗和出勤率等硬软两方面的综合评估。管理人员也要从工作绩效、工作能力、工作态度等方面进行评估。

3. 动态性

员工的绩效是会随着时间的推移变化的,绩效差的可能改进绩效,绩效好的也可能逐步变差,因此管理者千万不能凭一时印象,以僵化的观点看待下级的绩效。

二、绩效考核的含义及作用

（一）绩效考核的含义

绩效考核也叫绩效考评、绩效评估，是组织依照预先确定的标准和一定的考核程序，运用科学的考核方法，按照考核的内容和标准，对考核对象（员工）的工作行为、工作结果进行定期或不定期的考察和评价。

（二）绩效考核的作用

绩效考核的作用主要表现在以下几个方面：
(1) 人员招聘的依据；
(2) 决定人员调配、职务升降和辞退的重要依据；
(3) 进行人员培训的依据；
(4) 确定劳动报酬的依据；
(5) 对员工进行激励的手段；
(6) 平等竞争的前提。

三、绩效考核的原则

（一）全面性原则

全面性原则是由绩效的多维性决定的。在时间的选取上和在绩效事件的选取上都要把握全面的原则，只有对员工进行全面的评价，才能准确地对员工的绩效进行衡量，才能提高绩效评价的效度。在现代企业中实行的考核方法，基本上都是多层次、多渠道、全方位的考核。

（二）公开性原则

绩效评价工作应是公开的，要对评价的标准、考核的程序、考核的方法及时间的选择等公开宣布，使员工心里有数，积极参与到考核中来，而不是被动地等着上级考核。同时，考核的结果也应该是公开的，这样有利于员工进行横向和纵向的比较，明确自己在整个企业中的绩效水平，可以确定今后的努力方向。

（三）客观公平原则

员工的实际工作表现和职务说明书中对工作内容的描述是绩效评价的依据，无论用什么方法进行绩效评价，都要以此为客观依据，对考核者实事求是地做出评价。同时，应在考核中一视同仁，避免因人为因素影响而使绩效评价结果与员工的实际工作绩效有较大的差距，影响绩效评价结果的可信度。为此，要建立科学适用的考核指标体系和考核标准，应尽量采用客观公正的尺度，尽量使用绝对考核方法。公开和公平原则是绩效评价的两个基本原则。

（四）差别性原则

对不同类型的人员进行考核要有区别。一般情况下，企业可先根据工作性质进行分类,如分为研发、营销、管理、生产;然后再根据职位等级进行分类,如可分为基层、中层、高层。对不同类别的员工使用不同的考核标准、考核方法、考核周期等。

(五) 开放沟通原则

通过考核者与被考核者沟通,解决被考核者工作中存在的问题与不足。同时,通过沟通还可以促进员工对绩效考核结果的认可,消除员工的不满情绪。

(六) 相对稳定原则

绩效考核的要素和方法及评价的频度要具有的一定的稳定性,朝令夕改,员工没有归属感,不利于长久地激励员工,更不利于组织的稳定性。所以,在制定绩效评价方案以前,应进行充分的调查和详细的设计,并请专家进行论证,以保证实施的有效性。但这并不意味着绩效评价的内容和方法是一成不变的。随着科学技术的发展,生产方式的变化,工作内容也在变化,相应的绩效评价内容和方法也在变化,必须及时地丰富、完善及改进现有的绩效评价方式以适应实际情况的变化,才能使绩效评价系统持续地良性循环,稳定地提高员工的绩效。

(七) 实用性原则

绩效考核应充分考虑企业人力资源管理的水平及企业的经营特点和行业特点,还需考虑绩效管理方案制定和实施所需的人力、财力和物力。考核工具和方法要适合员工的素质特点。

四、绩效考核的程序

绩效考核程序主要包括制订绩效考核计划、实施考核、考核结果分析与评定、绩效考核反馈和考核结果运用五个步骤。

(一) 制订绩效考核计划

1. 确定考核对象

不同的员工考核方式也不同,因此,在制订考核计划时,首先应明确考核的对象。

2. 确定考核内容、制定考核标准

一般情况下,考核的内容包括工作业绩、工作行为、工作能力与工作态度四个方面,每个方面可建立相应的考核纬度,如工作态度可以从员工出勤率、事业心、责任感和服务精神四个纬度考核。然后再针对每个纬度的考核标准进行明确的定义。

3. 确定考核者

考核者要能够收集到被考核员工的绩效信息,对其工作情况比较熟悉。一般情况下,考核者有员工的直接领导、同事、下级、客户和员工自己等,不同的人员从不同的角度对被考核者进行考核,各有优劣。

4. 确定考核的方法

绩效考核的方法非常多,比较常用的有如下几种:

(1) 简单排序法。简单排序法也称序列法或序列评定法,即对一批考核对象按照一定标准排出顺序。

（2）交替排序法。按照员工绩效，先排最好，再排最差，接着排次好，再排次差，依此类推进行排序。

（3）配对比较法。就是将被考核者进行两两配对比较，比较中认为绩效更好的得1分，绩效不如比较对象的得0分。在进行完所有项目比较后，将每个人的所有项目所得分相加，就是这个人的相对绩效，根据这个得分来评价出被考核者的绩效次序。

（4）强制分布法。指的是按预先规定的比例将被评价者分配到各个绩效类别上的方法。比如，可按照下述比例原则确定员工的工作绩效分布情况：绩效最高的，15%；绩效较高的，20%；绩效一般的，30%；绩效低于要求水平的，20%；绩效很低的，15%。

（5）关键事件法。基本方法是每个人都以一定的分数为基本分，然后根据一系列加分和减分项目进行计算，得出考核总分。一般由主管人员进行记录。

（6）要素评定法。要素评定法也称点因素法，是运用最普遍的工作绩效评价技术之一。它是列举出一些绩效构成要素（如工作数量、工作质量）和工作绩效等级（如优、良、中、差、劣），在进行工作绩效评价时，首先针对每一位员工从每一项评价要素中找出最能符合其绩效状况的分数，乘以相应的权重系数。然后将每一位员工所得到的各项分值相加，即得到其最终的工作绩效评价结果。

（7）行为锚定等级评价法。行为锚定等级评价法（BARS）的目的在于通过一个等级评价表，将关于特别优良或特别差绩效的叙述加以等级性量化，从而将关键事件评价法和量化等级评价法的优点结合起来。行为锚定等级评价法通常要求按照以下五个步骤来进行。第一步，获取关键事件，以便对一些代表优良绩效和劣等绩效的关键事件进行描述。第二步，建立评价等级。第三步，对关键事件重新加以分配。第四步，对关键事件进行评定。第五步，建立最终的工作绩效评价体系。

行为锚定等级评价法适用于服务行业的一线员工（即直接面向顾客的员工），如空姐、电信公司前台人员、商场服务员、银行储蓄窗口职员，也适用于企业中从事行政支持的员工。以超市服务员职位为例，有关人员收集了这个职位绩效最重要的若干关键事件（同时包括具体行为），并把它们集中分成五个绩效维度：热情待客、意识、人际关系技能、装袋能力、观察能力。然后，按每一个维度，从高（最好的绩效）到低（最差的绩效）分成7个等级，每个等级都给出一个具体的真实的行为表现（如表7-3所示，维度一：热情待客），使每个被考核者在绩效考核时从行为表现方面有一个明确的对比。最后，将被考核者在五个维度上的所有得分相加，即可得出一个量化的分值。

表 7-3 维度一：热情待客

分值	行为
7	对于进入店门的顾客，一贯给予热情友好的招呼，并且主动上前提供购物引导和帮助
6	对于进入店门的顾客，经常给予热情友好的招呼，并且主动上前提供购物引导和帮助
5	对于进入店门的顾客，能够给予热情友好的招呼
4	对于进入店门的顾客，能够打招呼
3	对于进入店门的顾客，能够打招呼，但是态度不友好
2	对于进入店门的顾客，很少打招呼，也不主动上前提供购物引导和帮助
1	对于进入店门的顾客，从不打招呼，也不主动上前提供购物引导和帮助

5. 确定考核的时间和频率

影响考核的时间和频率的因素主要有产品生产周期、职务职能类型、评价指标类型。考核时间一般安排在一个或多个产品生产周期结束时。另外，生产周期长的考核频率低些；反之，高些。高层管理人员的考核周期一般要长些，注重长期考核，避免短期行为的发生。对于销售人员的考核最容易量化，因此对销售人员的评价，应根据实际情况尽可能缩短，一般为月度或季度。对于生产系统的基层员工，出于强调质量和交货期重要性的考虑，强调的是短期的激励，因此一般应采用短的考核周期。对研发人员的评价最忌讳急功近利。行政与职能人员是考核工作的难点。针对行政人员工作的特点，重点评价工作的过程行为而非工作的结果，该类人员的考核以一般以月度考核为主。另外，绩效考核的指标也影响考核的时间和频率，一般对能力指标的考核频度低；业绩指标考核应根据不同员工的情况，选择可高可低的频度；行为指标和态度指标一般频度较高，而且会采用不定期的抽查方式考核。

（二）实施考核

对员工的工作绩效进行考核、测定和记录，主要包括两部分：

（1）员工自我考核。员工首先对自己的工作业绩、工作态度、工作行为和工作能力按照绩效考核的标准进行自我评定。

（2）考核者对被考核者进行考核。通过员工的直接领导、同事、下级和客户等进行考核。

（三）考核结果分析与评定

对考核的记录与既定的标准进行对照，做分析与评判，得出考核结论。

（四）绩效考核反馈

传统的绩效考核往往在考核结果分析与评定之后就结束了，员工不知道自己的考核结果或只知道自己的考核结果，不了解自己哪些方面做得好，哪些方面还需要进一步改进，从而导致员工的绩效始终停留在一个水平。而现在加入了这一环节，其目的在于让员工知道自己的工作情况，肯定员工的成绩，确认存在的问题，并找出解决这些问题的方法。绩效考核反馈有如下两个环节：

（1）绩效评估意见认可。让员工知道自己的考核结果，并就员工取得的成绩和存在的问题进行沟通和确认。

（2）绩效评估面谈。绩效评估面谈的目的在于改进员工的未来工作，促进他们的未来发展，帮助员工找到提高绩效的方法。

（五）考核结果运用

在现代企业管理中，考核结果的运用非常广泛。首先可以通过绩效考核分析绩效形成的原因，把握其内在规律，寻找提高绩效的方法，从而使工作得以改进；其次，考核结果还是绩效工资发放的直接依据；最后，考核的结果还可用在人员招聘、人员调配和升迁、员工培训、职业生涯管理、员工激励等方面。

第五节　员工培训与开发

培训与开发是提升企业员工业绩的主要方法,也是员工职业生涯发展的主要途径。通过培训与开发,有助于实现企业的经营业绩,促进企业的发展。

一、员工培训与开发含义

培训与开发在很多情况下被统称为培训,实际上二者是有所不同的。

培训是组织通过有计划地向员工提供各种培训项目帮助员工提高知识、技能和业绩水平的活动。培训的目的是使受训者获得当前工作所需的知识和技能,提高员工目前的工作业绩。

开发着眼于长远目标,是指员工为今后发展所进行的一系列培训活动,它可以帮助员工更好地适应新技术、新市场和新工作变化带来的挑战,提高员工向未来职位流动的能力和员工的可雇用性。

培训与开发是两个有所不同但又密切联系的概念,但随着培训的拓展,培训与开发的界限将日益模糊。可以说,开发是更广泛意义上的培训。

二、员工培训与开发的内容

合理确定员工培训与开发的内容,对于实现培训与开发的目标,提高组织绩效具有至关重要的意义。在组织中员工培训是围绕工作需要和提高工作绩效展开的,而从大的方面来说,影响工作绩效的因素可分为三类:一是员工所掌握的知识,包括理论知识和业务知识;二是员工的业务技能;三是员工的工作态度、心理素质和企业文化。实际上,这三类因素也就构成了员工培训的内容结构。

(一) 知识和业务培训

与工作有关的各方面的知识是员工培训的首要内容,组织应通过各种形式的培训使员工学习和掌握相关知识。内容主要包括:(1)一般知识。通用性较强的知识,如计算机、外语、应用文写作、数学等方面的知识。(2)业务知识。与企业所处行业、与工作相关的知识,如证券公司的会计,要培训金融、证券方面的知识和会计、经济法、税法等方面的知识。(3)管理理论与知识。如管理学、市场营销学、企业战略管理、财务管理、生产管理、人力资源管理、组织行为学等业务知识。

(二) 技能培训

员工从事本职工作需要掌握熟练的业务、人际交往等技能,这些技能除了通过平时自学获得之外,主要通过培训获得。这些技能主要包括:各项业务操作技能,即技术技能、人际技能、谈判技能、计算机运用技能、基本的文秘技能、管理技能等。对于从事不同性质的工作和不同职级层次的一般员工和管理人员来说,技能培训的内容是各有侧重的。

根据管理学的一般原理,对管理人员来说,其中高层管理人员最需培训的是思想技能,即判断与决策能力、改革创新能力、灵活应变能力等;而对中层和基层管理人员则主要侧重人际技能和技术技能,如业务操作技能、人际交往技能等。

(三) 态度、心理素质和企业文化培训

态度是影响工作绩效的重要因素,而员工态度能否转变以适应组织文化和工作需要又主要取决于培训,特别是对新进员工来说,态度培训尤其重要。员工态度是指员工的工作态度,当然也包括员工的工作士气、精神状态、团队精神、责任心、事业心、敬业精神等。

一般地说,每一个组织都有其特定的组织文化氛围以及与此相适应的行为方式,如价值观、组织精神(如团队精神、敬业精神等)、人际关系等。要想最大程度地提高组织的运转绩效,必须使全体员工认同并融入这一氛围之中,因此,企业对员工应进行企业文化培训,尤其是对新员工。组织文化培训一般包括组织基本情况、规章制度及组织价值观念等内容。组织应通过组织文化培训,让员工认同组织文化并逐渐融入,建立组织与员工以及员工与员工之间的相互信任感,培养员工的团队精神,培养员工的价值观和对组织的归属感、荣誉感,培养员工对组织的忠诚度等。

员工的心理素质也会影响其工作态度及工作质量,如自信心、意志力、韧性、自制力、思想品德等情况。

上述三方面的内容是培训内容的基本概括。实际上,每一方面的内容都可以进行具体的细分,比如在技能培训方面,就可以细分为最高层管理人员技能培训、管理技能培训、主管技能培训、职业技能培训、营销技能培训、健康技能培训、新员工上岗技能培训等。

三、员工培训与开发程序

为确保培训与开发支持组织目标的实现,有必要将系统的观点纳入这一过程。具体来看,系统性培训和发展包括这四个阶段(见图 7-2)。

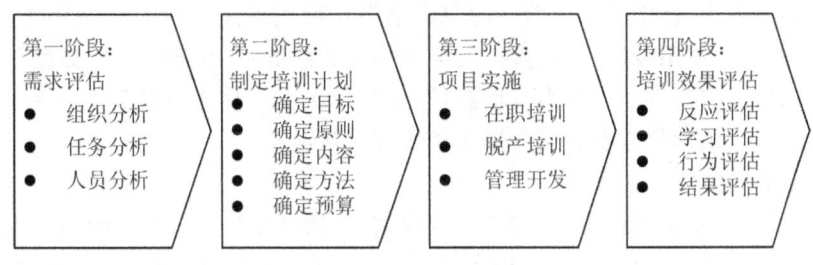

图 7-2 员工培训与开发的一般程序

(一) 第一阶段:需求评估

培训需求评估包括三方面:组织分析、任务分析和人员分析。

1. 组织分析

组织分析的目的是预测组织未来对知识与技能的需求,判断培训与公司的经营战略和资源是否相适应,培训者的同事与上级管理者对培训是否支持,以便他们能将培训中学到的技能等方面的信息运用到实践中去。组织分析确定培训的内容和重点。

组织分析的资料来源主要有宏观的经济发展数据、国家的法规政策、产业政策、组织的战略目标与经营计划、组织生产方面的统计、人事统计等。

2. 任务分析

任务分析是对组织工作层面的分析,主要决定培训内容应该是什么,对任务分析的最终结果应该是有关工作活动的详细描述,包括对员工执行任务和完成任务所需要的知识、技术和能力的描述。

任务层面可以通过工作分析、调查表、群体讨论、现场考察、工作日志等方法获得信息。

3. 人员分析

人员分析的目的是了解培训是否能解决员工绩效不佳的问题,并决定组织中谁需要培训可采用绩效评估、绩效面谈、调查表、工作抽样、面谈等方法获得信息。

(二) 第二阶段:制订培训计划

确定培训需求之后,企业就应该制订相应的培训计划,培训计划主要包括以下五个方面。

1. 确定培训目标

培训的目标包括培训的知识目标、行为目标和结果目标。

2. 确定学习的原则

成人学习的原则主要有动力原则、重点原则、双向沟通原则、多感官学习原则。要取得良好的培训效果,学员必须要求学、准备学、有理由学,所以企业要让学员理解培训的意义,给学员学习的理由,激发学习动力,同时培训师在培训的过程中也应注意激发受训者的学习动力。重点原则要求培训师把握培训的重点,应该把学习重点环节和内容安排在学员第一印象和第一则信息中,值得推行的就是培训师把培训的要点和脉络作为课程提纲,培训开始时推出,让学员获得第一印象。培训过程应该是双向的互动交流,不是单向传授。培训师可以使用肢体语言、多提问与多做实践性练习、和学员互动交流等方式加强双向沟通。另外,多感官学习原则告诉我们,如果学员能运用多重感官去学习,其效果会事半功倍。所以,培训师应引导学员用多重感官去学习。

3. 确定培训内容

培训内容的确定包括课程设置方案、课程大纲、教材与参考资料。培训课程是培训的关键环节,在设计时,要根据心理学的规律,符合成人学习规律,符合企业和受训者的需求,确定培训的目标、模式、方法及时间安排。

培训教材的来源有现行的相关书籍、教师的讲义、电子文档及音像资料。企业可以根据自身的情况进行选择。还可以自编教材,这种方法更符合学员的需求。

4. 确定培训形式和方法

包括教师、教学方法、考核方式、辅助器材与设施等。

培训师选择的原则是"能者为师",来源有企业内部和企业外部,其优缺点比较如表 7-4 所示。

表 7-4 内部教师和外部教师的比较

	优点	缺点
外部教师	有先进的理念和方法,有利于培训成果的转化,可引起企业上下的关注	对企业不了解,费用高
内部教师	对企业情况很了解,可以因材施教,针对性强,讲授的内容较为实用,培训费用低	新理念和新思维较少,不易在企业中树立威望

企业在进行培训时可以选择企业自行培训、与外部培训机构合作及外包给培训公司等形式。各种形式的选择比较如表 7-5 所示。

表 7-5 培训形式的选择

	对企业的了解程度	费用	受训者的认同感	培训方法
企业自行培训	很了解	低	一般	一般
与外部培训机构合作	较为了解	中等	较好	较新颖
外包给培训公司	不了解	高	较好	新颖

5. 确定培训预算

对培训的各个环节的费用进行预算控制,提高培训投入产出比。

(三) 第三阶段:项目实施

员工的培训和开发项目的实施主要考虑的是选择与受训人员、培训内容相匹配的方法,对培训的过程进行控制,并根据培训中反馈的信息进行适当的调整。

(四) 第四阶段:培训效果评估

培训效果评估是通过一系列的信息、资料、数据对培训的效果进行定性和定量的评价,评价内容包括培训的认知成果、技能成果、情感成果、绩效成果及投资回报率,目的在于提高培训质量。

培训效果评价主要通过反应评估、学习评估、行为评估和结果评估四个层次进行评估,具体介绍如表 7-6 所示:

表 7-6 培训效果评估方法

层次	评估内容	评估方法	评估时间	评估单位
反应评估	衡量学员对具体培训课程、培训师、培训方法的满意度	问卷调查 面谈观察 综合座谈	课程进行时 课程结束后	培训单位

续表

层次	评估内容	评估方法	评估时间	评估单位
学习评估	衡量学员对于培训内容、技巧、概念的吸收与掌握程度	提问法 笔试法 口试法 模拟练习与演示 角色扮演 心得报告与文章发表	课程进行时 课程结束时	培训单位
行为评估	衡量学员培训后的行为改变是否由培训所导致	问卷调查 行为观察 访谈法 绩效评估 管理能力评鉴 任务项目法 360度评估	三个月或半年以后	学员的直接主管上级
结果评估	衡量培训给公司的业绩带来的影响	个人与组织绩效指标 生产率 缺勤率 离职率 成本效益分析 客户与市场调查 360满意度调查	半年或一年后	学员的单位主管

四、员工培训与开发的方法

(一) 讲授法

讲授法,就是教师运用阐述、说明、分析、论证和概括等手段讲授知识内容的培训方法。

讲授法的优点:在相对较短的时间内能向一大批人提供大量的信息,在人、财、物、力和时间方面都比较经济。

讲授法的缺点:比较单调,受训者处于被动地位,参与程度低,与实际工作结合不密切,缺乏一定的针对性。

讲授法主要适用于系统地进行知识的更新与传授。

(二) 案例分析法

案例分析法,就是把实际中的真实情景加以典型化处理,编写成供学习者思考和决断的案例,通过独立研究和相互讨论的方式,来提高学习者分析问题和解决问题的能力的一种方法。案例分析法可以调动学习者广泛参与,变单项信息传递为双向交流、变被动学习为主动学习、变注重知识为注重能力的培训方式。

这里所涉及的案例,一般是对企业内部个体、群体或组织中的一个或几个乃至更多的变量之间相互关系的一种描述和说明。它可以是成功的典范,也可以是失败的总结。

案例分析法的优点:生动具体,直观易学,能够集思广益并实现教学相长。

案例分析法的缺点:较为费时费力,对教师和学习者的要求较高。

(三) 研讨法

研讨法,就是先由教师综合介绍一些基本概念与原理,然后围绕某一专题进行讨论的培训方式。

这种方式是一种运用很普遍的方式,仅次于讲授法,因而它在培训中起着重要的作用。

运用这种方法应注意这样几点:(1)要确定研讨会的主题;(2)要确定研讨会的主持人;(3)要确定研讨形式;(4)要重视会前准备。

研讨法主要适用于概念性或原理性知识的把握和学习,通过研究讨论,提高学习者的理解能力,其效果要优于讲授法。

(四) 角色扮演法

角色扮演法,就是为受训者提供一种真实的情景,要求一些学习者扮演某些特定的角色并现场表演,其他学习者观看表演的培训方式。表演结束后,其他学习者对角色扮演者完成任务的情况进行评价,表演者也可以联系表演时的情感体验来讨论表现出的行为。

运用这种方法,可以帮助学习者处在他人的位置上思考问题,体验各类人物的心理感受,可训练学习者的自我控制能力和随机应变能力,从而提高管理人员处理各类问题的能力。

这种方法一般用于改善人际关系、推销技巧和处理突发事件的训练。

(五) 行为模仿法

行为模仿法也称模拟训练法,与角色扮演法有相似之处,受训者都扮演某些角色,表演出某种情形;区别在于行为模仿教给受训者正确地执行任务的方法,如行为模仿中发生的互动行为是实践,受训者如果犯错误,培训者会立即加以纠正,并让他们正确地重复该步骤。

行为模仿侧重于技术技能培训,如某种机器设备的操作和使用。也可以用于管理技巧的培训,如沟通技巧、演讲技巧等。在新员工定位培训时行为模仿是最常采用的方法。

(六) 工作轮换法

这是一种在职培训的方法,指让受训者在预定的时期内变换工作岗位,使其获得不同岗位的工作经验。

优点:工作轮换能丰富培训对象的工作经历;能够识别培训对象的长处和短处,企业能通过工作轮换了解培训对象的专长和兴趣爱好,从而更好地开发员工的特长;工作轮换能增进培训对象对各部门管理工作的了解,扩展员工的知识面,为受训对象以后完成跨部门、合作性的任务打下基础。

缺点:如果员工在每个轮换的工作岗位上停留时间太短,则所学的知识不精。由于此方法鼓励"通才化",适合于一般直线管理人员的培训,不适用于职能管理人员的培训。

适用范围:新进员工、新进入企业的年轻管理人员或有管理潜力的未来的综合管理人员。

(七) 户外拓展训练

拓展训练通常利用崇山峻岭、瀚海大川等自然环境,通过精心设计的活动达到"磨炼意志、陶冶情操、完善人格、熔炼团队"的培训目的。

通过拓展训练,参训者在如下方面有显著的提高:认识自身潜能,增强自信心,改善自身形象;克服心理惰性,磨炼战胜困难的毅力;启发想象力与创造力,提高解决问题的能力;认识群体的作用,增强集体参与意识与责任心;改善人际关系,学会关心,更为融洽地与群体合作;学习欣赏、关注和爱护大自然。

(八) 敏感性训练

敏感性训练就是通过团队活动、观察、讨论、自我坦白等程序,使学员面对自己的心理障碍,并重新构建健全的心理状态。

要组织好敏感性训练,就必须按照以下的程序来进行:(1)需准备一个舒适的场地,以免给学员造成任何的心理压力;(2)主持人需事先说明训练的程序、规则与目的;(3)主持人先让所有学员共同参与并完成一项任务;(4)任务结束后,以一学员为中心,其他学员则依次将任务中所见、所闻、所想象与该目标学员有关的资讯报告出来(包括个人言行与如何影响他人等作为),并由目标学员详细说明、坦白为何产生如此言行;(5)轮流指定目标学员,重复上一步骤,直至所有学员均参与为止;(6)由主持人作最后的评价、总结,并鼓励、赞许学员面对自我的勇气。

优点:(1)能充分暴露自己的态度和行为,从成员那里获得对自己行为的真实反馈,可以使学员重新认识自己;(2)通过接受他人意见,了解自己的行为如何影响他人,改善自己的态度和行为,能够使学员重新建构自己。

缺点:(1)所需的时间较长;(2)有造成学员心理伤害的可能与危险;(3)需要一名受过专业训练的支持人与数名有一定基础知识的助手;(4)学员可能不愿透露内心深处的秘密而影响整个程序与效果。

敏感性训练主要适用于组织发展训练、晋升前的人际关系训练、中青年管理人员的人格塑造训练、新进人员的集体组织训练和外派人员的异国文化训练。

本章小结

1. 人员配备是组织设计的延续,其任务是要为组织的不同岗位选配合适的人员,以谋求人与事的最佳组合,实现员工的不断成长和组织的持续发展。人员配备的工作内容包括三个方面:通过人力资源规划以确定人员需要的种类与数量,通过招聘与甄选以选配合适的人员,通过考核与培训以使人员适应发展的需要。

2. 人力资源规划是根据企业的人力资源战略目标,科学预测企业未来的人力需求,预测其内部人力资源供给满足这些需求的程度,确定供求之间的差距,制订人力资源净需求计划,用以指导人力资源的招聘、培训、开发、晋升和调动,确保企业对人力资源在数量和质量上的需求的活动。

3. 员工招聘是企业获取人力资源的主要途径,可以从企业内部和外部两种渠道进行招聘。内部招聘渠道有公开竞聘、主管推荐、人才储备等;外部招聘的渠道有人才交流会、传统媒体广告、网上招聘、校园招聘、人才猎取和员工推荐等。招聘一般包括招募、甄选、录用和评估四个步骤。

4. 绩效考核是人力资源管理的核心工作。绩效考核主要包括制订绩效考核计划、实施考核、考核结果分析与评定、绩效考核反馈和考核结果运用五个步骤。

5. 员工培训与开发是提高人力资源质量的重要途径,主要方法有讲授法、案例分析法、研讨法、角色扮演法、行为模仿法、工作轮换法、户外拓展训练和敏感性训练。

练习与思考

一、选择题

1. 在组织中,最有潜力、最为重要的资源是( )。
   A. 人力　　　　B. 物力　　　　C. 财力　　　　D. 信息
2. 让管理人员轮流在公司生产经营的不同环节工作的培训方法是( )。
   A. 临时职务　　B. 设置助理职务　C. 工作轮换　　D. 脱产培训
3. 只从内部提升主管人员的做法存在着若干弊端。在下面所列出的几条中,哪一条并不属于内部提升制度的弊端?( )
   A. 可能造成"近亲繁殖"　　　　　B. 组织对晋升者的情况不能深入了解
   C. 会造成同事之间的紧张关系　　D. 会引起同事的不满
4. 按照每个人的能力大小安排合适的岗位,这就是人员配备的( )原则。
   A. 因人设职　　B. 量才适用　　C. 提高效率　　D. 因事择人
5. 员工培训的首要工作是( )。
   A. 需求评估　　B. 确定培训目标　C. 制订培训计划　D. 项目实施
6. ( )不能通过培训的方式解决。
   A. 员工工作态度的转变　　　　　B. 员工工作方法的提高
   C. 员工对企业的薪酬和福利的不满　D. 企业管理水平的提高
7. 不属于人力资源规划内容的是( )。
   A. 晋升规划　　　　　　　　　　B. 补充规划
   C. 劳动力市场规划　　　　　　　D. 配备规划
8. 对一名工人的绩效考评,除了产量指标的完成情况外,质量、原材料消耗率、出勤,服从纪律等方面也都是要进行考核的内容,这体现了绩效的(　　)特征和要求。
  A. 多因性   B. 多维性   C. 动态性   D. 不确定性
9. 为求得人与事的优化组合,人员配备过程中必须遵循的原则是(　　)。(多选)
  A. 因事择人的原则   B. 因人设岗的原则
  C. 量才适用的原则   D. 人事动态平衡的原则
10. 外部招聘具有哪些优点?(　　)(多选)
  A. 能够为组织带来新思想
  B. 有利于使被聘者迅速开展工作
  C. 选择余地大,有利于选到一流人才
  D. 有利于平息和缓和内部竞争者之间的紧张关系

二、问答题

1. 什么是人员配备?包括哪些内容?
2. 简述人力资源规划的程序。
3. 简述人员招聘的程序。
4. 简述员工培训与开发的程序。

三、讨论及思考题

1. 通过你对当地企业的调查,你认为他们的员工培训与开发工作存在什么问题。
2. 你认为哪些员工更适合外部招聘,说出你的理由。

第八章 领导

【要点提示】

理解领导的内涵与作用；
理解领导的来源与构成；
掌握相关领导理论；
了解领导方法与艺术。

在一个组织中,尽管管理者在组织中拥有指挥下属行动的权力,但下属并不会自觉地服从命令。在管理实践中,下属不认真执行命令,"出工不出力"的现象屡见不鲜。因此,要使组织正常运作,并充分调动组织成员的积极性,管理者就必须掌握如何有效地进行领导这一基本技能。

第一节 领导概述

一、领导的含义

领导是管理者指挥、带领、引导和激励下属为实现组织目标而努力的过程。

领导的本质是一种影响力,是一种追随关系,管理者通过这种影响力对下属的行为施加影响,使下属自觉地为实现组织目标而努力。领导这一概念,可从以下几个方面来理解：

第一,领导者必须有下属或追随者,没有追随者的领导者谈不上是一个真正的领导者。

第二,领导者要拥有影响追随者的能力或力量,这些能力或力量包括由组织赋予领导者的职位和权力,也包括领导者个人所具有的影响力。领导者通过合理使用这些能力或力量,使被领导者表现出符合组织期望的行为。

第三,领导的目的是通过影响下属的行为来实现组织的目标,领导是目的性非常强的行为,其作用在于使被领导者心甘情愿地、满腔热情地为实现组织的目标而做出努力和贡献。

第四,领导的职能活动包括沟通、决策、规划、指挥、激励、协调、监督和创新等内容。

因此,领导者不一定是管理者,但管理者应该成为领导者。管理者在工作中加入有效领导的成分,会取得更好的管理效果。

二、领导的作用

领导意味着组织成员的追随与服从。在带领、引导和鼓励组织成员为实现组织目标而努力的过程中,领导者要发挥指挥、协调、激励和沟通的作用。

1. 指挥作用

组织的领导如同乐队的指挥,只有在领导的指挥下,组织中的每个人才能各司其职,共同实现组织的目标,所以要求组织的领导者要具有高瞻远瞩、运筹帷幄的能力,帮助组织认清所处的环境,指明组织所要实现的目标以及实现目标的途径。因此,领导就是引导、指挥。领导者必须善于使用自己的指挥权力,遵循有效指挥的基本原则,进行正确的指挥,以自己的实际行动带领组织成员为实现企业的目标而努力。

2. 协调作用

组织目标依靠人来利用各种技术、方法、手段去实现。而组织中的人,对目标的理解,对技术的掌握,对客观条件的认识,包括他们的个人知识、能力、信念等都有许多不同,从而在各自的工作中采用不同的方法,采用不同的标准进行衡量。在这里,领导的作用就在于引导组织中的全体成员有效地领会组织的目标,使全体成员充满信心。通过领导协调组织中各个部门、各级人员的各项活动,从而使组织的成员步调一致地为组织目标的实现而努力。领导协调作用的发挥,要求领导者对工作活动中出现的问题及时调整,使各方面配合得当。

3. 激励作用

在组织活动中,尽管大多数成员都具有积极工作的愿望和热情,但是这种愿望并不能自然地变成现实的行动,这种热情也未必能自动地长久保持下去。这就需要领导者来激发和鼓舞他们的斗志,发掘、充实和加强他们积极进取的动力。

怎样才能使每一个员工都持续地保持旺盛的工作热情,最大限度地调动他们的工作积极性,这是领导者需要慎重考虑的事情。这就需要由通情达理、关心群众的领导者来为员工排忧解难,激发和鼓舞他们的斗志,使他们具有积极进取的不竭动力。领导的激励作用在很大程度上表现为调动组织中每个成员的积极性,使其以高昂的士气自觉地为组织做出贡献。

4. 沟通作用

领导者是组织的对外联络者,在信息的传递方面发挥着重要的作用。他在与上层管理者以及组织中的各部门、客户、供应商之间的沟通中扮演着信息传递者、监听人、发言人和谈判者的角色。组织中只有沟通顺畅,才能保证管理活动的顺利进行。

三、领导权力的构成

广义上的权力包括职权和个人权力,职权也称法定权力,由领导者在组织中所处的职位赋予的,并由法律、制度明文规定,属正式权力,具有明确性、直接性、强制性等特点;这种权力直接由职务决定其大小。个人权力也称非正式权力,是管理者在领导过程中所形成的对下级的感召力。它具有隐含性、间接性和非强制性等特点。权力是领导的标志,权力是实施领导行为的基本条件。没有权力,领导者就难以有效地影响下属、实施真正的领导。在组织中,管理者的权力由以下几个方面构成。

1. 法定权力

法定权力代表了由于领导者在组织中身处某一职位而获得的权力。它来自下级传统的习惯观念,即认为领导者处于组织机构中的特定地位,而具有合法的权力影响下级,下级必须接受领导者的影响。法定权力是领导者职权大小的标志,是其他各种权力运用的基础。

法定权力具有四个特性:一是层次性,权力的大小是由职位的高低决定的,职位高的权力大,职位低的权力小。二是固定性,法定权力的内容是由法律或有关政策规章相对固定下来的。三是自主性,当领导者的某一法定权被确定下来后,领导者也就相应地取得了在职权范围内相对独立用权的条件。领导者可以集权行使,也可以适当地分权来调动下属的积极性。四是单向性,法定权力具有极强的线性约束力,只能指派职权范围内的下属。

在正式组织中,法定权力获取最经常的途径主要是一个人在组织结构中的职位,它是根据个人在组织中所处职位而被正式授予的权力,其内容包括任命、罢免等诸多权力,法定权力通常具有明确的垂直隶属关系,从而形成组织内部的权力等级体制。

2. 奖赏权力

奖赏权力指提供奖金、提薪、表扬、升职和其他任何令人愉悦的东西的权力。在组织中,下属认识到,如果按照上级的指示办事,上级就会给予一定的奖赏,满足自己的某些需要。奖赏是采取奖励的办法来引导人们做出所需要的行为。它可以增加领导者对下属的吸引力,也能引起满意并提高工作效率,但这种权力的激励作用要视奖励值的大小和公平性而定。

奖赏权力是用某种利益影响他人的能力。在管理职位中,人们利用诸如表扬、赏识、提薪、升职等影响他人的方式激励员工,在同级之间可以通过相互支持或提供好处作为奖励,或通过创设双赢情境使人们知道其中所包含的利益。

3. 强制权力

强制权力也被称为惩罚权力,是指可施加扣发工资奖金、批评、降职乃至开除等惩罚性措施的权力。这种权力依赖于下属的恐惧感,即下属感到领导者有能力惩罚他,使他产生痛苦,不能满足某些需求。强制权可以使下属基于恐惧而顺从,为了维持这种顺从,领导者必须时常监督下属是否照他的指示去做。如果发现下属不遵循行为规范,为了维持恐惧一定要加以惩罚。

强制权力建立在法定权力的基础上,是强行要求下属执行的一种现实的用权行为。组织中强制权力的实施手段主要有批评、训斥、分配不称心的工作、降薪、降职、解雇等。强制权力是一种负面强化手段,其作用主要是禁止某些行为的发生,它的运用容易导致反感、抵制,使上下级关系趋于紧张,甚至触发反抗和正面冲突。

奖赏权力与强制权力实际上是一对相对的概念。如果你能带给他人某种积极的利益或帮助他人免除消极影响，那么你对他人就拥有了奖赏权力。如果你能剥夺他人的有价值的东西或给他人造成不良的影响，那么你对他人就拥有强制权力。

4. 专家权力

专家权力指由个人的专长、特殊技能或某些专业知识而产生的权力。一个人由于具有某种专业知识、特殊技能和经验，因而赢得了别人的尊敬，别人就会在一些问题上服从于这个人的判断和决定。在组织中，专家权力的实现来自下属的尊敬和信任，即下属感到领导者具有某种专门的知识、技能和专长，能帮助自己，为自己指明方向、排除障碍，达到组织目标和个人目标。软件专家、知名律师、医学教授、建筑工程师等各种专家都会因为他们的专业技能而获得一定的专家权力。

5. 感召权力

感召权力也被称为模范权力，这是与个人的品质、魅力、经历和背景等相关的权力。一个拥有独特的个人特质、超凡魅力和思想品德的人，会使你认同他、敬仰他、崇拜他，以至于达到你要模仿他的行为和态度的地步，这样他对你就有了感召权力。在组织中，感召权力的实现来自下属对上级的信任，即下属相信领导者具有他所需要的智慧和品质，具有共同的愿望和利益，从而对他钦佩，愿意模仿和跟从他。这方面周恩来同志是我们学习的榜样，因为"他的领导，更多地不是依靠权力，而是依靠精神感召力、智慧征服力、形象影响力和语言说服力等人格魅力"。一些政治领袖、体育明星、文艺明星、著名慈善家等都具有这样的权力，这种权力是无形的，它吸引了欣赏它、崇拜它、希望拥有它的追随者，从而激起追随者的极大热忱。感召权力主要是将对被领导者潜移默化的作用转变成了驱动力。

四、领导者有效行使权力的原则

领导者在履行领导职能的过程中，需要有效地运用和行使其影响力，为了更好地实现组织目标，在使用权力的时候应遵循以下几条原则。

1. 职位权力和个人权力相结合

领导者的权力主要来自两个方面：一是来自职位的权力，这种权力是由于领导者在组织中所处的职位决定的，是由上级和组织赋予的，人们往往出于压力和习惯不得不服从这种权力。二是来自领导者个人的权力，这种权力是由于领导者自身的某些特殊条件才具有的，是在组织成员自愿接受的情况下产生影响力的，因而易于赢得组织成员发自内心的长时期的敬重和服从。有效的领导者不仅要依靠职位权力，还必须注意提升个人权力，这样才会使被领导者心悦诚服，才能更好地进行领导。

2. 慎重合理地用权

领导者在人事安排、财务分配和奖励惩罚等方面拥有较大的权力。如果领导者使用权力不适当，滥用职权，不但会阻碍组织目标的实现，还会导致人际关系恶化、组织凝聚力下降。少数领导者试图通过炫耀自己手中的权力来树立自己的权威，结果往往会适得其反，不但造成下属的反感和厌恶，还会损害领导者的形象，降低自己的权威。所以，一个好的领导者应当以谨慎小心的态度对待权力，十分珍惜组织赋予自己的权力，珍惜自己经过长期努力在同事中树立起的个人影响力,绝不夸耀张扬。但在确实需要使用权力时,领导者又要当机立断、雷厉风行地使用权力来维护组织和个人的利益。当然,为了防止出现滥用权力的现象,在组织设计时也应当建立良好的权力制衡机制和监督机制来约束领导者的行为。

3. 客观公正地用权

领导者运用权力的一个最重要原则就是要客观公正、一视同仁。领导者必须以自己的实际行动使下属相信,自己在使用权力时是不分亲疏、不徇私情、不谋私利的。领导者完全是按照组织的规章制度来办事的,使用权力是为了实现组织的经营目标。领导者可以通过公开化、透明化的工作方式,建立良好的工作秩序,提高组织的工作效率。

4. 科学、艺术地用权

领导既是一门科学,又是一门艺术。领导者在用权过程中应当根据其所领导的组织类型、下属的实际情况,讲究用权的方式方法,以提高领导水平。要实行有效的领导,领导者不仅要掌握科学的领导方法,而且要有高超的领导艺术。领导艺术是领导者的智慧、学识、胆略、经验、作风、品格、方法、能力的综合体现。科学的方法和艺术技巧的巧妙结合,可以使领导者创造性地完成各项领导任务,达到预期的目的。

5. 例外处理

无规矩不成方圆,规章制度是组织成员必须共同遵守的行为准则,领导者一定要维护规章制度的严肃性,严格按照规章制度的要求来正确使用手中的权力。同时也应具体问题具体分析,在一些特殊情况下,领导者应当有权对特殊事件进行例外处理。值得强调的是,例外处理不是为了破坏规章制度,而恰恰是为了使规章制度在执行过程中表现得更加合理,更加符合实际情况。例外处理必须有充分的、正当的理由,要在坚持组织目标和员工利益的前提下,光明正大地进行。

五、提高领导影响力的技巧

除了不同类型的权力外,领导者还使用不同的影响力技巧来完成工作。下面介绍几种常用的影响力技巧。

1. 通过榜样进行领导

通过榜样进行领导的管理者,一定要做到言行一致。假设公司有严格的时间规定,管理者应对规定做出解释,并且保持准时。那么,管理者的言行就起到了很好的表率作用。常见的榜样领导的例子,是管理者通过长时间的努力工作,来表现强有力的工作规范,并希望其他人也这样做。

2. 通过价值进行指导

这意味着领导者通过说明和论证价值来影响员工的行为。通过价值影响别人,与组织文化指导行为相似。一位领导者应追求的理想价值是相互尊重、信任、诚实、正直、热心和做好事。

3. 果断

果断指在所提要求中的坦白和直率,包括表达你希望做什么以及你的感受。果断也指清楚地发出命令。

4．理性

理性指领导者所从事的领导工作要有合理性和逻辑性，要求领导者不能感情用事，要有很强的情绪稳定性。

5．亲和

领导者要有亲和力，使人感到可亲、可敬、可爱，乐于和他接触，团结在他的周围。

6．联合

联合是对一起工作的参与者的特殊安排，以此来联合他们的权力，并同时影响其他个人和团体。例如，管理者可以通过联合一些其他的管理者获得支持而得到主动权。

在特定的组织环境下，管理者不可能使用所有的影响力技巧，他们往往选择符合环境要求的影响力技巧。研究发现，管理者在遇到危机时，比在没有遇到危机时更多地使用专家权力、法定权力和感召权力。管理者在遇到危机时，比平常更难与下属们进行协商，更多地使用奖赏权力和强制权力。

六、管理与领导的区别和联系

通常，人们都习惯把管理和领导当作同义语来用，认为管理者就是领导者，领导过程就是管理过程。而实际上，管理者和领导者是两个不同的概念，二者既有联系，又有区别。

（一）管理与领导的联系

领导行为是管理行为之一。

领导和管理活动的开展都以组织为基础的。

领导者和管理者在行使职能时，都要有一定的权力。

领导和管理在现实中，具有较强的复合性和相容性。

（二）管理与领导的区别

领导解决管理过程中的战略性问题，确定方向与愿景、协调关系和激励员工，做正确的事情，打破陈规、着力变革。

管理解决效果与效率问题，通常是整合各种资源，借助各种手段来达到既定的目标，注重做事，把事情做得既有效果又有效率，也就是我们常说的又快又好。具体如表 8-1 所示。

表 8-1　管理(者)与领导(者)的区别

项目	管理	领导
对象	人、财、物、信息	人
变动	小（规范化）	大（因人而异）
管制方法	规章制度、流程	愿景、文化、理念
进行方式	指示、督促、考核	期望、鼓励、承诺
经常用语	效率、标准、系统	荣誉、自觉、激励

第二节　领导理论

不同的管理学家提出了不同的领导理论，其目的是解决如何实现有效领导的问题。这些理论可分为三类：第一类是领导特质理论，重点研究领导者的个人特征，找出领导者应当具有哪些优秀的品质和能力，并试图以此来培养、选拔和考核领导者；第二类是领导行为理论，集中研究领导者的工作作风和领导行为对领导有效性的影响，并将不同的领导行为分类；第三类是权变理论，研究各种影响领导行为成效的因素，并尝试找出各种环境因素与各种领导行为的最佳搭配。

一、领导特质理论

从20世纪初到20世纪40年代，有关领导的研究主要集中在领导者的特质这一方面，即能够把领导者从非领导者中区分出来的个性特点。这些研究旨在分离出一种或几种领导者具备而非领导者不具备的特质，因此被称为领导特质理论。领导者之所以被称为领导者，正是因为他们具有与众不同的优秀品质和特殊能力，而他们的与众不同的优秀品质，有的是由于他们的特殊生活经历造就的，有的则是与生俱来的。领导的特质理论认为，一个领导者只要具备了某些优秀的个人特性或素质，就能有效地发挥其领导作用。其研究的一般方法是调查、归纳那些优秀的领导者在各个方面（包括身心、知识和能力、性格、社会背景等）所具有的共同特性。

早期美国管理学家埃德温·吉赛利提出了八种个性特征和五种激励特征。他在其《管理者探索》中提出的八种个性特征为：才智、首创精神、督察能力、自信心、决断力、适应性、性别、成熟程度等，五种激励特征为：对工作稳定的需求、对金钱奖励的需求、对指挥别人权力的需求、对自我实现的需求、对事业成就的需求等。1969年，吉布研究认为，天才领导者应该具有七种特质：善于言辞、外表英俊、高超智力、充满自信、心理健康、支配趋向、外向敏感等。近年来，又有一些"新特性论"。其中，斯托狄尔把领导特性归纳为六类：身体性特性、社会背景性特性、智力性特性、个性特性、与工作有关的特性、社交性特性。新特性论中最有名的要数较近期的领导魅力理论（1976），另外还有变革型领导（1985）、愿景型领导（1988）等理论，后来形成了领导风格理论的研究。

尽管研究者对领导特质理论的研究付出了相当大的努力，但结果表明，不可能有一套特质总能把领导者与非领导者区分开来。领导者并不一定都具有比被领导者高明的特殊品质，实际上他们与被领导者在个人品质上并没有显著的差异。此外，特质理论并不能使人明确，一个领导者究竟应在多大程度上具备某种特质。虽然领导特质理论不能从根本上解决领导的有效性问题，但是这方面的研究却一直没有间断过，因为在一些成功的领导者身上，确实能看到一些鲜明的个性特征，即：

进取心：领导者非常努力，有着较高的成就渴望。他们进取心强，精力充沛，对自己所从事的活动坚持不懈、永不放弃,并有高度的主动性。

领导愿望:领导者有强烈的愿望去影响和领导别人,表现为乐于承担责任。

正直与诚实:领导者通过真诚无欺和言行一致在他们与下属之间建立相互信赖的关系。

自信:下属觉得领导者从没缺乏过自信。领导者为了使下属相信他的目标和决策的正确性,必须表现出高度的自信。

智慧:领导者需要具备足够的智慧来收集、整理和解释大量的信息,并能够确立目标、解决问题和作出正确的决策。

工作相关知识:有效的领导者对于公司、行业和技术事项拥有较高的知识水平,广博的知识能够使他们出富有远见的决策,并能理解这种决策的意义。

虽然依靠领导特质理论并不能充分解释有效的领导,但由于领导特质理论系统分析了领导者所应具有的能力、品德和为人处世的方式,向领导者提出了要求和希望,这对企业培养、选择和考核领导者是有帮助的。领导特质理论使我们认识到,领导者具备的素质不是天生就有的,而是在实践中逐步形成和积累起来的,可通过后天的教育进行培养。

二、领导行为理论

从 20 世纪 40 年代至 60 年代,随着行为科学的兴起,领导研究的重点开始从领导者应具备哪些特质转向领导者应当如何作为方面,形成了领导行为理论。领导行为理论认为,领导的作用是通过领导者的特定行为表现出来的,因而应把研究的重点转到领导行为上来。由此可见,与领导特质理论不同,领导行为理论试图用领导者做什么来解释领导现象和领导效能,并主张评判领导者好坏的标准应是其外在的领导行为,而不是其内在的素质条件。由于领导有效性取决于领导者实际所表现出的领导行为,那么人们就可以通过培训和学习而成为有效的领导者。下面介绍四种具有代表性的领导行为理论。

(一) 领导作风理论

关于领导作风的研究最早是由心理学家勒温进行的,把领导者的基本领导方式分为三种类型:专制作风、民主作风和放任自流作风。

1. 专制作风

专制的领导作风倾向于集权管理,由个人独自作出决策,然后命令下属予以执行,并要求下属绝对服从。专制领导作风的主要行为特点是:

(1) 独断专行,从不考虑别人的意见,组织的各种决策完全由领导者一人制定。领导者预先安排一切工作内容、程序和方法,下属只能服从;除了工作命令外,从不把更多的信息告诉下属,下属没有任何参与决策的机会,只能奉命行事。

(2) 主要靠行政命令、纪律约束、训斥惩罚来维护领导者的权威。

(3) 领导者很少参加群体活动,领导者与下属保持着相当的心理距离,没有感情交流。

2. 民主作风

在民主型领导风格下,领导者倾向于决策前同下属商量,并鼓励下属参与决策,集思广益,然后再作出科学、合理的决策。民主型领导行为的主要表现是：

(1) 制定决策时,领导者广泛听取下属的意见和建议,决策不是领导者单独制定的,而是大家共同讨论的结果。

(2) 分配工作时,尽量照顾到下属的能力、兴趣和爱好；给予下属相当大的工作自由,有较多的选择性和灵活性。

(3) 主要是靠个人的权力和威信,而不是靠职位权力和命令使人服从。

(4) 领导者积极参与团体活动,与下属无任何心理上的距离。

3. 放任自流作风

放任自流的领导作风对工作事先无布置,事后无检查,权力定位于组织中的每一位成员,一切悉听尊便,实行的是无政府管理。放任型的领导者极少运用其权力影响下属,而是给予下属充分的自由,让下属自己做决策,并按照下属自己认为合适的做法完成工作。放任型的领导者认为其职责仅仅是为下属提供信息并与企业外部进行联系,以此促进下属的工作。

根据实验结果,勒温认为,以上三种领导方式中,放任型的领导方式工作效率最低,只能达到组织成员的社交目标,但完不成工作目标；独裁型的领导方式虽然通过严格管理能够达到既定的任务目标,但组织成员没有责任感,情绪消极,士气低落；民主型的领导方式工作效率最高,不但组织成员能够完成工作目标,而且组织成员之间关系融洽,工作积极主动,富有创造性。

(二) 领导系统模式理论

以伦西斯·利克特为首的美国密执安大学社会调查研究中心,通过对大量企业的调查访问和长期的试验研究,提出了领导系统模式理论,将领导行为归结为四种基本模式。

第一种是专制一权威型。采用这种方式的领导者非常专制,权力集中于领导者,一切决策都由领导者单独制定,不采纳下属的意见,下属没有任何决策权。领导者对下属没有信心,缺乏信任,解决问题时根本不听取他们的意见。领导者经常以威胁、恐吓、惩罚以及偶尔的奖赏来激励下属。组织内部极少沟通,只有自上而下的单向信息流,信息易受歪曲,因而领导者对下属的情况既不了解,也不理解。人们通常怀有恐惧的心理,因而在这类组织中几乎不存在相互作用和协作。在这种领导方式下,最易形成与正式组织的目标相对立的非正式组织。

第二种是开明一权威型。采用这种方式的领导者使用的是家长制的恩赐式领导方式。领导者采取奖赏和惩罚并用的方式来激励下属。权力控制在最上层,但也授予中下层部分权力。组织内部较少沟通,并且大体上多属自上而下单向的信息流,领导者只接受自己想听到的情报,对下属有一定的了解。组织内部成员之间很少互相交往,而且这种交往也多是在上司屈尊、下属心有畏惧和戒备的情况下进行的,因而极少有相互协作的关系。领导者决定方针政策,下属只能在既定的范围内进行有限的决策,但有时领导者能听取下属的某些意见。这种领导方式下也会存在非正式组织,但其目标不一定同正式组织的目标相对抗。

第三种是协商型。这种领导方式的特征是：领导者对下属有相当程度的信任,但重要问题的决定权仍掌握在自己手中。在工作问题上,上下级之间能自由地对话,上级能采纳下属的意见,运用奖励或者偶尔运用惩罚手段调动下属。组织内部有适度的沟通,信息流是双向的,领导者虽然也只接受自己想听到的信息,但对与此相反的信息也都慎重地传递,因而他们对下属的问题有相当的了解。组织内部有适度的交往,并且是在比较信任的情况下进行的,因而形成适度的协作关系。组织目标和实施计划都是在同下属协商后才作为命令下达的,因而能为下属所接受。机构中的非正式组织对正式组织的目标一般采取支持的态度,但有时也会表现出轻微的对抗。

第四种是参与型。这种领导方式的特点是:在一切问题上,领导者对下属都能完全信任,上下级之间对工作问题可以自由地交换意见,领导者都尽力听取和采纳下属的意见,以参与决策、经济报酬、自主地设定目标并自我评价等手段来调动下属,因而组织的各类成员对组织目标都具有真正的责任感,并采取积极的行动促其实现。在组织内部有良好的沟通,信息能得到正确的传递,领导者对下属的问题都非常了解和理解。组织内部有广泛而密切的相互交往,并且是在相互高度信赖的情况下进行的,因而形成紧密的协作关系。决策过程涉及组织的各个层次,一切决策都让下属充分地参与,因而能激励他们积极地实施决策。机构中的非正式组织同正式组织结为一体,因而形成组织的全体成员共同致力于组织目标实现的局面。

利克特认为,生产率高的企业大都采取参与型的领导方式,生产率低的企业则大都采取专制-权威型的领导方式。因此,领导者应采用参与型的领导方式,要考虑下属的处境、想法和期望,支持下属实现目标的行为,让下属认识到自己的价值和重要性。领导者支持下属,因而下属会对领导者采取合作的态度和抱有信任感,反过来支持领导者。为此,利克特的理论又被称为"支持关系理论"。

(三)领导行为四分图理论

20世纪40年代末期,美国俄亥俄州立大学的工商企业研究所在斯托狄尔和沙特尔两位教授的领导下,开展了对领导行为的研究。他们首先提出了1800项标志领导行为特征的因素,然后经过反复筛选、归纳,最后概括为"抓工作"和"关心人"两大主要因素。

"抓工作"是以工作为中心,内容包括组织结构设计,明确职责、权力、相互关系和沟通办法,确定工作目标和要求,制定工作程序、方法和规章制度,给下属分配任务等。"抓工作"要求领导者运用组织手段,通过确定目标、分配任务、制定政策和措施,使其下属的行为纳入预定的轨道,以严密的组织和控制来提高工作效率。"关心人"是以人际关系为中心,内容包括倾听下属的意见和要求,注意满足下属的需要,以友好、平易近人的态度对待下属等。"关心人"要求领导者与其下属之间建立友谊、信任、体谅的关系,以良好的人际关系来调动员工的积极性。以上两种因素可以有多种结合方式,形成不同的领导方式,如图8-1所示,可分为四种类型,即低工作高关心人型、低工作低关心人型、高工作高关心人型和高工作低关心人型。

大量的后续研究发现,一个高工作高关心人型的领导者常常比其他三种类型的领导者更能使下属达到高绩效和高满意度。但是,高工作高关心人型领导方式并不总是产生积极的效果,也发现了足够的特例表明这一理论还需加入情境因素。在实际工作中,能够把两方面很好地结合起来的领导者总是有限的,总会受到这样那样的个体因素的制约,问题在于领导者如何扬长避短,以长补短,较好地把二者有机地结合起来。

图 8-1　领导行为四分图

（四）管理方格理论

在俄亥俄州立大学提出领导行为四分图的基础上，美国得克萨斯大学教授罗伯特·布莱克（Robert·Blake）和简·莫顿（Jane·Mouton）在 1964 年出版的《管理方格》一书中提出了管理方格理论，该理论提供了评估领导作风以及培训领导转向理想行为风格的方法。他们用横坐标表示领导者对生产的关心程度，用纵坐标表示领导者对人的关心程度，并将代表两类领导行为的坐标轴划分为 9 等份，1 代表关心程度最小，5 代表中等的或平均的关心程度，9 代表关心程度最大，交叉形成 81 个方格，每一个方格代表两个方面不同程度结合而成的领导方式，如图 8-2 所示。

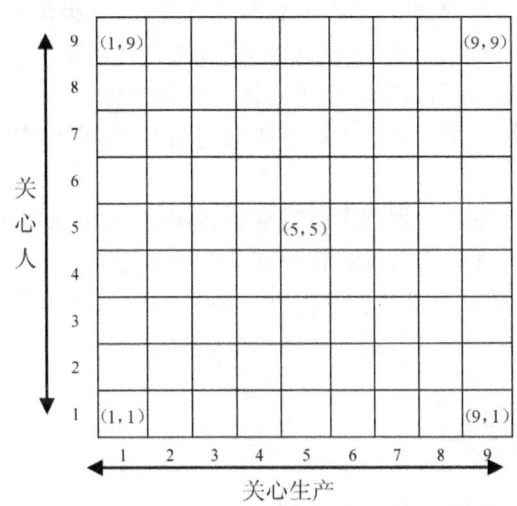

图 8-2　管理方格图

布莱克和莫顿在提出管理方格理论的同时，还列举了五种典型的领导方式：

（1,1）型为贫乏型管理：领导者既不关心生产，也不关心人，表现为只做最低限度的努力来完成任务和维持士气。

（1,9）型为乡村俱乐部型管理：重点在于建立良好的人际关系，领导者重视对员工的支持和体谅，营造并保持轻松愉快的组织气氛和工作节奏，但很少考虑如何协同努力去达到企业的目标，生产管理松弛。

(5,5)型为中间型管理：领导者对人和生产都有适度的关心，兼顾工作和士气两个方面来使适当的组织绩效成为可能。这种领导方式追求平衡，但不追求卓越，从长远看，可能使企业落伍。

(9,1)型为任务型管理：领导者非常关心生产，但对人却是漠不关心。领导者试图将个人因素的干扰减少到最低程度，以求得较高的生产效率。这种领导方式容易导致员工情绪低落，士气较低。

(9,9)型为团队型管理：领导者不但注重生产，而且非常关心人，把组织目标的实现与满足职工需要放在同等重要的地位，既有严格的管理，又有对人的高度关怀和支持。力求使个人目标与组织目标利益一致、相互依存，上下团结一心地完成工作任务。

根据布莱克和莫顿的分析，在五种典型的领导方式中，最有效的是(9,9)型，其次是(9,1)型，再次是(5,5)型、(1,9)型和(1,1)型。那么，如何实现向(9,9)型领导方式的发展呢？对此，布莱克和莫顿提出了一个管理发展计划，这个计划分为六个阶段。

第一阶段：实验研究小组。典型的做法就是通过会议，领导者介绍方格方法及基本原理，并在初步掌握的基础上对自己的领导方式作出分析和评价。

第二阶段：配合默契。领导者确定自己向(9,9)型方式发展的目标，并将同一部门的领导者集中起来，进一步领会方格原理，提高客观评估各自领导方式的能力，增强领导者之间的内聚力。

第三阶段：小组间的相互作用。这一阶段要组织各个作业小组对(9,9)型方式进行分析讨论，并通过对设想情况的分析，消除紧张状态和冲突，取得统一的认识。

第四阶段：确定组织目标。这一阶段讨论和分析在计划工作中领导者如何确定目标，如企业中的利润、成本控制、质量和安全等具体指标和目标。

第五阶段：实现目标。所有参加者讨论如何完成目标，提出实施步骤，并采取合理合法的行动来组织实施。

第六阶段：稳定。对整个计划和实施过程进行评估，巩固已取得的成绩和进展。

布莱克和莫顿认为，这种管理发展计划有其独到的特点，其一是由领导者主持这一训练计划，而不是由学者或顾问；其二应用的是一种管理概念结构（即管理方格）；其三是其结果使整个管理阶层都有了发展，而不是某一个层次。

三、领导权变理论

20世纪60年代后期，随着权变理论的出现，又产生了领导的权变理论。该理论认为，并没有万能的、固定不变的有效领导类型，只有结合具体情境，因时、因地、因事、因人制宜的领导方式，才是有效的领导方式。领导权变理论认为，领导方式的有效性是受多种变量影响的，即 $S=f(L,F,E)$。其中 f 代表领导方式，L 代表领导者的特征，F 代表被领导者的特征，E 代表环境。

下面介绍几个具有代表性的领导权变理论。

（一）领导方式的连续统一体理论

1958年，美国管理学家罗伯特·坦南鲍姆和沃伦·施密特提出了领导方式的连续统一体理论。该理论认为,领导方式是多种多样的,并不存在一种固定的理想模式。在领导者与下属的关系中,究竟应当给予下属多少参与决策的机会,是采取专制型领导更好一些,还是采取民主型领导更好一些,取决于多种相关因素,因而要采取随机相宜的态度。在专制型和民主型两种极端的领导方式中间,存在着许多种过渡型的领导方式,这些不同的领导方式构成一个连续的统一体,如图8-3所示。

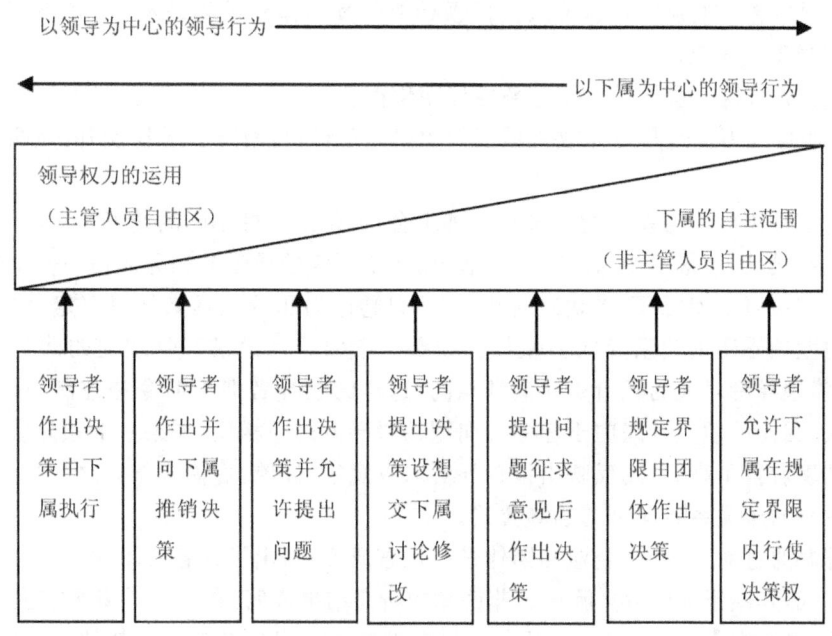

图 8-3 领导方式的连续统一体

从图中可以看出,领导者的领导方式或风格可有多种选择,其中有两种极端类型的领导风格:一种以领导者为中心(在连续统一体的左边),这样的领导者具有独裁的领导作风,往往自己决定所有的政策,对下属保持严密的控制,只告诉下属他们需要知道的事情并让他们完成任务;另一种以员工为中心(在连续统一体的右边),这样的领导者具有民主的领导作风,允许下属对所从事的工作有发言权,不采取严密的控制,鼓励下属参与决策、自我管理。从左到右领导者行使越来越少的职权,而下属得到越来越多的自主权。

领导方式的连续统一体理论认为,图8-3所示的七种领导方式,不能说哪一种总是正确的,或哪一种总是错误的。领导者究竟应当采取哪一种领导方式,主要取决于以下三个因素:第一,领导者的因素。包括领导者的价值观,对下属的信赖程度,对某种领导方式的爱好等。第二,下属的因素。包括下属独立性的需要程度,是否愿意承担责任,对有关问题的关心程度,对不确定情况的安全感,对组织目标是否理解,下属的知识、经验和能力等。第三,组织环境因素。包括组织的价值标准和传统、组织的规模、集体的协作经验、决策问题的性质及其紧迫程度等。必须全面考虑以上各方面的条件,才能确定一种适当的领导方式。

(二)菲德勒权变理论

美国华盛顿大学心理学家和管理学家菲德勒在1962年提出了"有效领导者的权变模

式",通常被称为"菲德勒模式"。1964年至1978年的15年间,大约有300份研究文献针对这种模式进行了各方面的探讨,从而丰富和充实了这个模式。菲德勒认为,领导风格是影响领导效果的关键因素之一。每个领导者的领导风格是由他的人格特性所决定的,这种人格特性是相对稳定的。一个领导人的领导如何,除了取决于他本人的领导形态以外,还取决于他所处情境。他把影响领导的情境因素归结为以下三个:

(1) 领导者与被领导者的关系。指领导者受其团体成员喜爱和信任的程度,在一定程度上相当于人缘权。

(2) 任务结构。这是指工作任务的程序化程度。

(3) 职位权力。这是指完成一项工作的权力及影响,相当于强制权力、奖惩权力和法定权力。

对这三种维度好与差的情况进行各种组合,可得出八种不同的情形。

菲德勒设计了"最不受欢迎的共事者"问卷来测定领导者的领导风格。一个领导者的领导风格类型可以用"最不受欢迎的共事者"问卷作为测量工具来加以鉴定,以判定他是任务导向型领导还是关系导向型领导。如果一个领导者给最不受欢迎的共事者打了低分,说明该领导者对人的评价是充满敌意的,这样的领导者惯于命令和控制,只关心生产不关心人,因此该领导者趋向于任务导向型的领导方式。相反,如果一个领导者给最不受欢迎的共事者打了高分,则反映出该领导者对人宽容、体谅,提倡人与人之间的友好关系,该领导者趋向于关系导向型的领导方式。

菲德勒通过对1200个企业和团体进行调查研究,得出了在各种不同情境条件下的有效领导方式,其结果如图8-4所示。菲德勒的研究结果表明:在对领导者最有利和最不利的情况下(如图中1、2、3、7、8),采用任务导向型领导方式将是最有成效的;在对领导者中等有利的情况下(如图中4、5、6),采用关系导向型领导方式是最有成效的。

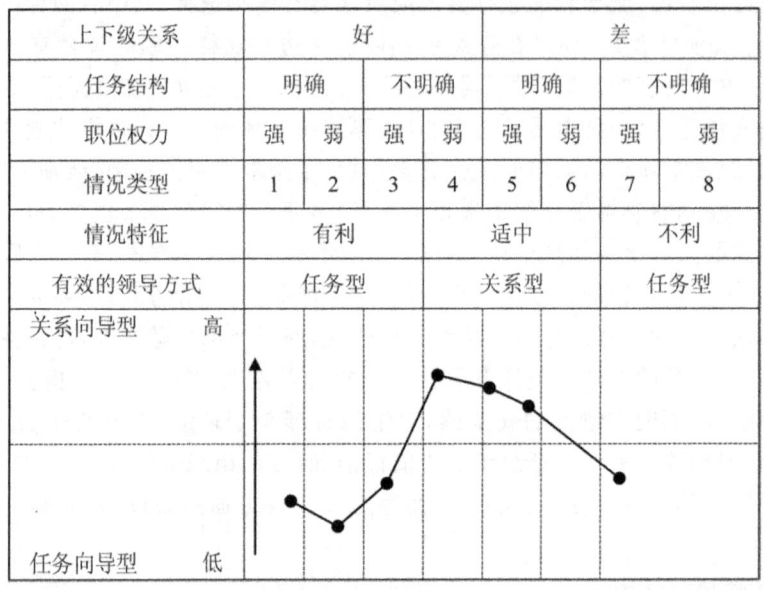

图 8-4 菲德勒模型

菲德勒认为领导风格是与生俱来的，你不可能改变你的风格去适应变化的情境。对领导者而言，要有效地改善环境因素，创造领导者自己的风格情境。对此，菲德勒提出了如下几点建议：

第一，领导者与被领导者之间的关系，可以通过改组被领导者的组成状况来加以改善，使领导者在个人经历、文化水平、技术专长等方面更为合适。

第二，任务结构可以通过向明确或不明确两个方面来加以改进，任务本身则可以通过详细地说明工作内容而使之更加定型。这些都要根据工作性质和被领导者构成现状来决定，如有些人喜欢最低限度的明确任务，有的则喜欢详细具体的任务定型。

第三，领导的职位权力可以通过多种方式来加以改变，比如可以通过晋升或得到组织里更大的权力，也可以通过充分发挥现有的权威性来行使职权，还可以通过上级扩大授权来增大权力，等等。

（三）路径目标理论

该理论1971年由加拿大多伦多大学教授罗伯特·豪斯提出。路径目标理论认为，领导者的工作是帮助下属达到他们的目标，并提供必要的指导和支持，以确保个人的目标与组织的目标一致。一个领导者要能激励下属，必须解决三个问题：一是使下属认识到实现目标后所能获得的利益；二是提高下属对实现目标的可能性的认识；三是要使下属在工作中得到满足，以刺激他们的工作动机。

路径目标理论提出了四种领导方式：一是指导型领导方式，领导者发布指示、决策时，没有被领导者参与；二是支持型领导方式，领导对被领导者很友善、关心，从各方面给予有效的支持；三是参与型领导方式，领导者在工作决策时能够征求、接受和采纳被领导者的建议；四是成就导向型领导方式，领导者向被领导者提出挑战性的奋斗目标，并相信他们能够实现。豪斯认为，领导者是灵活的，同一领导者可以根据不同的情境，表现出任何一种领导风格。

路径目标理论认为，有效的领导方式取决于下属的特点（控制点、经验和知觉能力）和工作环境（任务结构、正式权力系统和工作群体）这两个情境因素，如图8-5所示。

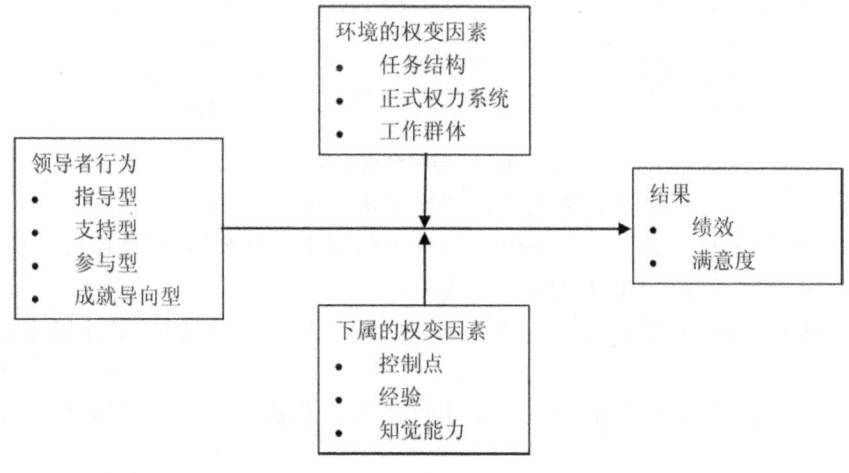

图8-5　途径目标理论

总之,当领导者可以弥补员工或工作环境方面的不足时,则会对员工的绩效和满意度起到积极的影响。反之,如果任务本身已经非常明确而员工的能力足够强的话,过多的领导指示行为就是不恰当的,容易招致员工的反感。

(四) 领导生命周期理论

这一理论由美国管理学家科曼于 1966 年首先提出,后经赫塞和布兰查德加以发展形成,也称情景领导理论,这是一个重视下属的权变理论。赫塞和布兰查德提出,每个人都有一个从不成熟到成熟的发展过程,具体到一个组织或一个群体也是一样,下属成熟度的平均水平也有一个从不太成熟向成熟逐步发展的过程。领导者必须根据下属的成熟程度,采取有效的领导方式,切忌一成不变的领导方式。成熟度是指个体对自己的直接行为负责任的能力和意愿,它包括工作成熟度(知识、技能)和心理成熟度(意愿、动机)。

该理论与菲德勒理论最大的区别在于,他们虽然同样认为关心人和关心工作决定领导风格,但是他们又提出了第三个影响因素,即被管理者的成熟程度。他们把被管理者按照成熟程度分为四个阶段,即高成熟、较成熟、稍成熟和不成熟。面对不同成熟度的被管理者,领导风格要做相应的调整,用最合适的风格去领导下属。

"领导生命周期理论"以"领导行为四分图理论"和"管理方格理论"为基础,同时又结合了阿吉里斯的"不成熟－成熟理论",形成了一个由任务行为、关系行为和成熟程度组成的三维结构,如图 8-6 所示。

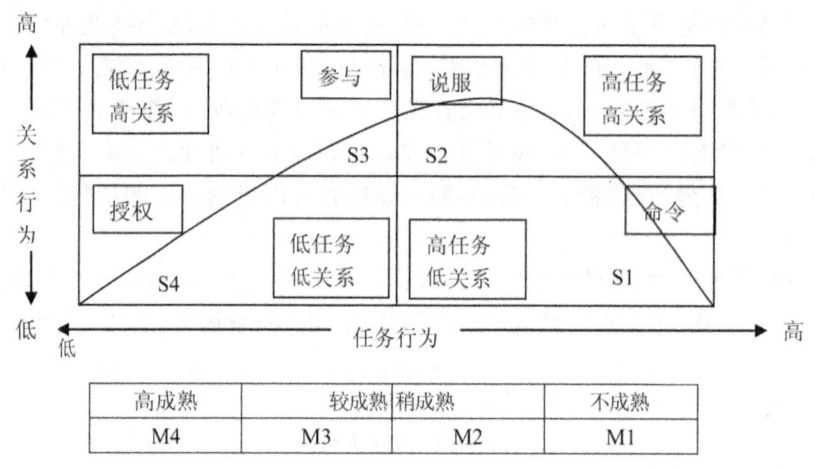

图 8-6 领导生命周期理论

任务行为和关系行为相组合,可形成四种领导风格:

S1:命令式(高任务低关系)——领导者对下属的工作进行详细、具体的指导,明确指出下属应该干什么、怎么干以及何时何地去干。

S2:说服式(高任务高关系)——领导者既给予下属一定的指导,又注意激发和鼓励其积极性。

S3:参与式(低任务高关系)——领导者与下属共同决策,领导者着重为下属提供便利条件和沟通渠道。

S4:授权式(低任务低关系)——领导者提供极少的指导或支持,授予下属一定的权力,下属独立工作,依靠自己的能力完成工作任务。

下属的成熟程度可以分为四个等级:

M1(不成熟):下属既无承担工作任务的能力,又缺乏工作意愿,既不能胜任工作又不被信任。

M2(稍成熟):下属愿意承担工作任务,但缺乏足够的能力,他们有积极性,却没有完成任务所需的技能。

M3(较成熟):下属有能力完成工作任务,但却不愿去做。

M4(高成熟):下属既有能力又愿意去做领导者分配给他们的工作。

领导者必须准确判定下属的成熟程度。当下属处于不成熟阶段(M1)时,领导者必须给予下属明确而具体的指导以及严格的控制,需要采取高任务低关系的行为,即命令式领导方式;当下属处于稍成熟阶段(M2)时,领导者需要采取说服式领导方式,即高任务高关系的行为,高任务行为可以弥补下属能力上的不足,高关系行为可以激发下属的积极性,给下属以鼓励;当下属处于较成熟阶段(M3)时,由于下属能胜任工作,但却没有工作的动力,因此领导者的主要任务是做好激励工作,了解下属的需要和动机,通过提高下属的满足感来发挥其积极性,宜采用参与式领导方式;当下属处于高成熟阶段(M4)时,由于下属既有能力又愿意承担工作,因此领导者可以只给下属明确目标、提出要求,由下属自我管理,可采用低任务低关系的授权式领导方式。据此可以把被领导者的成熟度与相应应该采取的领导方式进行比较,得出表 8-2:

表 8-2 被领导者的成熟度与领导方式比较表

成熟度	不成熟	稍成熟	较成熟	高成熟
领导方式	命令式	说服式	参与式	授权式

领导生命周期理论认为,随着下属从不成熟走向高成熟,领导行为应按照上列程序逐步推移,不仅可以逐渐减少对工作的控制,而且可以逐渐减少关系行为,领导者相应改变自己的领导方式。

对于受过高等教育,同时又是情感成熟度高的人,领导者应采取低工作低关系的授权式领导方式,例如高级科技人员、大学教授等,他们往往只希望"有限的社会情感上的支持"。在他们心中,有效的领导者应该是允许他们自己决定如何工作,厌恶上级的指手画脚。

四、领导理论的新进展

自 20 世纪 70 年代末以来,国内外一些学者在领导概念的界定、研究对象和研究方法上都超越了以往的研究,提出了一些新的领导理论,其中比较著名的有领导的归因理论、交易型领导与转化型领导理论、能力本位理论和完整的领导模型等。

(一) 领导的归因理论

归因理论原是社会心理学中探讨人们行为原因的一种社会认知理论,这里被用来探讨和解释领导行为,从而形成了领导的归因理论。领导的归因理论认为,领导的基础是对人们的行为做出归因,而领导行为则是对不同归因所做出的反应。你对下属的行为做出什么样的归因,你就会采取相应的领导行为。因此,明了人们的行为原因对领导者极为重要,有效的领导者应先正确地鉴别下属的行为原因,而后再采取相应的行动。

(二)交易型领导与转化型领导

"交易型领导"和"转化型领导"两个概念,最早来自伯恩斯对政治领导类型的划分。在"交易"中,领导者给下属提供报酬、晋升、荣誉等,以满足下属的需要和愿望,而下属则以服从领导命令、完成任务等作为回报。以往的大多数领导理论,如行为理论和权变理论,讲的都是交易型领导。伯恩斯认为,这种领导不是没有效果,但其效果要视领导者与下属之间的关系状况而定。转化型领导是指领导者通过激励下属士气,帮助下属以新观念看待老问题,使下属看到事业的美好前景而激发出积极性和创造性。巴斯等人1985年,在自己大量研究的基础上,深化和发展了交易型领导和转化型领导理论的内容。巴斯认为,以往的领导行为研究都把部下的绩效和满意度作为评价领导效能的结果变量,而转化型领导理论则把下属对工作任务的情绪反应、自尊、价值观以及领导者的信任和信心等作为变量。他们的研究还表明,转化型领导与低离职率、高生产率和高工作满意度的相关,其效果远比交易型领导要好。

(三)能力本位理论

根据现代社会向能力型社会转变的现实,韩庆祥针对"物本"和"资本"提出"能本",从哲学、人学的角度提出了能力本位的思想。2006年,有研究者以企业家能力为核心,提出了企业家能力资本理论,并论证了企业家能力在市场、治理、创新、文化因素下的能力资本增值问题。这一理论的提出,有利于企业家领导水平的提高和管理能力的增强,有利于国际化企业家群的崛起。

(四)完整的领导模型

美国著名的管理学家唐纳利、吉布森和伊万塞维奇根据领导理论的新概念和新模型的不断问世,从分析和综合当代领导理论的各种结构出发,提出了一种完整的领导模型。这一模型强调领导者的个人经历和经验对个人品质和理解的巨大影响。其中,个人品质主要是指领导者的个体素质,包括交往能力、自我认识、信心和对工作任务的理解力(任务知识或专业知识)等品质;而理解则主要是指领导者对下级、境况、上级和自我的理解能力。所有这些因素的相互作用,又决定着领导者影响被领导者的能力。

从以上对各种领导理论的论述中可以看到,领导是一个极其复杂的问题,领导既是科学又是技能,它既需要理论指导又必须经实践而获得经验。只有理论而无经验当不好领导,只靠经验而无理论的指导会导致片面化。对于卓越的领导者而言,应该用科学的领导理论来指导自己的领导实践。

本章小结

1. 领导是指挥、带领、引导和激励下属为实现组织目标而努力的过程,实施并完成领导职能的主体是管理者。领导的本质是一种影响力,领导者通过这种影响力对组织活动施加影响,并造成组织或群体成员的追随与服从,使之致力于实现预期的目标。

2. 领导者要发挥指挥、协调、激励和沟通的作用。现代的工作环境要求有效的领导和管理,要求管理者必须是领导者,而领导者必须是出色的管理者。权力是领导的标志,权力是实施领导行为的基本条件。没有权力,领导者就难以有效地影响下属、实施真正的领导。领导权力来源于职权和非职权,后者指个人影响力。

3. 领导理论主要分为三类:领导特质理论、领导行为理论和领导权变理论。

练习与思考

一、选择题

1. 领导的实质是指( )。
   A. 决策　　　B. 指挥　　　C. 对被领导者施加影响力　　D. 管制
2. 关于领导者与管理者的权力来源,下列描述准确的是( )。
   A. 两者的权力都源自职位　　　B. 领导者的权力源自职位
   C. 管理者的权力源自职位　　　D. 管理者的权力源自自身
3. 领导者以自身的专业知识、个性特征等影响或改变被领导者的心理和行为的力量是他的( )。
   A. 法定权利　　B. 奖惩权力　　C. 组织权力　　　D. 自身影响力
4. 关于管理和领导的关系,下列阐述中哪一个是正确的?( )
   A. 二者是同一个概念,只不过论述角度不同而已
   B. 领导的内涵大于管理的内涵,管理是领导的一部分
   C. 管理的内涵大于领导的内涵,领导是管理的职能
   D. 二者的权力基础相同
5. 管理者与领导者关注的重点不同,领导者关注的重点是( )。
   A. 做正确的事　　　　　　B. 正确地做事
   C. 接受现状　　　　　　　D. 控制和结果
6. 根据权力运用的领导风格不同,我们可以将领导风格分为专制式、民主式和放任

式。下面哪项活动是专制式领导方式的特点?(   )

  A. 领导者对下级保持相当的心理距离

  B. 主要运用个人的权力和威信对下属施加影响

  C. 使用行政命令和奖励兼顾的方式来影响下属的行动

  D. 领导者事先规定具体的工作内容,然后交由各个职能主管进行一定的修改再执行

7. 俄亥俄州立大学对领导行为的研究发现,更能使下属达到高绩效和高满意度的领导行为是(   )。

  A. 低工作低关心人型　　　　B. 低工作高关心人型

  C. 高工作低关心人型　　　　D. 高工作高关心人型

8. 管理方格理论中,领导者既关心人又关心工作的领导方式是(   )管理。

  A. 团队型　　B. 贫乏型　　C. 乡村俱乐部型　　D. 任务型

9. 菲德勒1962年提出了一个"有效领导者的权变模型",即"菲德勒模型"。他认为,在最有利和最不利的情境下,宜采用的领导方式是(   )。

  A. 开放型　　　　　　　　　B. 封闭型

  C. 关系导向型　　　　　　　D. 任务导向型

10. 领导者采用何种领导风格,应当视其下属的成熟程度而定。当某一下属既不愿也不能负担工作责任,学识和经验较少时,领导对于这种下属应采取(   )领导方式。

  A. 命令式　　B. 说服式　　C. 参与式　　D. 授权式

11. 从管理方格理论中,我们体会到,欲使领导工作卓有成效则应(   )。

  A. 采取集权领导注重完成任务

  B. 注重和谐的人际关系

  C. 注重组织目标的达成和对职工的关心

  D. 充分发挥激励作用

12. 依照菲德勒模型,下列(   )种领导情境对领导者最不利。

  A. 领导者与被领导者的关系不好,工作任务不明确,领导者的职务权力弱

  B. 领导者与被领导者的关系好,工作任务明确,领导者的职务权力弱

  C. 领导者与被领导者的关系好,工作任务不明确,领导者的职务权力弱

  D. 领导者与被领导者的关系不好,工作任务明确,领导者的职务权力强

13. 管理方格理论提出了五种最具代表性的领导类型,其中,(   )又称乡村俱乐部型管理,这种领导方式对业绩关心少,对人关心多,努力营造一种人人放松的环境。

  A. (1,1)型　　B. (9,1)型　　C. (1,9)型　　D. (5,5)型

二、问答题

1. 领导的概念是什么?如何理解?
2. 如何认识领导者的权力构成?
3. 领导特质理论的内容是什么?有何指导意义?

4. 领导方式的基本类型和内容是什么？
5. 利克特提出的领导行为的四种基本模式各有什么特点？
6. 四分图理论的研究基础是什么？
7. 管理方格理论的作用是什么？
8. 领导权变理论的主要观点是什么？对管理实践有何指导作用？
9. 菲德勒模型的主要内容是什么？
10. 如何应用领导生命周期理论管理不同层次的员工？

三、讨论及思考题

1. 什么样的领导方式有效？请用你接触到或搜集到的实例加以说明。
2. 假如你是一个领导，你将怎样增加你的权威？

四、案例练习

哪种领导类型最有效

ABC 公司是一家中等规模的汽车配件生产公司。最近，董事长对该公司的三个重要部门经理进行了一次有关领导类型的调查。

1. 王经理

王经理对他本部门的产出感到自豪。他总是强调对生产过程、出产量控制的必要性，坚持下属人员必须很好地理解生产指令以进行迅速、完整、准确的反应。王经理当遇到小问题时，会放手交给下级去处理；当问题很严重时，他则委派几个有能力的下属人员去解决。通常情况下，他只是大致规定下属人员的工作方针、完成怎样的报告及完成期限。王经理认为只有这样才能更好地合作，避免重复工作。

王经理认为，对下属人员采取敬而远之的态度对一个经理来说是最好的行为方式，"亲密无间"会松懈纪律。他不主张公开谴责或表扬某个员工，相信他的每一个下属人员都有自知之明。

据王经理说，在管理中的最大问题是下级不愿意承担责任。他讲到，他的下属人员可以有机会做许多事情，但他们并不是很努力地去做。

王经理表示不能理解在以前他的下属人员如何能与一个毫无能力的前任经理相处。他说，他的上司对他们现在的工作运转情况非常满意。

2. 张经理

张经理认为每个员工都有人权，他偏重于管理者有义务和责任去满足员工需要的学说。他说，他常为他的员工做一些小事，如给员工两张艺术展览的入场券。他认为，每张门票几十块钱，但对员工和他的妻子来说却远远超过几十块钱，这也是对员工过去几个月工作的肯定。

张经理说，他每天都要到工厂去一趟，与至少 25% 的员工交谈。张经理不愿意为难别人,他认为王经理的管理方式过于死板,王的员工也许并不那么满意,但除了忍耐别无他法。

张经理说,他已经意识到在管理中有不利因素,但大都是由于生产压力造成的。他的想法是以友好、粗线条的管理方式对待员工。他承认尽管在生产率上不如其他单位,但他相信他的员工有高度的忠诚与士气,并坚信他们会因他的开明领导而努力工作。

3. 李经理

李经理说他面临的基本问题是与其他部门的职责分工不清。他认为不论是否属于他们的任务都安排在他的部门,似乎上级并不清楚这些工作应该谁做。

李经理承认他没有提出异议,他说这样做会使其他部门的经理产生反感。其他部门的经理把李经理看成是朋友,而李经理却不这样认为。

李经理说过去在不平等的分工会议上,他感到很窘迫,但现在适应了。

李经理认为纪律就是使每个员工不停地工作,预测各种问题的发生。他认为作为一个好的管理者,没有时间像张经理那样握紧每一个员工的手,告诉他们正在从事一项伟大的工作。他相信如果一个经理声称为了决定将来的提薪与晋职而对员工的工作进行考核,那么,员工则会更多地考虑他们自己,由此而产生很多问题。

他主张,一旦给一个员工分配了工作,就让他以自己的方式去做,取消工作检查。他相信大多数员工知道怎样把自己的工作做好。

如果说存在问题,那就是他的工作范围和职责在生产过程中发生的混淆。李经理的确想过,希望公司领导叫他到办公室听听他对某些工作的意见。然而,他并不能保证这样做不会引起风波而使情况有所改变。他说他正在考虑这些问题。

分析与思考:

1. 你认为这三个部门经理各采取的是什么领导方式?这些方式都是建立在什么样的假设基础上的?请预测这些方式将产生什么结果?

2. 是否每一种领导方式在特定的环境下都有效?为什么?

第九章 激励

【要点提示】

理解激励的原理；
掌握各种激励理论；
掌握各种激励员工的原则与方法。

有人做过这样的调查：按时计酬的职工每天一般只需发挥20%—30%的能力用于工作就足以保住饭碗。但是如果能充分调动其积极性，那么他们的潜力会发挥到80%—90%，这之间的差额用于提高劳动生产率，其效果是可观的。这需要依靠有效的激励！也就是说员工的工作绩效与其被激励的程度密切相关。经过激励的工作行为与未经激励的行为，其工作效果大不相同，激励能够使员工充分发挥其能力，实现工作的高效率。在个体能力不变的条件下，工作绩效的大小取决于激励程度的高低。激励程度越高，工作绩效越大。反之，激励程度越低，工作绩效就越小。

第一节 激励概述

一个优秀的领导者，不仅要了解员工的个性、态度和能力，更要激励员工，即创造条件，采取措施，推动、引导员工的行为，激发员工的工作积极性，使员工的行为指向组织目标并与组织目标保持一致。因此，研究如何根据员工的心理活动规律，科学地实施激励，在管理工作中有着特殊重要的意义。

一、激励的含义

"激励"一词来源于古代拉丁语，其本义是"使移动"。激励是激发鼓励之意，是指激发人的动机，诱导人的行为，使其发挥内在的潜力，通过高水平的努力，为实现所追求的目标而努力的过程。

管理学中，激励是一种精神力量或状态，是指管理者促进、诱导下级形成动机，发挥增强、激发和推动的作用，以引导行为指向目标的活动过程。关于激励的定义很多，比如：兹德克和布拉德，把激励定义为朝着某个特定目标行动的倾向。沙托把激励定义为"一种能够被感知的驱动力和紧张状态，促使人们为了完成目标而采取行动"。盖乐曼把激励定义为"引导人们的行动目标,并强化这种行动"。沃鲁姆把激励定义为"对个人及组织的行为进行控制的过程"。

二、激励的过程

(一) 激励过程

激励的过程是人行为的基本心理过程。一个行为的基本心理过程是:人们的需要促使内心产生紧张,制订出合适的目标时,这种紧张会转化为动机并使人付出行动以实现目标,目标达到后,需要得到满足,紧张消除,随后产生新的需要。

激励的过程可用图 9-1 表示:

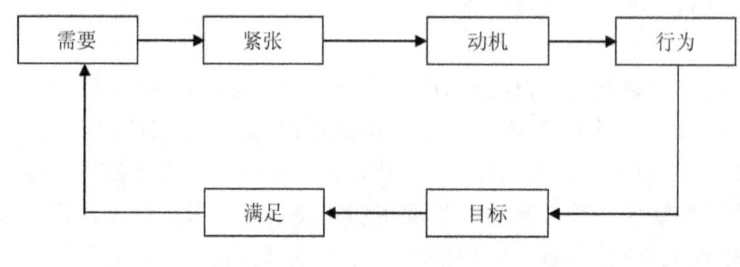

图 9-1 激励过程图

1. 需要

在心理学术语中,需要是有机体内部的一种不平衡状态,表现为有机体对内部或外部生活条件的一种稳定性要求。这种不平衡包括生理的和心理的不平衡。需要可以分为自然需要和社会需要。自然需要是为了延续和发展人的生命对所必需的客观条件的要求,社会需要是在特定的社会条件下个人对社会生活的需求。需要是个体行为动力的重要源泉。通俗地说,需要是人们对某种目标的渴求和欲望。在现实生活中,人的需要往往不只有一种,而是同时存在多种需要,这些需要的强弱也会发生变化。

2. 动机

动机是由目标或对象所引导、激发和维持的个体活动的内在心理过程或内部动力。动机是人的行为产生的直接原因,它引起行为、维持行为并指引行为去满足某种需要。动机是由需要产生的。当人的需要未能得到满足时,会产生一种紧张不安的心理状态,在遇到能够满足需要的目标时,这种紧张不安就成为一种内在的驱动力,促使个体采取某种行为。

动机是一种主观的精神状态,它驱使个体行为趋向预定的目标。一个人可以有许多种动机,动机之间不仅有强弱之分,而且会有矛盾。一般来说,只有优势动机,即最强烈的动机,才可以引发行为。

3. 行为

行为是指个体在环境影响下所引起的内在生理和心理变化的外在反应。人们在动机的推动下,向目标前进,目标达成后,需要得到满足,紧张不安的心理状态就会消除。随后,又会产生新的需要,引起新的动机和行为。这是一个循环往复、连续不断的过程。

(二) 需要、动机、行为、目的之间的关系

1. 需要与动机

需要与动机既有相似的含义,又有严格的区别。需要是一种心理上的欠缺感和需求感,动机则是一种深化了的需要,它具有对行为的某种程度的规定性和向导性。因此,需要是人的积极性的基础和源泉,动机则是推动人去行动的直接原因。需要转化为动机必须满足两个条件:一是需要必须有一定的强度。即某种需要必须成为个体的强烈愿望,迫切要求得到满足。如果需要不迫切,则不足以促使人去行动来满足这个需要。二是需要转化为动机还要有适当的客观条件,即诱因的刺激,它既包括物质的刺激,也包括社会性的刺激。有了客观的诱因,才能促使人去追求它、得到它,以满足某种需要;相反,就无法转化为动机。

2. 动机与目的

动机与目的二者的关系复杂。一方面表现在相同目的的不同动机上;另一方面还表现在相同动机的不同目的上,即出于同样的动机而达到不同的目的。因此,目的是人们行为所要达到的结果,动机则是推动人们去达到目的的心理活动,二者缺一不可。

3. 动机与行为

动机与行为的关系十分复杂,主要有以下几种表现形式:一是动机和行为并非一对一的关系,同一动机可以产生不同的行为。例如,一个人立志成为国家的有用之才,这种动机可以表现为许多行为,如刻苦学习、注意道德修养、加强实践锻炼、团结同志、工作认真负责等。二是同一行为也可以由不同的动机引起。三是动机和行为还具有相互作用的关系。动机推动行为,引起行为,而行为的结果又反作用于动机,使原来的动机得到加强、减弱或消失。因此,根据人的行为可以追溯其动机,也可以通过对动机过程的认识来预测某个人的行为趋向。一般来说,良好的动机产生良好的效果,不良的动机产生不良的效应。但由于多种中间因素的干扰,在实际管理工作中往往是不一致的。

三、激励的作用

激励的作用主要表现在以下几个方面:

(一) 有利于组织目标的实现

通过激励可以吸引更多的人才加入到组织中来,并且愿意为组织目标的实现贡献自己的力量。当人们处于积极状态时,通过激励,还可以使个体思维活跃并富有创造性。

(二) 有利于激发和调动员工的积极性

人是世界上最宝贵的资产,但如何利用这种资产,开发人的创造性资源,是激励理论研究的重要课题。积极性是员工在工作时表现出的一种能动的、自觉的心理和行为状态。这种状态可以促使员工产生一系列积极行为,如提高劳动效率、超额完成任务、良好的服务态度等。人们积极性的充分发挥,要靠激励。弗朗西斯认为,"尽管你有钱,你能买到一个人的时间,使之出现在特定的时间和地点,你也能买到其有限的体力和技术活动,但你绝不能买到他的热忱、创造力、想象力、决心、忠诚和灵魂"。因此,人应该怎样激励、怎样

才能充分发挥激励的作用,就成为一切管理工作者非常关心、高度重视的问题。

(三) 有利于将员工的个人目标与组织目标统一起来

激励的功能就是引导员工适应一个组织、企业,以个人利益和需要的满足为前提,把个人目标统一于组织的整体目标,为完成工作任务做出贡献,从而促使个人目标与组织整体目标都能实现。

(四) 有助于增强组织的凝聚力及各组成部分的协调性

为保证组织整体能够快捷、有效、协调地运转,除建立良好的组织结构和严格的规章制度外,还需运用科学的激励方法,因人而异地分别满足员工的物质和精神需要。当人处在积极状态时,由于对工作的强烈的情感往往表现为心胸开阔、豁达大度,可以避免不必要的冲突与纠纷,同时,也能以适当的方式传达自己的情感,因而容易达到互相尊重,促进彼此了解,起到协调人际关系的作用,进而增强组织的凝聚力和向心力,促进各部门、各单位之间密切合作。

管理者必须熟悉激励的规律。然而,由于人们对相同刺激的方法的反应区别甚大,激励就成为一个非常难以预测的过程。对一些人来说,金钱是主要的刺激因素;而对另一些人而言,金钱对他们作用不大。对一些人来说,赞赏及其他精神奖励是至关重要的;而另一些人对此却不屑一顾。管理者只有熟悉这些情况,才能充分发挥激励的作用。

第二节 人性假设理论

管理的本质是对人的管理,其研究对象是诸多各不相同的"人",这就需要对人进行一定的界定,即人性假设。人性假设是基于人的普遍行为的特点,对人的属性所做的抽象化和概念化的界定,是对人的本质和行为模式的一种设定,反映了人们对人自身的基本认知和判断。人性假设理论是基于对人性的不同假设而采取不同的激励方式,这是典型的因人而异的激励理论。管理者对员工的人性假设不同,激励的措施也不同。

一、"经济人"假设

"经济人"(economic man)又称"理性—经济人"、"实利人"或"唯利人"。这种假设最早由英国经济学家亚当·斯密(Adam Smith)提出。他认为人的行为动机根源于经济诱因,人都要争取最大的经济利益,工作就是为了取得经济报酬。为此,需要用金钱与权力、组织机构的操纵和控制,使员工服从与为此效力。

后来,美国管理学家麦格雷戈提出的 X 和 Y 理论中的"X 理论"正是对"经济人"假设的高度概括。此假设认为,人的一切行为都是为了最大限度地满足自己的利益,工作是为了获得经济报酬。

二、X 和 Y 理论

美国管理学家麦格雷戈在他的《企业的人性面》一书中,提出了两种对立的管理理论,即"X 理论"和"Y 理论"。"X 理论"正是他对"经济人"假设的高度概括。

X 理论的假设有:

第一,多数人天生就不喜欢劳动,一有机会,就会躲避劳动。

第二,多数人都没有雄心大志,不愿负任何责任,而心甘情愿受别人的指导。

第三,多数人安于现状,习惯对改革采取抵制态度,容易受欺骗,常有盲从举动。

第四,多数人的个人目标都是与组织目标相矛盾的,为达到组织目标必须靠外力严加管制,才能迫使他们为达到组织目标而工作。

第五,劳动的目的都是出于生理和安全的需要,唯有金钱和其他物质利益才能激励他们努力劳动,所以他们将选择那些在经济上获利最大的事去做。

第六,人可以分为两类,多数人符合上述假设,他们只能是被管理者;少部分人能够自己鼓励自己,能够克制感情冲动,这些人应负起管理的责任。

基于"X 理论"的假设,其管理措施可以归纳为以下几点:

第一,在管理方法上主要采用各种刚性手段和物质刺激去管理工人,其重点集中在提高生产效率、完成生产任务方面。

第二,管理工作只是少数人的事,与广大工人群众无关,工人的主要任务只是听从管理者的指挥。

第三,管理人员主要是应用职权,发号施令,使对方服从,让人适应工作和组织的要求,而不考虑在情感上和道义上如何给人以尊重。

第四,主要用金钱来刺激工人生产的积极性,同时对消极怠工者采用严厉的惩罚措施。只注重人的基本需要的满足,把金钱当作主要的激励工具,把惩罚当作重要的管理手段,对人的管理可以形象地表述为"胡萝卜加大棒"的管理方式。

"Y 理论"的假设有:

第一,人们在工作上体力和脑力的投入就跟在娱乐和休闲上的投入一样,工作是很自然的事。大部分人并不抗拒工作,即使没有外界的压力和处罚的威胁,他们一样会努力工作以期达到目的,也就是说人们具有自我调节和自我监督的能力。

第二,人们愿意为集体的目标而努力,在工作上会尽最大的努力,以发挥创造力、才智,人们希望在工作上获得认同感,会自觉遵守规定。

第三,在适当的条件下,人们不仅愿意接受工作上的责任,而且具有相当高的创新能力。

第四,在大多数的机构里面,人们的才智并没有得到充分发挥。

持"X 理论"的管理者会趋向于设定严格的规章制度,以减少员工对工作的消极性。

持"Y 理论"的管理者主张用人性激发的管理方式,使个人目标和组织目标一致,会趋向于对员工授予更大的权力,让员工有更多的发挥机会,以激发员工对工作的积极性。

三、"社会人"假设

"社会人"也称"社交人"。这一假设主要来源于"霍桑实验",后经英国塔维斯托克学院研究再度验证,进一步完善。所谓社会人,是指人在进行工作时,将物质利益看成次要的因素,人们最重视的是和周围人的友好相处,满足社会和归属的需要。这一假设的基本观点如下:

第一,社交需要是人类行为的主要动机,而人际关系则是形成人们身份感的基本要素;

第二,从工业革命中延续过来的机械化和专业分工,其结果是使工作丧失了许多内在意义,这些丧失的意义必须从工作中的社会关系里寻找回来;

第三,工人与工人之间的关系所形成的影响力,比管理部门所采取的管理措施和奖励具有更大的影响;

第四,职工们对管理部门的反应能达到什么程度,当视主管对下级的归属感需要、被人接受的需要能满足到什么程度而定。

基于"社会人"假设的管理措施,可以归纳为以下几点:

第一,管理人员不应只注意完成生产任务,而应把注意的重点放在关心人、满足人的需要上,建立相互了解、团结融洽的人际关系和友好的情感;

第二,管理人员不能只注意指挥、组织等,而更应重视员工之间的关系和整体感,培养和形成员工的归属感;

第三,在实行奖励时,提倡集体奖励制度,而不主张个人奖励制度,从而使集体产生凝聚力和士气;

第四,管理人员的职能应有所改变,他们不应只限于制订计划、组织工序、检验产品,而应在员工与上级之间起联络人的作用,要倾听员工的意见,了解员工的思想情感,向上级反映和呼吁。

四、"自我实现人"假设

所谓自我实现,是指人的潜能得到充分发挥,人才会有最大的满足。马斯洛曾对有关社会知名人士和一些大学生进行过调查,提出"自我实现人"应具有十五种特征,其中最主要的特征包括有敏锐的观察力、思想高度集中、有创造性、不受环境偶然因素的影响、只愿同少数志同道合的人来往、喜欢独居等。但马斯洛也承认,在现实中这种人是很少的。"自我实现人"假设主要包括以下几点:

第一,人的动机可归结为由多种动机组成的一个层次系统。当人们的最基本需要得到满足时,他们就会转而致力于较高层次需要的满足。

第二,个人总是追求在工作中变得成熟起来,他们通过行使一定的自主权,培养自己的专长和能力,使自己能真正变得成熟。

第三,人主要是由自己来激励和控制,外部刺激很可能对人变成一种威胁,并把人降低到一种较不成熟的状态。

第四,自我实现和使组织的绩效更富成果,这两个方面并没有什么矛盾,如果能给予适当的机会,职工们是会自愿把他们的个人目标和组织的目标结合为一体的。

基于这种观点,其管理措施主要有以下几点:

第一,改变管理重点。"经济人"假设只重视工作任务和物质因素,轻视人的作用和人际关系的影响,"社会人"假设与此正好相反。而"自我实现人"又把注意的重心从人身上转移到工作环境和工作条件上,使人们能够在这种条件下充分挖掘自己的潜力,发挥自己的才能,得到充分的自我实现。

第二,改变激励方式。"经济人"依靠物质刺激调动职工的积极性,"社会人"则依靠搞好人际关系来调动员工的积极性,而自我实现主要是给予员工来自工作本身的内在激励,让员工承担具有挑战性的工作,在工作中能够获得知识、增长才干、充分发挥自己的潜力,满足其自我实现的需要。

第三,管理制度的改变。管理制度应该保证员工能充分展示自己的才能,达到自己所希望的目标。在管理制度上给予员工更多的自主权,实行自我控制,让员工参与管理和决策,并共同分享权力。

第四,管理职能的改变。马斯洛认为,管理者的职能既非生产的指挥者,也非人际关系的调节者,而只是一个采访者。他们的主要任务在于为发挥人的才智创造适宜的条件,减少和消除职工在"自我实现"过程中所遇到的各种障碍,让员工通过自我控制,达到个人目标与组织目标的一体化。

"自我实现人"是"社会人"假设的继续和发展,它继承了"社会人"所提出的"人有社会的和心理的需要"的内容,并在此基础上作了进一步的发挥。

五、"复杂人"假设

随着西方经济社会的进一步发展和科学技术的进步,20世纪六七十年代以后,人们的观点、需求开始出现了多元化,原有的各种管理理论中的人性假设无法解释新出现的问题。于是,美国心理学家埃德加·沙因于1965年在综合"经济人"、"社会人"、"自我实现人"假设的基础上,又提出了"复杂人"概念。该理论认为,"经济人"、"社会人"、"自我实现人"假设,虽然各有其合理性的一面,但并不适合于一切人,人应该是因时、因地、因各种情况采取适当反应的"复杂人"。根据这种假设,他提出了一种新的管理理论,即"应变理论",或称"权变理论"。由于这一理论既不同于"X理论",也不同于"Y理论",所以称为"超Y理论"或"Z理论"。其主要内容包括:

第一,人的需要是多种多样的,而且这些需要是时刻变化的,对每个人来讲,其需要各不相同,需要的层次也因人而异。

第二,人的各种需要和动机会发生相互作用。

第三,人的工作和生活条件是不断变化的,一个人在不同的单位或同一单位的不同部门工作会产生不同的需要。

第四,由于人的需要不同,对于不同的管理方式会有不同的反应。

"复杂人"不拘泥于一种人性假设,引申出了形形色色的管理流派,至此,管理理论进入"管理丛林"阶段。该理论认为,管理者针对不同的个人在不同的时间出现的不同需要,应该有针对性地进行管理,而不能仅仅采用一种"通用"的管理方法。这一理论有其科学、合理的一面,但过分强调了人的差异性,忽略了人的共同性。

六、"文化人"假设

20世纪80年代的"文化人"假设认为,人的行为及价值选择,是由所处的文化决定的,有什么样的文化,就会有什么样的人的行为。"文化人"假设是"社会人"假设的进一步延伸,视角伸向了人的社会本质的深层,特别是强调人的精神因素和主观能动因素。人是含有文化因素的,而文化是渗透到人类文明的任何一个地方和环节的。这一假设告诉我们,管理者必须注意调动人的积极性,实现以人为中心的管理,强调在生产管理中要关心人、尊重人、信任人,强调团队精神,重视劳动者之间的默契合作,强调创新行动和内部竞争等。

该理论的可取之处,在于进一步注意到了管理者所在的外部环境对其行为的影响。该理论为当前的跨国公司中存在的跨文化管理提供了很好的理论基础。

第三节 激励理论

激励理论是行为科学中用于处理需要、动机、目标和行为四者之间关系的核心理论。行为科学认为,人的动机来自需要,由需要确定人们的行为目标,激励则作用于人的内心活动,激发、驱动和强化人的行为。

激励理论是管理心理学的范畴,早期的激励理论研究是对"需要"的研究,称之为内容型激励理论,包括马斯洛的需要层次理论、赫茨伯格的双因素理论和麦克利兰的成就需要理论等。后来又出现对激励过程进行研究的过程学派,包括亚当斯的公平理论、弗鲁姆的期望理论;同时,还出现了研究引导和改造人的行为的结果反馈型激励理论,包括强化理论、挫折理论、归因理论等。

一、内容型激励理论

内容型激励理论从人的需要出发,着重研究需要的内容和结构及其如何推动人们的行为的理论。有代表性的内容型激励理论包括马斯洛的需要层次理论、赫茨伯格的双因素理论和麦克利兰的成就需要理论。

(一)需要层次理论

1. 马斯洛需要层次理论的内容

需要层次理论是由美国著名的心理学家和行为学家马斯洛提出来的,因而也称为马斯洛需要层次论。马斯洛把人的需要归纳为五个层次,由低到高依次为生理需要、安全需要、社交需要、尊重需要和自我实现需要。如图9-2所示。

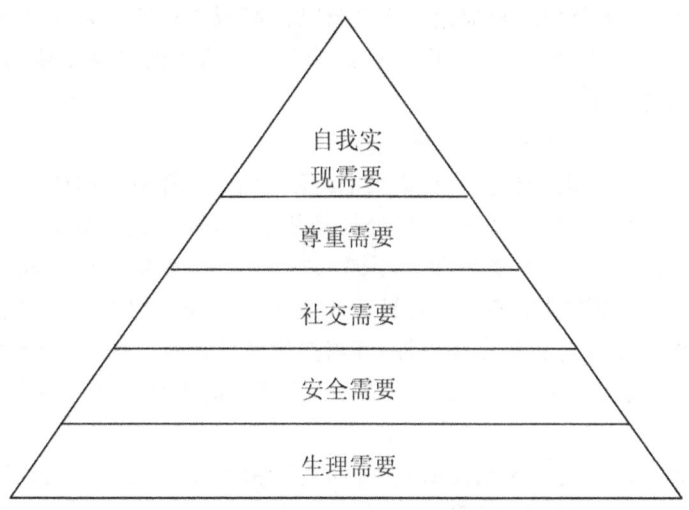

图9-2 马斯洛人的需要结构图

(1) 生理需要。这是最原始、最基本的需要。对人类而言,人类生存最基本的需要,包括食物、水、衣着、住房等。马斯洛曾解释说,对于一个处于极端饥饿状态的人来说,除了食物,没有别的兴趣。在这种极端情况下,写诗的愿望、获得一辆汽车的愿望、对美国历史的兴趣等,统统退到第二位。马斯洛认为,只有这些最基本的需要被满足到维持生命所必需的程度后,才会出现另外的、更高级的需要。否则,其他的需要都不能起到激励人的作用。

(2) 安全需要。是指保护自己免受身体和情感伤害的需要。马斯洛认为,我们可以把科学和人生观总的看成是安全需要的动机的一部分,这种安全需要体现在社会生活中是多方面的,如生命安全、收入稳定、劳动安全、职业保障、心理安全、法制健全等。

(3) 社交需要。指能满足个体与他人交往的一切需要,包括友谊、爱情、归属、信任与接纳的需要。它包括两个方面的含义:一方面是指人具有爱的需要,这种爱的需要即有人们之间的情感融洽、忠诚友好以及爱情的需要,又有希望别人信任自己,自己也信任别人的需要;另一方面就是归属的需要,即人都有一种归属感,都希望成为某一群体或集团的一名成员,并得到关心和照顾,形成与群体成员一致的思想感情。因此,社交需要比前两项需要深化了一大步。

(4) 尊重需要。只能满足他人对自己的认可及自己对自己认可的一切需要,如名誉、地位、尊严、自信、自尊、自豪等。尊重需要包括内部尊重和外部尊重两方面。内部尊重因素包括自尊、自主和成就感等,外部尊重因素包括地位、认可和关注,或者说是受人尊重。马斯洛认为,若人的尊重需要得到满足,就会对自己充满信心,对社会满腔热情,体会到自己存在的意义和价值。但是,当尊重的需要得不到满足时,人就会产生自卑感、软弱感和无能感,有时甚至会失去生活的信心。实际上,在现实生活中,一个人尊重的需要很少能够得到完全的满足,人本身也需要有某种不满足感或压力,否则也会产生惰性。

(5) 自我实现需要。这是最高层次的需要,指个人成长与发展,发挥自身潜能、实现理想的需要。当人的其他需要得到基本满足以后,就会产生自我实现的需要,这种需要会产生巨大的动力,使人努力尽可能地去实现自己的愿望。马斯洛认为,尽管自我实现的人不一定是尽善尽美的人,但却体现了这个人所认识到的人的最高价值,自我实现是相对的、长期的、越来越高的。

2. 马斯洛需要层次理论在管理中的应用

马斯洛的需要层次理论作为一种重要的激励理论,对管理工作具有一定的指导作用。领导者在激励员工时应首先分析员工所处的需要层次,针对其主导需要或称优势需要来采取管理措施,能够提高激励的效果。不同的需要层次,需要采用不同的激励手段。同时,领导者还要注意关注员工的需要差异。即使在同一需要层次上,不同的员工,因为其职业、年龄、个性和家庭背景等存在差异,其需要也各有特点。而且,随着社会和经济环境的发展变化,人们的需要也在发生渐变。因此,管理者的激励方法应结合员工的具体需要而灵活地调整。

需要层次理论从人的需要出发研究人的行为,揭示了一般人在通常情况下的需要与行为的规律,对于管理者具有以下启示:

第一,人的需要是复杂多变的,不同的人有不同的需要,同一个人在不同时期、不同环境下,其需要的内容与结构会因各种条件的变化而有所差异。因此,管理者只有充分认识和把握人的需要和类型、特征以及满足渠道,才能有针对性地进行有效的激励。

第二,一个人在某一特定时期总是有某一层次的需要占据主导地位,其他需要则处于从属地位。由于对人的行为能够产生激励作用的常常是处于主导地位的需要,因此,管理者在执行领导职能时,应该准确判断并主要针对主导需要采取激励措施。

第三,人的需要或叫欲望是无止境的,因此,管理者必须针对人的需要,进行科学的理性分析和归类,找出哪些是合理的、哪些是不合理的,哪些是近期可以满足的、哪些是长期才能实现的,以便采取相应的措施,化不利因素为有利因素,充分调动人的积极性。

(二) 双因素理论

20世纪50年代后期,美国心理学家赫茨伯格在进行了大量的调查研究后,提出了"激励—保健因素理论",简称"双因素理论"。赫茨伯格通过分析调查结果,发现使员工感到满意的因素与使员工感到不满意的因素是大不相同的。使员工感到满意的因素都是属于工作本身或工作内容方面的;使员工感到不满的因素,都是属于工作环境或工作关系方面的。他把前者叫作激励因素,把后者叫作保健因素。之所以把后者命名为保健因素,是因为这些因素对于员工的作用,类似于保健对于人体的作用,虽不能改善人们原来的健康状况,却可以防止身体状况恶化,使之恢复原状。在管理意义上,保健因素虽不能激励人们,却能防止人们产生不满情绪,虽不能增加员工的工作热情,却能防止员工降低工作效率,这些因素实际上是将激励维持在零位,防止产生消极影响,也有人称之为维持因素。保健因素包括公司的经营方针和组织的发展方向、组织的行政管理政策、管理监督的方式和方法、工作条件、工资福利、工作保障、人际关系。做好这些工作只能维持员工的积极性,而要调动他们的积极性,还需注意到激励因素。

赫茨伯格对3597个调查案例进行了综合分析,收集了许多材料和数据,都证实了这两种不同的激发动机的因素,即激励因素和保健因素。他发现使职工不满意的因素往往是由工作环境引起的,而使职工感到满足的因素通常是由工作本身引起的。

与传统看法不同,赫茨伯格还指出:满意的对立面不是不满意,而是没有满意;不满意的对立面也不是满意,而是没有不满意。如图9-3所示。

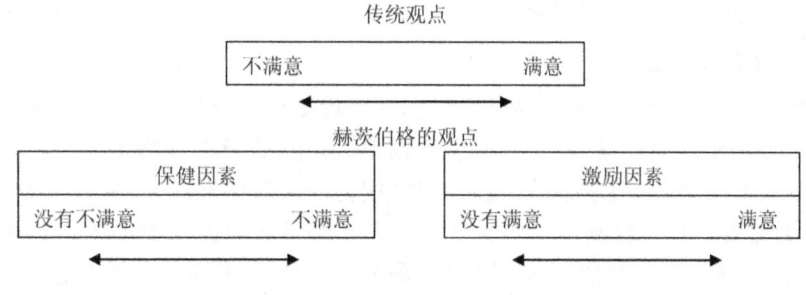

图9-3 不满意—满意观对比

激励因素	保健因素
	工资
成就感	监督制度
认可和赞赏	公司政策
责任感	上下级关系
工作本身的挑战性和兴趣	同事之间的关系
工作的发展前途	工作稳定与保障
个人成长	工作条件
	地位

图9-4 激励—保健理论

保健因素是否具备、强度大小,对应着员工"没有不满意"和"不满意",因为保健因素本身的特性,决定了它无法给人以成就的感觉,因此它不能使员工对工作产生积极的满意感。但是,如果员工的保健因素需求没有得到满足,就会导致员工的不满情绪产生,进而影响员工的工作。激励因素是否具备、强度大小,对应着员工"没有满意"和"满意",当员工的激励因素需求得到了满足,就会产生强大的激励效果,促使员工努力工作去实现组织和个人的目标,如图9-4。

为了能激励员工的工作热情,赫茨伯格主张做好以下工作:①注意工作的丰富化。②在工作中给人以适当的自主权。③设法让员工了解工作成果。④对员工所完成的工作要及时肯定和表扬。⑤使员工感到工作是学习和提高的机会。⑥围绕组织的目标安排自己的工作。可以说,"双因素理论"是对马斯洛需要层次理论的进一步补充。

1972年,赫茨伯格又出版了《工作与人的本性》一书,进一步完善了他的"双因素理论",并在此基础上提出了"工作扩大化"的理论。工作扩大化包括水平式扩大和垂直式工作扩大,或称横向扩大和纵向扩大。水平式工作扩大要求重新设计工作内容,或者把原来分工细致的作业归并成职工自主完成的作业单位,从而扩大工作范围,明确责任,使工作变得更有意义。垂直式工作扩大就是垂直地扩大职工的工作内容,让职工参与有关的管理工作,例如计划和调节等方面属于管理人员和监督人员固有职能的那些工作。采取工作扩大化的方法,就是要让作业组织自己决定生产指标、生产方法、生产计划、作业程序、作业标准、控制成本和评价工作成绩等。

(三) 成就需要理论

美国哈佛大学教授麦克利兰在 20 世纪 50 年代提出了成就需要理论。麦克利兰把人的高层次需要归纳为对成就、权力和归属的需要,其中,成就需要最为重要。他的理论观点主要体现在其代表作《渴求成就》(1966)和《权力的两面性》(1970)两篇论文中。

1. 权力需要。具有较高权力欲望的人,从施加影响和控制他人中得到极大的满足感,热衷于追求领导者的地位。对于高权力需要者来说,他们更关心的是自己在组织中的威信和影响力,而不是工作绩效。

2. 归属需要。归属需要就是相互交往、友爱的愿望,高归属需要者寻求友谊,喜欢合作和非竞争。他们喜欢与别人保持一种融洽的关系,享受亲密无间的和相互谅解的乐趣,从友爱、充满情谊的社交中得到欢乐和满足,随时准备安慰和帮助处于危难中的伙伴。

3. 成就需要。具有高成就需要的人,对工作的胜任感和成功有强烈的需求,经常思考个人职业生涯的发展规划。一般来说,有较高的成就需要者总是比较低成就需要者工作得好,进步得快。麦克利兰发现,小公司的总经理通常具有很高的成就需要,而大公司的总经理却只有一般的成就需要,他们往往更多地追求权力和归属需要。因为,后一种需要对与人共事、合作相处是十分重要的。

在大量的研究基础上,麦克利兰对成就需要与工作绩效的关系进行了十分有说服力的推断。首先,高成就需要者喜欢能独立负责、可以获得信息反馈和中度冒险的工作环境。小企业的经理人员和在大企业中独立负责一个部门的管理者中,高成就需要者往往会取得成功。而在大型企业,高成就需要者并不一定就是一个优秀的管理者,原因是高成就需要者往往只对自己的工作绩效感兴趣,并不关心如何影响别人去做好工作。其次,归属需要与权力需要和管理的成功密切相关。麦克利兰发现,最优秀的管理者往往是权力需要很高而归属需要很低的人。如果一个大企业的高层管理者的权力需要与责任感、自我控制相结合,那么他就很有可能成功。最后,可以对员工进行训练来激发他们的成就需要。如果某项工作需要高成就需要者,那么,管理者可以通过直接选拔、培训的方式,使其成为高成就需要者。

麦克利兰认为,组织中拥有越多的高成就需要者,组织就发展得越快,而且高成就需要可以通过后天的教育获得。

二、过程型激励理论

过程型激励理论着重研究"为什么员工会努力工作"和"怎样使员工努力工作"这两个问题,侧重于研究激励实现的基本过程和机制。有效的领导者应该知道哪些因素可以激励员工,还应该清楚运用何种方式激励才会更有效。有代表性的过程型激励理论有公平理论、期望理论等。

(一) 公平理论

公平理论是由美国心理学家亚当斯在 20 世纪 60 年代提出的,其目的是研究报酬的合理性、公平性对人们工作积极性的影响。公平理论认为,一个人所得的报酬的绝对值与其积极性的高低并无直接的必然联系,而只有当他对所付出的劳动与所获报酬的比值,与同等情况的其他人相比较时,主观上感到不公平、不合理时,才会真正影响人的积极性。当个体主观上感到不公平,认为自己所得的报酬不足时,就会感到紧张,这样的心理是进一步驱使员工追求公平和平等的动机基础。员工通常会把自己所获的报酬与投入的比例同他人的收支比例进行横向比较,如下所示:

$$\frac{O_p}{I_p} \leftrightarrow \frac{O_o}{I_o}$$

其中,O(Outcome)代表报酬,如工资、奖金、提升、赏识、受人尊敬等,包括物质方面和精神方面的所得;I(Input)代表投入,如工作的数量和质量、技术水平、努力程度、能力、精力、时间等;O_P 表示一个人对自己所获报酬的感觉;O_o 表示自己对他人所获报酬的感觉;I_P 表示自己对投入的感觉;I_o 表示自己对他人的投入的感觉。员工同他人的横向比较结果分三种情况:

$\frac{O_p}{I_p} = \frac{O_o}{I_o}$,这个等式说明,如果当个体发现自己的收支比例与他人的收支比例处于平衡状态时,便认为是公平的。

$\frac{O_p}{I_p} < \frac{O_o}{I_o}$,这时员工就会感到不公平,此时他可能会要求增加报酬,或自动地减少投入,以便达到心理上的平衡。

$\frac{O_p}{I_p} > \frac{O_o}{I_o}$,说明员工得到了过高的报酬或投入较少。员工在与他人比较的同时,也会将自己当前所获的报酬与投入的比例同自己过去的收支比例进行纵向比较,如下所示:

$$\frac{O_{pp}}{I_{pp}} \leftrightarrow \frac{O_{pl}}{I_{pl}}$$

其中,O_{PP} 表示自己对当前所获报酬的感觉;O_{Pl} 表示自己对过去所获报酬的感觉;I_{PP} 表示自己对当前投入的感觉;I_{Pl} 表示自己对过去投入的感觉。纵向比较的结果也分三种情况:

$\frac{O_{pp}}{I_{pp}} = \frac{O_{pl}}{I_{pl}}$,员工就会认为基本公平,积极性和努力程度可能会保持不变;

$\frac{O_{pp}}{I_{pp}} < \frac{O_{pl}}{I_{pl}}$,员工会感到不公平,其工作积极性会下降,除非给他增加报酬;

$\frac{O_{pp}}{I_{pp}} > \frac{O_{pl}}{I_{pl}}$,一般来讲员工不会觉得所获报酬过高,因为他可能会认为自己的能力和经验有了进一步的提高,其工作积极性不会因此而提高多少。

公平理论认为,当自己感到不公平时,可能采取下列几种做法,以保持心理平衡。第一,通过自我解释,达到自我安慰,消除不公平感,以便达到心安理得;第二,采取行动,努力改变别人的收支比例,达到自己的心理平衡;第三,采取行动,改变自己的收支状况(如要求增加报酬,或自己减少投入,或消极怠工等);第四,有可能换一个比较对象,认为"比上不足,比下有余",获得主观上的公平感;第五,发牢骚,泄怨气,制造人际矛盾,甚至放弃工作。

(二) 期望理论

期望理论是美国心理学家弗鲁姆于 1964 年提出的,1967 年弗鲁姆正式出版了《工作与动机》一书,再次全面系统地阐述了这一理论。

弗鲁姆在研究中发现,员工是否愿意从事某种工作,取决于个体对具体目标的理解以及员工对工作绩效能否实现这一目标的认识。他将上述发现分解为影响激励的效价和期望值两个因素,后来加上一个关联性因素,即达到一定的工作绩效后可获得理想奖励的可信程度,从而形成一个可操作的过程模型,即:

$$M = V \cdot I \cdot E$$

M(激励力)——对行为动机的激发力度;

V(效价)——目标价值的主观估计;

E(期望值)——目标实现概率的主观估计。

这个公式告诉我们,在进行激励时要处理好以下三个方面的关系。

第一,努力与绩效的联系。人总是希望通过一定的努力能够达到预期的目标,如果个人主观认为通过自己的努力达到预期目标的概率较高,就会有信心,就可能激发出很大的工作热情,否则,就会失去内在的动力,导致工作消极。但要想达到预期的目标,不仅仅取决于个人的努力,同时还受到员工的能力和上司提供支持等因素的影响。

第二,绩效与奖励的联系。人总是希望取得成绩后能够得到奖励,这种奖励既包括提高工资、多发奖金等物质奖励,也包括表扬、自我成就感、同事的信赖、提高个人威望等精神奖励,还包括得到晋升等物质与精神兼而有之的奖励。如果他认为取得绩效后能够得到合理的奖励,就可能产生工作热情,否则就可能没有积极性。

第三,奖励与个人目标满足的联系。人总是希望获得的奖励能够满足自己某方面的需要,然而由于人们在各方面存在的差异,他们的需要的内容和程度都可能不同。因而,对于不同的人,采用同一种奖励能满足需要的程度不同,能激发出来的工作动力也就不同。

弗鲁姆的期望理论对实际工作有具体的指导意义。如对一位技术创新者来说,如果通过论证,他认为这项技术创新成功后将会带来很大的经济效益和社会效益,同时也能使他的潜力得到充分的发挥,那么就说明这项技术创新的效价很大(即 V 值很大)。而且,假若他也估计到成功的可能性很大(即有很大的把握),就说明期望值很高(即 E 值很高)。在这种情况下,这项技术创新就会成为很强的动力(即 M 值很大),激励他去实现既定的目标。

三、结果反馈型激励理论

前面的理论主要着眼于如何激发人的动机,使其产生组织所希望的行为,而结果反馈型激励理论则主要着眼于如何引导和改造人的行为,使其朝向组织所希望的方向发展。这类研究的代表性理论有强化理论、挫折理论、归因理论等。

(一)强化理论

强化理论是由美国哈佛大学心理学教授斯金纳提出的。强化理论认为,人的行为与环境对自身的刺激相关,如果刺激对自身有利,则这种行为就会重复出现;若对自身不利,则这种行为就会减弱直至消失。因此管理者要采取各种强化方式,以使员工的行为符合组织目标。

根据强化的性质和目的,强化可以分为四类:

1. 正强化。正强化就是用某种具有吸引力的报酬,从正面鼓励符合组织目标的行为。正强化表现为认可、赞赏、加薪、职位提升、富于挑战的工作内容、良好的工作条件等。有的正强化是连续的、固定的,尽管这种强化有及时刺激、立竿见影的效果,但久而久之,人们就会对这种正强化有越来越高的期望,或者认为这种正强化是理所应当的。管理者要不断加强这种正强化,否则其作用会减弱甚至不再起到刺激行为的作用。另一种正强化的方式是间断的、时间和数量都不固定的,管理者根据组织的需要和个人行为在工作中的反应,不定期、不定量实施强化,使每次强化都能起到较大的效果。实践证明,后一种正强化更有利于组织目标的实现。

2. 负强化。负强化是指预先告知某种不符合要求的行为或不良绩效可能引起的不良后果,以使员工采取符合要求的行为或回避不符合要求的行为,从而保证组织目标的实现不受干扰。实施负强化的方式与正强化有所差异,应以连续负强化为主,即对每一次不符合组织的行为都应及时予以负强化,消除人们的侥幸心理,减少直至消除这种行为重复出现的可能性。

3. 惩罚。惩罚是指用消极的结果来表示对某种行为的否定,借以消除此种行为重复发生的可能性。惩罚的方式也是多种多样的,如批评、降职、降薪、解雇等。

4. 自然消退。自然消退是指对某种行为取消强化,不采取任何措施,以表示对该行为的某种程度的否定。人的操作性行为都是有目的性的,一种行为如果长期得不到强化,个人的目的实现不了,就会逐渐自然消退。自然消退就是对员工行为实行"冷处理",以达到此类行为消失的目的。

强化按时间和程序安排可以分为连续型强化和间歇型强化两种。连续型强化是每次特定行为出现后均给予;间歇型强化是指不是每次发生的行为都受到强化,而是在目标行为出现若干次后才给予一次强化。间歇型强化按时间间隔可以分为固定时距的强化和可变时距的强化。前者是指每隔一定的时间给予一次强化,时间间隔越短,强化效果越好。后者是指强化的时间是随机的而不是固定的。

小目标都要及时给予强化,这样不仅有利于目标的实现,而且通过不断的激励可以增强信心。如果目标一次定得太高,会使人感到不易达到或者说能够达到的希望很小,这就很难充分调动人们为达到目标而做出努力的积极性。

强化理论只讨论外部因素或环境刺激对行为的影响,忽略人的内在因素和主观能动性对环境的反作用,因此有其局限性。但是,许多行为科学家认为,强化理论有助于对人们行为的理解和引导。

(二) 挫折理论

挫折理论是由美国的亚当斯提出的。挫折是指个体在从事有目的的活动过程中,指向目标的行为受到障碍或干扰,致使其目的不能实现,需要无法满足时所产生的紧张状态和情绪反应。挫折的结果有利也有弊,从有利的方面来讲,它引导个人的认识产生创造性的变迁,增长解决问题的能力。但挫折过大,则可能使人们内心痛苦,产生行为偏差。挫折理论主要揭示人的动机行为受阻而未能满足需要时的心理状态,并由此而导致的行为表现,力求采取措施将消极行为转化为积极行为。

引起挫折的原因既有主观的,也有客观的。主观原因主要是个人因素,如身体素质不佳、个人能力有限、认识事物有偏差、性格缺陷、个人动机冲突等;客观原因主要是社会因素,如企业组织管理方式引起的冲突、人际关系不协调、工作条件不良、工作安排不当等。人是否受到挫折与许多随机因素有关,也因人而异。归根结底,挫折的形成是由于人的认知与外界刺激因素相互作用失调所致。

为了避免挫折可能导致的严重后果,在管理工作中一方面应尽量消除引起挫折的环境,避免使员工受到不应有的挫折;另一方面,当员工受到挫折时,应尽量减低挫折所引起的不良影响,提高员工对挫折的容忍力,引导其行为向积极的方向发展。

作为合格的管理者,必须增强挫折承受力,这是培养良好意志行为的重要方面。为此,必须做到:

第一,正确对待挫折。失败是成功之母。任何挫折都具有双重性,挫折和磨难并不都是坏事,它促使人为了改变境况而奋斗,能磨炼性格和意志,增强创造能力和智慧,使人对生活、对人生认识得更加深刻、更加成熟。同时,遭受挫折后认真总结经验教训也是必要的,应该尽量避免不必要的挫折。

第二,采取宽容的态度。对受挫折者的消极行为采取宽容的态度,给予理解和谅解,并耐心疏导,决不可简单、粗暴地对待他们。受挫折者要有"进取心"、"平常心",对一时未能达到的目标和未满足的需求应有正常的心态,乐观豁达,坚定顽强。

第三,改变环境。改变环境的方法有两种:一是调离原工作和生活的环境,到新的环境里去;二是改变环境气氛,给受挫折者以同情和温暖。事实证明,给受挫折者创造适当的环境和氛围,将有助于他们变消极为积极。

第四,心理调节法。人们在受到挫折后心理极易失去平衡,常常是以紧张的情绪反应替代理智行为,只有把这种紧张情绪发泄出来,才能恢复理智状态,达到心理平衡。

第五,调节抱负水平。抱负水平是指个体在从事活动前,对自己所要达到的目标或成就的标准。要使个体在活动中产生成就感,又不至于受到挫折,就要提出适合个体能力水平的、具有挑战性的标准。

第六,建立和谐的人际关系。建立和谐的人际关系,受挫折者能尽快解脱出来,内心的紧张也会逐渐减弱。同时,还可以从朋友那里得到鼓励、信任、支持和安慰,重新振作精神,战胜困难和挫折。

(三) 归因理论

归因理论最早是美国心理学家海德发展起来的。归因就是对某种行为的结果找出原因。在管理过程中,管理者可以利用归因理论来改变人的认识,达到改变人的行为的激励效果。

归因理论认为,人们的行为获得成功或遭到失败主要归因于四个方面的因素:努力、能力、任务难度和机遇。这四个因素可以按内外因、稳定性和控制性三个维度来划分。从内外因方面来看,努力和能力属于内部因素,而任务难度和机遇属于外部因素;从稳定性来看,能力和任务难度属于稳定因素,努力和机遇属于不稳定因素;从控制性来看,努力和能力是可控制因素,任务难度和机遇则属于不可控制因素。

国外学者的研究表明,人们把成功和失败归因于何种因素,对以后工作的积极性有很大影响。也就是说,如果把失败的原因归结为相对稳定因素、可控制性因素或者内部因素,就容易使人动摇信心,不再坚持努力行为;相反,如果把失败的原因归结为不稳定因素、不可控制因素或者外部因素,人们则比较容易继续保持努力行为。因此,归因理论可以给管理者很好的启示,即当员工在工作中遭到失败时,如何帮助他寻找正确的原因,引导他保持信心,继续努力,以争取获得下一次行动的成功。

第四节　激励实务

由于管理面临着复杂多变的环境,尤其是激励对象有着不同的需要、目标和期望水平,所以,管理者要想取得理想的激励效果,必须在系统地了解激励理论的基础上,根据激励的内在规律以及员工的特点,采取机动灵活的激励方法。

一、激励的原则

在激励过程中,管理者需要遵循一定的原则,采用一些有效的激励手段,来推动激励过程的顺利实施,最大限度地调动员工的积极性,发挥他们的创造性。

(一) 组织目标与个人目标相结合

激励的最终目的是通过员工的努力工作,实现组织的既定目标。所以,设置良好的目标是激励中的一个重要环节。只有将组织目标与个人目标结合好,才能获得较好的激励效果。

(二) 物质激励与精神激励相结合

物质需要是人类最基本的需要,是人类生存和发展的根本要求。因此,管理者一方面要善于运用工资、奖金、福利和工作条件等物质激励手段,通过物质需要的满足来激发组织员工的积极性;另一方面要注意满足员工在尊重、发展、成就等方面的需要,以发挥强大、持久的精神激励作用。管理者通过以物质激励为基础,精神激励为根本来实现两者的有效结合,以达到有效激励的目的。

(三) 正负激励相结合的原则

所谓正激励，就是对员工的符合组织目标的期望行为进行奖励。所谓负激励，就是对员工违背组织目的的非期望行为进行惩罚。正负激励都是必要而有效的，不仅作用于当事人，而且会间接地影响周围其他人。通过树立正面的榜样和反面的典型，扶正祛邪，可以形成一种良好的工作风气。无论是奖励，还是惩罚，都可以产生一种无形的压力，促使员工行为更积极、更富有生气。

(四) 内在激励与外在激励相结合

内在激励是通过诱导的方式，培养人的自觉意识和观念，在这种意识和观念的支配下，产生动机，发生组织所期望的行为；外在激励是采用外部措施，奖励组织所欢迎的行为，惩罚组织反对的行为，以鼓励员工按组织所期望的方向努力工作。

(五) 按需激励

激励的起点是满足员工的需要，但员工的需要因人而异、因时而异，并且只有满足最迫切需要（主导需要）的措施，其效价才高，其激励强度才大。因此，应该针对不同的员工，采用不同的激励方式，灵活运用多种激励方法。即便是同一个员工，在不同的时间或环境下，也会有不同的需求。因此，在实施激励时，管理者首先要调查清楚每个员工真正需要的是什么，将这些需要整理、归类，然后采取相应的激励措施，尽量满足员工的个性化需求，从而达到最佳的激励效果。

(六) 时效性原则

要把握激励的时机，"雪中送炭"和"雨后送伞"的效果是不一样的。激励越及时，越有利于将人们的激情推向高潮，使其创造力连续有效地发挥出来。

(七) 客观公正

在激励中，如果出现管理者奖惩不当，即奖不当奖、罚不当罚的现象，就会使员工产生抵制情绪，不仅不可能收到预期的激励效果，反而会产生消极作用，造成不良的后果。因此，在进行激励时，管理者一定要认真、客观、科学地对员工进行绩效考核，做到奖罚分明，一视同仁。

二、常见的激励方法

(一) 薪酬激励

1. 绩效工资。绩效工资是将员工的薪酬收入与个人绩效挂钩的薪酬制度。绩效工资把薪酬奖励与员工的努力联系在一起，与传统工资制相比，绩效工资制既能反映员工目前的工作水平，又能鼓励员工尽最大的努力提高工作绩效。

2. 技能工资。技能工资是根据员工的技术能力水平来确定其工资多少。在这种工资制度下，职位低的员工工资可能高于职位高的员工工资。技能工资能够促进员工不断学习和提高工作技能，加强组织内部的沟通，在组织内部形成良好的学习氛围。技能工资在增强人力资源的弹性、提高产品质量和减少不良事故、增强员工的薪酬满意度等方面具有显著优势。

3. 奖金。奖金也称奖励工资,是为员工超额完成了任务或取得优秀工作成绩而支付的额外薪酬,如全勤奖、年度优秀奖、超额贡献奖等,其目的在于对员工进行激励,促使其继续保持良好的工作势头。

4. 员工持股。员工持股是指企业将部分股权给予员工,允许员工分得企业的利润。员工持股可以激励员工努力工作,吸引人才,提高企业的竞争力。

5. 灵活福利。灵活福利是指允许员工从众多备选的福利项目中,选择适合自己需要的福利。备选的项目可能包括各种医疗方案、生活保险、储蓄和养老方案、教育费补偿等。员工可以根据自己的需求和自己账户中的预算来选择合适的福利项目。灵活福利制度是未来的发展方向。

(二) 目标激励

目标激励就是以目标为诱因驱使员工去努力工作,使员工的个人目标与组织目标紧密地联系在一起,以调动员工的积极性、主动性和创造性。实践表明,当目标明确且具有挑战性时,能更有效地激励员工。当员工参与目标的制定时,士气会很高,会产生较大的责任感来完成目标。

(三) 榜样激励

榜样激励是指通过树立的榜样使组织的目标形象化,号召员工向榜样学习,从而提高组织绩效,以实现组织目标。运用榜样激励,首先要树立榜样,管理者要注意榜样必须名副其实,一定是在组织当中出类拔萃的人或是为组织作出巨大贡献的人,这样才能使人信服。同时,管理者要对榜样的事迹进行有效的宣传,使组织成员明确知道有什么样的行为才能称其为榜样。

(四) 工作激励

人与工作相匹配。大量的研究表明,员工与其所从事工作的合理匹配能够起到激励作用。比如,让个性开朗、善于沟通、人际交往能力很强的员工从事公关工作,既符合其个性特点,又能激发其工作的兴趣和热情,达到很好的激励效果。而给个性内敛、默默无闻、喜欢钻研的员工安排技术研发工作,也能很好地激励其为实现组织目标而奋斗。

当工作具有多样性并允许员工对所做工作能进行一定控制时,这项工作就是有趣的。可以通过工作轮换、工作扩大化、工作丰富化及灵活安排工作日程使工作变得更有乐趣。

工作轮换是把员工从一个岗位调换到另一个岗位,从而给予员工更多的工作变化。这要求员工具有相对多样的技能。

工作扩大化是通过增加工作的职责以使该工作变得更有乐趣。因此,一位机器操作员可能负责的不仅是驾驶某一特定机器,还包括要承担该机器的维护,并检查该机器生产的产品的质量。工作的扩大化能让员工发挥长处,这样就会使员工受到更多的激励。

工作丰富化是将激励因素融进工作中,尤其是给予员工更多的责任和认可。赫茨伯格称丰富工作的一种因素为"激励因素"。一般来说,丰富化的工作给予员工更多的决策责任和对良好绩效的更多认可。因此,丰富化的工作更具挑战性,同时,也具有更多的报酬。

灵活安排工作日程。灵活安排工作日程是指取消每周五天、每天八小时的固定工作日程，提供灵活的工作时间以满足员工的不同需要。常用的灵活的工作日程安排包括压缩工作周和弹性工作制。

（五）培训激励

培训激励是指企业给员工提供各种学习和锻炼的机会，使员工提升与工作相关的知识，改进工作技能，提高业务水平，进一步提高员工绩效和对组织的贡献。进入信息社会，知识的更新越来越快，人们在工作中受到的挑战也越来越多，对学习的需要越来越强烈。因此，培训这种激励方式也越来越受到企业和员工的青睐。

（六）关怀激励

关怀激励就是通过对职工进行关怀、爱护来激发其积极性和创造性，它属于情感激励，被称为"爱的经济学"，即无须投入资本，只要注入关心、爱护等情感因素，就能获得产出。

企业领导对于下级的关怀，哪怕是微不足道的，只要是真诚的关心，对于下级来说都是很好的激励，如建立员工生日情况表，总经理签发员工生日贺卡，关心员工的困难和进行慰问、赠送小礼物。

（七）参与激励

参与激励是建立员工参与管理、提出合理化建议的制度和职工持股制度，提高员工的主人翁参与意识。

现代管理的实践经验和研究表明，现代的员工都有参与管理的要求和愿望，创造和提供一切机会让员工参与管理是调动他们积极性的有效方法。毫无疑问，很少有人参与商讨和自己有关的行为而不受激励的。因此，让员工恰当地参与管理，既能激励员工，又能为企业的成功获得有价值的知识。

（八）处罚（负激励）

负激励就是当一个人的行为不符合组织的需要时，通过制裁（惩罚）的方式来抑制这种行为，以达到减少或消除这种行为的目的。如对犯有过失、错误，违反企业规章制度，贻误工作，损坏设备设施，给企业造成经济损失和败坏企业声誉的员工或部门，可给予警告、经济处罚、降职降级、撤职、留用察看、辞退、开除等处罚。

（九）其他激励方法

（1）认可。是指对工作表现优秀的员工给予经济奖励之外的肯定。作为对当代员工的激励方式，认可的作用越来越受到重视。而且认可还可以起到强化的作用，加强了绩效与奖励之间的关联度。认可有许多种形式，且认可的程度也很有弹性。除了社会性认可和正式的奖励之外，管理者也可以赋予一个员工越来越多的责任。与经济形式的报酬不同的是，获得认可的人数或时间间隔基本上没有限制。

（2）授权。是指赋予员工完成工作的权利、方法和信息，并培养其有效完成工作的自信。在工作中，其实每个人都想实现自我价值，授权激励就是对员工的一种认可和信任。授权作为一种激励方法，能够促进员工对自身价值的发掘和认同，有助于满足员工对于成就和自我实现等高层次的需要。

（3）为员工提供终生学习的机会。在激励竞争的社会大环境下，许多组织都面临困境。一方面，组织内部的竞争压力和淘汰机制可以激发员工的积极性和潜能，提高工作效率；另一方面，竞争的压力所造成的裁员，对所有员工都构成一种威胁，不利于员工积极性的发挥。为员工提供终生学习的机会，可以使员工具有不断更新的知识和技能结构，具有工作竞争力。

（4）晋升激励。晋升激励就是企业领导将员工从低一级的职位提升到新的更高的职务，同时赋予与新职务一致的责、权、利的过程。

本章小结

1. 激励是一种精神力量或状态，是指管理者促进、诱导下级形成动机，发挥增强、激发和推动的作用，以引导行为指向目标的活动过程。

2. 激励的过程是人行为的基本心理过程。人们的需要促使内心产生紧张，制订出合适的目标时，这种紧张会转化为动机并使人付出行动以实现目标，目标达到后，需要得到满足，紧张消除，随后产生新的需要。

3. 管理的本质是对人的管理。若要有效地激励员工，必须对人性有全面的理解和认识。关于人性的假设先后有"经济人"假设、X 和 Y 理论、"社会人"假设、"自我实现人"假设、"复杂人"假设和"文化人"假设等。

4. 理论上，关于如何激发人们动机的研究理论主要分为三类：内容型激励理论，从人的需要出发，着重研究需要的内容和结构，及其如何推动人们的行为；过程型激励理论，着重研究"为什么员工会努力工作"和"怎样使员工努力工作"这两个问题，侧重于研究激励实现的基本过程和机制；结果反馈型激励理论，主要着眼于如何引导和改造人的行为，使其朝向组织所希望的方向发展。这些理论有效地指导了管理的实践。

5. 实践中，不同的组织有不同的激励措施。常用的激励手段主要有薪酬激励、工作激励、榜样激励、目标激励、培训激励、关怀激励、参与激励、负激励等方法。

练习与思考

一、选择题

1. 激励过程即（　　）。
   A. 需要—动机—行为—绩效　　　　B. 绩效—行为—动机—需要

C. 动机—行为—绩效—需要　　　D. 行为—绩效—动机—需要

2. 成功后的喜悦比薪酬重要，这是人们的（　　）。
　　A. 生理需要　　B. 安全需要　　C. 社交需要　　D. 自我实现需要

3. 赫茨伯格提出的双因素理论认为（　　）不能直接起到激励的作用，但能防止人们产生不满情绪。
　　A. 保健因素　　B. 激励因素　　C. 成就因素　　D. 需要因素

4. 根据弗鲁姆的期望理论公式，一般说来，效价越高，期望值越大，激励的水平就越（　　）。
　　A. 高　　　　B. 低　　　　C. 一般　　　D. 不能确定

5. 根据双因素理论，下列因素中属于保健因素的是（　　）
　　A. 领导的赏识　　B. 个人的成就感　　C. 工作的责任感　　D. 工作条件

6. 一位父亲为了鼓励小孩用功学习，向小孩提出：如果在下学期每门功课都考试95分以上，就给予物质奖励。小孩会因受到激励而用功学习的情况有（　　）。
　　A. 平时成绩较好，有可能各门功课都考95分以上
　　B. 奖励的东西是小孩最想要的
　　C. 父亲说话向来都是算数的
　　D. 上述三种情况同时存在

7. 期望理论的关键是，正确识别个人目标和判断三种联系，下列选项不属于这三种联系的是（　　）。
　　A. 努力与绩效的联系　　　　B. 奖励与个人目标的联系
　　C. 努力与个人目标满足的联系　　D. 绩效与奖励的联系

8. 下列关于强化理论的说法正确的是（　　）。
　　A. 强化理论是美国心理学家马斯洛首先提出的
　　B. 所谓正强化就是惩罚那些不符合组织目标的行为，以使这些行为削弱直至消失
　　C. 连续的、固定的正强化能够使每一次强化都起到较大的效果
　　D. 实施负强化，应以连续负强化为主

9. 需要层次论试图回答（　　）问题。
　　A. 决定人的行为的尚未得到满足的需要是些什么内容
　　B. 个人对工作的态度
　　C. 个性的假设
　　D. 报酬公平对员工积极性的影响

10. 赫茨伯格的双因素理论中，所谓保健因素一般指与工作环境有关的因素，其特点是（　　）。
　　A. 得不到没有满意，也未必不满意　　B. 得不到则满意，得到也未必满意
　　C. 得不到则不满意，得到则没有不满意　D. 得不到则不满意，得到则满意

11. 工作丰富化的管理措施是根据（　　）提出来的。
　　A. 双因素理论　　B. 期望理论　　C. 公平理论　　D. 需要层次论

12. 促使人们去做某件事的激励力的大小,取决于( )。
    A. 目标价值   B. 实现目标的可能性
    C. A 与 B 两者的乘积   D. A 与 B 两者之和
13. 就马斯洛的"需要层次论"和赫茨伯格的"双因素理论"相比较而言,( )。
    A. 生理需要相当于保健因素
    B. 生理和安全需要相当于保健因素
    C. 生理、安全和社交需要相当于保健因素
    D. 生理、安全、社交和尊重需要相当于保健因素
14. 需要层次理论认为人的需要分为五个层次,它们从低到高的顺序是( )
    A. 生理的、安全的、社交的、自尊的和自我实现的需要
    B. 安全的、生理的、社交的、自尊的和自我实现的需要
    C. 自我实现的、自尊的、社交的、安全的和生理的需要
    D. 生理的、自尊的、安全的、社交的和自我实现的需要
15. 张宁大学计算机系毕业后,到一家计算机软件公司工作。三年来,他工作积极,取得了一定的成绩。最近他作为某项目小组的成员,与组内其他人一道奋战了三个月,成功地开发了一个系统,公司领导对此十分满意。这天张宁领到领导亲手交给他的红包,较丰厚的奖金令小张十分高兴,但当他随后在项目小组奖金表上签字时,在表上注视了一会儿后,脸便很快阴沉了下来。对于这种情况,下列哪种理论可以较恰当地给予解释?( )
    A. 双因素理论   B. 期望理论   C. 公平理论   D. 强化理论
16. 曹雪芹虽然食不果腹,仍然坚持《红楼梦》的创作,最有可能是出于其( )。
    A. 自尊需要   B. 安全需要
    C. 自我实现的需要   D. 以上都不是
17. 根据马斯洛的需要层次理论可得( )结论。
    A. 对于具体的个人来说,其行为主要受主导需求的影响
    B. 越是低层次的需求,其对于人们行为所能产生的影响也越大
    C. 任何人都具有 5 种不同层次的需求,而且各层次的需求强度相等
    D. 层次越高的需求,其对于人们行为所能产生的影响也越大
18. 对于一个以自我实现需要占主导地位的职工来说,最有效的激励措施是( )
    A. 提高工资   B. 改善工作环境   C. 颁发奖状   D. 委以重任
19. 在会议进行中,管理者不希望下属不停地提出各种问题干扰会议的进程,于是,在有人举手要发言时便无视他们的举动,只顾自己把话讲完。这种影响下属行为的方式是( )。
    A. 正强化   B. 惩罚   C. 负强化   D. 自然消退
20. 美国管理学家麦格雷戈围绕"人的本性"来论述人类行为规律及其对管理的影响,提出了著名的( )。
    A. X 和 Y 理论   B. 不成熟—成熟理论
    C. 双因素理论   D. Z 理论

二、问答题

1. 什么是激励？简述激励的过程。
2. 马斯洛的需要层次论将人的需要分为几个层次？内容是什么？
3. 赫茨伯格双因素理论中保健因素和激励因素各包含哪些内容？
4. 简述麦克利兰的成就需要理论的主要内容和意义。
5. 公平理论的内容是什么？如何应用？
6. 分析个人努力、工作绩效与个人目标之间的关系是如何影响员工行为的。

三、讨论及思考题

1. 当人们感到有目标时会比当人们追求金钱时工作干得更好，你是否同意这一观点？为什么？
2. 联系个人实际，谈谈怎样增强挫折承受力。

四、案例练习

案例一：失败的激励方法

某民营企业的老板通过学习有关激励理论，受到很大启发，并着手付诸实践。他赋予下属员工更多的工作和责任，并通过赞扬和常识来激励下属员工。结果事与愿违，员工的积极性非但没有提高，反而对老板的做法强烈不满，认为他是在利用诡计来剥削员工。

分析与思考：

请根据所学习的有关激励等理论，分析该老板做法失败的原因并提出建议。

案例二：凯特公司在中国的激励措施

凯特酒店最初只在美国国内开展业务，由于发展较好，逐渐在全球各地开设分公司。为此它招聘了一批有较高素质的年轻人充实到基层。几年后，这批年轻人已成为公司的中坚力量。但这批有三到五年工作经验的人，急切地想晋升到管理岗位上。公司这时就面临两难选择：如果给这些年轻人晋升机会，公司没有那么多职位；如果听任其跳槽，公司的损失又太大。

公司最后做出的决定是：让年轻人自己去创建新产业，如店铺出租、宿营地等，公司对其授予全权，委任其做新产业的负责人。靠这种激励方式，公司不仅留住了60%以上的骨干力量，而且利润大幅度提高，成为全球跨国公司。

公司把这种激励方式当作成功经验，推广到全球各地的分公司中。在中国，它遇到了困难：企业的新增速度要慢于提升员工的速度。确实有一部分员工开始辞职。总公司把原因归为他们没有得到及时的提拔。但在调查中,管理人员倾听了员工的想法后发现:这里员工辞职的真正原因是没有为这些工作数年的员工提供相应的福利保障,员工没有安全感和稳定感,觉得风险很大。能否晋升是第二位的。公司上层这才意识到在不同国家,员工的需要可能不同,从而调整了激励措施,注重改进对员工的福利、奖励措施,让员工安定、安心、安稳,结果留住了人才。

分析与思考:

1. 凯特公司使用了哪些激励方法?
2. 你怎样评价凯特公司的激励措施?

第十章　沟通

【要点提示】

了解沟通的过程；
理解有效沟通的障碍及完善措施。

沟通是管理的重要工具，因为管理工作的方方面面都需要信息的有效传递。为了实现组织目标，管理者需要了解外部环境信息，需要掌握组织内部人、财、物的各种信息以进行资源的有效配置，需要达成组织内部各个部门和各级人员的协调工作，这些都需要通过有效的沟通来实现。

第一节　沟通概述

一、沟通的含义

沟通是指将某一信息或意思传递给客体或对象，以期取得客体或对象作出相应反应效果的过程。沟通就是指意义的传递和理解。这个概念体现出以下四层含义：

第一，沟通是指信息的传递与交流。如果信息或想法没有被传递到，则意味着沟通没有发生。演讲者没有听众，话剧没有观众，作品无人阅读，都不可能形成有效的沟通。

第二，沟通信息的全面性。有效的沟通，意味着信息不仅要传递，而且还要被充分理解，这就是信息的全面性。如果接收者对发出者发送的信息挂一漏万，没有尽可能地全面或全部接收，则会影响传递的效果。最理想的沟通应该是信息通过传递后，接收者所感知的信息与发送者发出的信息完全一致。但在现实生活中，由于信息是一种无形的东西，是一些符号，每个人对符号的理解和认识有所不同，由此产生了不少沟通问题的障碍。因此，在沟通过程中，只有传递的信息被全面或全部接收，才可能达到有效沟通的目的。

第三，沟通的准确性。有效的沟通在于在沟通的过程中，双方能够准确地理解彼此传递的信息。沟通的双方能否达成一致的意见，对方是否接受你的观点，并不仅仅取决于沟通是否有效，它还涉及双方根本利益是否一致、文化背景是否相同、受教育程度是否对等、价值观是否相似等其他因素。有人认为，有效的沟通，就是使别人接受自己的观点或者是双方达成一致的意见，这种观点是错误的。实际上，沟通双方能否达成一致意见，对方是否接受你的观点,并不是衡量沟通是否有效的标准。有效的沟通是指沟通双方都能准确地理解所传递信息的意义。沟通并不是妥协、认同,只不过是通过最有效的方式,准确无误地表达各自的观点。我可以非常明白你的意思,但也可以不同意你的看法,这就是沟通的实质。

第四,沟通的双向动态反馈性。有效的沟通必然是一个双向互动的反馈过程,这种反馈并非一定要通过语言表现出来,接收者也可以通过表情、目光、体态语言等形式将信息反馈给传递者,从而使发送者得知接收者是否接受与理解其所发出的信息,并了解接收者的感受。

沟通是双方的行为。一般按不同的沟通对象,沟通又可分为以下几种形式。

(1) 人与人之间的沟通。这是最常见的一类,如管理者与被管理者之间的沟通。

(2) 人与机之间的沟通。如将人的语言转换为机器语言,使机器接受并能执行,计算机软件就具有这样的功能。

(3) 机与机之间的沟通。如电脑网络、自动控制系统等。

其中,在管理中最主要的是人与人之间的沟通,它是其他两种沟通的基础。优秀的管理者开发有效的沟通技能,他们运用这些技能去收集信息、激励员工,以及有效地处理有关客户和同事方面的事务。

二、沟通的要素

1. 接收者与发送者

沟通的主体是人,任何形式的信息交流都需要两个或两个以上的人参加。在信息交流过程中,发送者的功能是产生、提供用于交流的信息,是沟通的初始者,处于主动地位;而接收者则被告知事实、观点或被迫改变自己的立场、行为等,处于被动地位。发送者和接收者这种地位对比的特点对于信息交流的过程有着重要的影响。

2. 信息

在信息沟通过程中,无论使用什么样的支持性装置来传递信息,都会出现失真现象。人们传递的信息实际上是经过信息源编码的产物。当人们说话时,说出的话是信息;写作的时候,写出的内容是信息;绘画的时候,图画是信息;做手势的时候,手的动作是信息。

3. 编码和解码

编码是发送者将信息转换成可以传输信息的过程,这些信号或符号可以是文字、数字、图画、声音或体态语言。人们所拥有的语言水平、表达能力和知识结构,对于将自己的思想、观点、情感等进行编码,起到至关重要的作用。解码是指接收者将获得的信号翻译、还原为原来的意思。它可能是将信息由一种语言翻译为另一种语言,也可能是理解他人动作、神态的含义。在解码的过程中,接收者需要利用自己具备的知识、经验以及文化背景,才能使获得的信号转换为正确的信息。如果解码错误,信息将会被误解或曲解。沟通的目的就是希望接收者对发送者所发出的信息作出真实的反应及采取正确的行动。编码和解码的两个过程是沟通成败的关键。经过编码与解码两个过程后,接收者获得的信息与发送者发送的信息完全吻合沟通才算有效。

4. 通道

通道是由发送者把信息传递到接收者那里所借助的媒介物。传递一个具体的信息可以选择多种通道,但不同的通道有不同的传递效果。在组织中,不同的信息通道适用于不同的信息。对于一些重要事件,如员工的绩效评估,管理者可能希望运用多种信息通道。

5. 背景

背景是指沟通所面临的总体环境,这种环境可以是物质环境,也可以是非物质环境。任何形式的沟通都必然受到各种环境因素的影响,沟通的背景包括以下四个方面。

第一,心理背景。是指沟通双方的情绪和态度,它包括两个方面的内容:一是沟通者的心情和情绪。沟通者处于兴奋、激动状态与处于悲伤、焦虑状态时的沟通意愿和行为截然不同,后者沟通意愿不强烈,思维处于抑制或混乱状态,编码、解码过程也会受到干扰。二是沟通双方的态度。如果沟通双方彼此敌视或关系淡漠,则其沟通通常会由于偏见而出现误差,双方都很难准确理解双方的意思。

第二,社会背景。是指沟通双方的社会角色及相互关系。不同的社会角色关系有着不同的沟通模式。

第三,文化背景。是指沟通者的价值取向、思维模式、心理结构的总和。实际上,文化背景影响着每个人沟通的过程,影响着沟通的每一个环节。当不同文化发生碰撞、交融时,人们往往能较明显地发现这种影响。这种文化差异使得不同文化背景下的管理人员在沟通时遇到不少困难。

第四,物理背景。是指沟通发生的场所。特定的物理背景往往造成特定的沟通氛围,如在嘈杂的市场听到一则小道消息与接到一个电话特意告知你一则小道消息,给你的感受是截然不同的,前者有一种随意性,而后者体现的是一种神秘性。

6. 噪声

噪声是沟通过程中对信息传递和理解产生干扰的一切因素。噪声存在于沟通过程的各个环节,如难以辨认的字迹、模棱两可的语言、不正确的标点符号、电话中的静音干扰、生产场所中设备的轰鸣声,以及接收者固有的成见、身体的不适、对对方的反感等,这些都可以成为沟通过程中的噪声。

7. 反馈

反馈是指将信息返回给发送者,并对信息是否接受和理解进行核实,它是沟通过程的最后一个环节。通过反馈,双方才能真正把握沟通的有效性。通过反馈,信息交流变成一种双向的动态过程。反馈可以检验信息传递的程度、速度和质量。获得反馈的方式有多种,如直接向接收者提问,或者观察接收者的面部表情等。

三、沟通的过程

沟通过程即是信息的传递过程。信息从信息源发出之后,在接收者接收之前,必须首先被转换成信号形式,可以称之为编码;然后通过媒介物,可以称之为通道;传递至接收者,由接收者将收到的信号转译过来,可以称之为解码。这样,信息就由信息源传送给接收者。沟通的过程如图 10-1 所示:

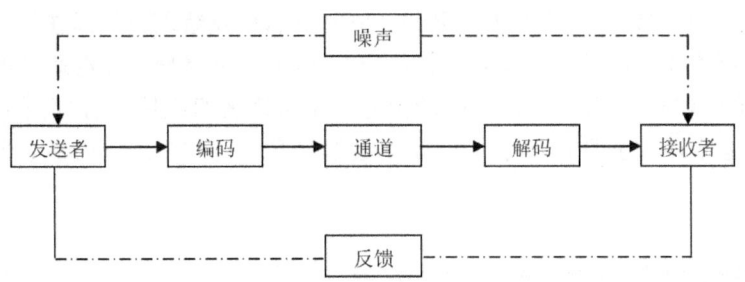

图 10-1 沟通过程图

一个完整的沟通过程,包括以下七个环节:
(1) 信息的发出者或来源;
(2) 编码;
(3) 媒体(通道);
(4) 沟通客体(信息接收者);
(5) 解码;
(6) 作出反应,即体现出沟通效果;
(7) 反馈。

从图 10-1 我们可以知道,沟通过程首先从发送者开始,发送者对头脑中的思想进行编码,形成信息,然后通过传递信息的媒介物通道发送给接收者。接收者在接收信息之前,必须先将其翻译成可以理解的形式,即解码。发送者进行编码和接收者进行解码都受到个人的知识经验、文化背景和社会系统的影响。沟通的最后一环是反馈,是指接收者把信息返还给发送者,并对信息是否被理解进行检查,以纠正可能发生的某些偏差。整个沟通过程都有可能受到噪声的影响。所谓噪声,是指信息传递过程中的干扰因素,包括内部的和外部的,它可能在沟通的任何环节上造成信息的失真,从而影响沟通的有效性。

第二节 沟通类型

一、按目标对象划分

按照目标对象的不同,沟通可分为人际沟通与组织沟通。

人际沟通是指两个人或多个人之间的沟通。人际沟通是组织沟通的基础。人际沟通既包括信息的传递,同时也包括人与人之间思想、观点、态度的交流,是一种综合性的沟通。人的社会属性主要来自人与人之间的沟通。人们通过人际沟通进行思想和感情的交流,满足了情感接受和宣泄的需要,使人们的各种社会需求不断得到激发与满足。而且,由于一个人的精力和能力都是有限的,为了保证组织任务的实施和完成,必须要与他人进行分工与协作。只有善于与人沟通,才能更好地生存和实现目标。

组织沟通是指组织内部人与人、部门与部门之间,以及组织与外部进行的信息交流或传递活动,包括组织中沟通的各种方式、网络和系统等。良好的人际沟通是进行组织中部门之间的沟通的前提,有效的部门之间的沟通又是管理者组织协调各部门工作的重要条件。因此,管理者不仅要具备良好的人际沟通技能,还应该实现组织内部与组织之间的有效沟通。

二、按组织系统划分

按照组织系统的不同,沟通可分为正式沟通和非正式沟通。正式沟通是通过组织明文规定的渠道所进行的信息传递与交流。非正式沟通是指在正式沟通渠道以外信息的传递与交流。非正式沟通主要是通过个人之间的接触来进行的,它不受组织监督,是由组织成员自行选择途径进行的,比较灵活方便。

三、按照沟通的方法划分

按照沟通的方法的不同,沟通可分为口头沟通、书面沟通、非语言沟通和电子媒介等,各种沟通方式的比较如表 10-1 所示:

表 10-1　各种沟通方式比较

沟通方式	举例	优点	缺点
口头	交谈、讲座、讨论会、电话	快速传递、快速反馈、信息量大	传递中经过层次越多,信息失真越严重,核实越困难
书面	报告、备忘录、信件、文件、内部期刊、布告	持久、有形,可以核实	效率低、缺乏反馈
非语言	声光信号、体态、语调	信息意义十分明确,内涵丰富	传送距离有限,界限模糊,只能意会,不能言传
电子媒介	闭路电视、电子邮件、微信	快速传递,信息量大且准确	离不开电子设备,需具备相应的操作技能,成本相对较高

四、按照信息传递的方向划分

按照信息传递方向的不同,沟通可分为纵向沟通、横向沟通和斜向沟通。纵向沟通是指沿着指挥链进行的上行和下行的沟通。上行沟通是指自下而上的沟通,与下行沟通方向相反,如下级向上级反映意见、汇报工作情况、提出意见和要求等。这种沟通既可以是书面的,也可以是口头的。下行沟通是指自上而下的沟通,是信息从高层次成员向低层次成员的流动,如上级把组织目标、管理制度、政策、工作命令、工作程序及要求等传递给下级。

横向沟通是指在同一组织层次的员工之间发生的信息交流。横向沟通是加强各部门之间的联系、了解、协作与团结,减少各部门之间的矛盾和冲突,改善人际关系和群际关系的重要手段。

斜向沟通是指处于不同组织层次和不同职能部门的员工之间的沟通。比如,财务部的主管向销售部的员工了解某产品的销售收入情况,就是斜向沟通,因为这两个人既不属于同一个职能部门,又不在一个组织层次上。

五、按照反馈与否划分

按照是否有反馈,沟通可分为单向沟通和双向沟通。单向沟通是指在沟通过程中,信息朝一个方向前进,信息发送者与信息接收者之间的地位不发生变化,即一方只发送信息,另一方只接收信息。比如,电视新闻广播、报告、演讲、发布公示、下达命令等。

双向沟通是指沟通过程中,信息发送者与信息接收者之间的地位不断发生变化,信息在二者之间反复变换传送方向的沟通模式,如讨论、谈话、协商、谈判等。

六、按照功能划分

按照功能划分,沟通可以分为工具式沟通和情感式沟通。工具式沟通指发送者将信息、知识、想法、要求等传达给接收者,目的是影响和改变接收者的行为,最终达到组织目标。感情式沟通指沟通双方表达情感,获得对方精神上的同情和理解,最终改善相互间的人际关系。

第三节 沟通渠道

在某一组织中,对应正式组织和非正式组织,沟通有两种渠道:一是正式沟通渠道,二是非正式沟通渠道。

一、正式沟通渠道

正式沟通渠道一般指在组织系统内,依据组织明文规定的程序进行的信息传递与交流。例如,组织内部的上情下达和下情上传,定期的工作汇报、工作例会,组织与组织之间的公函往来等,都属于正式沟通的范畴。

1. 正式沟通渠道类型

根据信息流向的不同,正式沟通渠道可分为三种类型:上行沟通、下行沟通、横向沟通。

上行沟通可以使管理者及时了解工作进展的真实情况,了解员工的需要和要求,体察员工的不满和怨言,了解工作中存在的问题。为了做出正确的决策,领导者应该采取措施,如召开座谈会、设立意见箱和实行接待日制度等,鼓励下属尽可能多地进行上行沟通。

下行沟通可以帮助员工明确工作任务、目标及要求,增强其责任感和归属感,协调企业各层次的活动,增强上下级之间的联系。但要注意,在逐层向下传达信息时,应保持信息的准确性和完整性,防止信息被误解和丢失。

横向沟通是指组织各平行部门之间的信息传递与交流。根据沟通涉及的主体是否来自同一部门,将横向沟通分为同一部门内的横向沟通和不同部门间的横向沟通,而后者又可以分为不同部门同级管理者之间的横向沟通、部门管理者和其他部门员工之间的横向沟通,以及不同部门员工之间的横向沟通。

2. 正式沟通的具体形态

正式沟通的具体形态基本上有 5 种。假定组织中只有 5 位成员,其沟通形态可以通过图 10-2 表现出来。

(1) 链型。代表 5 个垂直层次结构,在这种情况下只能向上或向下交流,这种情况可以发生在一个只有直线型权力关系而没有任何其他关系的组织中,如图 10-2(a)所示。

(2) Y 型。如果将 Y 型网络颠倒过来,可以看到有 2 个下属向其经理报告,在这个经理的上面有两级管理层,因此这实际上是一个有 4 个层次的结构,如图 10-2(b)所示。

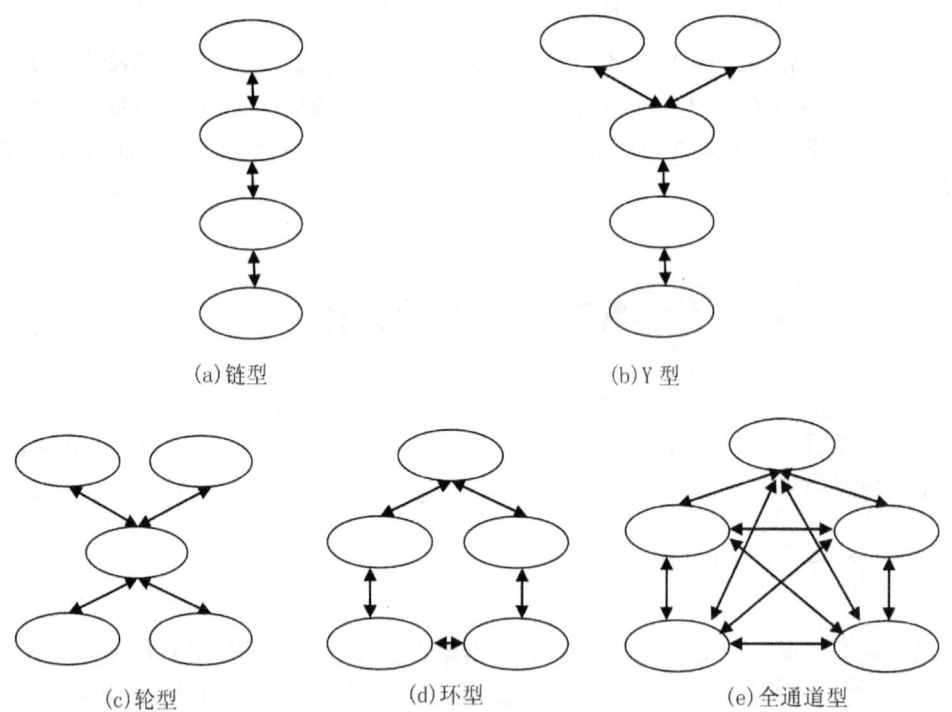

图 10-2 正式沟通的五种基本形态

(3) 轮型。如图 10-2(c)所示,代表车轮的 4 位下属向他们的经理报告,而 4 位下属之间没有互相联系,所有交流都是在他们与经理之间进行的。

(4) 环型。环型网络允许其成员与相邻的成员交流,但不允许与其他成员交流,它可以表示一种有 3 个层次的结构,其中垂直交流可以在上下级之间进行,而水平交流则只能在最低层进行,如图 10-2(d)所示。

(5) 全通道型。这种网络允许每一个成员自由地与其他 4 位成员交流,是一种缺乏结构性的交流,交流没有任何限制,所有的成员都是平等的,如图 10-2(e)所示。

一个组织要达到有效管理的目的,对沟通渠道的选择应视不同的情况而定。表 10-2 是正式沟通中五种沟通渠道的效率比较。

表 10-2　沟通渠道效率比较

标准	链型	Y 型	轮型	环型	全通道型
速度	中	中	快	慢	快
准确性	高	高	高	低	中
领导者的涌现	中	中	高	无	无
士气	中	中	低	高	高

从表 10-2 可以看出,没有一个网络在任何情况下都是最优的。如果追求速度,轮型和全通道型是最好的,链型、Y 型、轮型在准确性上非常高,轮型结构容易形成一种权威或产生一位领导,环型和全通道型可以增加员工的士气。

二、非正式沟通渠道

1. 非正式沟通的四种传播方式

非正式沟通是指在正式沟通渠道之外进行信息的传递与交流。这种沟通的媒介和线路无须事先安排,具有很强的随意性和自发性,沟通的途径繁多且无定型。最具有代表性的当属小道消息的流传方式和过程。非正式沟通有四种传播方式,如图 10-3 所示。

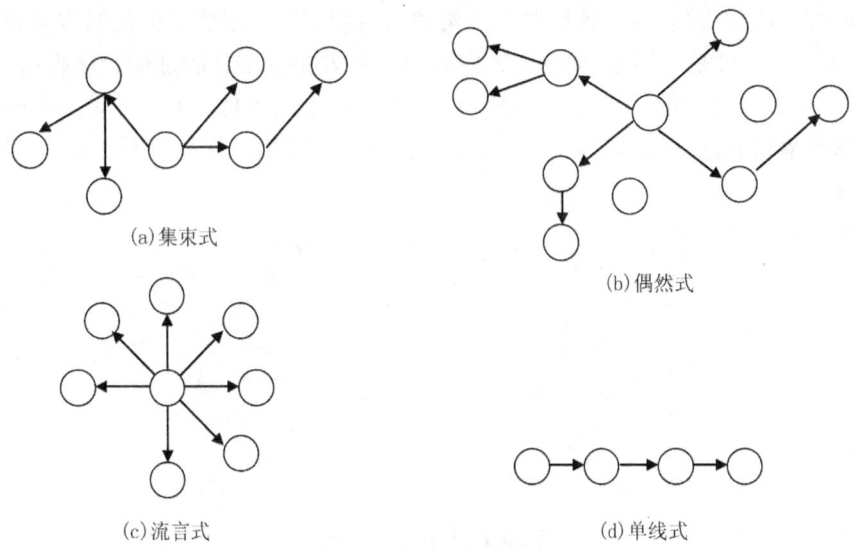

(a) 集束式　(b) 偶然式　(c) 流言式　(d) 单线式

图 10-3　小道消息传播网络

图 10-3(a)为集束式,即把小道消息有选择地告诉被选择过的接收者,因此,又被称为

葡萄藤式沟通系统。

图 10-3(b)为偶然式,即信息由一个人偶然地传递给其他人,再由这些人传递给他人,并无一定的中心人物,选择性较弱。

图 10-3(c)为流言式,即一个人主动地把小道消息传播给其他人。

图 10-3(d)为单线式,即通过一连串的人把消息传播给最终的接收者。

在组织的日常生活中,小道消息传播的最普通形式是集束式。

2. 非正式沟通的特点

与正式沟通相比,非正式沟通有下列特点:

(1) 非正式沟通信息交流速度较快。由于这些信息与成员的利益相关,或者是他们比较感兴趣的问题,再加上没有正式沟通的某种程序,信息传播速度大大加快。

(2) 非正式沟通的信息比较准确。据国外研究表明,它的准确率可高达95%。非正式沟通中的信息失真主要来源于信息上的不完整,而不是提供无中生有的谣言。

(3) 非正式沟通效率较高。非正式沟通一般是有选择地针对个人的兴趣传播信息。正式沟通则常常将信息传递给本不需要它们的人。

(4) 非正式沟通可以满足员工的需要。由于非正式沟通不是基于管理者的权威,而是出于组织成员的愿望和需要,因此,这种沟通常常是积极的、卓有成效的,并且可以满足成员的安全需要、社交需要和被尊重的需要。

(5) 非正式沟通有一定的片面性。非正式沟通中的信息常常被夸大、曲解,因而需要慎重对待。

3. 非正式沟通的类型

常见的组织非正式沟通的形式包括传闻、走动式管理和非语言沟通。

(1) 传闻。传闻是渗透到整个组织中的非正式沟通网络。除了极小型的组织,传闻几乎在所有的组织中均存在,他们同正式沟通的机制不同。最常见的传闻有两种形式,如图 10-4 所示。一种是闲话链,即一个人向其他许多人传播信息的过程。接收信息的人可以保密,也可以继续向他人传播。闲话的内容往往是个人信息。另一种是集束链,即一个人将信息传播给其选择过的少数人。其中一个接收者将信息继续传播给他人,其他人则保守秘密。

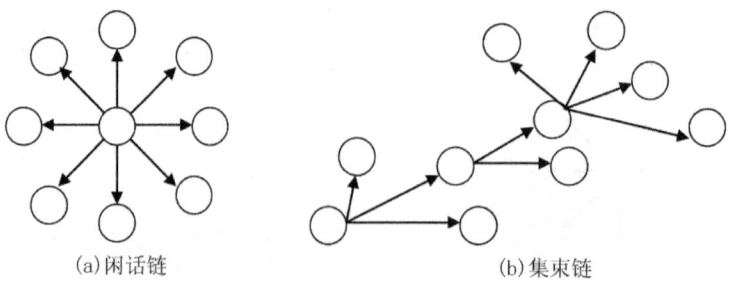

(a)闲话链　　　　　　　　　(b)集束链

图 10-4　传闻的两种形式

(2) 走动式管理。走动式管理是指管理者真正做到不断走动并且同直接下属谈话。走动式管理另一种表现形式就是在正常工作时间之外的交流,如员工在野餐、生日聚会或钓鱼的过程中不可避免地会有一部分时间在交谈工作。

(3) 非语言沟通。非语言沟通是不使用语言或超出严格语言含义本身的沟通形式，如交通路标、导引牌等非语言沟通标志，以及交通警察以身体语言的指挥等。

4. 管理者如何对待非正式沟通

事实上，大部分沟通都是非正式沟通。这种沟通一般表现为人们之间私下交换意见、议论某人某事以及传播小道消息等。不管人们如何看待、评价非正式沟通，它都是客观存在的，并且在组织中扮演着重要的角色，因此管理者要正确地对待非正式沟通。在此应注意以下几点：

(1) 管理人员必须认识到它是一种重要的沟通方式。任何否认的态度都会铸成大错，企图消灭、阻止、打击的做法更是不明智的。

(2) 管理人员可以充分地利用非正式沟通为自己服务，管理人员可以"听"到许多从正式渠道不可能获得的信息，"知道"谁在传播这些信息；管理人员还可以将自己所需要但又不便从正式渠道传递的信息，利用非正式沟通进行传递。

(3) 非正式沟通信息中的错误，最好通过非正式渠道进行更正。

(4) 管理者必须像重视非正式组织那样重视非正式沟通，使非正式沟通为实现组织目标服务。

第四节 沟通管理

沟通过程中经常存在这样或那样的障碍，从而导致沟通失败或无法实现沟通的目的。一项调查表明，现代企业的管理者，70%的时间都是用在沟通上，例如开会、谈判、作报告等。但是，在企业中70%的问题又是由于沟通障碍引起的，企业经营中往往由于员工与管理者之间缺乏有效的沟通，引起不少问题。

一、有效沟通的障碍

沟通中的障碍是指导致信息在传递过程中出现的失真、错误或丢失的各种因素。沟通障碍主要存在于下列几个方面：

1. 信息发送方的障碍

信息发送是沟通的开始，信息发送者掌握着信息的源头。在沟通过程中，信息发送者的情感、倾向、知识水平、表达能力、判断能力等都会影响信息的完整传递，主要表现在：

(1) 表达不当。信息发送者如果口齿不清、词不达意或者字体模糊，就难以把信息完整地、正确地表达出来。

(2) 时机不当。信息传递过早或过晚，都会影响沟通效果。

(3) 知识局限。信息发送者与接收者如果在知识和经验方面差距较大，发送者认为沟通的内容很简单，不考虑对方，只按自己的知识和经验进行编码，而接收者却难以理解，因而影响沟通效果。

(4) 对信息的过滤。过滤是指信息发送者故意操纵信息,使信息显得对接收者更有利。现实生活中"报喜不报忧"就是典型的信息过滤行为。

2. 信息传播中的障碍

信息传播过程中经常会受到自然界各种物理噪声、机器故障的影响或被另外的事物干扰,也会因双方距离太远而沟通不便,影响沟通效果。当信息用几种形式传送时,如果相互之间不协调,会使接收者难以理解传递的信息内容。另外,如果组织机构庞大,内部层次多,从最高层传递信息到最底层,或从低层汇报情况到最高层,中间环节太多,容易使信息损失。

3. 信息接收方的障碍

信息传递到接收方并不等于接收者就会完全接受和理解该信息,同编码过程一样,接收者译码也受到自身的经验、知识水平、情感、态度、价值观和社会文化背景的影响。主要表现为:

(1) 译码不当。接收者如果对发送者的编码不熟悉,有可能在译码的过程中出现错误,误解信息,甚至理解得截然相反。

(2) 对信息的筛选。受知觉选择性的影响,接收者在接收信息时,会根据自己的知识经验去理解,按照自己的需要对信息进行选择,从而可能会使许多信息内容丢弃,造成信息的不完整甚至失真。

(3) 情绪。不同的情绪感受会使个体对同一信息的解释截然不同。极端的情绪体验,如狂喜、暴怒或抑郁,都可能阻碍有效的沟通。在实际管理工作中,应尽量避免在情绪很激动的时候进行沟通。

(4) 选择性知觉。在沟通过程中,接收者会根据自己的需要、动机、经验、背景及其他个人特点有选择地去看或去听信息,凡是符合自己需要、动机、经验的信息,一般容易接受。

4. 信息方面的障碍

过量的信息会淹没真正有价值的信息,使接收者无所适从。面对大量超负荷的信息,人们往往会无视这些信息的存在。同时,信息过量,可能会降低人们的工作效率,无限期地拖延处理信息。人们会对信息进行过滤,很可能忽略了关键性的信息。或者人们会干脆从沟通中脱身以对待信息超负荷的情况。由于信息超负荷,人们会把信息束之高阁或者不进行有效沟通。

5. 其他障碍

(1) 人际关系。沟通双方的相互信任程度、沟通时的气氛等都会对信息沟通的效果产生影响。沟通双方的诚意和相互信任至关重要,而相互的猜忌只会增加沟通双方的抵触情绪,减少坦率交流的机会,不可能实现有效的沟通。

(2) 文化差异。当信息从一种文化模式传递到另一种文化模式,文化的差异就会导致沟通产生障碍。文化对人们的影响主要表现在语言与交流、衣着与打扮、价值观与规范、信仰与态度、饮食习惯、思维过程与方式、时间意识等方面。

(3) 个性差异。不同的个性特征导致人们的处世风格有很大的差别。因此,人们在进行沟通交流时,如果不注意个性差异,就会产生误解和冲突,从而导致沟通无效。

(4) 非语言提示。非语言沟通几乎是与口头语言沟通相伴的,如上级的言语表明他很生气,同时他的语调和身体动作也表明他很生气,于是下属推断出他确实很生气和恼火,这极可能是一个准确的判断。

二、有效沟通的措施

要克服沟通的障碍,应采取以下措施:

1. 明确沟通的目的

沟通双方在沟通之前必须弄清楚沟通的真正目的、动机、要对方理解什么等。沟通者自己首先要对沟通的内容有正确、清晰的理解。重要的沟通最好事先征求他人意见,每次沟通要解决什么问题,达到什么目的,不仅沟通者清楚,要尽量使被沟通者也清楚。此外还应注意,沟通不仅是下达命令、宣布政策和规定,而是为了统一思想、协调行动。因此,在沟通前沟通者必须做到目的明确、心中有数、有的放矢。

2. 提高人际关系沟通水平

克服认知差异。个体的各种知觉错误会影响沟通中信息的编码、发送、接收和译码等。为了避免知觉错误,克服认知差异,发送者在编码的过程中,要尽量了解沟通对象的背景,从对方的角度思考问题,这样有助于使信息清楚明了,使具有不同观点或经验的接收者全面理解和接收信息。要设计固定的沟通渠道,形成常规化的沟通形式,如采取定期会议、报表、情况报告、相互交换信息的内容等。

(1) 注重运用反馈。很多沟通问题是由于接收者的误解或是理解不准确造成的。如果在沟通中使用反馈,则会减少这些问题的发生。

(2) 保持积极倾听。倾听是指通过听觉、视觉等媒介接收和理解对方的思想、信息和情感并做出适当反馈的过程。积极倾听不是被动地听,而是一种积极主动地搜寻。

(3) 做好情绪控制。憎恨、嫉妒、爱慕、恐惧等情绪化的反应,会使信息传递受阻或失真。为了降低情绪化的不良影响,发送者应该尽量预测接收者的情绪化反应,提前做好准备加以处理。同时,发送者也要注意自己的情绪变化,以及这种情绪是否会影响他人。在沟通过程中,一旦发现情绪变化,沟通双方可以先暂停,等恢复平静之后再继续交流。

(4) 注意非语言提示。语言与行动的不一致也会引发沟通障碍。有效的沟通者要十分注意自己的非语言形式的沟通,力求使手势、衣着、姿势、面部表情等非语言提示与语言信息相一致,保证这些非语言提示能传递所期望传递的信息。

3. 改善组织沟通环境

(1) 建立灵活的组织结构。组织中的空间约束不利于员工之间的交流,会限制他们的沟通。灵活多变的组织结构,比如团队、项目小组、矩阵结构等,有利于组织改善沟通的环境,有助于员工对复杂问题的交流和探讨,以形成一致的意见。

(2) 提供多种沟通渠道。管理者要尽量开发并使用正式的信息沟通渠道,以保持对组织的适当控制。通过渠道的选择,管理者可以保证信息沟通的规范性和严肃性,有效避免非正式渠道在信息传播中所容易产生的负面影响,有利于提高信息沟通的准确性,并获得更多关于员工的反馈。

(3) 营造良好的沟通氛围。管理者需要为组织营造一种相互信任和言论自由的沟通氛围,鼓励员工开诚布公地进行沟通和交流。这样的氛围有利于在组织内部培养一种公开、诚实和信任的风气,减少员工之间的不信任,从而提高组织内部的沟通效率。

4. 沟通的内容要确切

沟通的内容要言之有物,有针对性,语言确切,尽量通俗化、具体化;要尽量避免笼统含混的语言,更不要讲空话、套话和废话。

5. 简化语言

由于语言有可能成为沟通的障碍,因此管理者应该选择适当的措辞并组织信息,以使信息清楚明确,易于接受和理解。通过简化语言并注意使用与听众一致的言语方式可以提高沟通效果。

6. 沟通要有诚意

沟通过程中要取得对方的信任,并与被沟通者建立感情。缺乏诚意的情况大多发生在自下而上的沟通中,所以,要提高沟通效率,必须诚心诚意去倾听对方的意见,这样对方才能把真实想法说出来。

本章小结

1. 为了实现组织目标,管理者需要了解内外部信息,需要做好组织内部各部门、各群体和各级人员的协调工作,而这些都需要通过有效的沟通来实现。沟通是指将某一信息或意思传递给客体或对象,以期取得客体或对象作出相应反应效果的过程。

2. 沟通过程首先从发送者开始,发送者对头脑中的思想进行编码,形成信息,然后通过传递信息的媒介物通道发送给接收者。接收者在接收信息之前,必须先将其翻译成可以理解的形式,即解码。发送者进行编码和接收者进行解码都受到个人的知识经验、文化背景和社会系统的影响。沟通的最后一环是反馈,是指接收者把信息返还给发送者,并对信息是否被理解进行检查,以纠正可能发生的某些偏差。整个沟通过程都有可能受到噪声的影响。

3. 沟通有多种类型,根据不同的标准可以划分出多种形式。

4. 组织沟通的渠道有正式渠道和非正式渠道,不同的渠道构成了不同的形状网络。主要有:链型、Y型、轮型、环型和全通道型等。

5. 组织需要对内部沟通进行有效的管理,识别沟通中的障碍,沟通中的障碍是指导致信息在传递过程中出现的失真、错误或丢失的各种因素。采取积极措施实现有效的沟通,如明确沟通的目的、提高人际关系沟通水平、改善组织沟通环境、沟通的内容要确切等。

练习与思考

一、选择题

1. ( )的最大优点在于它持久、有形、可以核实。
   A. 口头沟通　　　B. 非语言沟通　　　C. 书面沟通　　　D. 电子媒介沟通
2. 对于组织解决复杂问题最有效的沟通方式是( )。
   A. Y型沟通网络　　　　　　　　B. 全通道型沟通网络
   C. 轮型沟通网络　　　　　　　　D. 环型沟通网络
3. 在正式组织环境中,正式沟通可以有链型、轮型、环型、Y型和全通道型等五种沟通形态,它们各有优点。其中有助于实行分权管理的沟通形态是( )。
   A. 链型沟通　　　B. 环型沟通　　　C. 轮型沟通　　　D. 全通道型沟通
4. 人们只记忆经过自己的选择愿意记忆的信息,这种认知过程产生的沟通障碍是由于个体障碍中的( )原因造成的。
   A. 情绪　　　B. 译码不当　　　C. 选择性知觉　　　D. 非语言提示
5. 关于非正式沟通的如下说法中,哪一种是正确的?( )
   A. 非正式沟通必须具备发送者和接收者这两个要素,所传递的内容无关紧要
   B. 非正式沟通必须同时具备发送者、接收者和所传递的内容三个要素
   C. 非正式沟通的流向是自上而下的
   D. 非正式沟通的流向是自下而上的

二、问答题

1. 什么是沟通?沟通的过程包含哪些要素?
2. 简述五种正式沟通形态的优缺点。
3. 常见的沟通障碍有哪些?如何克服?

三、讨论及思考题

请列举你接触或搜集的实例说明沟通的障碍与原则。

第十一章　控　制

【要点提示】

理解控制的含义；
掌握控制的类型；
明确控制的过程；
理解控制的方法和原则。

在组织管理过程中，无论在制订计划时考虑得多么严密与周到，都会因为组织内外部环境的不断变化、管理失误的不可避免而发生组织行为与既定目标间的偏移，为了使各部门及其每一项活动或工作顺利进行，组织就必须通过控制来保证各项工作协调有序地进行。

控制贯穿于管理的各个方面。一个有效的控制系统可以保证各项活动朝着达到组织目标的方向进行，而且控制系统越是完善，组织目标就越容易实现。

第一节　控制概述

一、控制的含义

控制是指在动态的环境中为保证既定目标的实现而进行的检查和纠偏活动或过程。

控制职能的发展是与控制论的发展相辅相成的。在控制论中，为了改进某个或某些受控对象的功能或促进其发展，需要获得并使用信息，以这种信息为基础而选出的加于该对象上的作用，就叫作控制。在控制论中，控制的基础是信息，一切信息传递都是为了控制，而任何控制又都有赖于信息反馈来实现。

管理学中的控制是监督、检查工作是否按既定的计划、标准和方法进行，发现偏差，分析原因，进行纠正，以保证组织目标实现的过程。控制主要体现在计划的执行过程中，是一种不断地对照计划来检查现有的作业状况的活动。不难看出，控制与计划是紧密相连的，计划为控制提供依据，控制是计划的保障。

一个组织的控制系统一般包括以下五个基本要素：

1. 控制的目标体系

任何控制活动都是有目标的组织活动,无目的的控制是不存在的。控制应服从于组织发展的总体目标。因此,控制目标体系是与组织目标体系和计划体系相辅相成的。

2. 控制的对象

控制的对象是组织各个方面的活动。控制行为应对组织从整体上统一把握,把组织的内外部各种资源、组织内各层次各部门、组织日常工作的各阶段各环节都归为控制的对象,进行统一调配,最终完成组织目标。

3. 控制的主体

控制活动是由人来执行和操纵的,因此,组织中的各级管理者及其所属的职能部门就构成了控制的主体。不同管理者由于其所处地位的不同,控制任务也不同。一般中、低层管理者执行的主要是例行的、程序性的控制,高层管理者履行的主要是例外的、非程序性的控制。

4. 控制的手段

控制的手段主要包括控制机构、控制方法两大方面。组织的控制机构从纵向看可分为各个不同管理层次的控制,从横向看可分为各种不同性质的专业控制。控制工作应注重采用先进的控制方法和手段,以不断提高控制工作的效率和效果。

5. 控制的反馈系统

控制过程是通过信息的传输和反馈得以实现的,管理者将控制信息和命令输入到组织的受控部分,受控部分也有反馈信息返送到管理者,形成闭合回路。控制正是依据反馈信息才能比较、纠正和调整它发出的控制信息,从而实现工作的不断更新和有效控制的目的。

控制的根本目的,在于保证组织活动的过程和实际绩效与计划目标及计划内容相一致,最终保证组织目标的实现。控制职能无疑是重要的,但控制本身不是目的,它仅仅是保证目标实现的手段之一,必须将其置于整个管理工作过程中,才能发挥其应有的作用。

二、控制的内容

控制的内容或者说控制的对象反映了控制过程中管理者控制的焦点和重心所在。美国管理学家斯蒂芬·罗宾斯特把控制的内容归纳为对人员、财务、作业、信息和组织绩效等五个方面的控制。

1. 对人员的控制

组织的目标是要人来实现的,员工应该按照管理者制订的计划去做,为了做到这一点,就必须对人员进行控制。在管理的每一层级中,都存在着管理者对被管理者工作情况的控制。对人员控制最常用的方法是直接巡视,发现问题马上进行纠正;另一种有效的方法是对被管理者的工作进行系统化的评估,使每一位下属的近期绩效都得到鉴定。通过评估,对绩效好的员工加以奖励,使其维持或加强良好表现;对绩效差的员工管理者就采取相应的措施,纠正已出现的行为偏差。

2. 对财务的控制

为保证企业获取利润，维持企业的正常运作，必须要进行财务控制。管理者在控制工作中，应把更多的注意力放在组织的财务状况上。这主要包括审核各期的财务报表，以保证一定的现金存量，保证债务的负担不致过重，保证各项资产都得到有效的利用等。在一些非营利组织中，管理者往往容易忽视管理中的财务控制问题，以至于出现危机时才意识到财务控制的意义。所以，财务控制适应于一切组织。预算是最常用的财务控制衡量标准，因此也是一种有效的控制工具。

3. 对作业的控制

日常管理的绝大部分内容是作业控制，而且一切管理工作最终都要归结到作业控制的成功与失败上来。所谓作业，就是指从劳动力、原材料等资源到最终产品和服务的转换过程。一个组织的成功，很大程度上取决于它在生产产品或提供服务上的效率和效果。比如，一个教学机构的全部管理活动最终都要落实到教学工作的正常开展上来，并尽可能地提高教学效果。如果无法实现对日常教学工作的控制，那么其他方面的管理工作做得再好也没有意义。组织中常见的作业控制有：生产控制、质量控制、采购控制、库存控制等。

4. 对信息的控制

管理者需要信息以完成他们的工作任务。随着人类步入信息社会，信息在组织运行中的地位越来越高，不精确的、不完整的、不及时的信息将会大大降低组织的效率。因此，在现代组织中对信息的控制显得尤为重要。对信息的控制需要建立一个管理信息系统，使它能在正确的时间，以适当的数量，为正确的人提供正确的数据。现代管理中，管理者大都能够重视信息的作用，重视信息系统的优化以及防止信息噪声引发的问题。

5. 对组织绩效的控制

组织绩效是管理者关注的核心，这是由管理的效益原则所决定的，管理者的一切管理活动都是以绩效为目标的。所以，管理者应经常地根据组织整体绩效的状况来实施其控制。在一些大的组织中，往往需要设立专门的机构经常地考察和衡量组织的整体绩效或效果，以便为主管人员的控制工作提供依据。组织的绩效是实施控制的根据。比如，在政府机构中，要决定一个部门的预算是增加还是减少，其根本依据就是部门的任务和绩效。

三、控制的特点

控制工作具有以下几个特点：

1. 整体性

管理控制具有整体性的特点，这包括了两层含义：一、管理控制是组织全体成员的职责，完成计划是组织全体成员共同的责任；二、控制的对象是组织的各方面，参与控制是全体成员的共同任务。

2. 动态性

组织的外部环境及内部条件随时都会发生变化，因此控制标准和方法不可能固定不变。因而，管理控制具有动态性的特点。管理控制的动态性特征可以提高控制的适应性和有效性,针对不同时段的外在环境和组织内部需求,因地制宜地制定不同的控制制度和措施来达到组织目标。

3. 人本性

管理控制的各项工作都是对组织成员进行控制,并由组织成员执行各项控制措施,这里就体现出管理控制的人本性。人本控制更重要的含义是尊重人、完善人。在运用组织成员完成控制措施的过程中,要以人为本,在保证组织目标完成的前提下,尽量帮助员工完善自我,达到自我实现的目标。不能盲目地为了实现组织的目标要求,而把员工作为实现组织目标的工具。

4. 工具性

管理控制是提高职工工作能力的重要手段,因而体现出管理控制的工具性。控制不仅是监督的过程,更是对组织成员的工作进行指导和帮助的过程。同时,控制的过程也是完善工作流程、提高工作效果、融洽人员关系的重要手段之一。

四、控制的作用

控制的作用体现在以下几个方面:

1. 保证计划目标的实现

计划的制订和计划的执行中间存在着时间差,任何一个目标都不可能在瞬间实现,制订得再完美的计划都有可能在执行中出现偏离,在实现目标的进程中,任何一种没想到的突发情况都有可能出现。因此,要消除干扰因素造成的实际与计划的偏差,确保计划目标实现,就必须通过信息的搜集和处理,分析偏差的原因,有针对性地采取措施,有效地纠正偏差,使计划得到不折不扣的贯彻执行。

2. 弥补计划的局限性

尽管在制订计划时为确保计划对未来工作指导的科学性和准确性,要做大量的设想和预测,并提供相应的应对方案,仍很难达到使计划完全符合事物发展要求的程度。因此,要使计划赶上变化,就应该在及时了解环境变化的原因、对组织影响的程度、未来发展趋势等因素的基础上根据变化了的环境对计划目标进行修订,使修订后的计划更符合客观实际,也更具有指导意义。

3. 增强组织活动的协调性

在组织运行中,会出现很多不协调的现象阻碍组织目标的实现。比如,由于计划者与执行者所处的立场不同、担负的责任、考虑问题的角度以及所获信息渠道、信息量的不同等原因,会出现对组织目标态度上和行为上的差异。除了人际间的不协调之外,还存在管理对象之间的不协调、组织机构的不协调、组织内部条件与外部环境的不协调、管理职能之间的不协调等。此时就必须借助规章制度、信息沟通等协调控制手段,化解掉这些不和谐的因素,促成管理系统中的各个要素达到有机的结合,使各个要素在加速组织目标实现上充分发挥自身作用。

4. 建立必需的组织秩序

实现组织目标虽然需要员工的积极性和创造性,但并不意味着组织成员可以随心所欲、各行其是。组织要制定各种规章制度和行为准则对员工的行为进行约束。即要按照这些标准进行随时的监督、检查,发现违规现象坚决进行纠正,还要形成对员工的考核评价制度,根据结果对员工进行奖惩。这些控制措施的实施,其目的就是要建立组织的正常秩序,使组织的运行处于良性的受控状态,为组织目标的实现创造必要的条件。

5. 随时纠正错误,提高企业素质

在组织的成长发展中会出现这样或那样的错误,控制就是要将这些错误及时纠正,少走弯路。一次小的错误可能对组织目标的实现产生不了根本性的影响,但是,如不及时纠正,累积成为大问题,就有可能对组织构成极大的危害。因此,管理者要充分发挥控制职能的作用,随时对受控对象进行监督、检查,发现问题及时解决,提高员工的防范意识。同时,还要进行经常性的自我检查,积累经验,吸取教训,提高自身管理水平,使企业整体水平得以提高。

6. 推动组织创新

首先应该明确,控制不是要对员工进行管、卡、压,而是通过制定标准、发现偏差和纠正偏差使组织行为活动保持稳定,从而营造一种有序和谐的环境,使员工能够集中精力和智慧进行企业生产与创造。同时,要清楚,内外环境的变化会给组织提出新的要求和挑战,面对新问题的出现,人们必须调整看问题的思路和角度,创造性地进行管理。这样有利于激发员工的创新意识和创新能力,使企业生产和管理在与环境保持动态的适应中不断推陈出新,再攀新高。

五、计划与控制的关系

控制和计划是密不可分的,它们的关系具体表现为:(1)计划为控制提供衡量的标准,没有计划,控制就成了无本之木。控制是计划得以实现的保证,没有控制,计划就是一纸空谈。(2)计划和控制的效果相互依赖,计划越明确、全面和完整,控制就越容易进行,效果也就越好。控制越精确、全面和深入,就越能保证计划的顺利执行,并能更多地反馈信息以提高计划的质量。(3)计划与控制相互渗透,一切有效的控制方法首先就是计划方法,如预算、政策、程序和规则等,选择控制方法和设计控制系统时必须考虑计划本身的特点。计划工作本身必须有一定的控制,如对计划的程序、计划的质量等实施控制;控制工作本身也必须有一定的计划,如对控制的程序、控制的内容等都必须进行一定的计划。

第二节 控制的类型与过程

一、控制的类型

控制的类型多种多样,从不同的角度可以对控制做出不同的分类。

(一) 按信息获取的方式和时点的不同分类

按信息获取的方式和时点的不同可以将控制划分为前馈控制、现场控制和反馈控制三类。因发生在企业生产过程中投入、转换、产出三个不同阶段，且对象不同、目的不同，因而对控制所做的分类也不同。但值得强调的是，企业生产活动虽然从形式上可以分阶段，但生产活动本身却是连续不断、不可分割的，因而体现在生产过程不同阶段的控制也不可能截然分开，它们是相互依存、相互影响、相互作用的。

1. 前馈控制

前馈控制又叫预先控制或事前控制，是指计划实施之前对投入资源的控制，其作用是防止组织中所使用的各种资源在质和量上产生偏差，"防患于未然"。通过前馈控制，使人力资源达到一定的素质标准，在体力和智力上能保证计划任务的完成；使财力资源充足以保证计划实施的需要；使物力资源符合一定的水平，并能在恰当的时间予以供给。

随着时代的发展，前馈控制的范围越来越广泛，我们可以将系统运行前为实现目标所进行的准备工作都纳入到前馈控制的范畴。这样，除上述内容之外，对未来趋势的预测、组织结构的设计、职责权限的划分、政策的制定、任务的分配及各种规章制度的建立都属前馈控制的内容。

前馈控制虽然发生在投入阶段，但它不仅影响投入过程，还影响到系统的转换及产出过程。比如，饭店开业前挑选人员不严格或上岗前未经培训，开业后，这些人员就会由于不能胜任工作而导致服务质量低劣，从而带给饭店不良的影响。再如，职权划分不明确，就会造成组织部门间的矛盾，从而导致企业不能协调发展。所以，前馈控制做好了，能将偏差降到最低限度，减少不必要的损失。

2. 现场控制

现场控制也称同步控制、即时控制、过程控制，是指按照计划标准对正在进行的系统转换过程实施的控制。现场控制的方法主要是管理者亲临现场对正在进行的活动给予指导和监督，随时发现问题并予以纠正，因而现场控制的特点是及时。

由于现场控制是一种面对面的即时控制，一旦出现问题常常需要管理者单独且迅速地解决，因而对现场控制的管理人员有较高的要求，特别是要有敏锐的观察力、快速的反应能力和灵活多变的控制手段。比如，饭店餐饮部经理遵循"先面、后线、先动、后静"的规律去餐厅检查工作，就容易发现问题。此外，现场控制是否有效，还取决于管理者下达的指示、命令是否合理，用词是否恰当、准确、易懂，以及与整体目标是否一致等。

现场控制要求解决问题快，因而容易出现越级控制。为避免此情况发生，应注意按照正式的指挥系统由各个部门、各级管理人员层层进行控制。

3. 反馈控制

反馈控制又称事后控制或成果控制，是通过信息测定实际与标准的误差，对实际进展采取措施并加以调整的活动。反馈控制的特点是根据过去的局部和整体情况来调整未来的行为。反馈控制关注的中心问题是结果，这个结果不仅指企业生产系统最终产出的结果，也包括生产经营进行到某一阶段的结果。为保证所取得的最终结果与预期结果一致，每一阶段的结果都应受到有效的控制，所以反馈控制绝不仅仅意味着事后控制。随着管理活动的开始，反馈控制就在不断搜集与反馈信息，随时分析评价计划执行情况，随时发现偏差并予以纠正。当然,任务完成后的分析报告是最全面的反馈,但它只对管理的下一循环起作用。

反馈控制与其他控制方法相比存在的最大缺陷是时间的滞后性。这是因为反馈信息来源于事后,控制在进行纠偏时,实际情况已发生变化,从而降低了控制的有效性。反馈控制虽然存在着时间滞后的缺陷,但由于现在组织中的很多活动尚无法进行准确的预测,无法进行预防性控制,因而反馈控制仍然在组织中大量采用。其中用得较多的控制方法有财务报告分析、成本报告分析、质量控制分析和工作人员工作绩效的考评等。

以上三种控制方式的对比如表12-1所示,另外,三种控制方式各有优缺点,在实际工作中往往配合使用。三种控制方法相互补充,互相协调,可以大大提高控制效果。

表12-1 三种控制方式的比较

类型	信息来源	关注重点	表现方式	利	弊	基本目的
反馈	事后	工作结束	亡羊补牢	业绩评价、激励员工	损失发生	总结经验、借鉴未来
现场	过程	偏差信息	立竿见影	消除偏差、提高能力	产生对立	及时消除偏差
前馈	事前	未来信息	防患未然	将损失消除发生前	难以完善	明确目标资源配置

(二) 按问题的重要性和影响程度分类

根据问题的重要性和影响程度的不同,可以将控制划分为战略控制、绩效控制、任务控制三类。

1. 战略控制

战略控制主要是指在企业经营战略的实施过程中,检查企业为达到目标所进行的各项活动的进展情况,评价实施企业战略后的企业绩效,把它与既定的战略目标与绩效标准相比较,发现战略差距,分析产生偏差的原因,纠正偏差,使企业战略的实施更好地与企业当前所处的内外环境、企业目标协调一致,使企业战略得以实现。

在战略实施的控制系统中有三个基本的控制系统,即战略控制系统、业务控制系统和作业控制系统。战略控制系统是以企业高层领导为主体,它关注的是与外部环境有关的因素和企业内部的绩效。业务控制系统是指企业的主要下属单位,包括战略经营单位和职能部门两个层次,它所关注的是企业下属单位在实现构成企业战略的各部分策略及中期计划目标时的工作绩效,检查是否达到了企业战略为他们规定的目标。业务控制由企业总经理和下属单位的负责人进行。作业控制是对具体负责作业的工作人员的日常活动的控制,它所关注的是员工履行规定的职责和完成作业目标的绩效。作业控制由各级基层主管人员进行。

企业经营战略的控制在战略管理中的作用主要表现在这样三个方面:第一,企业经营战略实施的控制是企业战略管理的重要环节,它能保证企业战略的有效实施。战略控制的好坏将直接影响企业战略决策实施的效果好坏与效率高低,因此企业战略实施的控制处于战略决策的执行地位。第二,企业经营战略实施的控制能力与效率又是影响战略决策的一个重要因素,它决定了企业战略行为能力。企业战略实施的控制能力强,控制效率高,企业高层管理者就可以做出较为大胆的、风险较大的战略决策。第三,企业经营战略实施的控制与评价可为战略决策提供重要的反馈,帮助战略决策者明确决策合理合适的部分,对于提高战略决策的适应性和水平具有重要作用。

2. 绩效控制

绩效控制属于绩效管理的一部分,它要求领导对员工的绩效计划执行情况进行监督与控制,同时对原有绩效计划予以修正和完善。绩效控制包括设立企业行为识别规范管理的目标、衡量绩效的标准、评估预计、改进措施等几方面。在绩效控制的规划阶段就应该确定管理目标与衡量绩效的标准。企业形象整体工程的战略目标比较容易确定,企业营运的常规效益目标为企业形象实施目标提供了坐标系。企业营运的效益标准可以根据企业年度的损益平衡状况确立,企业形象实施目标的衡量标准可由销售额的变化、企业知名度、好评度的定量调查数据与企业业绩的进步提供。考核评估在绩效控制中的作用不可低估,考核的制度化和评估的标准化使它成为一种高效的调节方式。考核评估可以发现问题、解决问题、提出改进措施,不断完善企业行为识别的行为规范管理。与考核评估紧密相连的奖惩制度,也是一种理想的调节杠杆。

绩效控制的原则运用到推行组织工作上,大大提高了组织工作的效率。组织成员不仅注意到在企业行为识别规范下如何行动,还着眼于谋求预期效果,使组织行为与组织整体战略相统一。在企业实施绩效控制过程中,员工个人的事业心在完成既定目标中加强了,而且都能从中获得一种荣誉感与满足,这在无形中增强了企业的向心力与凝聚力。

3. 任务控制

任务控制是与日常考核紧密结合的,以便客观公正地考核每位员工工作效率的绩效管理制度。任务控制的实施,使得组织内部工作在基层获得充分量化分析的保障,每一道流程都有统计数据的保障,每一个环节都获得监督和控制,真正做到了"事前有计划、事中有控制、事后有考核"。有效避免了由人为原因或主观因素造成的工作效率低下、任务管理失控等问题,从而实现精细化管理,促进了团队整体素质的提升。

(三) 按控制的内容分类

根据控制的内容不同,可以将控制划分为预算控制、质量控制、人事管理控制、库存控制和进度控制五类。

1. 预算控制

预算控制是以货币或实物数量来对组织工作进行计划和控制,它不仅是计划的具体化,而且为控制提供了明确的控制标准,更有利于控制工作的开展。预算的种类很多,一般可分为以下几种类型:收支预算,是指以货币表示预算期内组织的收入和费用支出的计划;实物预算,是指以实物量为计量单位的预算方法,主要是以时间、空间占用,原材料消耗,产品产量等为预算的单位;投资预算,是指对特定投资项目支出所做的预算,主要是对固定资产投资项目的预算;现金预算,是指对未来一定时期内的现金收入和支出进行预测,并据此衡量资金的使用情况;总预算,是指由组织中各种预算综合而成的组织在未来一定时期内的预算,它能够较全面地反映组织在预算期内的资产、负债和权益状况,反映预计的经营成果,揭示组织目标的进展情况。

2. 质量控制

质量控制是指组织在工作过程中,为保证最终目标保质保量地完成而专门针对质量进行的控制活动。对产品质量特性按一定尺度、技术参数或技术经济指标规定必须达到的水平就形成了质量标准,质量控制就是以这些技术依据为衡量标准来检验产品质量的。

3. 人事管理控制

人事管理控制主要集中在组织内部人力资源的管理上,具体包括组织人员比例的控制和对组织成员公正的考核两大方面,要对管理人员和一般人员在工作中的成绩、能力和态度进行系统的周期性的客观公正的考核、评价和分析鉴定,即进行业绩评估。这既有利于激励原来表现好的员工继续保持和发扬下去,也有利于原来表现差的员工向着好的方向转化和发展。

4. 库存控制

在现代企业经营管理理论中,库存控制包括对仓储货物的收发、结存等活动的有效控制,其目的是:保证仓储货物完好无损,确保生产经营活动正常进行;保留准确的物料分类记录;用明确的图表显示仓储货物在数量和品质方面的状况;明确货物准确的存放位置,以及部门和订单归属等信息。

在进行以上控制的基础上,企业还应该围绕各种各样的库存数据来进行经营,而要实现这种经营,则必须建立起良好的管理流程和体系,这也是库存控制的重点内容。这里提出的库存系统,是指用来监控库存水平、确定应维持的库存水平、决定库存补充的时间及订购量大小的整套制度和控制手段。在企业进行库存管理并使其实现标准化的过程中,首先要设定如下的基本原则,即在需求增加时,以小于需求量增长的比例增加库存量;反之,当需求量减少时,以低于需求量减少的速度降低库存。

5. 进度控制

进度控制是指监视和测量工作的实际进展,若发现实施过程偏离了原有计划,就要找出原因并采取行动,使项目回到计划的轨道上来。简单地说,进度控制就是比较实际状态和计划之间的差异,并依据差异做出必要的调整以使项目向有利于目标达成的方向发展。进度控制包括相互影响的三个环节:第一,进度计划是进度控制的基础。计划确定了组织未来努力的方向和奋斗目标,它是经过仔细分析后综合形成的对未来的构思,又是当前行动的准则。一个完善的计划可以使失败的概率降至最低,以最大限度地保证在预期的期限内取得预期的效果。第二,进度控制通过项目的动态监控实现。进度控制随着项目的进行而不断进行,是一个动态过程,也是一个循环进行的过程。从项目开始,实际进度就进入了运行的轨迹,也就是计划进入了执行的轨迹。第三,对比分析并采取必要的措施是进度控制的关键。当实际进度与进度计划不一致时,应分析偏差产生的原因,采取措施并调整计划,从而使实际与计划在新的起点上重合,并尽量使项目按调整后的计划继续进行。

二、控制的过程

控制是一个过程,它贯穿于整个管理活动的始末。控制的过程都包括三个基本环节的工作:确立标准、测量实绩与界定偏差、纠正偏差。

(一) 确立标准

所谓标准,就是衡量绩效的尺度。由于计划及其相应的各项工作指标是管理人员设计控制工作所要依据的标准,所以,从逻辑上说,控制工作的第一步总是制订计划。然而,由于各种计划的明细程度和复杂性都不一样,对于许多需要控制的工作,计划常常没有具体的规定。这时,就需要制定具体的工作标准。建立具体的标准是衡量实际绩效的依据,是进行控制的前提,没有标准就无法进行控制。

1. 控制标准的分类

通常把控制标准分为定量和定性两大类。常用的定量控制标准包括以下内容。

(1) 实物量标准。实物量标准主要是从量的方面规定工作和活动所应达到的水平,如企业中的产品产量、工时定额(单位台时定额、单位产品工艺消耗定额)等。

(2) 货币标准。货币标准是反映各种工作与活动所支出的费用的标准,如产品成本、销售收入、应交税金和利润等。

(3) 时间标准。时间标准是反映工作时间进度的各种标准,如生产线的节拍、生产周期、交货期、维修间隔、完工日期、时间定额等。

(4) 综合标准。综合标准是对某些不能用实物量标准、货币标准及时间标准表示的目标所使用的一种用相对数表示的标准形式。如劳动生产率、废品率、市场占有率、投资回收率等。

在组织中,为了避免主观性和个人对控制过程的影响,对控制标准尽量采取数字化和定量化。但是对于某些难以量化的或不能用数量来衡量的方面,只能采取定性的控制标准,这样的标准具有一定的弹性。这类定性控制标准主要包括质量标准(即主要是从定性的角度反映工作成果,如产品合格率、次品率等)、行为标准(是对组织及职工行为准则的规定,如组织的信誉、员工的士气、人员的发展、管理人员的能力等)。实际工作中为了便于掌握工作绩效,应尽可能采取可度量的方法,例如产品等级、合格率、顾客满意度等指标就是对产品质量的一种间接衡量。

2. 制定控制标准的过程和方法

制定控制标准是一个科学决策过程。通常,首先是要选择好控制对象和关键控制点,然后再确定具体的控制标准。

首先是确立控制对象。制定控制标准首先应当选择控制对象,因为控制标准的具体内容取决于控制对象。确定控制标准时首先要分析、解决控制对象的问题,即明确应该对组织的哪些事物、哪些环节加以控制。一般管理控制工作优先考虑的重点对象是组织活动的成果,并选择那些对实现组织目标成果有重大影响的因素进行重点控制。因此,为保证管理控制取得预期成效,管理者在选择控制对象时必须对影响组织目标成果实现的各种要素进行分析研究,从中找出重点要素作为控制对象。

其次是选择控制关键点。对组织所有活动、所有成员都进行控制是不可能的,也是不现实的,这不仅会造成控制成本过高,而且控制效果也不会理想。通常选择影响组织活动成果的若干因素或若干环节中几个关键因素、关键环节作为控制的关键点,控制住这些关键点,也就控制住了全局。

所谓关键点,一般是指在计划实施过程中起决定作用、对全局有根本影响、决定组织活动成败以及容易产生偏差的因素。选择关键控制点,一般应综合考虑三方面因素:一是影响组织整个工作运行过程的重要事项,这是问题的核心;二是在重大损失出现之前产生的事项,这些事项往往是重大问题产生的前兆,具有提醒管理人员关注的作用;三是反映组织主要绩效水平的事项。抓住了这些关键控制点,就可以避免或减少组织工作可能出现的偏差或损失,保证组织主要绩效目标的最终实现。

最后制定检测标准。制定标准的常用方法有统计法、工程标准法和经验估计法三种。

第一,统计法。统计法即以组织各个历史时期活动的数据、记录为基础,或者依据同类组织的统计数据,利用统计方法来确定预期结果为未来活动设立标准的方法。最常用的统计方法有统计平均值、极大或极小值和指数法。用统计方法得到的标准称为统计标准或历史性标准。

第二,工程标准法。工程标准法由泰勒首创,是在对工作情况进行客观定量分析的基础上制定标准的方法,也称工作标准法。通过对作业进行专门的测量,以精确的技术参数和实测数据为基础,经过分析计算制定出控制标准,企业的管理者借此为员工制定出标准生产定额。这种方法对基层管理人员安排工作、评估员工的绩效、预测组织生产经营活动所需的人工和成本等很有利。此方法的优点是标准的制定具有客观性和合理性,其准确性较高;缺点是成本较高,耗时较长。

第三,经验估计法。经验估计法是根据专家的经验和判断确定控制标准的方法。这种制定控制标准的方法适用于缺乏历史数据资料,无法应用统计、分析方法,或是对那些工作重复性差,不值得制定专门标准、组织人员进行测量的情况。此法的优点是可以打破统计方法的局限性,在缺乏资料和数据的情况下仍然能够制定出控制的标准,使控制有章可循;其缺点是缺乏精确性、客观性和科学性。这种方法可以作为统计法和工程标准法的补充,尤其适合组织从事新生事物活动时控制标准的制定。

(二)测量实绩与界定偏差

对照标准衡量实际工作成绩是控制过程的第二步,它又分为两个小步骤:一是测定或预测实际工作成绩;二是进行实绩与标准的比较。

控制既然是为了纠正实际工作结果与标准要求之间的偏差,就必须首先掌握工作实际情况。掌握实绩可以通过两种方式:一是测定已产生的工作结果,二是预测即将产生的工作结果。无论哪种方式,都要求收集到的信息能为控制工作所用。控制工作对信息的要求可以从以下方面进行考虑:

信息是及时的吗?

测量单位是适宜的吗?

收到的信息有多大的可靠性和准确性?

信息是否适用有效,即对所要解决的问题有用处吗?

信息是否送给了需要该信息的权力机构?

在获取有关实际工作绩效方面的信息时,对管理者需要全面地考虑衡量什么、如何衡量、间隔多长时间进行衡量和由谁来衡量等问题,具体说明如下:

1. 衡量的项目

衡量什么是衡量工作中最为重要的方面。管理者应该针对决定实际成效好坏的重要特征项目进行衡量。但在实际工作中容易出现一种趋向,即侧重衡量那些易于衡量的项目,而忽视那些不易衡量、较不明显但相关重要的项目。有一个办公设备制造商主要依据销售额的成果数字来对其10位地区推销员实施控制,就像该销售部经理喜欢说的那样,"签了字的订单将告诉我们谁最能干"。公司有位负责南部地区销售工作的员工是一位上了年纪即将退休的人,他的销售业绩一直得到不错的评价。可在他退休且由别人接替以后,才发现他那片的新客户发展得极差。这位退休的推销员一直只是拜访老客户,而且在这些客户中,他对出现的服务方面的抱怨也是敷衍了事。接替者在经过了几年艰苦的努力之后,才使该地区恢复到该达到的状态。出现这种令人不满意的状况的原因,就是该公司只依靠简便的销售额衡量,而忽视了较不明显但对长期销售影响重大的其他因素,如发展新客户。这个例子说明,实绩衡量应该围绕构成好绩效的重要特征项目来进行,不可偏废。

2. 衡量的方法

管理者可通过四种方法来获得实际工作绩效方面的资料和信息。第一种是亲自观察法。通过个人的亲自观察,管理者可亲眼看到工作现场的实际情况,还可以与工作人员进行现场谈话来了解工作进展情况及存在的问题,进而获得真实全面的控制信息。不过,由于受时间和精力的限制,管理者不可能对所有工作活动都进行亲自观察。衡量绩效的第二种方法是利用报表和报告。这是经由书面资料来了解工作情况的常用方法。这种方法可节省管理者的时间,但所获资讯是否全面、准确则取决于这些报表和报告的质量。第三种可用的方法是抽样调查,即从整批调查对象中抽取部分样本进行调查,并把结果看成是整批调查对象的近似代表,此法可节省调查时间及成本。第四种方法是召开会议,让各部门主管汇报自己的工作近况及遇到的问题,这既有助于管理者了解各部门工作的情况,又有助于加强部门间的沟通和协作。以上方法各有利弊,应结合起来使用。

3. 衡量的频率

管理者要考虑间隔多长时间衡量一次工作绩效,是每时、每日、每周,还是每月、每季度、每年?是定期地衡量,还是不定期地衡量?当然,对不同的衡量项目来说,衡量的间隔时间可能不一样。

4. 衡量的主体

即衡量实际工作绩效的人是工作者本人,还是同一层级的其他人员,还是上级主管人员或职能部门的人。衡量实绩的主体不一样,控制工作的类型也就会有差别。如目标管理之所以被认为是一种"自我管理"、"自我控制"的方法,就是因为工作执行者成为工作成果的衡量者和控制者。相比之下,由上级主管或职能部门人员进行的衡量和控制就是一种外部或外在的控制。

测量到实际工作结果后,就可以将之与标准进行比较,确定有无偏差发生及偏差的大小。

(三) 纠正偏差

纠正偏差是控制过程最关键的一步,它体现了执行控制职能的目的。任何控制行动的目的都是要针对问题及其产生的原因采取相应的解决对策,因此只有找到导致偏差发生的真正原因,才能有针对性地采取有效的纠正措施,才能最终根除这些因素,从根本上纠正偏差,杜绝偏差的再次发生。

根据性质的不同,偏差一般分为两种:一是对组织有利的偏差。即那些符合组织发展趋势、有助于实现组织最终目标的偏差,例如由于市场销售火爆,公司最终的销售完成情况将大大超出原先的销售目标,突破原先预定的年销售计划。二是对组织有害的偏差,即那些能够或可能会对实现组织最终目标产生不利影响的偏差。例如由于工期出现延误,将会使公司无法按时交货,公司面临被对方起诉的风险。

控制过程的最后一项工作就是根据衡量和分析的结果采取适当的措施。衡量工作的结果是获得了工作实际进行情况的信息,要将标准与实际工作的结果进行对照,并分析其结果,为进一步采取措施做好准备。

1. 寻找发生偏差的原因

在衡量绩效之后,若没有发生偏差,或偏差在规定的可容忍的范围之内,则该控制过程只需要前两个步骤就可以完成,但是若偏差是在计划估量范围之外的,则管理者应该考虑采取纠偏行动,使绩效符合标准。

导致某项工作产生偏离的原因是多种多样的,主要有以下几个方面:

一是标准本身是基于错误的假设和预测订立的,从而使此标准无法达成;

二是从事该项工作的员工不能胜任此项工作,或者是管理者没有给予适当的指令;

三是和该项工作有关的其他配套工作发生了问题。

因此,采取纠偏行动的第一步是分析事实,以确定产生偏差的原因,只有对问题作了彻底的分析之后,管理人员才能采取适当的行动。

2. 纠正偏差的方法

(1) 改进工作方法

达不到原定的控制标准,工作方法不当是重要原因之一。如以生产为中心的企业,生产技术是生产过程中的重要因素,在很多情况下偏差来自技术上的原因,为此就要采取技术措施,及时处理生产中出现的技术问题。为改进工作应再次确认5W1H的内容,即What(做什么)、Why(为什么做)、Who(为谁做)、Where(在哪里做)、When(何时做)、How(如何做),并将其标准化,然后进行有关标准的准备及传达,实施教育培训,最后建立保证严格遵守标准的质量责任制,以保证改进工作的实现。

(2) 改进领导方法

控制职能与组织、领导职能是相互影响的。组织方面的问题主要有两种:一是计划制订好之后,组织实施方面的工作没有做好;二是控制工作本身的组织体系不完善,不能对已产生的偏差加以及时的跟踪与分析。在这两种情况下,都应改进组织工作,如调整组织机构,调整责权关系,改进分工协作体系等。偏差也可能是由于执行人员能力不足或积极性不高而导致的,这就需要改进领导方式和提高领导水平。

高层领导应该确定组织的价值观、长短期发展方向及绩效目标,考虑如何在绩效目标中均衡地考虑顾客及其他相关方的利益;如何向全体员工、主要的合作伙伴沟通组织的价值观、发展方向和目标;如何确保双向沟通组织的一些重要问题。此外,高层领导要创造有利于授权、主动参与、创新和快速反应的环境,促进产生组织学习和员工学习的环境、遵守法律法规的环境。

(3) 调整计划或标准

组织对自身的行为活动提出目标与计划,做出决议、安排,为自身的运行指明方向,计划职能就是要事先决定做什么,怎样去做,为谁去做,何时去做和由谁去做。制订计划时,必须充分考虑执行计划的主要因素如资金、劳动力、技术水平等的状况。原有计划安排不当可能导致偏差较大,内外环境的变化也会使原有计划与现实状况之间产生较大的偏差,就这两种情况而言,都要对原有计划加以适当调整。需要注意的是,调整计划不是任意地变动计划,这种调整不能偏离组织总的发展目标,调整计划归根到底还是为了实现组织目标。

第三节 控制的方法和原则

有效地运用控制技术和方法是成功地进行控制的重要保证。控制的技术和方法多种多样,以下介绍一些常用的控制方法。

一、控制的一般方法

(一) 预算控制

1. 预算的概念与作用

预算是以财务术语(如收入、费用以及资金等)或非财务术语(如直接工时、材料、实物销售量和生产量等)来表明组织的预期成果,它是用数字编制反映组织在未来某一个时期的综合计划。预算是政府部门和企业使用最广泛的控制手段。预算可以称作是数字化或货币化的计划,它通过财务形式把计划分解落实到组织的各层次和各部门中去,使主管人员能清楚地了解哪些资金由谁来使用、计划将涉及哪些部门和人员、多少费用、多少收入,以及实物的投入量和产量等。

预算控制是通过编制预算,然后以编制的预算为基础,来执行和控制组织的各项活动,并比较预算与实际的差异,分析差异产生的原因,然后对差异进行处理。预算的编制和控制过程是密切相关的。通过编制预算,可以明确组织及其各部门的目标,协调各部门的工作,评定各部门工作业绩,控制组织日常的活动。因此,预算从战略和全局的角度保障组织计划顺利地执行。

2. 预算控制的种类

(1) 收入预算。是指以货币单位表示的组织的收入和费用支出计划。组织的收入预算是组织支出预算和盈利预算的基础,是从财务角度计划和预测未来活动的成果以及为取得这些成果所需付出的费用。由于收入主要来源于产品销售,因此收入预算的主要内容是销售预算。销售预算是在销售预测的基础上编制的,通过分析企业过去的销售情况、目前和未来的市场需求特点及其发展趋势,比较竞争对手和本企业的经营实力,确定企业在未来某时期内为了实现目标利润必须达到的销售水平,在工作中应尽可能考虑到可能有的各方面的收入,并准确地估计各项收入的量。

(2) 支出预算。企业在内部生产过程中需要消耗一定的劳动力和物质资源,需要付出一定的费用换取使用权。与销售预算相对应,企业必须编制能够保证销售过程得以进行的生产活动的支出预算。在编制支出预算时,各种可能产生的费用开支均应尽可能地予以考虑,并应在支出预算中安排一笔适当的不可预见费,以应付一些额外的开支。

(3) 现金预算。现金预算是对企业未来生产与销售活动中现金的流入与流出进行预测。通过现金预算,估算计划期内可能提供的现金和所需支付的现金,据此衡量组织的实际现金的使用情况,以求得现金收支的平衡,并为管理人员利用可用的现金盈余和制订盈利性投资计划提供所需的信息。这里所指的现金是指现实的可立即使用的资金。组织中有些用货币表示的资金,实际上处于实物形态,也有些资金只是赊账,这些资金均非现金,它们虽然也是组织的资产,但不能像现金那样自由使用。通过现金预算,可以帮助企业发现资金的闲置或不足,从而指导企业及时利用暂时过剩的现金,或及早筹集维持营运所短缺的资金。

(4) 资产负债预算。资产负债预算是对企业会计年度末的财务状况进行预测,主要用于预测企业的资产、负债、所有者权益及其相互关系。根据"资产=负债+所有者权益"这一基本公式,依照一定的分类标准和一定的次序,把企业在某一特定日期的资产、负债和所有者权益各要素分成资产、负债和所有者权益两方并予以适当排列编制。资产负债表是以企业的资产、负债和所有者权益的静态状况来说明企业某一特定时期内的财务状况。它将各部门和各项目的分预算汇总在一起,表明如果企业的各种业务活动达到预先规定的标准,在财务期末企业资产与负债会呈现的状况。管理人员在编制资产负债预算时虽然不需做出新的计划或决策,但通过对预算表的分析,可以发现某些分预算的问题,从而有助于采取及时的调整措施。

(5) 总预算。总预算是指由组织中各种预算综合而成的组织在未来一定时期内的综合预算。总预算建立在组织内的各部门和各专业职能预算的基础上,能够全面反映组织计划与目标的要求,使人们全面了解销售额、销售成本、利润、资本的利用及投资回收等情况及它们间的相互关系,能揭示实现组织目标的进展情况。

预算的实质是用统一的货币单位为企业各部门的各项活动编制计划,它使不同部门在企业活动中的经营绩效具有了可比性,可以使管理者了解企业经营状况的变化方向和问题,从而为调整企业活动指明了方向。在为不同的职能部门和职能活动编制预算的同时,也为协调企业活动提供了依据,更重要的是,预算的编制与执行始终是与控制过程联系在一起的。编制预算是为企业的各项活动确立财务标准,用量化的预算标准来管理企业活动,这也大大方便了控制过程中的绩效衡量工作,使之更加客观可靠。在此基础上,很容易测量出实际活动对预期效果的偏离程度,从而为采取纠正措施奠定了基础。

3. 预算控制的一般程序

预算控制应遵循一定的工作程序,有计划、有步骤地进行,这样能够保证预算的质量和工作效率。预算控制的一般程序为:

(1) 建立预算制度。主要工作包括估计预算制度的效益和限制、满足建立预算制度的组织条件、选择预算的类型、决定预算的期限以及分类。

(2) 制定组织总预算。总预算是对组织中各种计划准确而又全面的描述,是考虑各种因素后的多项内容的预算。总预算的制定是下属各部门制定预算的基础。

(3) 层层分解预算并上报。在总预算制定之后，组织将其分解给直属部门，再由直属部门进一步分解给它们的下属部门，直到不能再被分解为止，下属部门依据总预算制定本部门的分预算并呈报给上级部门。

(4) 确定预算方案并下达。在确定预算方案之前，组织高层对各部门的分预算方案进行审核，在确定之后将最终的预算方案下达给下属各级部门。

(5) 组织贯彻落实。预算控制的最后一个程序是贯彻落实，在此过程中，主管人员必须经常检查和分析执行情况，必要时可以修改预算，直至更加切合实际，更能适应组织的发展。

(二) 生产控制

为了达到组织预定的目标，就必须对企业的生产活动进行控制，即管理人员需要对原材料、零部件、劳动力等投入进行控制。组织既要对经营系统的运营进行控制，也要对有形和无形的因素进行控制。

1. 供应商控制

供应商既为企业提供所得的原材料，又是企业的竞争力量之一。供应商供货及时与否，供应货物质量的好坏、价格的高低，都会对企业的最终产品产生重大影响。目前比较流行的做法是在全球范围内选择供应商，既能够有保障地获得高质量、低价格的原材料，同时也可避免因只选择少数几个供应商可能对自身构成的威胁。大型的公司组织多采用这种方法。另外一种控制供应商的方法是持有供应商一部分或全部股份，或由本企业系统内部的某个子企业供货，这常是跨国公司为了保证货源采用的做法。国际上很多大型企业采用这种方法控制供应商。

2. 库存控制

对库存的控制主要是为了减少库存，增加销售，降低各种占用，提高经济效益。经理人员使用经济订购批量模型计算出最优订购批量，使所有费用达到最小。这个模型考虑三种成本：一是订购成本，即每次订货所需的费用（包括通信、文件处理、差旅、行政管理费用等）；二是保管成本，即储存原材料或零部件所需的费用（包括库存、利息、保险、折旧等费用）；三是库存总成本，即订购成本和保管成本之和。

当企业在一定期间内总需求量或订购量一定时，每次订购的量越大，则所需订购的次数越少，订购成本较低，但保管成本较高；每次订购的量越小，则所需订购的次数越多，订购成本较高，但保管成本较低。通过经济订购批量模型，可以计算出订购量多大时，总成本（订购成本和保管成本之和）最小。同时，企业为了以防万一会保留一个额外的储存量，这个储存量被称为安全库存。

3. 质量控制

质量具有两个方面的含义，一是指产品的质量，二是工作的质量。产品质量是指产品适合社会和人们一定用途和需要所具备的特性，是影响产品使用价值的一切方面。产品质量控制是保证企业生产出合格产品、减少无效劳动的重要手段。产品的质量控制应达到两个方面的目标：一是使生产出来的产品达到产品质量标准，二是使企业以最低的成本生产出符合产品质量标准的产品。工作质量是企业为了保证和提高产品质量在经营管理和生产技术工作方面所要达到的水平。工作质量是通过企业内部单位、各部门以及企业每一个职工的工作态度、工作绩效、产品质量等反映出来的。工作质量是产品质量的保证,所以提高工作质量比提高产品质量更重要。

(三)综合控制方法

综合控制方法与预算控制、生产控制方法相比具有更为宽泛的适用范围,几乎在任何的管理控制中都可采用。主要包括资料设计法和审计法。

1. 资料设计法

资料设计是设计一个专门系统或程序,向各层管理人员提供必要的资料。信息缺乏和信息过多都无法进行控制。信息缺乏就不能对结果进行有效的反馈,进而影响实际工作绩效和标准的对比,导致不利于控制;信息太多且如果不能及时对有效信息进行分类、处理就会产生信息消化不良症,使企业的管理者不能分辨其中的有用信息和无用信息,容易产生由于信息不真而造成控制失灵现象。事实上,管理者只需要了解和掌握对实际工作有价值的信息就可以对管理活动进行有效控制。为此,我们对各种管理人员所需要的信息要加以事先的筹划设计。各种管理人员需要些什么资料,这些资料应当如何搜集,如何汇总处理,这就是资料设计。例如,业务经理不需要下层向他提供全部的报表,通常由他指定提供几项即可,当文件很多时,列出他所要的部分即可。

2. 审计法

审计是常用的一种控制方法,它包括财务审计与管理审计两大类。所谓财务审计是以财务活动为中心内容,以检查并核实账目、凭证、财物、债务以及结算关系等客观事物为手段,以判断财务报表中所列出的综合的会计事项是否正确无误、报表本身是否可以信赖为目的的控制方法。通过这种审计还可以判明财务活动是否合法,即是否符合公司的规定。所谓管理审计是检查一个单位或部门管理工作的好坏,评价人力、物力和财力的组织及利用的有效性,其目的在于通过改进管理工作来提高经济效益。

此外,审计还有外部审计和内部审计之分。外部审计是指由组织外部的人员对组织的活动进行审计;内部审计是组织自身专门设立的审计部门,以便审计本组织的各项活动。

审计原则主要有:独立原则,即审计监督部门应能独立行使职权,不受任何干涉;客观原则,即审计一定要实事求是地进行,客观地做出评价和结论;公正原则,即审计工作必须站在客观的角度上,不偏不倚,公正地进行判断;透明原则,即审计工作必须透明化。

(四)其他控制方法

其他控制方法有行政控制法、比率分析法。

1. 行政控制法

行政控制方法主要有视察与指导、报告、考核与评估三个主要手段。视察与指导,即管理者到工作现场进行巡视、观察,直接搜集信息,并进行指导与纠正偏差等过程。这是一种最古老、最直接的控制方法,但仍是管理者最经常使用的控制方法。报告,即由下级搜集计划执行情况的信息,并综合成报告,上报给管理者的一种方法。控制报告应该突出重点,提出例外情况,应简明扼要,应适时。这可以节省管理者的时间,但不便于管理者掌握第一手资料。考核与评估,指对管理对象所进行的各种考核与评估的方法或技术。它既包括对实现组织职能的各种活动的进度、状况、效果的考核与评估,也包括对各级、各类人员的素质及工作绩效的考核与评价。

2. 比率分析法

比率分析就是将企业资产负债表和利润表上的相关项目进行对比,形成一个比率,从中分析和评价企业的经营成果和财务状况。利用财务报表提供的数据,我们可以列出许多比率,常用的有两种类型:财务比率和经营比率。

财务比率及其分析可以帮助我们了解企业的偿债能力和盈利能力等。它包括流动比率,即企业的流动资产与流动负债之比。它反映了企业偿还需要付现的流动债务的能力。负债比率,即企业总负债与总资产之比。它反映了企业所有者提供的资金与外部债权人提供的资金的比率关系。盈利比率,即企业利润与销售额或全部资金等相关因素的比例关系。它们反映了企业在一定时期从事某种经营活动的盈利程度及其变化情况。

经营比率反映企业经营效率的高低和各种资源是否得到了充分利用。它包括存货周转率,即销售总额与存货平均价值的比例关系,它反映了与销售收入对照存货数量是否合理,表明了投入存货的流动资金的使用情况。固定资产周转率,即销售总额与固定资产之比,它反映了单位固定资产能够提供的销售收入。收入与销售费用比,表明了单位销售费用能够实现的销售收入,在一定程度上反映了企业营销活动的效率。

二、有效控制的原则

控制是管理的重要职能之一,是一个连续不断、反复发生的过程,在此过程中,管理人员努力设法保证各项活动达到预期效果。控制的目的就是要指出计划实施过程中的缺点和错误,以便加以纠正和预防。一位学者说过,拙劣的经理无所事事;平凡的经理什么事都干;精明的经理把任务交给下级,同时建立足够的考核点,这样便能了解工作完成得怎样。

控制的基本过程和基本原理是普遍适用的。任何控制程序都包括三个基本步骤:确定控制标准,衡量实际成效,纠正偏差。但是,实际在组织中起作用的控制系统却千差万别,需要经过专门的设计。比如,生产进度的控制在甲部门中通过下达报表来实现,在乙部门中则通过班前会来实现。要使控制系统有效运行,必须根据实际情况来灵活设置。下述一些原则已被证明是提高控制系统有效性的一般原则:

1. 目的性原则

控制必须有明确的目的性。控制作为管理职能,它为组织目标服务。不同的组织,组织中的不同层次,不同的工作性质,不同对象,它们控制的目的是不同的。无论什么性质的工作都能列举出许多目标,但总有一个或几个目标是最关键的。达到这些关键目标,其他目标可能随之达到,即使有些次要目标不能达到也无碍大局。

2. 及时性原则

控制的及时性是指及时发现偏差,并能及时采取措施加以纠正。由于信息滞后,往往会造成不可弥补的损失。时滞现象是反馈控制的一个难以克服的困难,较好的解决办法是采用前馈控制,使管理者尽早发现乃至预测到偏差的产生,采取预防性措施。为此,控制的及时性就要依靠现代化的信息管理系统,随时传递信息,随时掌握工作进度,才能尽早发现偏差,以便及时采取措施进行控制。

3. 经济性原则

控制的经济性是指控制活动所需费用同控制所产生的结果进行比较,当通过控制获得的价值大于所需费用的时候,才实施控制。经济性原则指导管理人员在控制活动中选择重要的业务领域和关键因素加以控制,并提高控制效率。

控制的费用是否经济是相对的,因为控制的效益会因业务活动的重要性大小、业务规模的大小的不同而不同的。在实际工作中,控制的经济性考虑在很大程度上取决于管理者是否将控制应用于他们所认为的重要工作上。

4. 客观性原则

控制的客观性是指管理者对绩效评价工作应客观公正,防止主观片面。实现客观的控制,首先要尽量采用客观的计量方法,即尽量用定量的方法记录并评价绩效,把定性的内容具体化;其次是管理者要从组织目标的角度来观察问题,应避免形而上学的观点,避免个人偏见和成见。

5. 灵活性原则

控制的灵活性是指控制必须保证在发生了未能预测的事件时,包括环境突变、计划的疏忽、计划变更等发生时,控制工作仍然有效,不受影响。在某些特殊情况下,一个复杂的管理计划可能失常。控制系统应当有足够的灵活性,以便在失常情况下保持对运行过程的管理控制。这就要求在制订计划时,要考虑各种可能情况来拟定备选方案。一般来说,灵活的计划最有利于灵活的控制。应注意,这仅仅是应用于计划失常的情况,不适用于在正确计划指导下人们工作不当的情况。

6. 适应性原则

控制的适应性是指所有的控制系统都应反映所制订的有待实施的计划,控制应该同组织结构、职位分工相适应。每项计划和每个方面的业务活动都有独特之处,主管人员必须针对不同的计划采取不同的控制措施。首先,计划是控制的依据,主管人员往往是根据计划来设计控制系统,确定控制工作的标准;其次,控制是实现计划的保证。

控制应该同组织结构和职位分工相适应。组织结构作为阐明组织内成员承担任务的主要手段,它要表明谁对计划执行和其结果负责。论证设计,越能反映组织结构状态,反映组织中承担活动的职责所在,则越能使其主管人员及时纠正偏差。此外,控制系统和信息有助于主管人员履行其职能。

7. 关键点与例外原则

控制的关键点是指主管人员把有限的精力,投入到对计划的执行并完成有举足轻重的关键问题上,尽可能选择计划的关键点作为控制标准,控制工作就更有效。

例外情况是指在一个职责分明的组织机构中,每个问题应由相应的职能部门或主管人员去处理,最高主管处理各部门权限以外的问题。在实际工作中只有坚持例外原则,控制才能有效率。应注意到,在偏离标准的各种情况中,某些方面的微小偏离比其他方面较大偏离情况影响更大。

实际上,例外情况必须与控制关键点相结合,仅仅立足于寻找例外情况是不够的,我们还必须控制在关键问题上的例外情况。有时这两个原理相互混淆,二者确有某些相似之处。但是,控制关键点强调必须去注意观察的问题,而例外情况则强调必须去观察这些点上所发生的偏差大小。

本章小结

1. 控制是指监督、检查工作是否按既定的计划、标准和方法进行,发现偏差,分析原因,进行纠正,以保证组织目标实现的过程。控制的内容包括对人员的控制、对财务的控制、对作业的控制、对信息的控制、对组织绩效的控制等。
2. 控制的类型多种多样,从不同的角度可以对控制做出不同的分类。
3. 控制的过程包括确立标准、测量实绩与界定偏差、纠正偏差三个环节。
4. 控制的方法多种多样,主要有预算控制、生产控制、综合控制方法和其他控制方法。
5. 控制的原则有目的性、及时性、经济性、客观性、灵活性、适应性、关键点与例外等原则。

练习与思考

一、选择题

1. 管理人员对当前的实际工作是否符合计划而进行衡量、测量和评价并促使组织目标实现的过程,被称为(　　)。
   A. 领导　　　　　B. 组织　　　　　C. 创新　　　　　D. 控制
2. "亡羊补牢"这句成语贴切地描述了下列控制方式中的(　　)。
   A. 预先控制　　　B. 实时控制　　　C. 反馈控制　　　D. 前馈控制
3. 通过对产成品抽验来监控产品质量,这属于(　　)。
   A. 事前控制　　　B. 过程控制　　　C. 事中控制　　　D. 事后控制
4. 管理者视察中发现一员工操作机械不当,立即指明正确的操作方法并告诉该员工在以后的工作中要按正确的方式操作。这是一种(　　)。
   A. 反馈控制　　　B. 现场控制　　　C. 前馈控制　　　D. 指挥命令
5. "治病不如防病,防病不如讲卫生。"根据这一说法,下列哪种控制方式最重要?
(　　)
   A. 现场控制　　　B. 反馈控制　　　C. 目标控制　　　D. 前馈控制

6. 控制过程的最后一步是（　　）。
   A. 制定标准　　B. 纠正偏差　　C. 用标准衡量业绩　　D. 质量控制
7. 控制过程中合理的顺序是（　　）
   A. 确立标准、纠正偏差、测量实绩与界定偏差
   B. 测量实绩与界定偏差、确立标准、纠正偏差
   C. 测量实绩与界定偏差、纠正偏差、确立标准
   D. 确立标准、测量实绩与界定偏差、纠正偏差
8. 为了进行有效的控制，必须要特别注意那些对于根据计划衡量业绩有关键意义的因素。这反映的是（　　）
   A. 控制关键点原理　　　　　　B. 例外原理
   C. 组织适应性原理　　　　　　D. 直接控制原理
9. 小张下岗后开了一间小型餐饮店。他知道，要取得经营成功，除了要有可口的饭菜外，周到的服务和与顾客的良好关系也是非常重要的。为此，他采取了如下控制措施：①在店内显眼的位置挂一本顾客意见簿，欢迎顾客提出意见和批评；②让领班严密地监视服务人员的行为，并对棘手问题的处理提供协助和建议；③在员工上岗之前进行工作技能和工作态度的培训；④明确规定半年后要对服务质量好的员工给予奖励。以下哪种说法是正确的？（　　）
   A. ④和①一样，都属于事后控制；
   B. ①是事后控制，②是现场控制，③是事前控制；
   C. ④属于激励措施，不属于控制措施；
   D. ③属于激励措施，不属于控制措施。
10. 为了实施有效控制，必须要注意（　　）（多选）。
    A. 控制的目的性　　B. 控制的及时性　　C. 控制的经济性　　D. 控制的客观性

二、问答题

1. 控制与计划两者之间有什么样的联系？
2. 何为前馈控制、现场控制、反馈控制？
3. 常见的控制方法有哪些？
4. 控制过程中应把握哪些原则？

三、讨论及思考题

1. 走访一个中小型企业或超市，了解其质量保证体系或库存管理的具体办法。
2. 运用本章知识，讨论怎样才能建立一个有效控制考试作弊行为的管理系统。

四、案例练习

邯郸钢铁厂的成本控制

该厂始建于1958年。1990年,邯郸与其他钢铁企业一样,面临内部成本上升,外部市场疲软的双重压力,经济效益大面积滑坡,当时生产的28个品种有26个亏损。虽然总厂亏损已经到了难以为继的状况,可是各个分厂报表中的所有产品却都是盈利的,因此工人和归纳部的工资、奖金依然照发,一点也感受不到市场的压力和总厂亏损的困难。造成这种现象的主要原因是当时该厂采用的是以计划价格来进行厂内核算的,这个价格严重背离市场,这个价格反映不出产品的实际成本和真实效率,自然也就失去了它的价值。从1991年开始,该厂开始推行以"模拟市场核算,实行成本否决"为核心的内部改革,加大了企业技术改造力度,强化了企业内部管理,特别是目标成本管理,使企业的经济效益大幅度提高,市场竞争大大增强。自1991年实行成本否决以来,至1995年,企业共实现利税39.9亿元,其中利润21.5亿元。即使在宏观经济环境十分严峻的1998年,邯郸仍然实现销售收入75亿元,实现利税8.7亿元,其中利润达5.04亿元,经济效益继续保持全行业第二位。

邯钢的目标成本管理的具体做法是:

1. 以市场可以接受的产品价格为基准,考虑国内先进水平、本单位历史最好水平和可以挖掘的潜力,提出目标利润,然后据此倒算出企业必须控制的成本,也就是目标成本。目标成本=该产品的市场价格—目标利润—总厂应摊的管理费。

2. 将相应的目标成本和目标利润在全公司的范围内层层分解到分厂、车间、工段、班组,直到个人,以此作为各级的工作目标也是公司对各级进行考核奖惩的依据。

3. 实现"成本否决"的奖惩制度,即完不成成本指标,别的工作干得再好,也要扣除全部奖金,以成本和效益决定奖金分配和对干部业绩进行考核。

为了保证目标成本管理的实施,邯郸还对公司的管理体制进行了改革。

一是精简机构。1990年到1995年,总厂和分厂的管理科室从503个减少到89个,管理人员占职工人数的比重从14%下降到12%。

二是充实和加强财务、质量管理、销售、计划、外经、预决算、审计等管理部门,进一步强化和理顺了管理职能。

三是实现"卡两头,抓中间"的管理方法。这两头一头是严格控制进厂原材料、燃料的价格和质量,另一头是把住产品的销售关,杜绝集体定价生产过程中的"跑、冒、漏、滴"现象,而且对各项技术指标进行横向比较,以同行业先进水平为赶超目标。通过目标成本管理,邯钢在激烈的市场中迎难而上,企业的效益年年提高。

邯钢的这一系列管理经验获得了巨大的成功,对于当时国有企业从粗放经营向集约经营转变方面具有极强的示范意义。1996年,国务院专门发出文件,要求在全国学习推广"邯钢经验",使其成为一个时代的管理样本。

分析与思考：

根据案例分析：邯钢进行成本控制的目标是什么？在这个过程中，该厂遵循了哪些控制原则？

第十二章　管理创新

【要点提示】

理解管理创新的内涵与特征；
了解管理创新的作用；
掌握管理创新的基本内容；
掌握管理创新的过程和方法。

管理在动态环境中生存的社会经济系统，仅有维持是不够的，还必须不断调整系统活动的内容和目标，以适应环境变化的要求——这即是经常被人们忽略的管理创新。

第一节　管理创新概述

一、管理创新的内涵与特征

(一) 管理创新的内涵

约瑟夫·熊彼特于1912年出版了其著名的《经济发展理论》，他在书中首先给出了创新的含义，即创新是对生产要素的重新组合，并将创新这个概念纳入经济发展之中，论证创新在经济发展过程中的重大作用。

关于管理创新的概念，不同的学者从不同的角度阐述了自己的观点。

常修泽在《现代企业创新论》一书中认为："管理创新是指一种更有效而尚未被企业采用的新的管理方式或方法的引入，是组织创新在企业经营层次上的辐射。"

于中宁在《现代管理新视野》一书中认为："管理创新就是不断根据市场和社会变化，重新整合人才、资本和科技要素，以创造和适应市场，满足市场需求，同时达到自身的效益和社会责任的目标的过程。"由于这一过程也是管理过程本身，所以"管理过程就是创新过程"，"产品创新和应变环境都是管理创新"。

刑以群、张大亮在《存亡之道——管理创新论》一书中认为："管理创新是指根据市场经济条件下企业生产经营的客观管理和现代科学技术的发展态势，对传统的管理模式及相应管理范式和方法进行改进、改革和改造，创建起新的管理模式、方式和方法。"

加里·哈梅尔教授则认为管理创新概念可以定义为对传统管理原则、流程和实践的明显背离,或者对惯常的组织形式的背离,这种背离极大地改变了管理工作的方法。

本书采用芮明杰教授的观点,即管理创新是创造一种新的更有效的资源整合范式,这种范式可以是新的有效整合资源以达到企业目标和责任的全过程管理,也可以是新的具体资源整合及目标制定等方面的细节管理。这一概念包含下列含义:

(1) 管理创新的内容广泛。包括:理念创新即提出一种新经营思路或新的理念并加以有效实施;组织创新即创设一个新的组织机构并使之有效运转;提出一个新的管理方式方法;采用某种新的管理模式;创立一种新的管理制度等都属于管理创新;技术创新和文化创新等。

(2) 管理创新的目标是提高组织的运行效率和环境适应能力。管理创新的效果最终要由组织运行效率和组织发展与否来加以检验。

(3) 管理创新形式多样。可以是自主创新,即创立出一种新的更有效的整合协调资源的范式;也可以是模仿性创新,即吸收引用其他企业的创新成果,为我所用。

(二) 管理创新的特征

1. 不确定性

管理创新的不确定性是由市场的不确定性、技术的不确定性造成的。

(1) 市场的不确定性。主要是不易预测市场未来需求的变化,外界因素如经济环境、社会环境和消费者的偏好都会对市场变化产生一定的影响。当出现根本性创新时,市场方向无从确定,也就无法确定需求。计算机刚出现时,有人估计全美国只有几十台的需求,这显然同实际情况相差万里。市场不确定性的来源还可能是不知道如何将潜在的需要融入创新产品中去,以及未来产品如何变化以满足消费者的需求。当存在创新竞争者时,市场的不确定性还指创新企业能否在市场竞争中战胜对手。

(2) 技术的不确定性。主要是如何用技术来体现、表达市场中消费者需要的特征,能否设计并制造出可以满足市场需要的产品和工艺。有不少产品构思,按其设计的产品要么无法制造,要么制造成本太高,因此这种构思和产品都没什么商业价值。新技术与现行技术系统之间的不一致性也是一个重要的不确定来源。

2. 保护性和破坏性

不同的创新对企业产生影响的范围、程度和性质是不同的。两个极端的情况是:保护性的和破坏性的。具有保护性的创新,会提高企业现有技术能力的价值和可应用性。创新的破坏性则表现在使企业现有的技能和资产遭到毁坏,新的产品或工艺技术会使企业现有的资源、技能和知识只能低劣地满足市场的需求,或者根本无法满足市场要求,从而使企业遭到损失。

3. 被排斥性

创新活动常常受到来自各方面的排斥和抵制,习惯于原有生活方式和思维方式的人们往往不欢迎任何改动和变革。企业进行创新活动时可能会损害一部分人的利益,所以他们就会强烈地反对。某些特定的社会环境,那些公司最高管理层有着无数条理由使他们希望这些环境能够延续下去。因为在这些情况下,没有麻烦,没有威胁,也没有紧迫感,一切都显得平平稳稳。不过,这也意味着任何一项新产品的创新就其本质而言,都是一场推进创新力量和排斥、抵制创新力量之间的你争我夺。而管理者所面临的挑战就是如何在这些力量中间保持平衡。

4. 风险性

管理创新具有风险性表现在管理创新的全过程需要大量的投入,这种投入能否顺利地实现价值补偿,受到技术、市场等不确定因素的影响。管理活动涉及的范围较广、环节较多,影响管理创新的因素及创新的内容均较复杂,既要合理组织生产力,又要正确处理好生产关系。管理创新的过程和结果往往是不确定的,管理创新投入与回报也具有不确定性,甚至难以得到回报,管理创新的效果有时很难度量,表现出间接性、模糊性、不可实验性及一定的滞后性。

5. 时效性

企业的管理创新一般总是从产品创新开始的,一种新的市场需求总是表现为产品需求。因而,在创新初期,企业的管理创新活动主要是产品创新。当新产品投放市场一定时间后又会被更新的产品代替,这种替代也使得创新具有时效性。新产品被更新的产品代替的原因可能有两方面:一是消费者的偏好发生了变化;二是生产产品的技术得到了更新。正是因为创新具有时效性.所以在进行创新决策时,要考虑三个问题:消费者对创新产品需求的持续时间、该产品被其他产品替代的可能性及创新所处的时期。

6. 动态性

管理创新活动不是一种简单重复的过程,而是与组织内外环境变化紧密联系,管理创新是一种能动性的动态过程,它没有明确的终点。从企业之间的竞争来看,随着企业管理创新的扩散,企业竞争优势将会消失,这就要不断推动新的一轮又一轮的创新,以便不断确立企业的竞争优势。因此,创新绝不是静止的,而是动态的。不同时期组织的创新内容、方式、水平是不同的。从企业发展的总趋势看,前一时期低水平的创新,总是要被后一时期高水平的创新替代。创新活动的不断开发和创新水平的不断提高,正是推动企业发展的内在动力。

二、管理创新的作用

社会经济发展过程中,现代市场经济使企业自身的地位和利益受到多种复杂因素的影响,包括外部环境和自身条件。企业处于经常的变动之中,没有创新它就不能保持原有的地位和相对稳定的市场份额,因此,对任何组织来说,创新是必须的。管理创新的作用主要体现在以下几方面。

1. 促进资源使用效率和效益的提高

管理创新不仅注重提高眼前效益,而且注重提高长远效益,其本质在于创立一种新的资源整合和协调模式,使组织资源使用的效率和效益得到明显提高。

2. 推动组织稳定健康地发展

协调有序的生产经营活动是保证组织健康稳定发展的关键。管理创新能够建立一种新的、更有效的资源整合的方式与方法,使组织产生更大的合力,为组织的健康发展、快速成长奠定坚实的基础。

3. 增强组织的核心竞争力

科技的发展使组织之间在技术上的差距逐渐缩小，技术已不再是影响组织核心竞争力的唯一因素，管理对组织核心竞争力的影响越来越大。如果通过管理创新一个组织能够做到人无我有，人有我优，这个组织就具有了竞争的优势。

4. 促进了职业经理层的形成

所有权与经营管理权分离，使组织中部分管理者由技术专家向管理专家转变，促进了职业经理即企业家阶层的形成。职业经理层的形成对组织健康发展具有重要的作用，因为只有保证组织能够生存延续，职业经理自身的职业才能维持长久。因此，他们会选择能使组织长期稳定和发展的政策，而不会以牺牲组织长远利益为代价，换取眼前的最大利润。职业经理了解管理创新的功效，所以他们会更热心于管理创新。

第二节 管理创新的基本内容

管理创新的内容是多方面的，它不仅体现在理念创新、制度创新、组织创新和技术创新方面，也体现在组织文化的整合创新。主要包括以下几个方面：

一、理念创新

理念又称为观念，是指人们对客观事物所形成的看法。理念一旦形成，对人们的行为就具有驱动、指向和制约作用。如同人们的行为一样，组织行为也是在一定的思想理念的支配下产生的，都是一定观念支配的结果。因此，不同的理念必然支配不同的行为，也自然会产生不同的结果。作为行为主体的组织，只有不断地更新理念，不断地产生适应时代发展的新思维、新观点，并落实在行动上，组织才能获得发展的机遇，否则就会被市场所淘汰。从这个意义上说，理念创新是组织成功的导向，是其他各项创新的前提。

理念创新是人们适应客观世界的发展和变化，科学、准确地把握世界变化的规律和发展趋势，以独创的方式构建新的思维、新的理念、新的思想，以形成对变化了的客观世界新的正确认识。当客观世界发生了变化时，人们必然对这些变化产生感知和了解。所以，理念创新的客观基础是客观世界的发展和变化。

理念创新的目的是适应客观世界的发展和变化，这种发展变化是不以人的意志为转移的。人们认识了它，才能够主动地去适应它，否则就要受到它的惩罚。所以，理念创新是人们适应客观世界发展变化的能动表现。

理念创新的着眼点在于预见客观世界发展变化的未来趋势。客观世界的变化在人们的感知中往往是零乱无序的，有些人难以从中认识其背后所反映的规律和趋势。理念创新作为人类思维的一种主观能动性表现，其着眼点就是要从零乱和无序的现象中归纳升华其规律和趋势。

理念创新的落脚点是观念与客观世界变化的吻合。也就是说，理念创新应动态地反映客观世界的发展变化,反映得正确与否,要受客观实践的检验。

理念创新是由一系列新观念和新观点组成的,以企业组织为例,主要有以下几点:

(1) 研究市场、以变应变的理念。在市场经济条件下,企业生产经营必以市场需要为取向,通过市场调研,企业可以清楚地知道用户的需求和竞争对手的竞争策略总是在变化的。因此研究市场要用开放、超前的眼光把握市场的变化,在满足市场需求动力驱动下,快速准确地策划出市场、技术及发展战略,树立瞄准市场以变应变的理念。这种理念体现为:市场创新,引导需求观念;服务创新,赢得顾客的观念;包装创新,以精取胜的观念。

(2) 顾客第一、用户至上的理念。随着市场经济的发展和收入水平、文化生活水平的提高,消费者需求日益朝着求便利、时尚和多样化的方向发展。企业面临的市场竞争日趋激烈,谁拥有顾客,谁就拥有了生存的基础,"顾客是上帝"、"顾客是衣食父母"的观念已日渐成为企业的座右铭。这种观念就是要求企业以顾客至上为目标,千方百计去满足顾客的各种不同需求,为顾客提供更新、更好、更多、更合适的产品和服务。

(3) 可借鉴的具有时代特色的创新理念。西方经济发达国家尤其是美国的企业家、管理学家提出了具有鲜明特色的创新理念,充分地说明了外国企业深厚的创新文化氛围。例如,美国著名的管理顾问莫尔斯提出的可持续竞争的唯一优势来自超过竞争对手的创新能力。被认为具有创新精神的3M公司提出的创新理论是"创新=新思想+能够带来改进或创新利润的行动"。未来学家托夫勒提出:"生存的第一定律是:没有什么比昨天的成功更加危险。"这种创新理念是说企业必须有一种强烈的忧患意识和时不我待的紧迫感、危机感。正如比尔·盖茨反复向员工强调"微软离破产永远只有18个月",意在使员工保持紧迫感。

此外,还有以人为本的观念;竞争、优胜劣汰的观念;战略制胜、追求卓越的观念;以质量求生存、求发展的观念;诚实可信、依法经营观念;企业信息化管理观念;网络化经营观念等。在我国,企业的经营观念存在着经营不明确、理念不当、缺乏时代创新精神等问题,因此企业应该尽快适应现代社会的需要,结合自身条件,构建自己独特的经营管理理念。管理理念的创新永无止境,对于企业的经营者来讲,要不断进行管理理念的创新,只有这样,企业才能不断地前进。

二、制度创新

制度创新需要从社会经济角度来分析企业各成员间的权利关系的调整和变革。通过企业经营活动组织权力的分配,企业制度规范着参与者群体间的权利关系,从而影响着这些参与者在企业决策制定与执行中的行为表现;通过决定经营成果的分配,企业制度规范了参与者群体间的利益关系,从而影响着不同参与者在企业成果形成中的行为特点。

制度是组织运行方式的原则规定。企业制度创新的方向是不断调整和优化企业所有者、经营者和劳动者三者之间的关系,使各个方面的权力和利益得到充分体现,使组织的各种成员的作用都得到充分的发挥。制度创新主要包括产权制度创新、经营制度创新和管理制度创新。

产权制度是决定企业其他制度的根本性制度,它规定着企业最重要的生产要素的所有者在企业中的权力、利益和责任。在现实生活中往往生产资料是企业生产的首要因素，因此，产权制度主要指企业生产资料的所有制。目前存在的相互对立的两大生产资料所有制——私有制和公有制，但是在实践中都不是纯粹的。私有制正越来越多地渗入"公有"的成分，被"效率问题"困扰的公有制则正或多或少地加进"个人所有"的因素。企业产权制度的创新还在探索之中，也许应朝着寻求生产资料的社会成员"个人所有"与"共同所有"的最适度组合的方向发展。

经营制度是有关经营权的归属及其行使条件、范围、限制等方面的原则规定。它表明企业的经营方式，确定谁是经营者，谁来掌握企业生产资料的占有权、使用权和处置权，谁来确定企业的经营方向、经营内容和经营形式，谁来保证企业生产资料的完整性及增值，谁来对企业生产资料所有者负责以及如何负责等。经营制度的创新方向应是不断寻求企业生产资料最有效利用的方式。

管理制度是行使经营权、组织企业日常经营的各种具体规则的总称，包括对材料、设备、人员及资金等各种要素的取得和使用的规定。在管理制度的众多内容中，分配制度是极重要的内容之一。分配制度涉及正确地衡量成员对组织的贡献，并在此基础上提供足以维持这种贡献的报酬。由于劳动者是企业诸要素的利用效率的决定性因素，因此，提供合理的报酬以激发劳动者的工作热情对企业的经营就有着非常重要的意义。分配制度的创新在于不断地追求和实现报酬与贡献的更高层次上的平衡。

产权制度、经营制度、管理制度这三者之间的关系是错综复杂的。一般来说，一定的产权制度决定相应的经营制度。但是，在产权制度不变的情况下，企业具体的经营方式可以不断进行调整。同样，在经营制度不变时，具体的管理规则和方法也可以不断改进。而管理制度的改进一旦发展到一定程度，则会要求经营制度作相应的调整。经营制度的不断调整，则必然会引起产权制度的变革。因此，管理制度的变化会反作用于经营制度，经营制度的变化也会反作用于产权制度。

企业制度创新的方向是不断调整和优化企业所有者、经营者、劳动者三者之间的关系，使各个方面的权力和利益得到充分的体现，使组织的各种成员的作用得到充分的发挥。

三、组织创新

企业系统的正常运行，既要求符合企业及其环境特点的运行制度，又要求具有与之相应的运行载体，即合理的组织形式。因此，企业制度创新必然要求组织形式的变革和发展。组织创新是企业组织变革的全方位的设计，它包括组织形式、组织结构和组织规模的系统设计。三者既相互独立又有着内在的密切联系。组织形式的创新从实质上讲就是对企业存在形式的选择与设计。组织结构创新是组织创新的核心，是对组织内部的组织结构进行的系统设计，它涉及组织结构的复杂性、集权与分权性等。企业组织结构是否科学合理将直接影响到企业组织能否进行高效地运转。组织规模的创新是对企业内部管理层次和管理幅度的优化设计。美国著名的管理学家西蒙曾说："有效地开发社会资源的第一条件是有效的组织结构。"因此，企业组织创新的关键就是对企业组织结构的优化设计。

总结国内外企业组织结构创新的成功经验,组织结构创新的基本思路总体可归纳如下:

(1) 注意培育企业组织结构创新的意识。这是建立和完善企业组织结构创新机制的前提,没有创新意识自然不会产生组织结构创新的动机,最终也就不可能形成创新的行为。

(2) 注意组织结构创新的优化设计。组织结构创新不是一种简单的活动,而是受多方因素制约的系统优化设计活动。企业组织结构是企业内部各个部门有序结合的状态或形式,是部门设置、职权划分、各部门在企业中的地位与作用及相互关系的总体体现。例如:部门划分是以产品生产过程的划分取代职能部门的划分,以适应生产过程的划分取代职能部门的划分,来适应生产发展的需要;以横向协调代替纵向控制,给予一线人员更大的决策权。另外,组织结构设计还要解决信息资源的分布与传输效果以及部门与成员的责权利等问题,做到以现代信息技术的应用取代传统的人工信息处理方式。例如,企业组织结构扁平化为信息的快速传播提供了可能,从而使管理层次和人员减少。

(3) 注意外部环境的变化。知识的重要性使得学习变得更加重要,企业中员工的培训成为组织管理中的一个重要问题。信息化是组织结构创新面临的另一个变化。以信息技术为载体的信息革命越来越受到社会各个方面的重视。例如,网络技术的发展使人类步入了数字化时代,互联网已经成为人类生活中不可缺少的组成部分。可见,企业组织结构必须创新,才能适应时代发展的要求。

国外在激烈的市场竞争中出现了多种组织创新形式。下面介绍几种:

(1) 柔性化组织。在日趋激烈的市场竞争中,竞争优势已不仅仅来自成本和价格,更重要的是维持客户的满意度和忠诚度。为此,企业根据需要建立起开发、生产、营销、售后服务及财务、法律等一体化的跨部门的横向组织,这些部门的专业人员相互协作,同步进行工作,既效率高又能迅速解决问题,并且能极大地发挥个人的创造力,从而保证企业快速、灵活地决策和管理,满足客户要求,为企业带来持久的竞争力。这种柔性化组织是适应新的经济发展和市场竞争的新型组织,在国外已经得到了广泛运用。

(2) 虚拟企业。这种企业通过信息网络技术与其他企业、学校、科研单位、政府部门紧密配合,能紧紧抓住机遇发挥自己的核心竞争优势,同时调用外界资源,对市场变化能迅速做出反应,能根据市场变化适时、不断地推出新产品,并且善于利用外界资源,降低自己的成本,把握信息的时效性,迅速将新产品推向市场。

四、技术创新

技术创新,是指创新技术在企业中的应用过程。新技术在企业生产中的应用一般通过创新产品和创新的生产工艺两种方式体现出来。就操作层面而言,一般须具备以下几个阶段。

(1) 形成创新思想。创新思想的形成环境主要包括市场环境、企业环境和社会环境等方面。

(2) 获取创新技术。创新技术的获取主要有三种方式:一是企业依靠自己的力量进行技术创新活动;二是企业与其他部门合作培养,主要是与科研部门、高等院校合作;三是从外部引进。

(3) 投入、组织并管理企业生产要素。主要包括企业的人力、物力、资金、技术、信息等基本要素的投入和组织管理。资金的投入与管理,一般来说需要把握好几个比例关系:研究与发展费用占企业销售额或利润的比例;研究与发展费用中,基础研究、应用研究和试验发展各部分的资金比例;引进技术的费用与吸收费用的比例。

(4) 企业技术创新的效果展示。企业技术创新的效果可以在经济指标和产品的物理化学性能上得到反映,改进产品的物理化学性能也常常是企业进行技术创新的出发点。

五、文化创新

企业文化创新是指为了使企业的发展与环境相匹配,根据本身的性质和特点形成体现企业共同价值观的企业文化,并不断创新和发展的活动过程。

企业作为盈利性经济组织,不仅是一种经济存在,而且是一种文化存在。在知识经济时代,一个企业要想做大,要想成为行业的佼佼者,必须对原有的企业文化进行全面变革和创新,培育个性化的企业文化是企业生存发展的关键。企业应该做好以下几点。

(1) 创建企业的学习文化。在新世纪,企业持续运行期限和生命周期受到最严厉的挑战,只有通过培养整个企业组织的学习能力,在学习中不断实现企业变革,开发新的企业资源和市场,才能应对最严峻的挑战。据初步统计,世界上 IT(信息技术)企业的平均寿命大约为 5 年,尤其是那些业务量快速增加和急功近利的企业,如果只顾及眼前的利益,不注意员工的培训学习和知识更新,就会导致整个企业机制和功能老化,因此,必须建立企业学习文化。

(2) 创新企业文化。对于企业来说,生产规模或成本不再重要,而创造性和灵活性将成为最宝贵的资源。创新的作用将得到空前强化,并升华为一种社会主题。企业文化学的奠基人劳伦斯·米勒说:今后的 500 强企业将是采用新企业文化和新文化营销策略的公司。企业家不可沉湎于过去及现有的成功,必须不断地扬弃过去、超越自我、展望未来,建立新的企业价值观和企业文化。坚持创新、改造自己、追求卓越才是企业文化力的力量源泉。

(3) 创造虚拟文化。虚拟经营是经济全球化条件下知识经济时代的典型产物。虚拟文化使得企业具有灵活、柔性、合作、共用、快速反应、高效输出等优点。虚拟文化可理解为使无形资产增值的人文环境,例如知识产权、网页和广告宣传等,虚拟文化可以为企业带来大量的有形资产。

(4) 企业共用文化。目前企业之间的竞争已经从过去的恶性竞争逐步转向既竞争又合作的新型"竞合"关系,要求企业必须不断融合多元文化。这种融合多元文化、合作文化和共用文化的集合,使企业能够突破看似有限的市场空间和社会结构,实现优势互补的资源重组,做到双赢乃至多赢。

第三节 管理创新的过程和方法

一、管理创新的主体

管理创新的主体有全体基层员工、管理者、管理专家和研究机构、创新型企业家等。

1. 全体基层员工是创新活动的源泉

管理创新活动的源泉是全体基层员工的积极性、智慧和创造力的发挥。因此,企业管理者要创造出鼓励创新的氛围,依靠全体员工开展管理创新活动。这样才能不断涌现新的创意,管理创新活动的推行也更容易得到支持。当然,作为个人的员工很难成为管理创新的主体,因为其工作性质属于操作层,且受到上司多方面的控制,虽有创意也很难在工作中进行实践。但作为群体的员工却往往能成为管理创新的主体,这是因为群体中可以包容大量的创意,当这些创意得到企业家认可并付诸实施时,这些员工就成了真正的管理创新主体,他们在每天的工作过程中就可以亲身实践。比如,日本企业通过成立各种小组,全员性地参与管理创新,通过建立合理化建议制度、质量管理小组、创造发明委员会等,创造出许多广为流传的管理创新成果,像著名的全面质量管理、即时生产体制等,为企业创造了大量的财富。

2. 管理者是管理创新的中坚力量

企业中有许多管理者,对企业的人事、财务、生产、资源营销等进行管理。这些管理领域均存在大量的创新空间,因此这些管理者如果提出创意并加以有效实施的话,就能成为管理创新的主体。当然,这一阶层的管理者往往会受到上级和自身权限的约束,其创意往往需要得到上级的认可才能转变为创新活动。如果在企业家的鼓励下,一个企业中许多管理人员都在进行管理创新的探索,那么这个企业必定是充满活力的。例如,在"让工薪阶层都订一部福特车"的创新思维指导下,福特公司生产管理部门的管理人员和技术人员经过共同努力,不断修改创意,设计实施方案,最后终于推出了"生产流水线"这一生产流程方面的重大创新,极大地扩张了生产规模,降低了生产成本,该方案成为自工业革命以来足以同其他重大科技发明创造相提并论的一项管理创新成果。

3. 管理专家和研究机构是管理创新的辅助

在激烈的竞争环境中单凭企业家和几个管理人员的知识、智慧、经验是不够的,还需要借助一些专门的管理专家、参谋机构的理论和智慧。依靠他们来分析、收集信息,制订创新方案,并付诸实施,这种利用"外脑"的方式对管理创新也是非常重要的。资料表明,国外一些企业的重大创新成果很多是由专家组成的智囊团和研究机构搞出来的。因此,管理创新也要充分发挥这部分人员的作用。

4. 创新型企业家是管理创新的关键

由于企业家在整个企业发展中处于特殊地位和具有管理支配力,他们亲自提出创意并付诸实施,会对管理创新活动产生重大影响,因此企业家是管理创新工作的关键人物。企业要想不断创新,首先必须有锐意进取的创新型企业家。

企业家应始终在寻求变化,对变化做出及时反应,并把变化作为创新机会予以利用。企业家的创新精神要求他们必须具备一定的心智特征和能力结构。

(1) 创新型企业家的心智特征。心智特征是指由于过去的经历、素养、价值观等形成的基本固定的思维方式和行为习惯。作为管理创新主体的企业家应具备下面一些心智特征。

善于学习,具有广博的知识。这是对某一问题产生超越常人看法或认识的基础。因为新的知识和信息是对过去知识体系的一种冲击和发展,可以使人们从过去无法解决的问题中得到新的启迪,也是保证管理创新的主体具备较高的思维起点的关键。

善于思考,具有系统的思维方式。这是一种发散式的思维,同平常人的线性思维方式不同。创新型企业家通常采取一种系统的全方位思维方式,即从具体到综合,从局部到全局,从现象到原因的思考方式,对问题的相关方面都考虑到。

勇于进取的价值取向。强烈的事业心、高度的责任感、永不满足的价值观,才能使他们对创新的追求永无止境,不断攀登管理的高峰。

健全的心理素质。这是确保企业家创新活动成功的重要心理特征。它包括自知与自信、理智的情绪、坚强的意志、雄伟的胆略、宽容的心态、对挫折的忍耐、敢于冒险等多项素质。

优秀的品质。使命感、信赖感、责任感、诚实、公平、勇气、热情等,都是创新型企业家应具备的优良品质。

(2) 创新型企业家的能力结构。作为管理创新主体的企业家必须具备一定的能力才可能完成管理创新的过程。这些能力可分为三个层次:核心能力、必要能力和增效能力。核心能力突出地表现为创新能力;必要能力包括转化能力和应变能力;增效能力则表现为组织协调能力。

创新能力。创新能力表现在企业家要善于敏锐地观察旧事物的缺陷,准确地捕捉新事物的萌芽,提出大胆新颖的推测和创意,继而进行周密的论证,拿出可行性方案并付诸实施。它基于一个人的创新意识,是管理创新主体最重要的能力。

转化能力。转化能力是指创新主体将创意转化为可操作的具体方案的能力。转化能力表现为企业家要善于在转化过程中运用综合、移植、改造、重组、创新等方法,保证好的创意能够转化为可实施的方案。

应变能力。管理创新本身就是应变的产物。应变是主观思维中的一种快速反应能力,是创新能力的基础。应变能力表现为能审时度势,在复杂的变化中辨明方向,产生新的创意和策略。

组织协调能力。管理创新需要投入相当多的资源,需要一定的周期,而且可能面临来自各方面的阻力。只有管理创新主体具备较强的组织协调能力,才能够有效地安排所投入的资源,能够改变原来的管理模式,推行新的管理模式,使企业更加有效运转;才能使创新行为得到各方的支持,从而提高管理创新成功的可能性。

二、管理创新的过程

要进行有效的创新,就必须研究和揭示创新规律。创新是对旧事物的否定,所以创新要突破原先的制度,打破原先的秩序。创新同时又是对新事物的探索,创新者只有在不断的尝试中才能寻找到新的突破。创新过程可分为以下几个阶段。

1. 寻找机会

创新是对原有秩序的破坏,之所以要打破原有秩序,是因为组织存在着或出现了某种不协调的现象,造成了原有资源的浪费。而且这些不协调对企业的发展造成了威胁,所以企业要进行创新的活动。创新活动就是从发现旧秩序内部的这些不协调现象开始,不协调为创新提供了契机。旧系统中的不协调既可存在于企业的内部,也可产生于对企业有影响的外部。就企业的外部而言,有可能成为创新契机的主要有以下几种:

(1) 技术的变化,从而可能影响企业生产设备和产品的技术水平。

(2) 人口的变化,从而可能影响劳动市场的供给和产品销售市场的需求。

(3) 宏观经济环境的变化,国家经济的快速发展可能给企业带来不断扩大的市场。当遇到经济危机时则企业的市场可能会缩小。

(4) 文化与价值观的转变,从而可能改变消费者的消费偏好。

就企业而言,引发创新的不协调现象主要有两个方面:

一是生产经营中的瓶颈,可能影响劳动生产率的提高或劳动积极性的发挥,阻碍着组织的有效管理。这既可能是某种材料的质地不够理想且找不到替代品,也可能是某种工艺加工方法的不完善,或是某种分配政策的不合理。

二是企业意外的成功和失败,如派生产品的销售额、利润等出人意料地超过了企业的主营产品;老产品经过精心整顿改进后,结构更加合理、性能更加完善、质量更加优越,但却未得到预期数量的订单等。这些出乎意料的成功和失败,可使组织从原先的思维模式中解脱出来,使企业以此为创新的起点。

企业的创新就是这样从密切地注视、系统地分析社会经济组织运行过程中出现的不协调现象开始的。

2. 提出构想

敏锐地观察到企业的不协调的现象后,就要透过现象研究其原因,据此分析和预测不协调的未来变化趋势,估计它们可能给组织带来的积极影响或消极后果。在此基础上,努力利用机会或将威胁转换为机会,消除不协调,使系统在更高层次实现平衡的创新构想。

3. 迅速行动

创新的成功关键在于迅速行动,最初提出的创新构想可能还不完善,甚至可能存在某些方面的缺陷。尽管如此,也不必一味追求完美,而应把新的构想立即付诸实施才有意义。"没有行动的思想会自生自灭",这句话对于创新思想的实践尤为重要。一味地追求完美,过分地犹豫徘徊可能错失良机,没把握好创新的机会。例如,20世纪70年代,施乐公司为了把产品做得十全十美,在罗彻斯特建造了一座全由工商管理硕士占用的29层高楼。这些工商管理硕士在大楼里对第一件可能开发的产品设计了拥有数百个变量的模型,编写了一份又一份的市场调查报告,而当这些人不着边际地进行着分析,使产品研制工作变得越来越复杂时,竞争者早已经悄悄把施乐公司的市场抢走了50%以上。所以,创新的构想只有在不断地尝试中才能逐渐完善,企业只有迅速行动才能更好地把握创新机会。

4. 坚持不懈

创新构想经过尝试才能成熟,而尝试是存在风险的,是可能失败的。创新的过程是不断尝试、不断失败,再不断尝试、不断提高的过程。因此,创新者在开始行动以后,必须坚定不移地继续下去,绝不可半途而废,否则会前功尽弃。我国著名专家钟南山先生曾说:"什么叫成功?成功就是不断地试错!"这足以说明坚持不懈在创新过程中的重要作用。要在创新中坚持下去,创新者不但要对未来充满信心,对自身充满信心,而且要有坚强的毅力和韧性,能经受住失败的打击,学会在失败中探索正确道路,学会寻求减少失误的方法以及纠正错误的措施,学会对已经做过的事情进行总结、提炼、概括等。伟大的发明家爱迪生曾说:"我的成功是从一路的失败中取得的。"这句话对创新者的启示:创新的成功很大程度上要归因于坚持不懈。

以上划分的各阶段,只是大概地反映了管理创新的过程。在实践中,这些阶段并非是截然分割的、刻板的固定模式,往往是一个不太规则的过程。有时酝酿期很长,可能在较长的一段时间中无明显进展,但却在不曾预料的时候出现突破。作为管理者,理解上述创新的过程不仅有助于充分发挥自身的创造性,也有助于激励他人的创新行为,更好地开展创新活动。

三、管理创新的策略和方法

一般来说,管理创新的策略主要有连续创新、突破创新、集成创新、模仿创新,每一种策略都有自己的特点。

(一) 管理创新的策略

1. 连续创新

所谓连续创新,是指企业在以前创新的基础上持续不断地进行的创新。连续创新是企业生存发展的必然过程。对于处于市场领先地位的企业来说,要想保持自己的市场领先地位,就必须进行连续创新。

首先,企业要想在激烈的市场竞争中不断保持竞争优势并始终立于不败之地,就必须不断地进行管理创新,这是企业生存和发展的内在要求和必然选择。即使企业已经形成了较为完善的管理体系,取得了辉煌的发展业绩,在同行业中已经处于竞争优势,也应该看到在辉煌的背后仍然存在许多问题和隐患,如果不及时通过管理创新加以解决,辉煌也会变成衰败,竞争优势也会变成竞争劣势。

其次,企业管理创新是个持续的过程,无论以前的创新是局部的还是整体的,都需要根据市场的变化和环境的变化进一步完善。进行连续创新是局部创新向整体创新推进的需要,是企业进一步发展的需要。

再次,企业管理的连续创新是其他创新模式如突破创新、集成创新、模仿创新等的基础。实际上企业管理的连续创新是一种常规性、经常性的创新。在连续创新过程中,很可能会发现一些比较突出或急需解决的问题,然后通过采取突破创新、集成创新或模仿创新等策略加以解决。同时,连续创新达到一定程度也会转化为其他方式的创新,比如转化为集成创新等。

如果企业具有一定的创新基础,或者已经形成稳定可靠的创新体系,并且企业管理中没有亟待解决的突出问题,企业就可以采取连续创新的策略。企业采取连续创新的策略,也需要寻找管理创新的切入点,从企业管理中最需要解决或最为突出的问题入手,制定系统性、整体性的创新方案,确定创新步骤和程序,合理规划创新进程,以保证连续创新的顺利、持续展开。

2. 突破创新

所谓突破创新,是指针对企业管理中存在的突出问题或瓶颈,有重点地进行创新,或者是把取得突破性成果的管理理论或方法应用到企业管理中来的创新过程。

在企业管理中,往往存在某些薄弱环节,或者由于内外部环境的变化,在某些方面的管理成为薄弱环节,并且成为企业管理正常进行的瓶颈因素,使企业管理效率降低,并已经在很大程度上制约着企业的发展。针对这些薄弱环节,企业管理者应制定创新方案,确定创新目标、技术路线以及步骤等,进行突破性管理创新。同时,管理学理论研究日新月异,许多新的管理理论、管理方法层出不穷,企业必须不断把这些新理论、新方法应用到企业管理中来。这个应用的过程既是对原有管理原理、管理方法更新的过程,也是使这些管理新原理、新方法和其他方面进行协调、磨合的过程,也是管理创新的过程。从这个角度讲,企业管理的突破创新绝不仅仅是某个方面的创新,实际上也是涉及诸多方面的管理创新,只不过以突破口的创新为主。

一般来说,突破创新更具有革命性和创造性,是对企业管理某些方面彻底、深入的改革或改造,因而和其他创新方式相比,更具有风险性。这种风险性,一方面来自市场需求的复杂性和市场环境的多变性,以及市场、技术、生产等方面的不确定性;另一方面来自因创新带来的既有管理习惯和模式惯性、利益调整等可能遇到的较大阻力。

3. 集成创新

所谓集成创新,是指集成主体创造性地将各种集成要素进行优化,并按照一定的模式整合为一个新的有机整体,从而提高集成要素整体效能的过程。所谓企业管理的集成创新,是指企业创新主体为了提高各个管理要素的配置和使用效率以及企业管理的整体效率,将原有各种管理要素进行创造性的整合、重组和优化,并积极引入新的管理要素,构成新的管理有机体的创新过程。

由于集成创新既是对原有管理要素的整合、重组与优化,也是对新管理要素的引入,并使引入的新要素和原有要素进行整合,因此,集成创新必然是一种开放式、动态性、系统性、创造性的创新活动。这种创新方式是对原有管理方式革命性、整体性的创新,既可能使企业管理发生革命性的变化并上升到一个新的层次,也必然承担较大的风险,比如创新失败,可能会使管理系统处于无序状态,即使创新成功,也可能会带来新矛盾、新问题,甚至是企业内部的动荡。因此,企业采取这种管理创新策略,必须慎重,既要有全新的创造性思维,还要有大胆创新的勇气和决心,同时,还要客观地分析企业所具备的各方面的条件。

4. 模仿创新

模仿创新是企业管理最为普遍、投入少、成本低、速度快、成效好的创新策略,也是向自主创新转化的必然过程。所谓模仿创新,又叫后发者创新,是指企业管理创新者以首创者的创新经验为基础,以首创者的创新成果为示范或版本,结合本企业实际,进行的创新过程。

一方面,模仿创新以模仿为基础,这决定其具有跟随性,不断追踪最新的管理创新经验和成果,并在"跟"中学,通过对首创者创新的观察、评判、选择以及归纳其经验和教训、学习相关知识等,把握和模仿其可取之处。

另一方面,模仿创新又落脚于创新,这决定其具有创造性。在学习首创者的创新经验和成果的同时,必须结合本企业实际,创造性地把首创者的经验和成果移植到本企业中来。

企业要采取模仿创新策略,首先必须不断追踪到最新的创新经验和成果,及时把握和了解最新创新动态和趋势。其次必须具有较强的学习、分析和理解能力,经过理解、分析、把握和消化吸收首创者的创新理论基础、管理方式方法等。再次必须具有再创新的勇气和能力。企业对首创者创新的模仿,不是简单地照搬照抄,而是借鉴首创者的可取的方面,剔除不可取或不适合的方面,结合企业自身实际,以创新的勇气和精神,进行再创新、再创造。

(二) 管理创新的方法

创新首先来源于思想、思维的超前和创新,所以思维方法创新是最重要的。但拥有创新的思维方法,并不能进行真正的管理创新,还需要把这些思维方法应用到管理实践中去,具体应用的方法有以下几种。

(1) 头脑风暴法。其实质是一种特殊形式的小组会议,规定了一些特殊的规则和方法技巧,从而形成了有益于激励创造力的环境气氛,使人们能自由畅想、无拘无束地提出自己的各种构想、新主意并因相互启发、联想而引起创新设想的连锁反应。

(2) 形态方格法。该方法认为,许多发明创造的成果并非什么全新的东西,只不过是旧事物的新组合。因此,如能对问题加以系统的分析和组合,便可大大提高创新成功的可能性。其具体步骤是:

第一步:明确所要解决的问题。

第二步:确定与问题相关的重要独立要素或方面,列出各要素方面的所有可能形态及属性。

第三步:将各独立要素及可能形态排列成矩阵形式。

第四步:从各要素及属性中选取可能状态做任意组合,从而产生出解决问题的可能构想。

第五步:对各构想作比较、评价,并选出最佳构想。

这种方法是产生大量构想的理想工具,对一些探索性的或寻求机会性质的问题最为适用。

(3) 类比创新法。创新不是阐明事物间已知的联系,而是探明事物间未知的联系,因此,需要采用翻"垃圾箱"、非逻辑推理等方法,把那些看似无关的东西联系起来。该种方法在于两个或两类事物在某些方面具有相同的或是相似的特点，因此期望通过类比把某事物的特点复现在另一类事物上以实现创新，这种方法能在一定范围和一定程度上给人以一种新启示，这对创造性思维是非常有益的。

（4）组合法。组合法是对现有的科学技术原理、现象、产品或方法进行分析、重组，从而获得解决问题的新方法、新思路或创造出新产品、新对策的过程。

（5）联想创新法。联想创新法是依靠创新者从一事物联想到另一事物的心理现象来产生创意，从而进行发明或革新的一种方法。联想就必须抓住相关事物在外观上、功能上、结构上、本质上的相似之处，从已知推导未知，获得新认识，产生新设想。联想方法的应用范围很广，要实现成功的创新，必须拥有与创新对象相关的信息资料，必须抓住事物间的某种联系，进行认真思考。

本章小结

1. 管理创新就是根据环境变化，在管理的实践中引入新理念、新制度、新组织和新文化，进行理念创新、制度创新、组织创新和文化创新，以提高组织运行效率和环境适应能力，实现组织的可持续发展。管理创新具有不确定性、保护性和破坏性、被排斥性、时效性、风险性和动态性等特征。

2. 管理创新的基本内容有理念创新、制度创新、组织创新、文化创新。

3. 管理创新的主体有全体基层员工、管理者、管理专家和研究机构、创新型企业家等。

4. 管理创新是一个寻找机会、提出构想、迅速行动、坚持不懈的过程，管理创新的策略有连续创新、突破创新、集成创新、模仿创新等；管理创新的方法有头脑风暴法、形态方格法、类比创新法、组合法、联想创新法。

练习与思考

一、问答题

1. 管理创新的内涵是什么？
2. 简述管理创新的基本内容。
3. 管理创新的方法有哪些？

二、讨论及思考题

1. 以宿舍为单位，围绕班级某项工作开一次会，用头脑风暴法找出创新构想。各组做好记录，然后进行比较，看谁想的多，想的好。最后列出具有可行性的构想。

2. 只要加强管理就可以保证做好事、做对事，对吗？创新准许人们犯错误。然而，多次犯错误会断送一个人的前程。你赞成这种观点吗？为什么？这对培育创新有什么启示？

三、案例练习

企业创新：腾讯的创新故事

腾讯创新中心（以下简称"创新中心"），是整个公司里一个特殊的部门。下面为大家介绍腾讯的创新故事。

创新中心：童话般的城堡

迈入创新中心办公室，首先体会到了一种不一样的感觉。一位实习生说，来到这里仿佛进入了"一座童话般的QQ城堡"。橙色，在这里受到推崇，门内侧印着橙色的字样——"Innovation Center"（"创新中心"）；天花板的中间，是橙色的椭圆形，象征着活力、变化；墙壁，以鲜亮的黄、蓝两色为主要色调。座位与座位之间距离很大，整个办公室，显得特别宽敞。办公区还摆放着布艺沙发、小圆桌，几间小会议室都是预留出来的讨论区，倘若员工有了创意或想法，随时可以找到讨论的空间。在这里，每一个创意的火花都会受到重视。在腾讯人看来，一切有形的财产都是可以创造的，唯有员工的创意，失去了就永远找不回来了。

腾讯创新中心技术总监吴波

创新中心技术总监吴波告诉记者，创新中心的办公环境，就是他们创新中心成立后推出的第一个"产品"。对此，公司领导也有明确的指导思想，创新中心首先要在办公环境上营造出一种宽松、活泼的氛围。

腾讯联席首席技术官熊明华说："腾讯希望创新中心能成为星星之火，可以燎原，就像中国搞经济特区一样，在公司搞一个'特区'，在考评、管理等方面，享有一定的自由度。从某种意义上讲，他们是百分之百来做创新的工作。"

创新中心在招聘广告的开头这样写道："一种满含理想和追求的团队氛围，一个充满挑战和机会的职位，一群志同道合的同事兼死党，享受创造之美！"由于该中心没有收入考核的压力，又能够接触到业界最新的技术，所以成了全公司最受瞩目的部门，创新中心成立以来，收到了不少其他部门员工的加入申请。甚至有人说："提起创新中心，大家都会一声惊叹，'那是我们公司的领潮者'。"

据吴波介绍，创新中心的使命是跟踪互联网的发展随时推出新产品，这些产品不一定能为公司带来收入的增长,但是它应该具有一定的技术价值或产品价值。至今,该中心做过一些项目的网页测试,例如滔滔、视频网站、视频直播等;也开发了一些客户端的产品,例如 QQ 输入法、QQ 影音等。

激情:让问题迎刃而解

创新需要氛围,这种氛围不独表现在创新中心,其实也在腾讯公司整体的文化里。

很多人都有共同的经历,他们带着外界几成定规的标准走进腾讯,去问腾讯人,收到的都只是否定的回答。何军是中国科技大学的学生,他印象很深的一件事是,他询问一名腾讯员工工作时间可不可以上 QQ 或 MSN(微软发布的一款即时通信软件),问完了才发觉自己很"火星"。他说:"对腾讯人来说,腾讯的工作环境真的自由活泼到想象之极。"

类似问题还有,上班是否要打卡,腾讯也没有这方面的规定。吴波说,尽管对工作时间不作要求,但从没见谁偷懒,每一个人都有高度的自主性,加班倒是寻常的事。他坦承,管理工作很轻松,每个人都目标明确,需要做的是"给大家更多的支持和方向上的指引"。

创新中心是公司里的"特区",部门里的年轻人充满了自豪。

每个腾讯人的工作台上都布置得很特别,QQ 公仔随处可见。每位员工入职的时候都会发一个 QQ 公仔,但更大号、更特别的公仔往往都是奖品,要靠自己的业绩来换取。

华中科技大学的沈剑同学参观腾讯后在日记中写道:"每个年轻人的脸上都挂着微笑,你可以体会到他们的激情,我向往这种工作方式,不,我是向往这样一种生活方式,真希望有一天,我能够成为其中的一员。"

一家即将走满 10 年路程的公司,何以能保持着持久的激情?吴波称,真正让他们激动的,是看着用户数持续上涨,每推出一个产品,发现越来越多的人在用,越来越多的人在表扬你,大家就会有一种成就感。

在腾讯公司,庆祝已经成为一种仪式化的活动:每过一个里程碑,团队就会小庆祝一次;每过一个大的里程碑,公司或部门就会鼓励一下。2008 年 7 月 31 日下午 2 点半,腾讯 VIP 用户突破一千万,互联网业务部门的全体员工聚在 5 楼餐厅,腾讯的老总,包括马化腾、刘炽平、熊明华等都出席,场面令人难忘。

吴波深有感触地说:"团队最重要的是士气,有高昂士气的话,很多问题可以迎刃而解。"

创新大赛:集纳多方智慧

创新不是创新中心的独角戏,而应该是智慧的碰撞。创新中心成立后,建立了对公司内部的创新平台——idea.qq.com,负责收集员工的创意,员工还可在内部 BBS 上讨论创新点子,掀起内部创新氛围。为了加强与外部的沟通,还推出了腾讯实验室(labs.qq.com),把该中心的创意产品放到平台上,供用户试用,以收集用户对产品的意见和创意。

由创新中心主导,每年还都推出创新大赛,首先是公司内部创新大赛。内部创新大赛为期两个月,不论从事什么职位,每个公司员工均可参与,创新方案会放到内部网站上,接受大家的投票。尽管奖金不高,有的奖品不过是一个 QQ 公仔,但员工的参与热情却不受影响。腾讯"拍拍"有一个试穿衣服的功能,就是内部创新大赛上的获奖作品,由一位普通开发人员设计。

从2006年起,腾讯还推出了面向全国高校大学生的年度腾讯创新大赛(简称"TIC"),如今已经连续举办了多届,参与高校和学生的范围也逐年扩大。优胜者还会获邀至深圳参加腾讯夏令营,2007年获邀请的有13所高校的30名学生,2008年夏天则有16所高校的47名学生获邀。他们的创新作品也许还很稚嫩,但是腾讯人却极为看重。

用户反馈:创新的来源

腾讯人谈创新,有一个词必不可少,那就是用户。腾讯公司的英文名是"Tencent",但这不仅是"腾讯"的英文音译,还包含了"ten cent"的意思,即"十分",这个含义在公司成立之初就由马化腾等公司高层管理者阐释过,希望为用户提供最价廉物美的产品和服务。如今,"一切以用户为归依"早已成为腾讯人的共识。

"创新创造价值",是熊明华的一个演讲题目。他解释说:"创新创造价值,最主要的是用户价值,只有你的创新能让更多用户享受服务,才能真正创造公司所追求的商业价值。"

腾讯的创新有三个来源:一是业界的新技术、新趋势;二是公司高层及各部门员工贡献的创意,包括公司领导都会不时提出一些意见和想法;三就是来自用户的反馈。据吴波介绍,腾讯产品的用户很多,经常会有一些热心用户,会对他们的产品提很多意见,用户的肯定令他们兴奋,而指责的声音他们会更加用心倾听。一个产品正式发布之前,可能已经修改过五六个版本,其中,用户的反馈给他们不断改进提供了参照。他们收集用户意见的方式多种多样,会设置产品博客或论坛,也会设置热心用户的QQ群,产品经理和团队还会到各大论坛去搜集用户的意见。

2008年7月28日,一位参加腾讯TIC技术夏令营的学生在与腾讯高层见面时曾问到Qzone(QQ空间)的多窗口问题:"这个功能是没有实现还是出于安全等因素的考虑?"互联网业务系统研发副总裁汤道生坦诚地说:"首先这肯定不是出于什么安全方面的考虑,是我们在这些用户体验细节上没有做到位。"

腾讯不仅注意倾听用户的不满,还着眼于对用户潜在需求的发现。据了解,腾讯对用户需求研究非常细致,既包括用户从小学、到中学、大学,以及参加工作,再到成年拥有家庭不同阶段的需求,也包括用户在单位、学校、家庭不同应用情境下的商务、学习、休闲娱乐等需求。

R线:构建创新体系

业界有一种说法,中国互联网的发展似乎总是跟在美国的屁股后面,连风险投资商投资中国互联网企业时都会先问在美国有没有成功模式。因此,同质化也是中国互联网的一个普遍现象,2003年突现金矿的网络游戏,2005年流行的交友网站,2006年大热的视频网站,都是国内互联网界惯于模仿、不善创新的见证。

不过,腾讯从一开始就是中国互联网的一个例外。是腾讯发现了中国互联网用户的一个内在需求,找到了网络即时聊天的盈利模式,这无疑是一个非常了不起的创新。所谓"一招鲜,吃遍天",腾讯取得了巨大的成功,但这种优势能保持多久,是腾讯的决策者面对已久的问题,要发展,必须不断创新。

为此,2005年,腾讯迈出了战略性的一步——推出平台研发系统,在腾讯内部被称呼为"R线"(R为英文"research"一词的缩写)。此前,腾讯公司是以一个产品为一个部门来进行管理的,到2005年时全公司已有上百个产品,于是进行了组织架构的调整:将公司分为两个部分,一是有营收目标的部门,包括无线增值、互联网增值、互动娱乐和网络媒体等;二是跨业务部门的平台研发系统,主要面向未来,做创新工作。

此后,人们看到了腾讯一系列的变化,2006年5月成立了"以创新应用为主旨"的创新中心,2007年10月又成立了研究院,在存储技术、数据挖掘、多媒体、中文处理、分布式网络、信息安全等六大领域展开了网络技术的研究。腾讯人把自己的创新分作三个阶段,2004年以前为学习型创新阶段,2004—2006年为整合创新阶段,而2006年以后为战略创新阶段。

创新中心成立后推出了QQ拼音输入法,就是出于战略创新的考虑。互联网上能够免费下载的输入法已经有很多了,为什么还需要创新中心专门开发?对此,吴波解释说:"这就属于战略创新了,从战略地位来看,输入法是用户在互联网上的基本诉求,也是用电脑的基本诉求,如果不去占领这种战略的位置,在后边也许会冒出什么新的东西,我们就会跟不上。"

公关总监郑晓波则认为,在互联网上没有什么是不需要改进的,根据用户体验,他们觉得还可以做得更好。比如有些输入法会有插件、广告等,速度较慢,用户在没有选择的情况下只能被迫接受,但是如果有选择的话,他们就会选择更清爽的。该产品经过一个六人小组半年的攻关,已于2007年年底发布,用户量很快达到了百万级别。

高校关系组:布阵未来

创新,不仅体现在创新的成果上,也体现在追求创新的步骤之中。在R线,有一个特殊的机构叫高校关系组,就很能体现腾讯人的创新追求。

高校关系组除了在高校开展每年一届的年度创新大赛之外,还与多所国内知名高校联手,在各高校成立腾讯高校创新俱乐部。高校俱乐部通常采取与学校团委筹建、学生自建的策略,融入一定的竞争和激励机制。俱乐部骨干的进入门槛很高,只有善于创新、富有激情并且专业技术过硬的同学才能成为管理成员。

年度创新大赛及高校创新俱乐部,不仅为腾讯的创新提供了广泛基础,培养了用户忠诚度,更是公司的重要人才战略,把对优秀网络人才的挑选和培养提早到高校阶段。腾讯人的这种殷殷之情尤其体现在2008年的技术夏令营活动中。活动第一天,腾讯派出了三位中高层人士,除互联网业务系统副总裁汤道生和高校关系总监方琎外,另一位是人力资源部门的负责人,求贤之意不言自明。

活动期间,安排了中高层、业务骨干与学生的多方面交流。一位学生在日记中写道:"先是和汤道生先生交谈了一下技术,呵,结果呢,小巫见大巫,高度不在一个层次。"但是,腾讯人却充满诚意地倾听,交换意见。

2008年7月30日上午,是暑期夏令营预热题目的答辩环节。营员们有提算法的,有提思想的,有拿实例来比较的,还有做"科普讲座"的,都力图展示自己的长处。而评委们认真倾听每个人的讲解,提出问题,纠正错误,并指出方向。华中科技大学的袁晓洁所在的组,好多人都选了QQ好友六维查找的有趣问题,大家都想了各种办法,多数人都从复杂的圈论或聚类建树的算法考虑,其中刘健的数学模型算得很精确,很多同学开始以为,这样的答案应该是在学校做题的正解。结果,腾讯的做法让大家叹为观止。她说:"我们好多人都把这道趣题发给学校的好友,分享这种思想,体会了学校的知识和实际工程的差距。"这些来自国内名校的精英,无疑还是学习者,但腾讯却给了他们最大的礼遇。

分析与思考:管理创新在这个案例中是如何体现的?